AF551308

BLACK PANTHER

WER IST BLACK PANTHER?

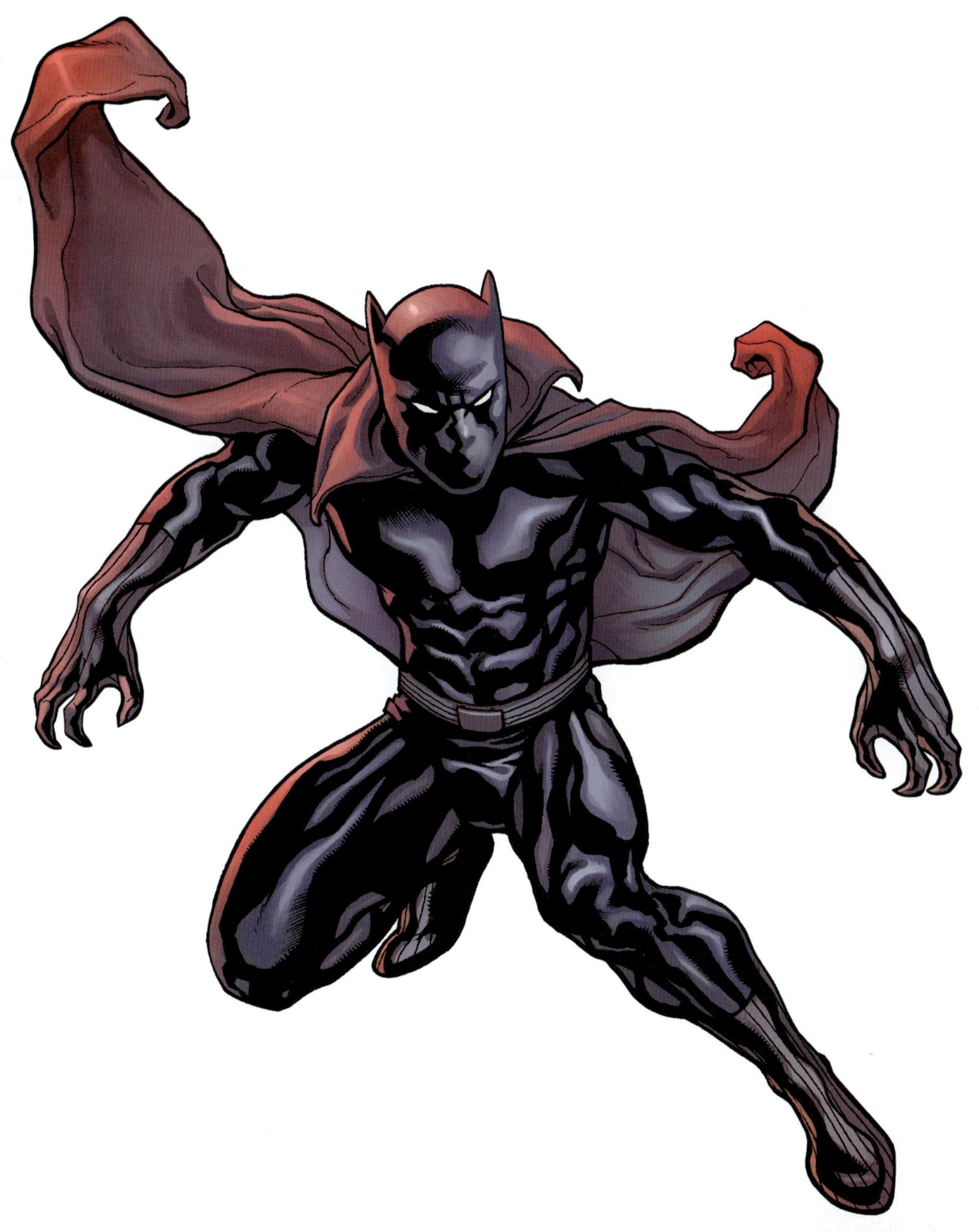

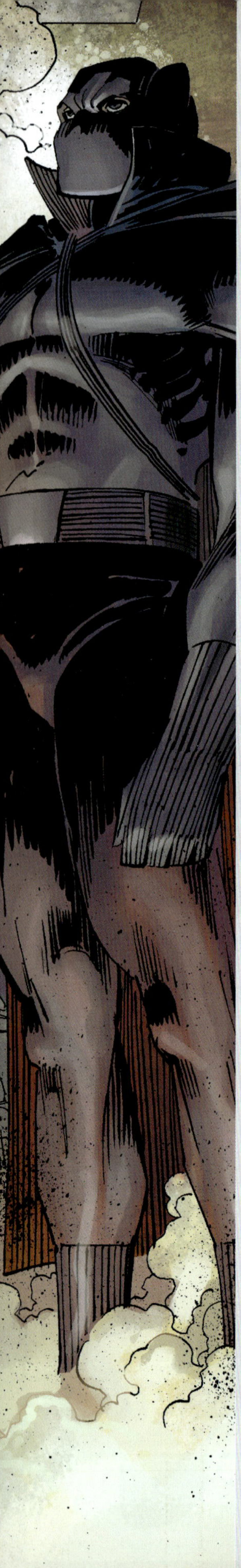

INHALT

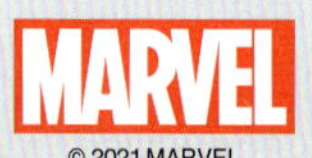
MARVEL

FSC
www.fsc.org
MIX
Paper from responsible sources
FSC® C115044

BLACK PANTHER
WER IST BLACK PANTHER?

REGINALD HUDLIN
AUTOR

KLAUS JANSON
TUSCHE

JOHN ROMITA JR.
ZEICHNER

DEAN WHITE
FARBEN

GIANLUCA PINI
STUDIO RAM
LETTERING

MICHAEL STRITTMATTER
ÜBERSETZUNG

CORY SEDLMEIER
REDAKTION USA

C. B. CEBULSKI
CHEFREDAKTEUR USA

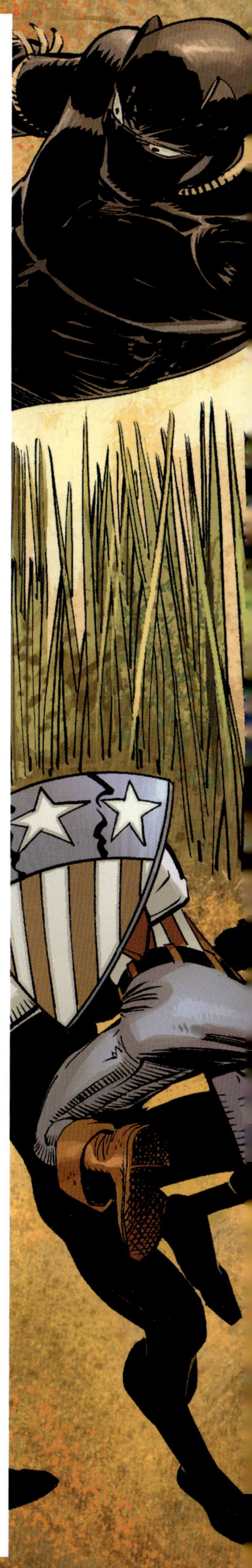

MARVEL MUST-HAVE: BLACK PANTHER – WER IST BLACK PANTHER? erscheint bei **PANINI COMICS**, Schloßstraße 76, D-70176 Stuttgart. Druck: Lito Terrazzi Industria Grafica. Pressevertrieb: Stella Distribution GmbH, D-22297 Hamburg. Direkt-Abos auf **www.paninicomics.de.** Anzeigenverkauf: BLAUFEUER VERLAGSVERTRETUNGEN GmbH, info@blaufeuer.com. Es gilt die Anzeigenpreisliste Nr. 18 vom 01.10.2020. Geschäftsführer **Hermann Paul**, Publishing Director Europe **Marco M. Lupoi**, Finanzen **Felix Bauer**, Marketing Director **Holger Wiest**, Marketing **Fabio Cunetto**, Vertrieb **Alexander Bubenheimer**, Logistik **Ronald Schäffer**, PR/Presse **Steffen Volkmer**, Publishing Manager **Lisa Pancaldi**, Redaktion **Christian Endres**, **Harald Gantzberg**, **Matthias Korn**, **Anja Seiffert**, **Kristina Starschinski**, **Ilaria Tavoni**, **Daniela Uhlmann**, Übersetzung **Bernd Kronsbein**, **Michael Strittmatter**, Proofreading **Pia Oddo**, Lettering **Gianluca Pini**, **Studio RAM**, grafische Gestaltung **Marco Paroli**, **Barbara Sarti**, Art Director **Mario Corticelli**, Redaktion Panini Comics **Annalisa Califano**, **Beatrice Doti**, Prepress **Cristina Bedini**, **Andrea Lusoli**, **Nicola Soressi**, Repro/Packager **Alessandro Nalli** (coordinator), **Mario Da Rin Zanco**, **Valentina Esposito**, **Luca Ficarelli**, **Linda Leporati**. Deutsche Edition bei Panini Verlags-GmbH unter Lizenz von Marvel Characters B.V. Cover von **John Romita Jr.**, *Black Panther* (2005) 1.

Bibliografische Information der Deutschen Nationalbibliothek
Die Deutsche Nationalbibliothek verzeichnet diese Publikation in der Deutschen Nationalbibliografie; detaillierte bibliografische Daten sind im Internet über dnb.d-nb.de abrufbar.

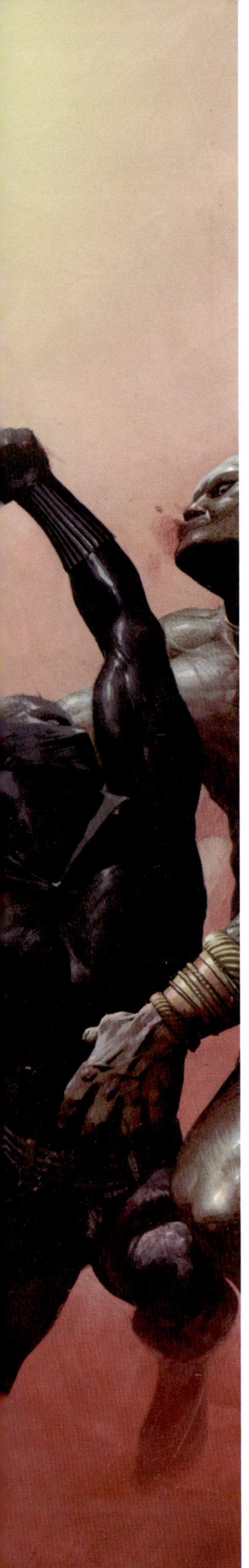

DIE LEGENDE DES PANTHERS

Das frühe Marvel-Universum der 1960er und 1970er zeichnete sich nicht zuletzt dadurch aus, dass die kreativen Marvel-Götter um **Stan Lee** und **Jack Kirby** viel dafür taten, den Alltag und die amerikanische Realität der Leser und Leserinnen in ihren Comics abzubilden. Das galt für Architektur und Mode, Frisuren, die Popkultur – kurzum den Zeitgeist der damaligen Ära. Zu diesem gehörte natürlich auch der unermüdliche Kampf der schwarzen Bürgerrechtsbewegung in den USA. Noch bevor im selben Jahr die politische Black Panther Party gegründet wurde, führten Lee und Kirby im Juli 1966 in *Fantastic Four* 52 deshalb eine neue Marvel-Figur ein, die aus Afrika stammte: **Black Panther**.

T'Challa, der Champion aus dem fiktiven afrikanischen Königreich Wakanda, war also noch vor **Sam Wilson**, **Luke Cage** oder **Blade** der erste schwarze Marvel-Superheld. 1972 gesellte er sich erstmals zu den **Avengers**, 1977 startete Jack Kirby eine *Black Panther*-Soloserie, nachdem T'Challa zuvor zunächst als Titelheld von Marvels Anthologie-Reihe *Jungle Action* in Erscheinung getreten war. Sowohl in den 1980ern als auch in den 1990ern hatte der Recke im Zeichen des Panthergottes eigene, teils bahnbrechende Serien. 2005 taten sich dann Filmemacher **Reginald Hudlin** und Spitzenzeichner **John Romita Jr.** zusammen und lancierten eine neue immens wichtige Soloserie über den afrikanischen Helden. In diesem Band unserer Kollektion MARVEL MUST-HAVE ist die erste Storyline aus Hudlins Feder, die Romita Jr. auf seine unnachahmliche Weise visualisierte, gleich aus mehreren Gründen verewigt.

Hudlin und Romita definierten die Legende von Wakandas Beschützer für das nächste Jahrtausend und die nächste Generation neu. Dabei holten sie T'Challa wieder ins Zentrum des gegenwärtigen Marvel-Comic-Universums, das kurz vor dem **Civil War**-Crossover stand – Hudlin sollte den Panther im Verlauf seiner langen Saga sogar **Storm** von den **X-Men** heiraten lassen. In seiner Auftaktstory verstrickte Hudlin Wakandas Champion zudem in eine zeitgenössische, kapitalistische Verschwörung, die auf überholtem Kolonialmachtdenken und allgegenwärtigem Rassismus fußt. Die letzten Jahre haben uns leider zur Genüge gezeigt, dass wir zwar eine erstaunlich fortschrittliche Gesellschaft sind, Rassismus allerdings nach wie vor ein hässliches Problem darstellt, auch und besonders in den Vereinigten Staaten. Die Bilder von Polizeigewalt gegen Schwarze haben sich in unser Gedächtnis eingebrannt.

Kein Wunder, dass Marvels Black Panther als Superheld und, mehr noch, als mannigfaltiges Symbol wieder so viel Relevanz hat – oder dass Schauspieler **Chadwick Boseman**, der den Panther in mehreren Marvel-Film-Blockbustern auf grandiose Weise verkörperte, zu einer Ikone und Identifikationsfigur wurde; ja, dass er vielen schwarzen Menschen und besonders Kindern Mut machte und viel bedeutete. Umso trauriger, dass er am 28. August 2020 im Alter von 43 Jahren seinen langen Kampf gegen den Krebs verlor, der ihn nicht vom Mitspielen in mehreren Filmen oder Besuchen von Kinderstationen in Krankenhäusern abhielt. Sein Wirken verankerte Black Panther ebenso in unserem Gedächtnis wie die folgende Comic-Geschichte …

Christian Endres

WER IST BLACK PANTHER?, TEIL 1

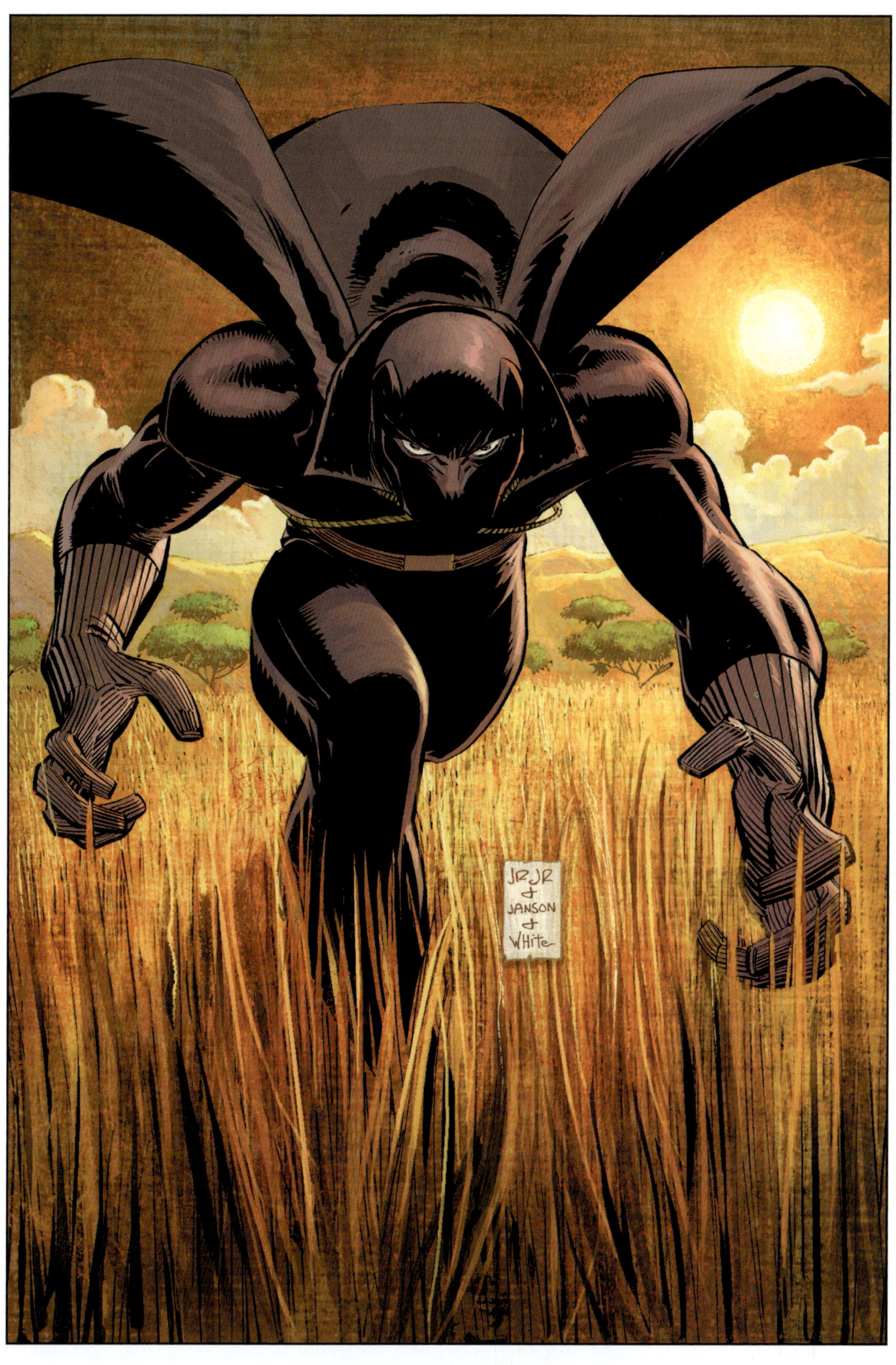

Black Panther (2005) 1
Cover von **JOHN ROMITA JR.**

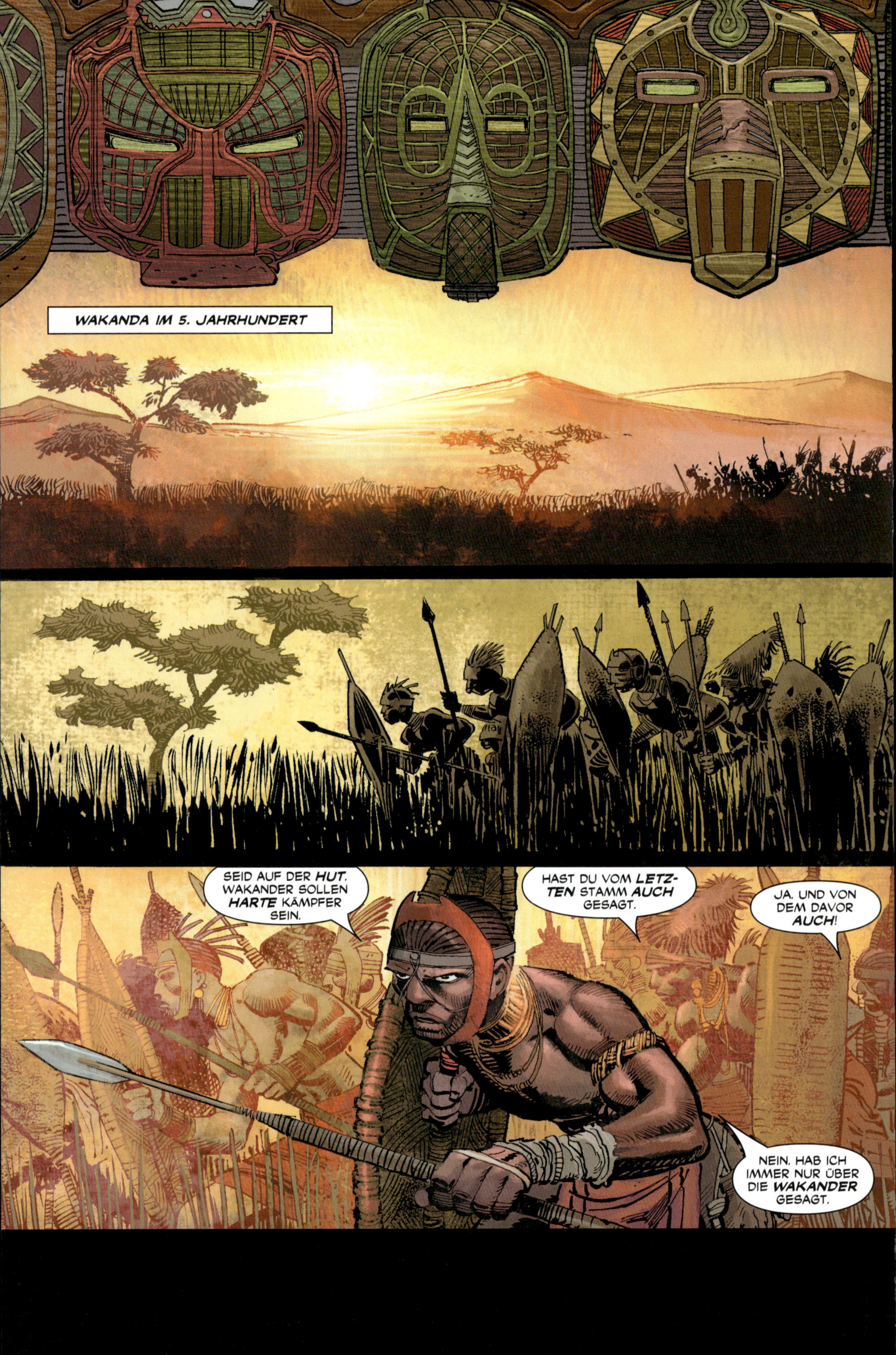
WAKANDA IM 5. JAHRHUNDERT
SEID AUF DER HUT. WAKANDER SOLLEN HARTE KÄMPFER SEIN.
HAST DU VOM LETZTEN STAMM AUCH GESAGT.
JA, UND VON DEM DAVOR AUCH!
NEIN, HAB ICH IMMER NUR ÜBER DIE WAKANDER GESAGT.

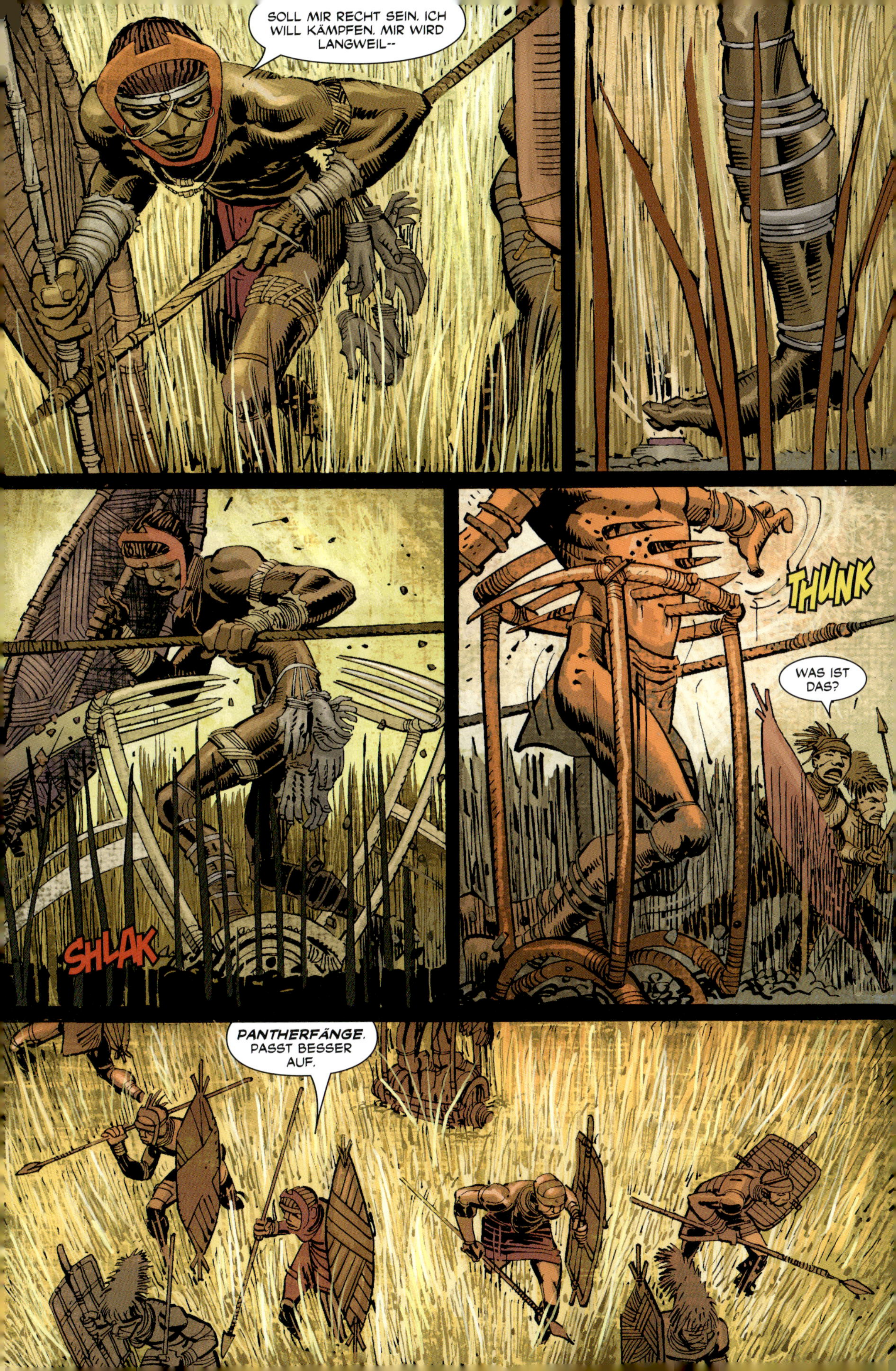
SOLL MIR RECHT SEIN. ICH WILL KÄMPFEN. MIR WIRD LANGWEIL--
SHLAK
THUNK
WAS IST DAS?
PANTHERFÄNGE. PASST BESSER AUF.

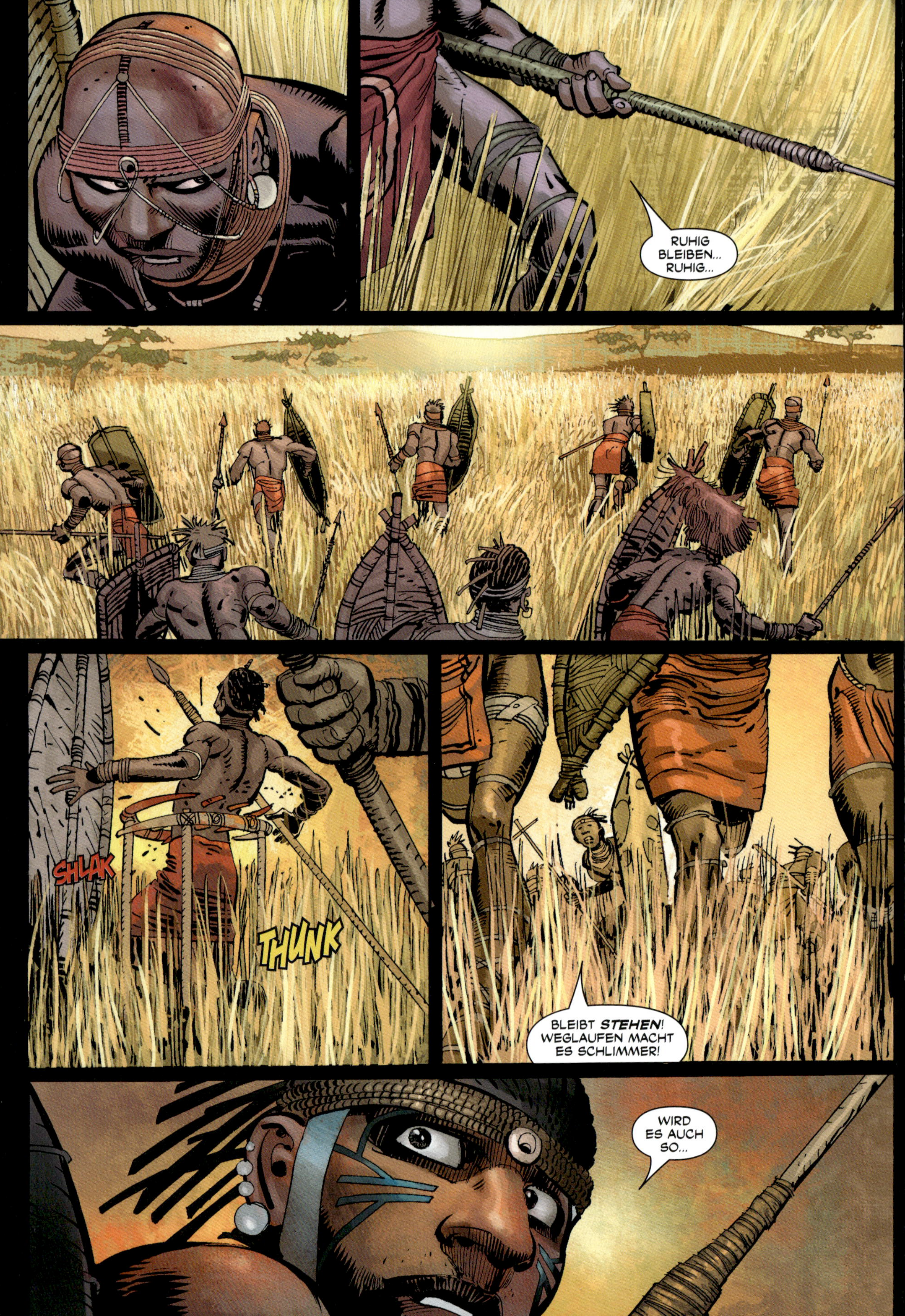
RUHIG BLEIBEN... RUHIG...
SHLAK
THUNK
BLEIBT *STEHEN*! WEGLAUFEN MACHT ES SCHLIMMER!
WIRD ES AUCH SO...

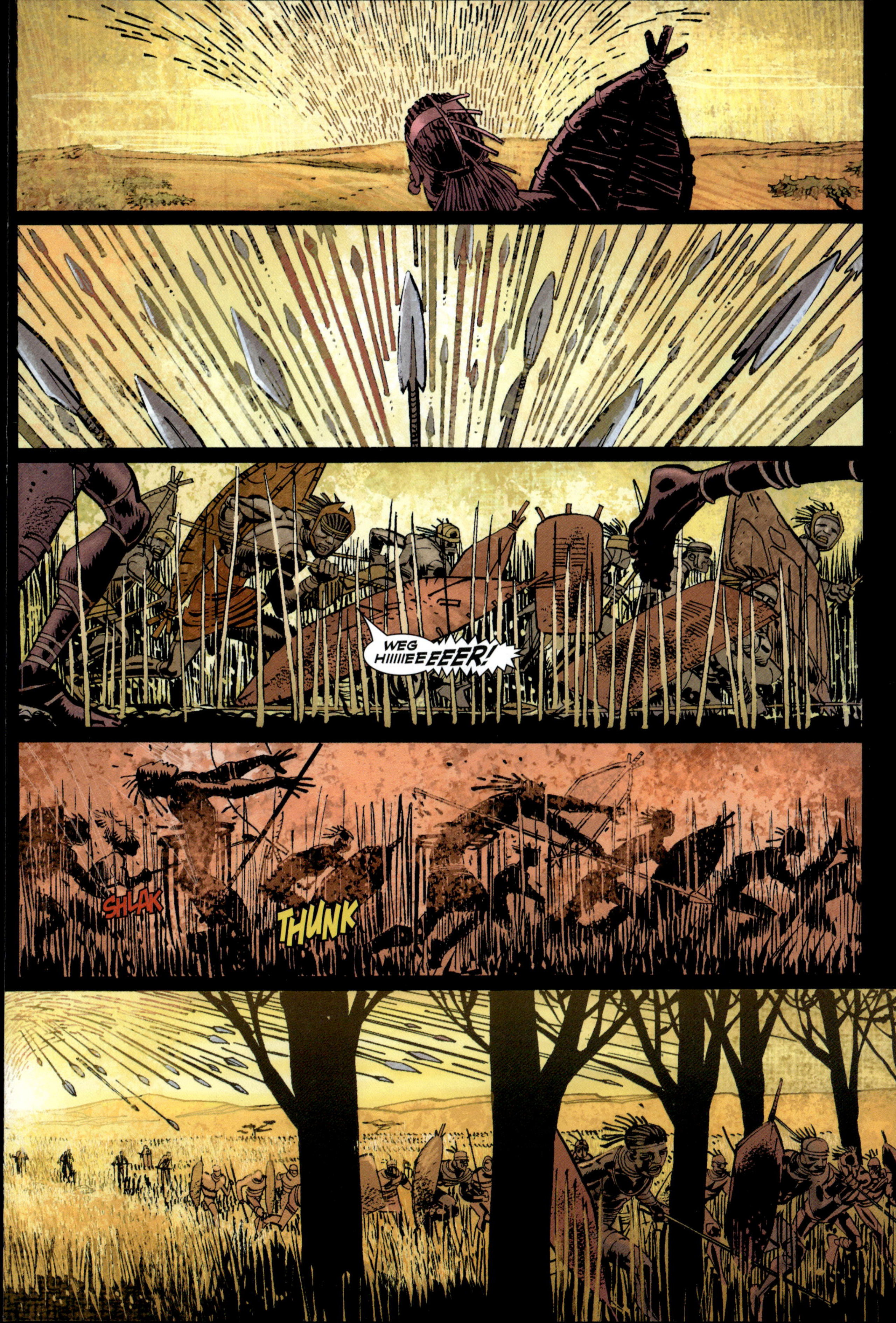
WEG HIIIIIEEEEER!
SHLAK
THUNK

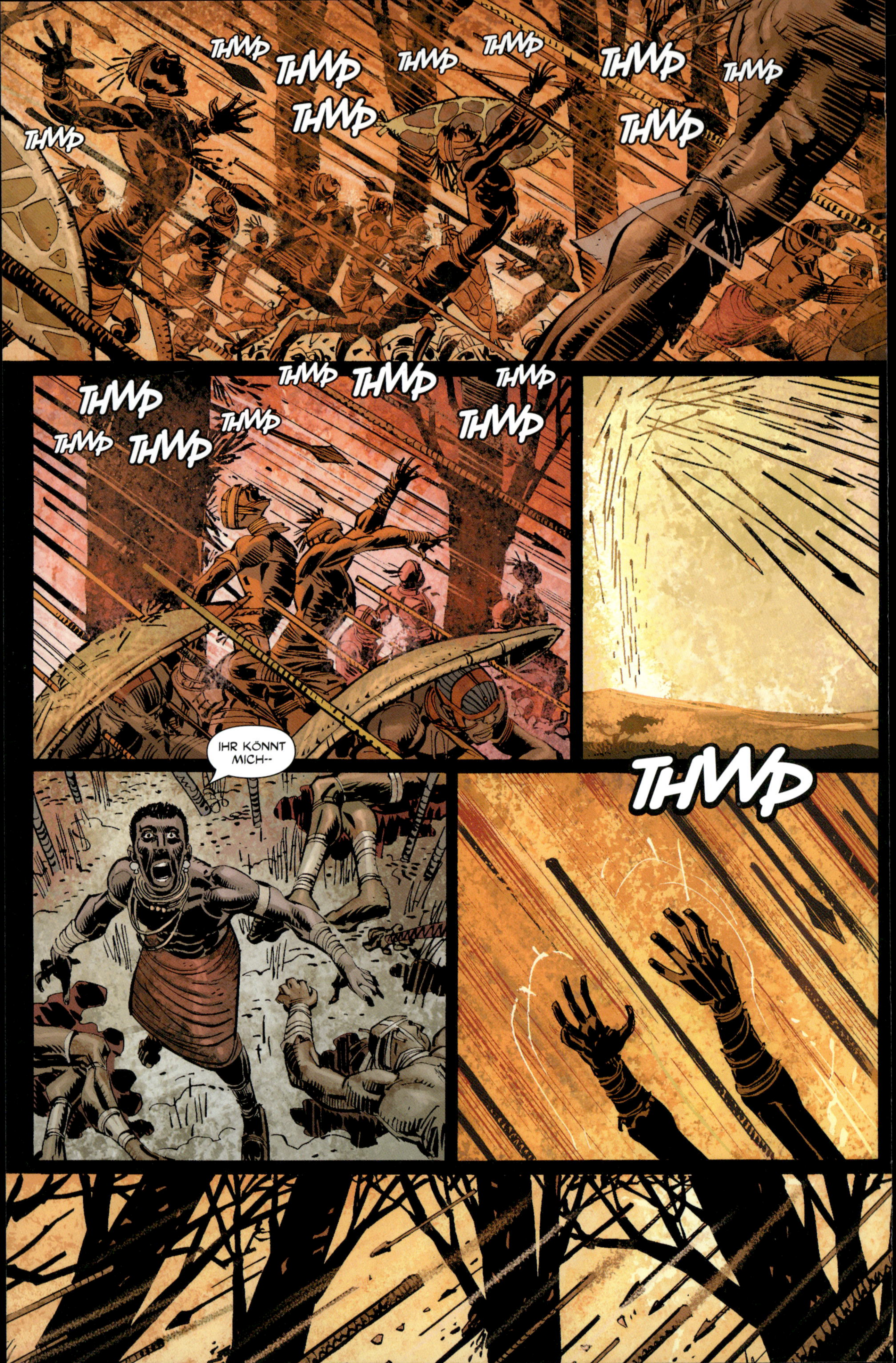

THWP
THWP
THWP
THWP
THWP
THWP
THWP
THWP
THWP
THWP
THWP
THWP
THWP
THWP
THWP
THWP
THWP
IHR KÖNNT MICH--
THWP

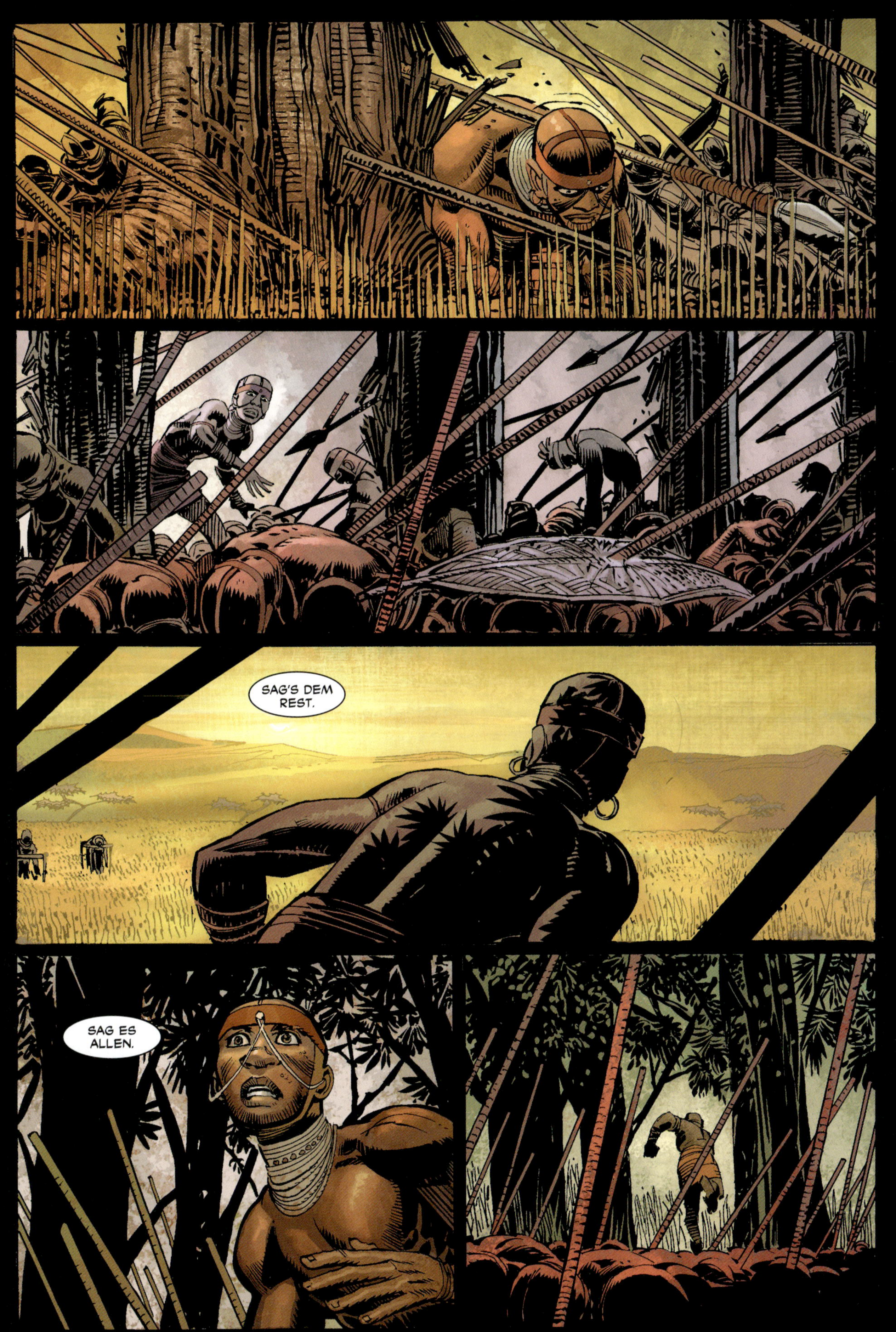
SAG'S DEM REST.
SAG ES ALLEN.

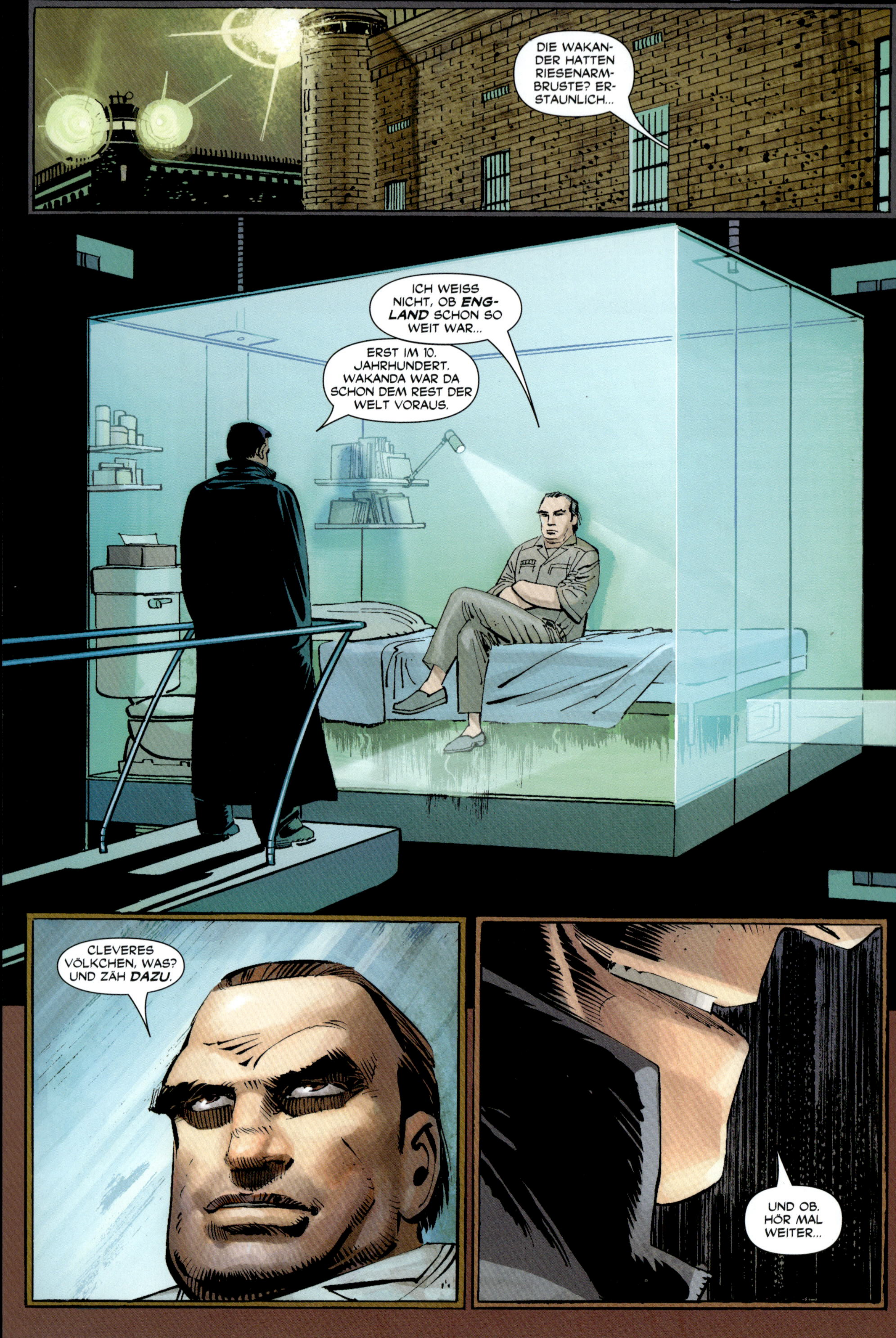
DIE WAKANDER HATTEN RIESENARMBRUSTE? ERSTAUNLICH...
ICH WEISS NICHT, OB **ENGLAND** SCHON SO WEIT WAR...
ERST IM 10. JAHRHUNDERT. WAKANDA WAR DA SCHON DEM REST DER WELT VORAUS.
CLEVERES VÖLKCHEN, WAS? UND ZÄH **DAZU**.
UND OB. HÖR MAL WEITER...

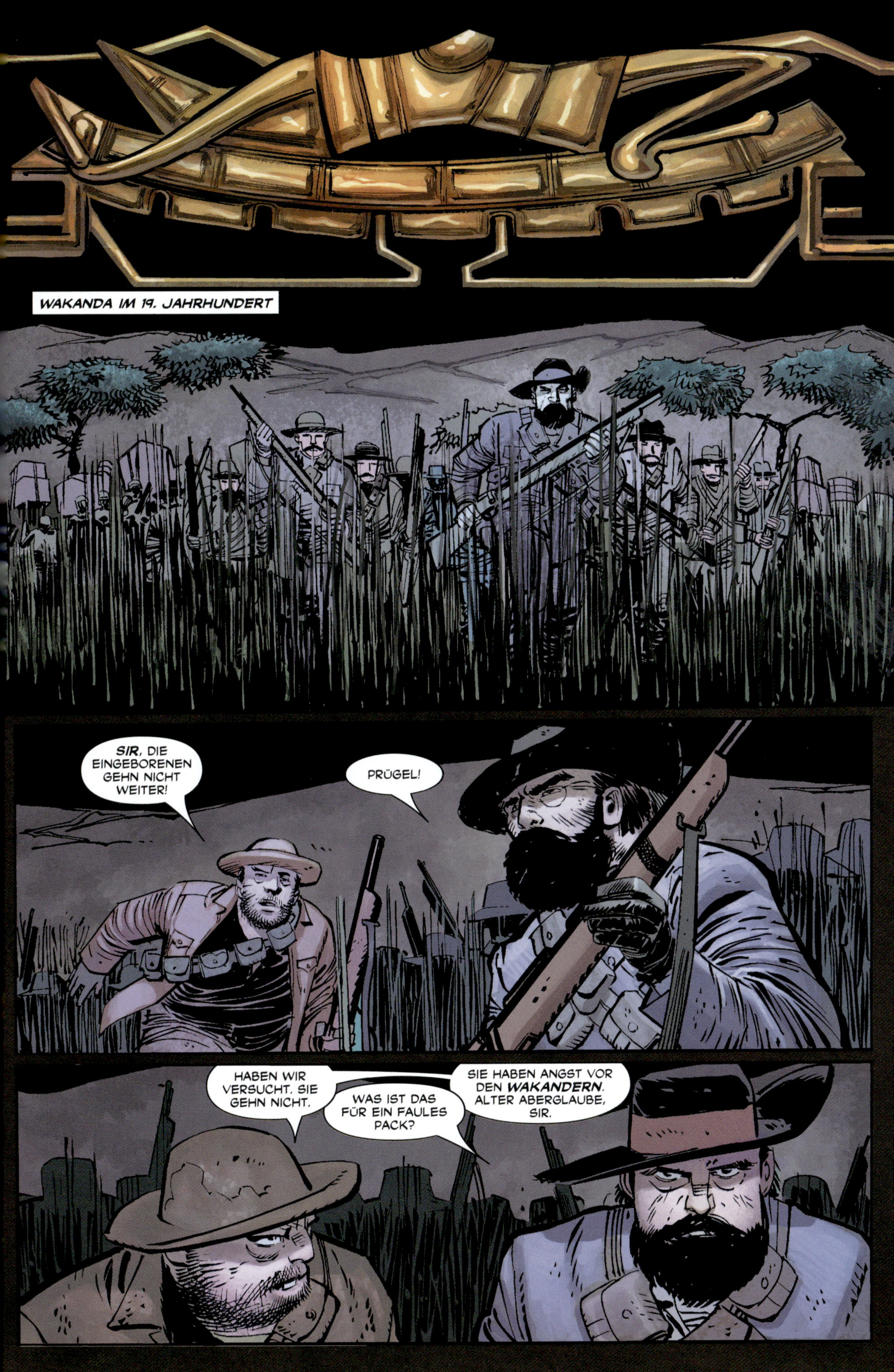
WAKANDA IM 19. JAHRHUNDERT
SIR, DIE EINGEBORENEN GEHN NICHT WEITER!
PRÜGEL!
HABEN WIR VERSUCHT. SIE GEHN NICHT.
WAS IST DAS FÜR EIN FAULES PACK?
SIE HABEN ANGST VOR DEN WAKANDERN. ALTER ABERGLAUBE, SIR.

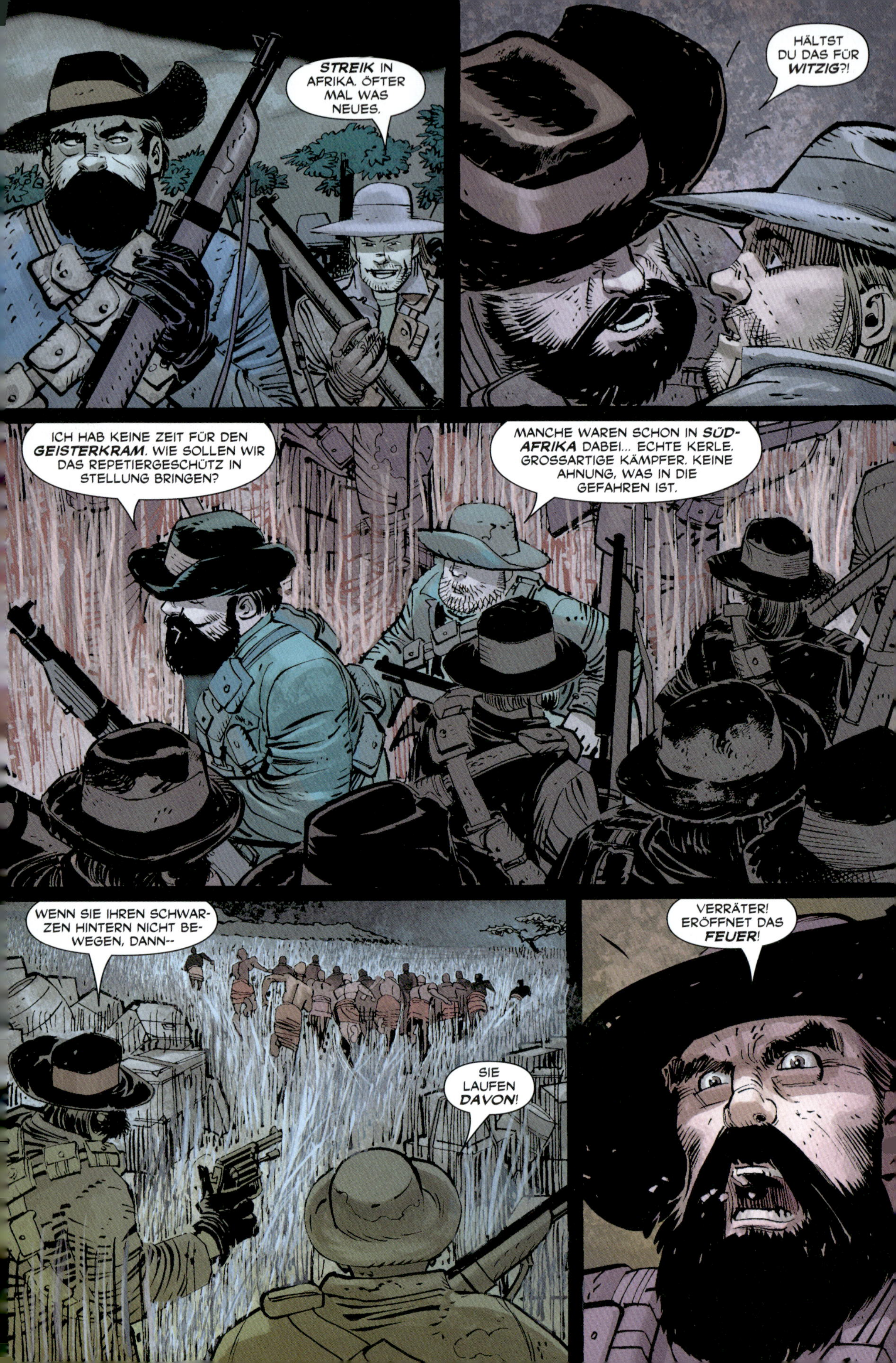
STREIK IN AFRIKA. ÖFTER MAL WAS NEUES.
HÄLTST DU DAS FÜR WITZIG?!
ICH HAB KEINE ZEIT FÜR DEN GEISTERKRAM. WIE SOLLEN WIR DAS REPETIERGESCHÜTZ IN STELLUNG BRINGEN?
MANCHE WAREN SCHON IN SÜDAFRIKA DABEI... ECHTE KERLE. GROSSARTIGE KÄMPFER. KEINE AHNUNG, WAS IN DIE GEFAHREN IST.
WENN SIE IHREN SCHWARZEN HINTERN NICHT BEWEGEN, DANN--
SIE LAUFEN DAVON!
VERRÄTER! ERÖFFNET DAS FEUER!

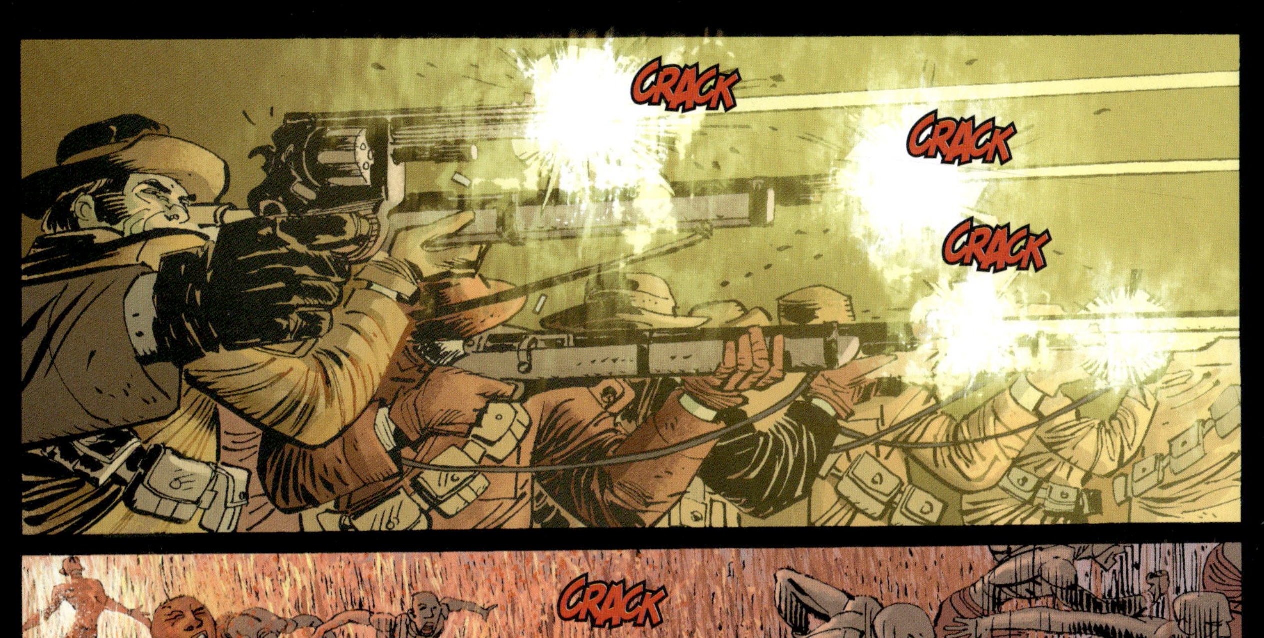
CRACK
CRACK
CRACK

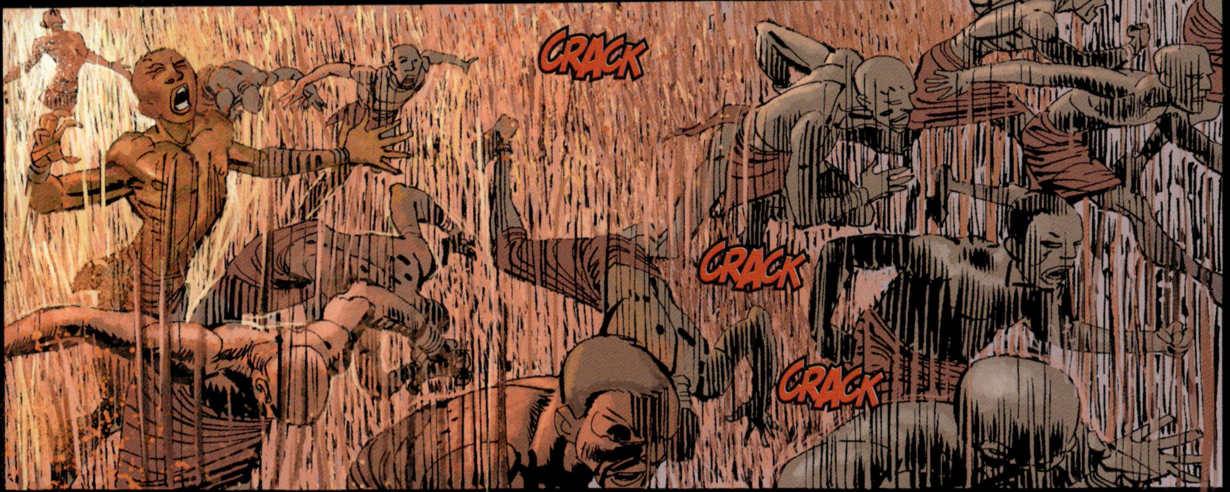
CRACK
CRACK
CRACK

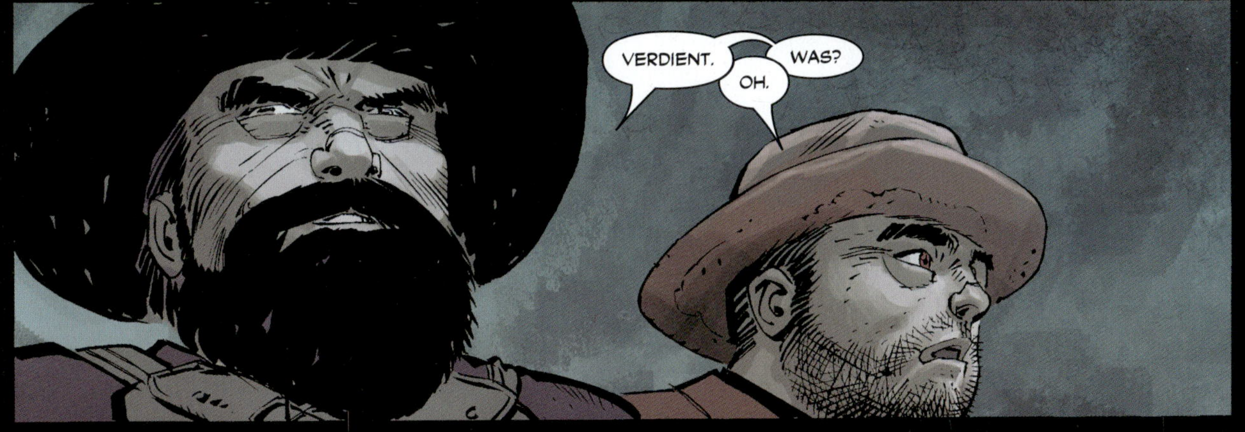
VERDIENT.
WAS?
OH.

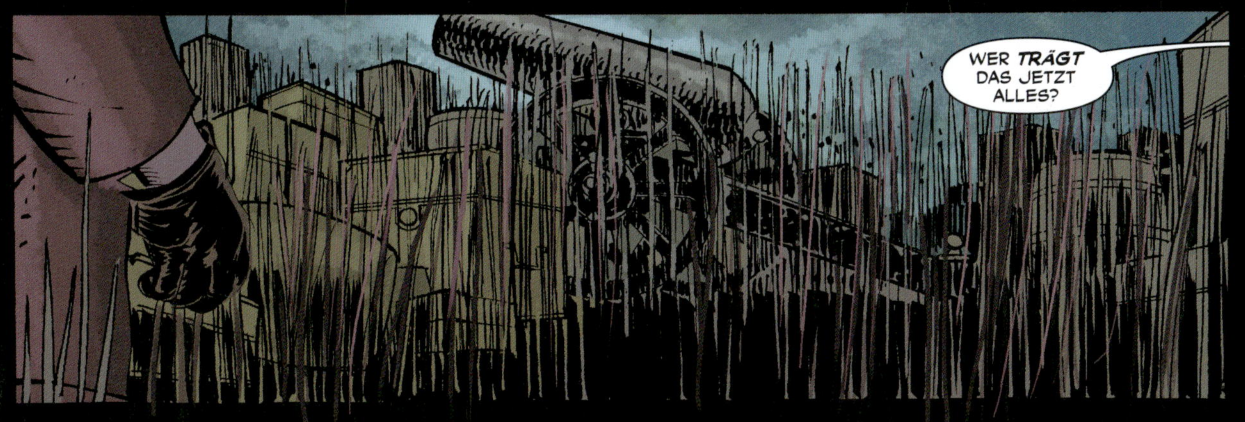
WER **TRÄGT** DAS JETZT ALLES?

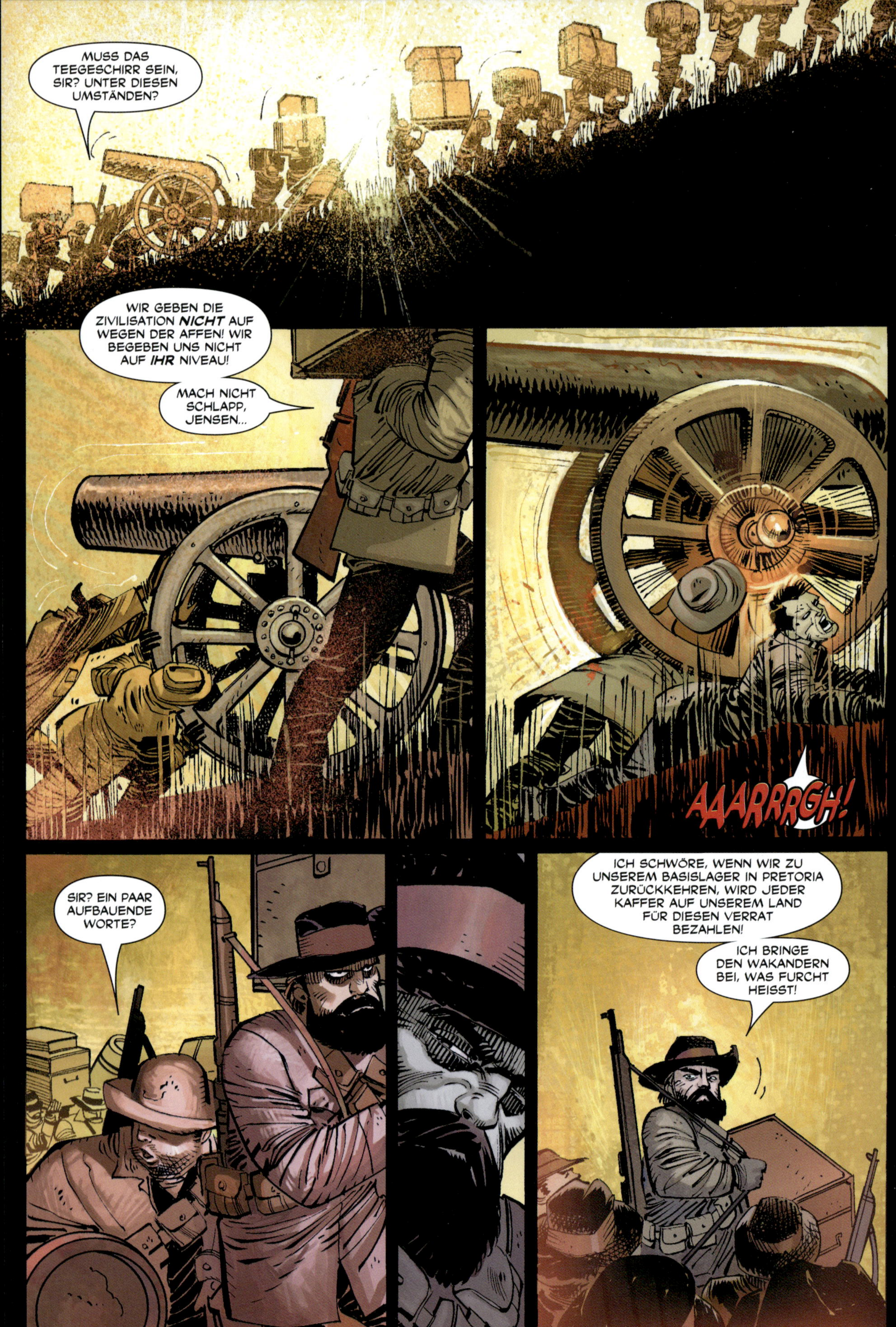
MUSS DAS TEEGESCHIRR SEIN, SIR? UNTER DIESEN UMSTÄNDEN?
WIR GEBEN DIE ZIVILISATION NICHT AUF WEGEN DER AFFEN! WIR BEGEBEN UNS NICHT AUF IHR NIVEAU!
MACH NICHT SCHLAPP, JENSEN...
AAARRRGH!
SIR? EIN PAAR AUFBAUENDE WORTE?
ICH SCHWÖRE, WENN WIR ZU UNSEREM BASISLAGER IN PRETORIA ZURÜCKKEHREN, WIRD JEDER KAFFER AUF UNSEREM LAND FÜR DIESEN VERRAT BEZAHLEN!
ICH BRINGE DEN WAKANDERN BEI, WAS FURCHT HEISST!

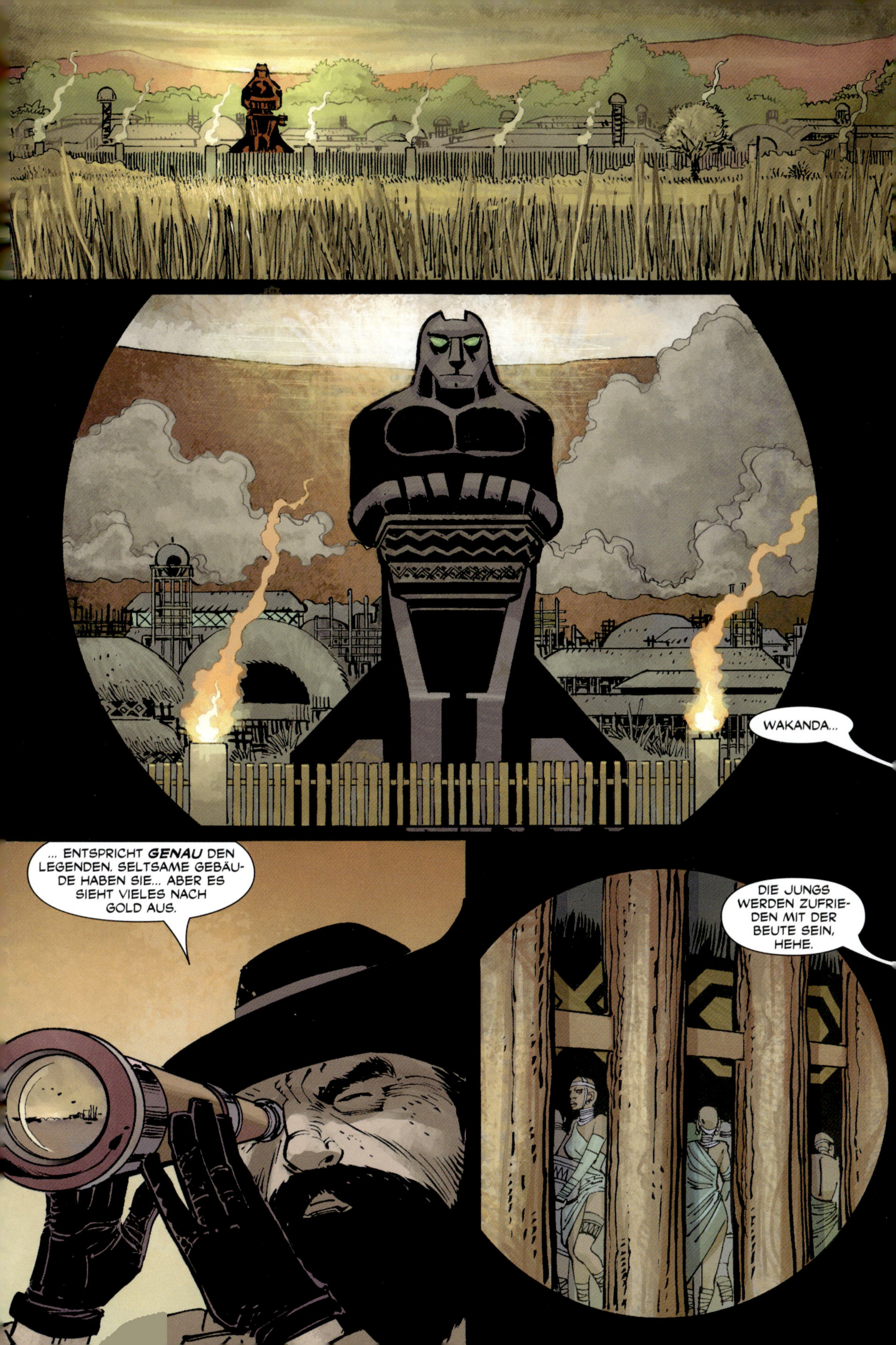
WAKANDA...
... ENTSPRICHT GENAU DEN LEGENDEN. SELTSAME GEBÄUDE HABEN SIE... ABER ES SIEHT VIELES NACH GOLD AUS.
DIE JUNGS WERDEN ZUFRIEDEN MIT DER BEUTE SEIN, HEHE.

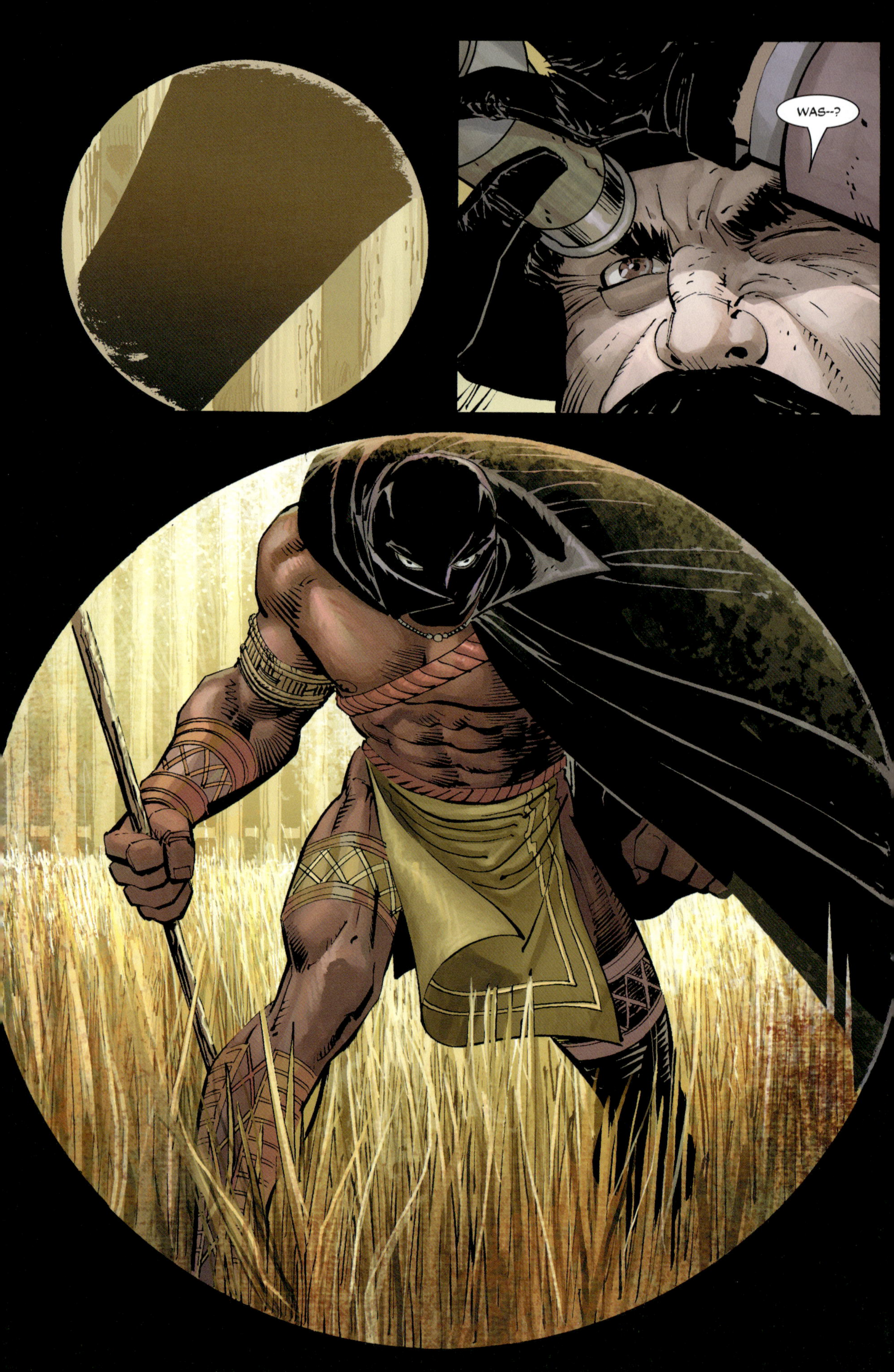
WAS--?

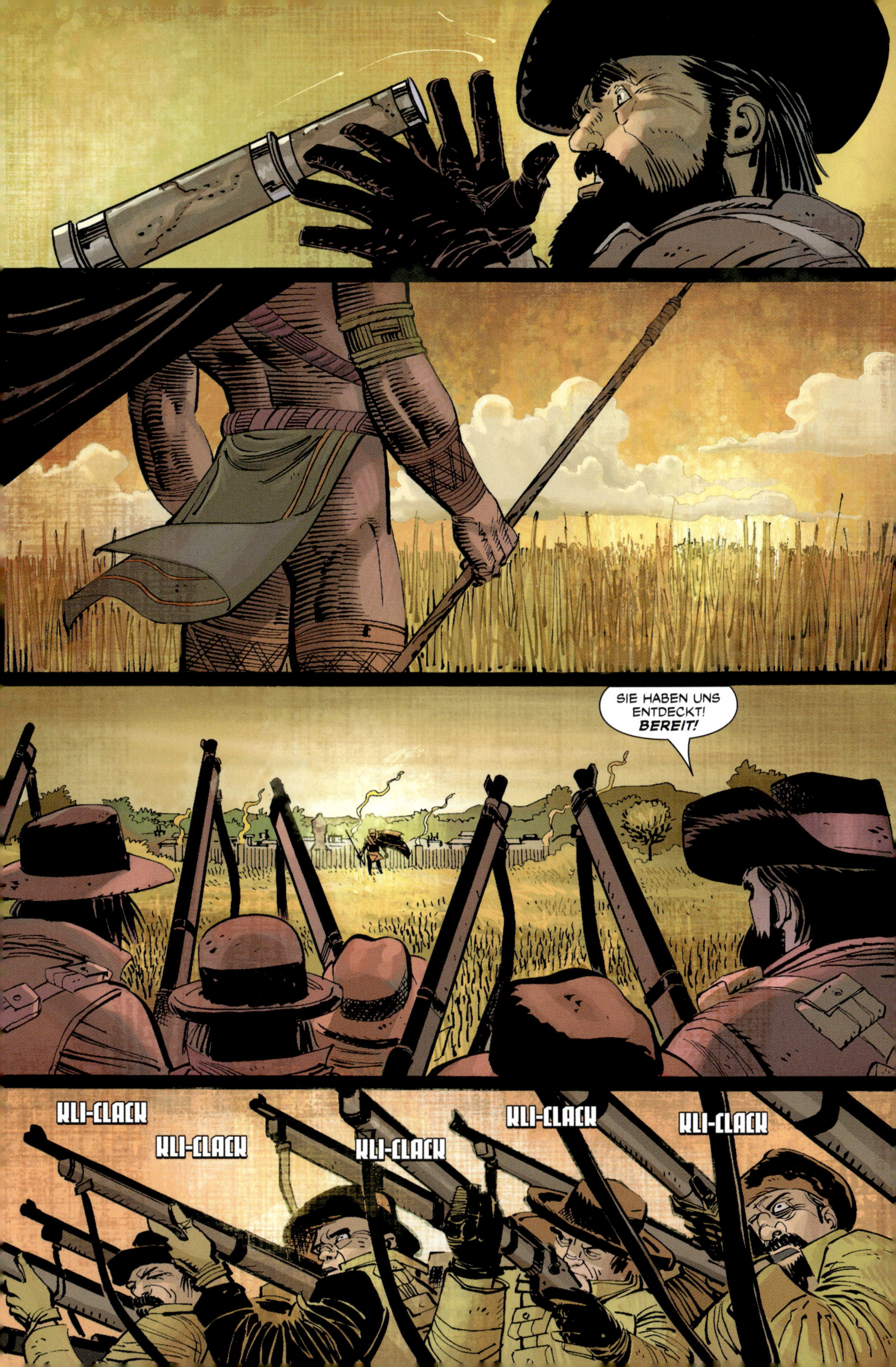
SIE HABEN UNS ENTDECKT! *BEREIT!*
KLI-CLACK
KLI-CLACK
KLI-CLACK
KLI-CLACK
KLI-CLACK

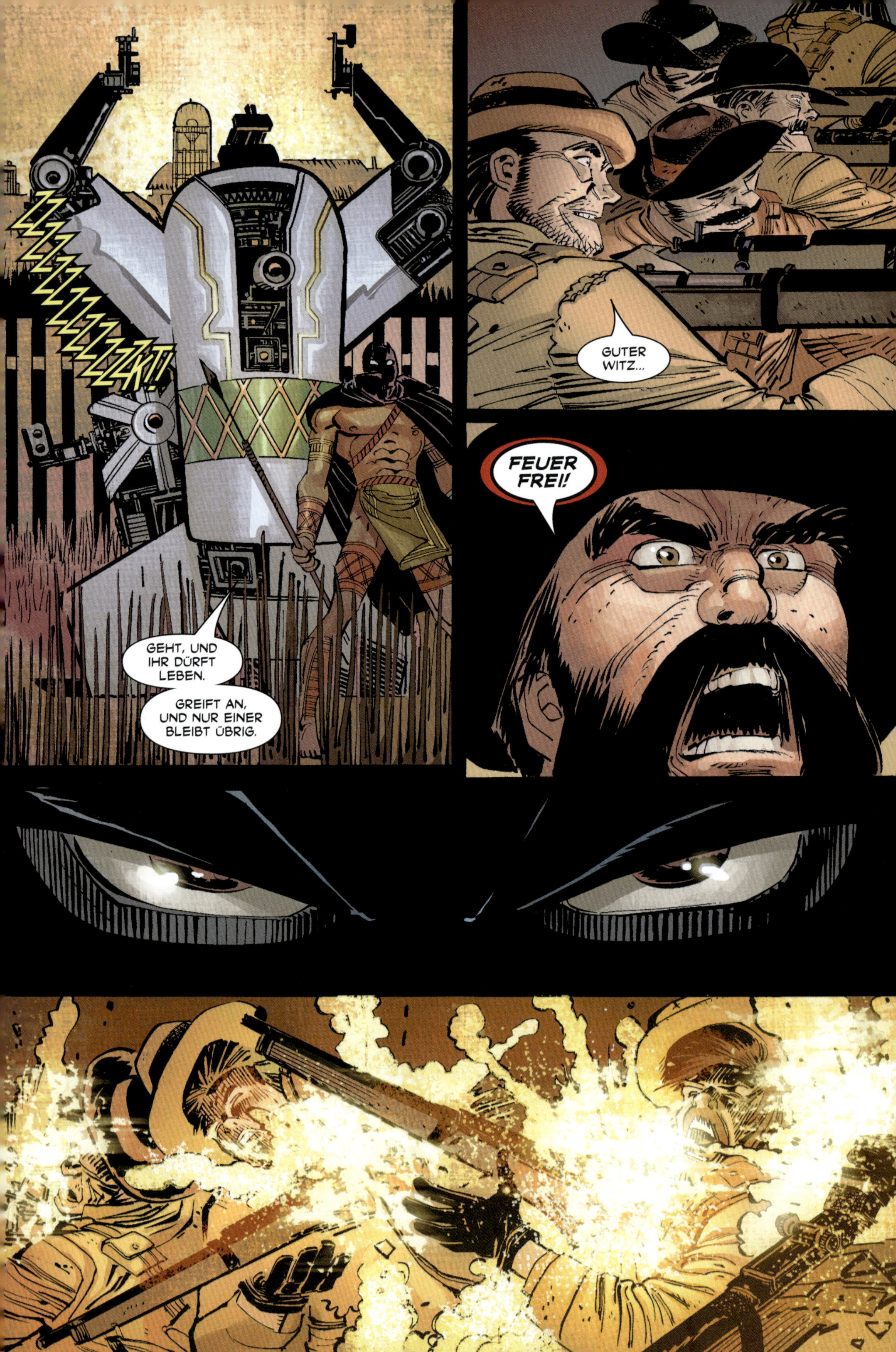
ZZZZZZZZZZZKT!
GEHT, UND IHR DÜRFT LEBEN.
GREIFT AN, UND NUR EINER BLEIBT ÜBRIG.
GUTER WITZ...
FEUER FREI!

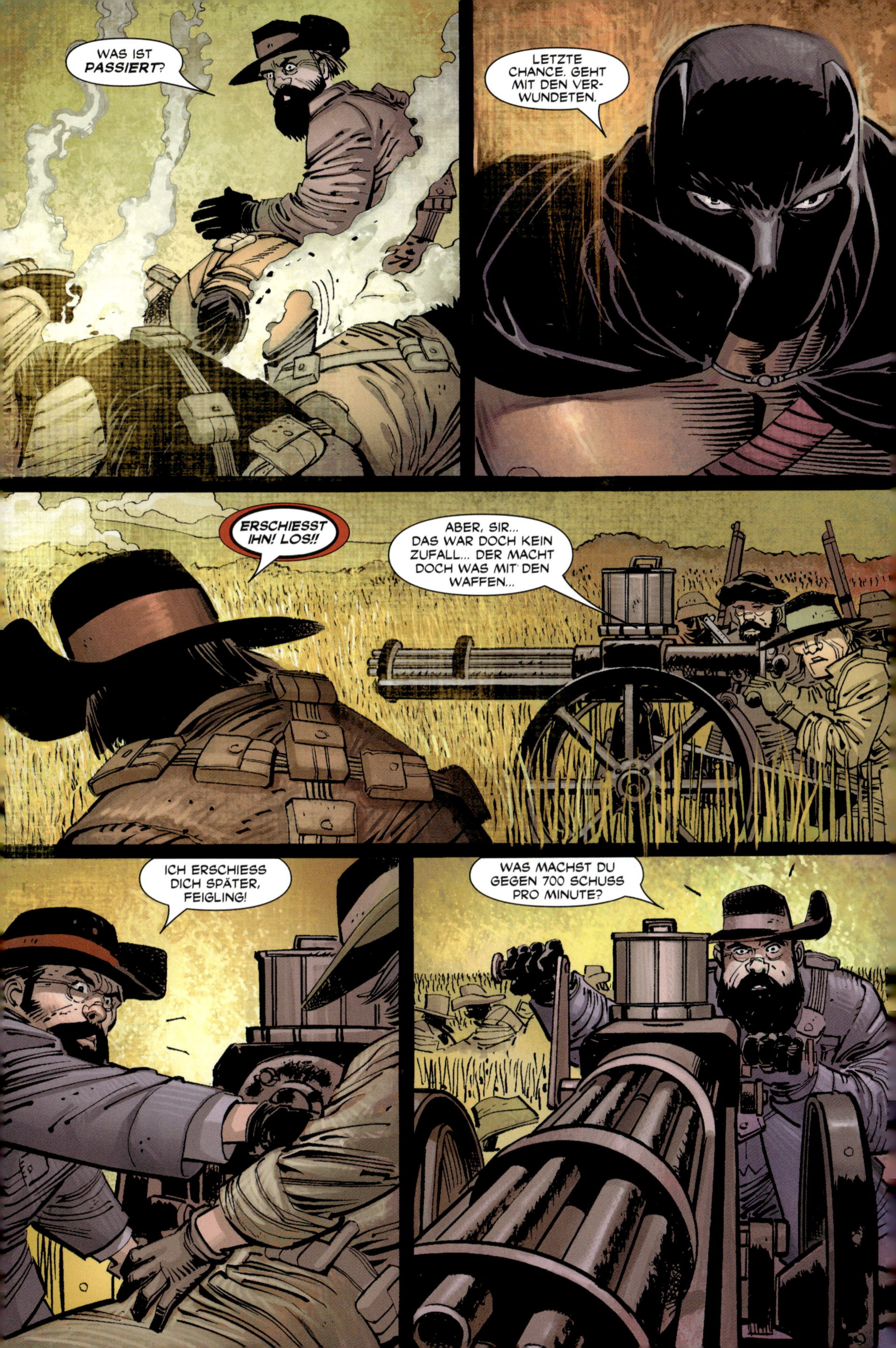
WAS IST PASSIERT?
LETZTE CHANCE. GEHT MIT DEN VERWUNDETEN.
ERSCHIESST IHN! LOS!!
ABER, SIR... DAS WAR DOCH KEIN ZUFALL... DER MACHT DOCH WAS MIT DEN WAFFEN...
ICH ERSCHIESS DICH SPÄTER, FEIGLING!
WAS MACHST DU GEGEN 700 SCHUSS PRO MINUTE?

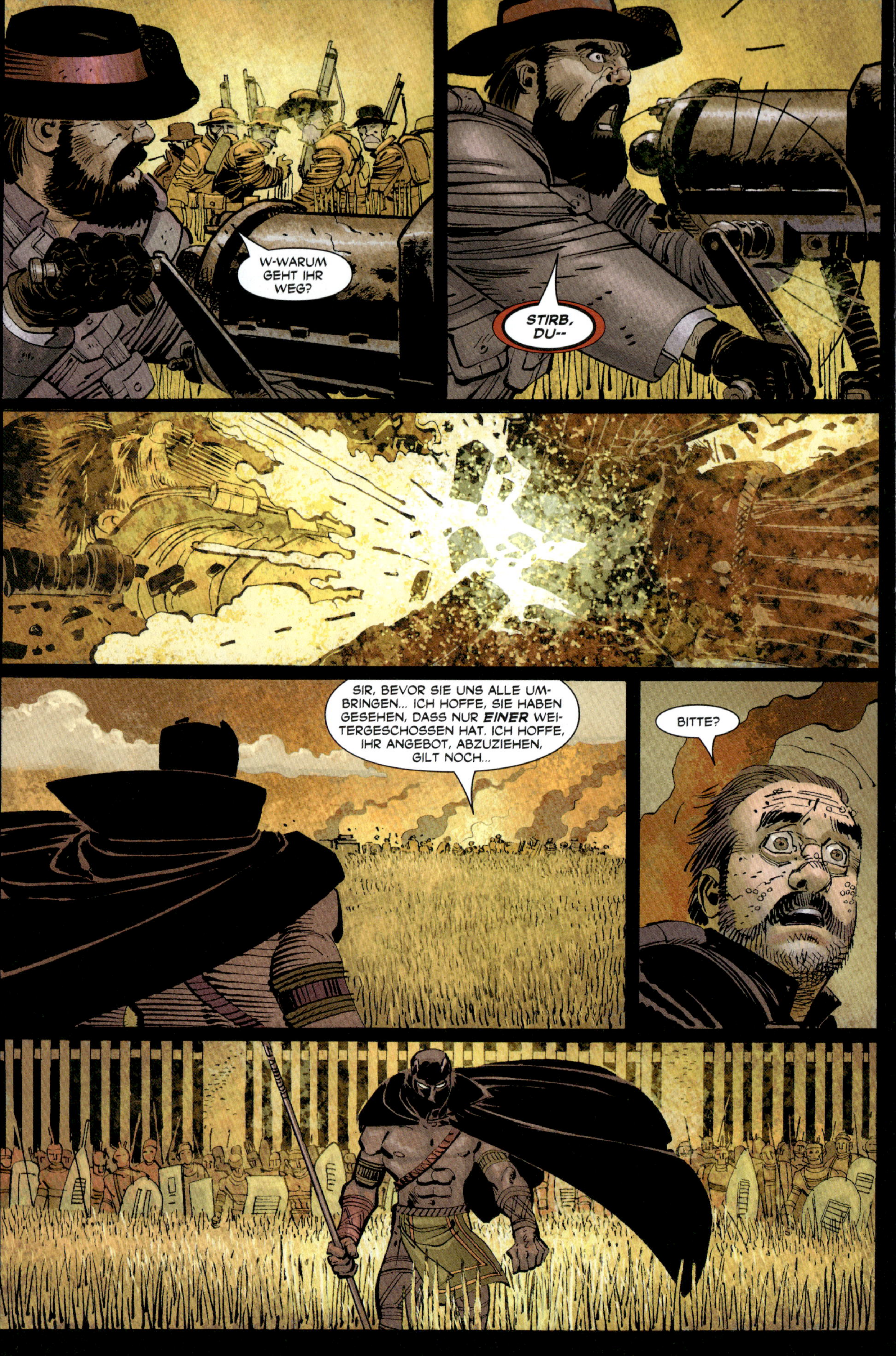
W-WARUM GEHT IHR WEG?
STIRB, DU--
SIR, BEVOR SIE UNS ALLE UMBRINGEN... ICH HOFFE, SIE HABEN GESEHEN, DASS NUR EINER WEITERGESCHOSSEN HAT. ICH HOFFE, IHR ANGEBOT, ABZUZIEHEN, GILT NOCH...
BITTE?

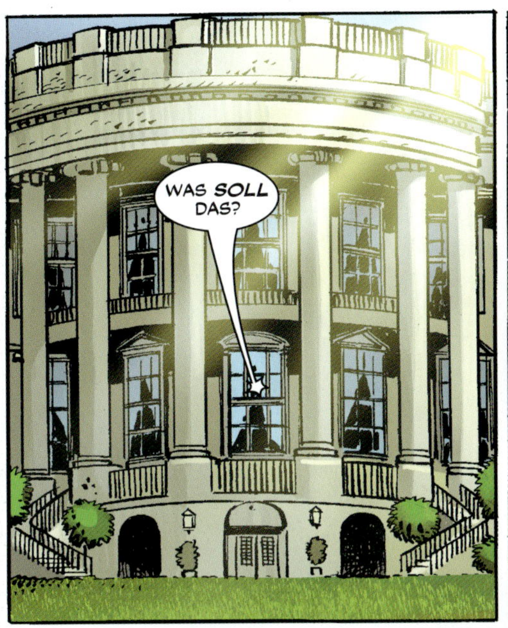
WAS SOLL DAS?

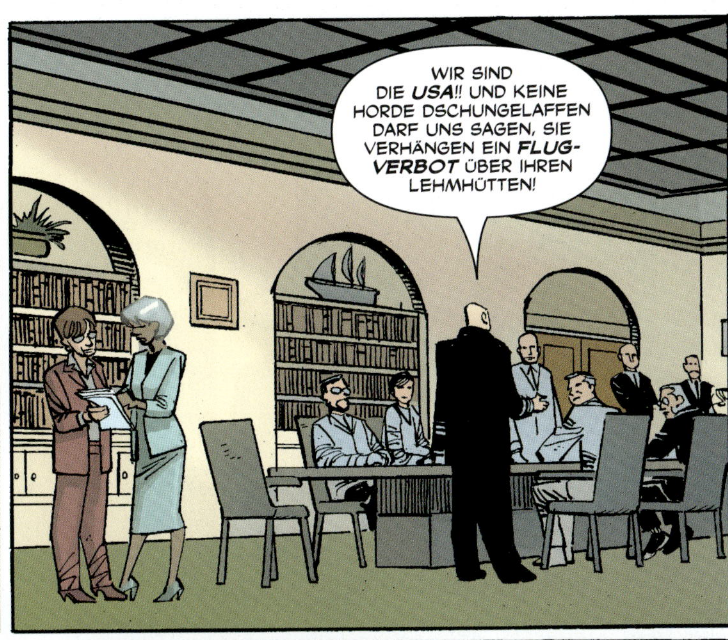
WIR SIND DIE USA!! UND KEINE HORDE DSCHUNGELAFFEN DARF UNS SAGEN, SIE VERHÄNGEN EIN FLUG-VERBOT ÜBER IHREN LEHMHÜTTEN!

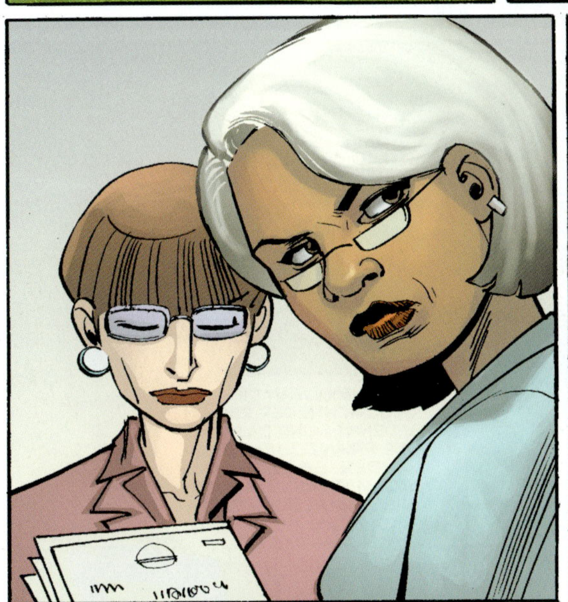

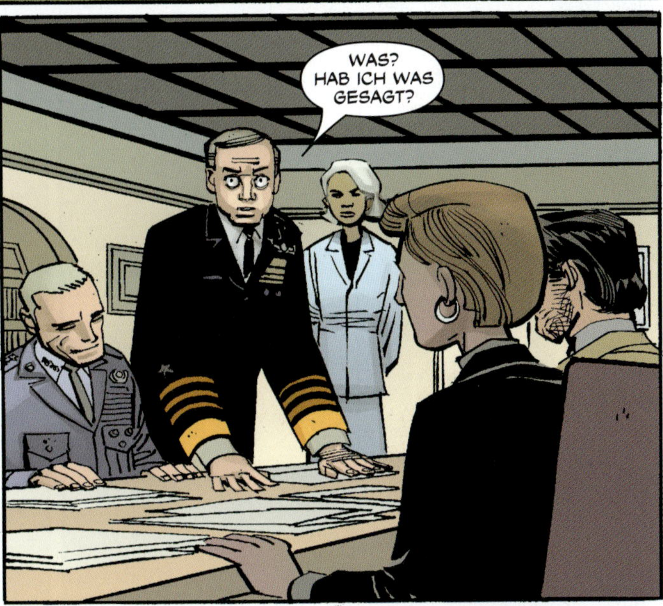
WAS? HAB ICH WAS GESAGT?

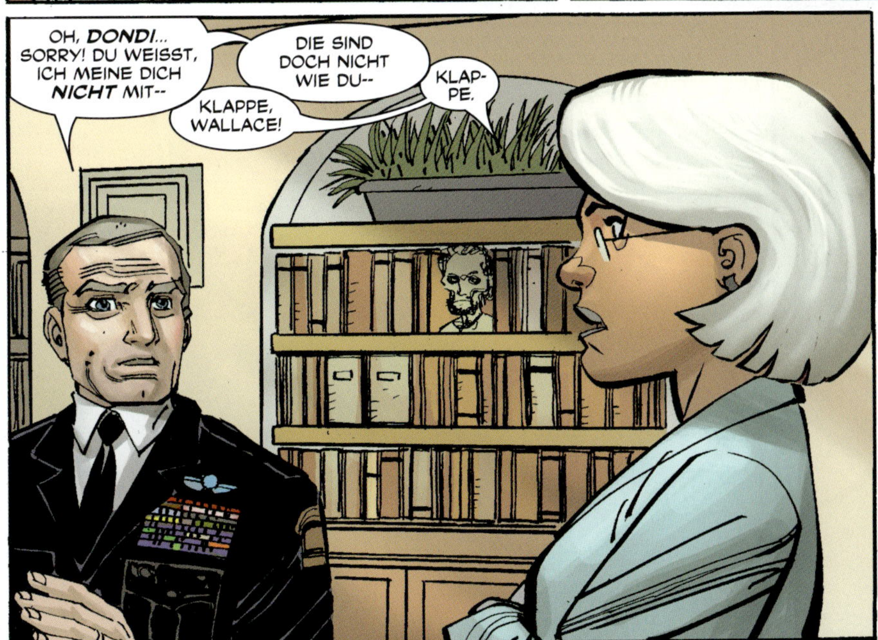
OH, DONDI... SORRY! DU WEISST, ICH MEINE DICH NICHT MIT--
DIE SIND DOCH NICHT WIE DU--
KLAPPE, WALLACE!
KLAP-PE.

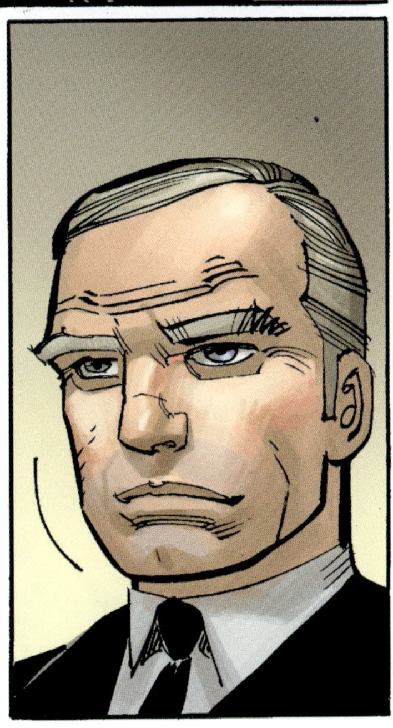

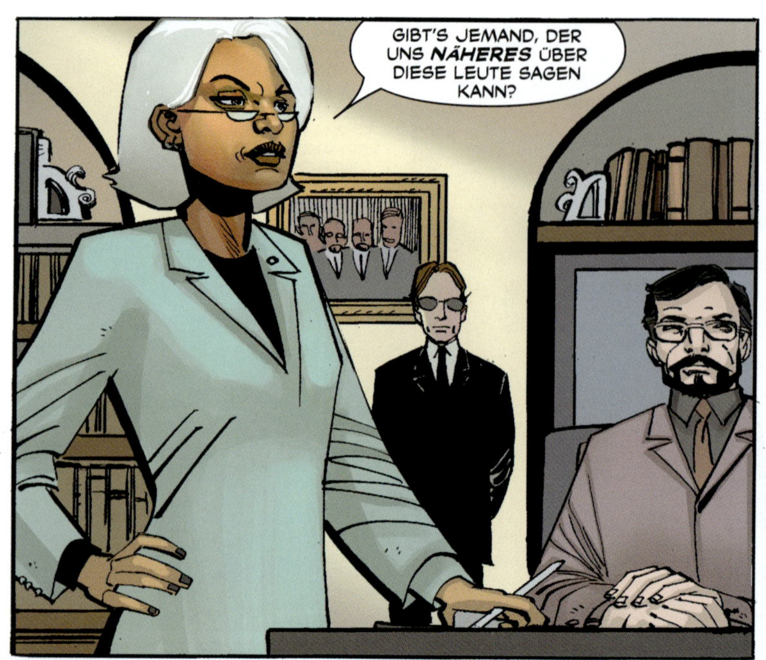
GIBT'S JEMAND, DER UNS NÄHERES ÜBER DIESE LEUTE SAGEN KANN?

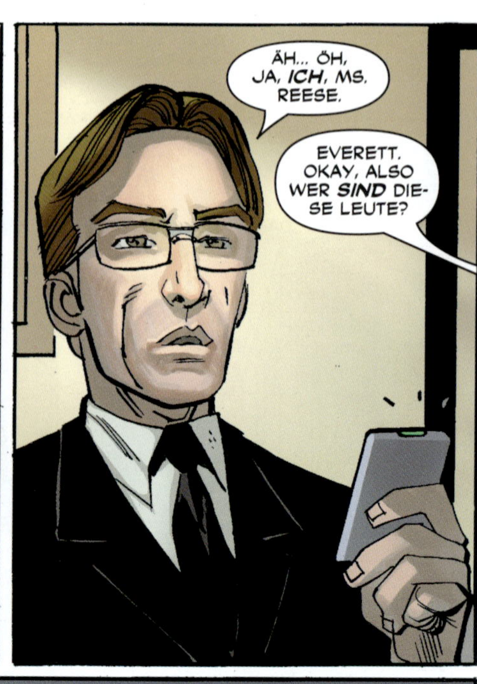
ÄH... ÖH, JA, ICH, MS. REESE.
EVERETT. OKAY, ALSO WER SIND DIESE LEUTE?

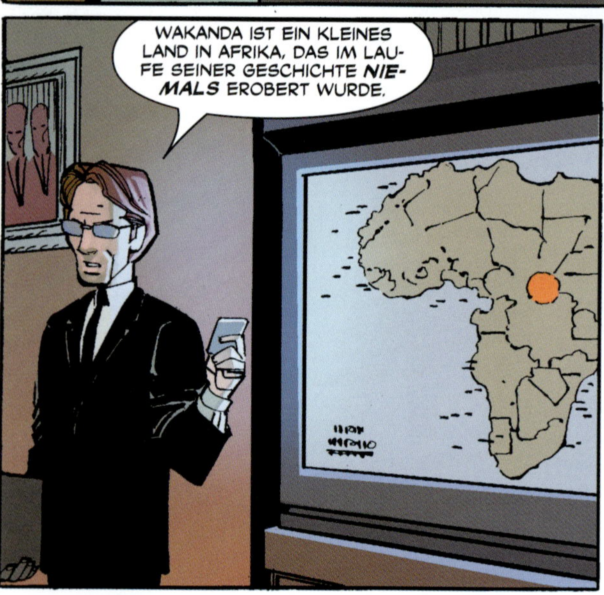
WAKANDA IST EIN KLEINES LAND IN AFRIKA, DAS IM LAUFE SEINER GESCHICHTE NIEMALS EROBERT WURDE.

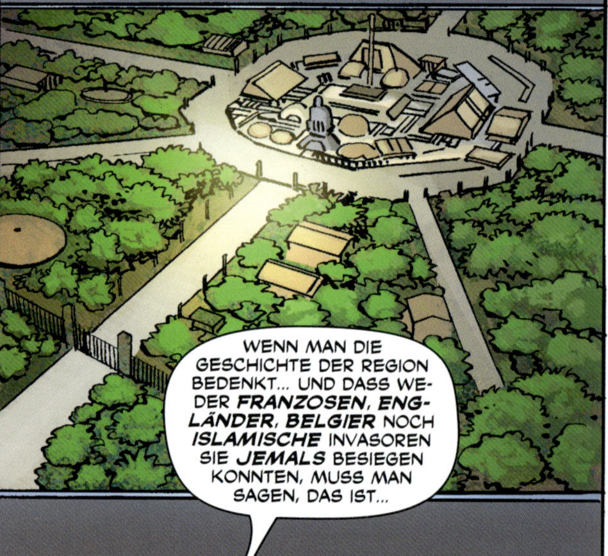
WENN MAN DIE GESCHICHTE DER REGION BEDENKT... UND DASS WEDER FRANZOSEN, ENGLÄNDER, BELGIER NOCH ISLAMISCHE INVASOREN SIE JEMALS BESIEGEN KONNTEN, MUSS MAN SAGEN, DAS IST...

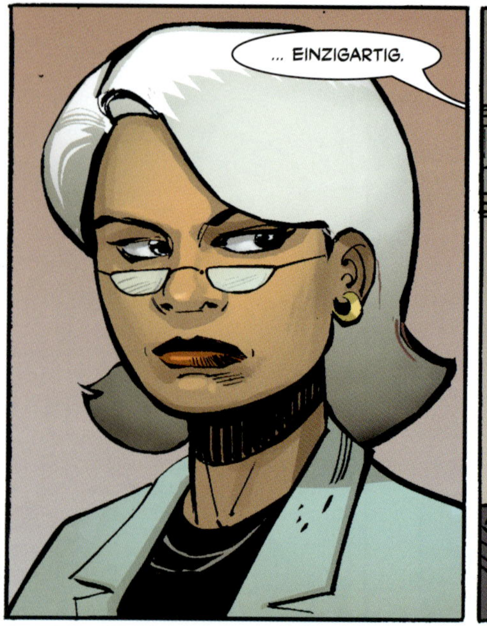
... EINZIGARTIG.

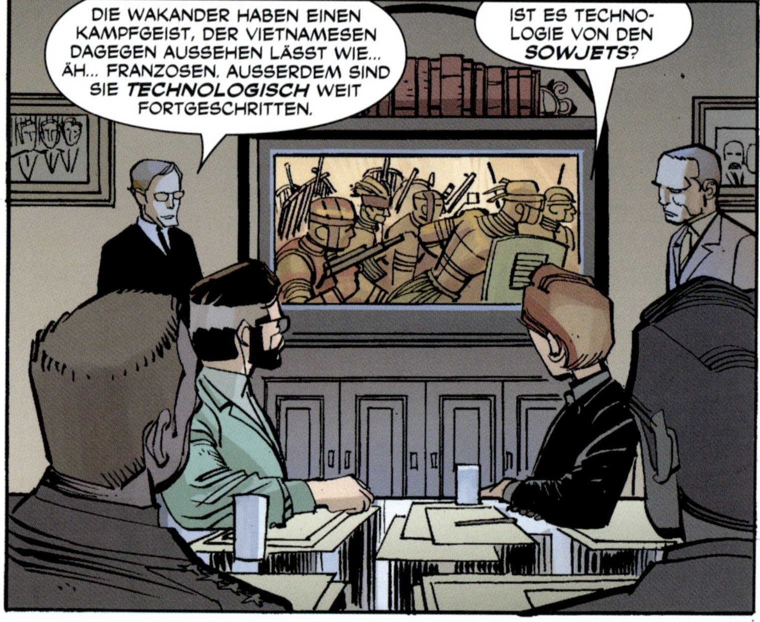
DIE WAKANDER HABEN EINEN KAMPFGEIST, DER VIETNAMESEN DAGEGEN AUSSEHEN LÄSST WIE... ÄH... FRANZOSEN. AUSSERDEM SIND SIE TECHNOLOGISCH WEIT FORTGESCHRITTEN.
IST ES TECHNOLOGIE VON DEN SOWJETS?

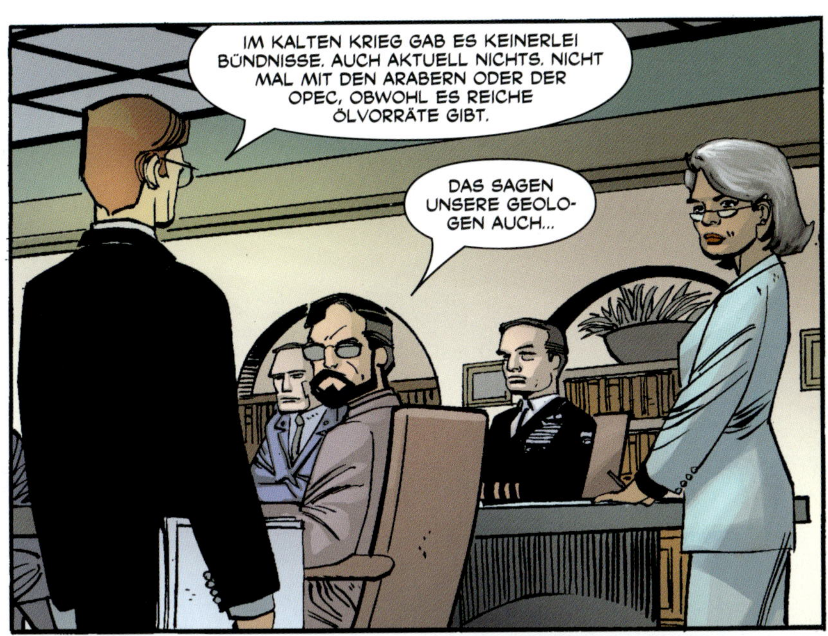
IM KALTEN KRIEG GAB ES KEINERLEI BÜNDNISSE. AUCH AKTUELL NICHTS. NICHT MAL MIT DEN ARABERN ODER DER OPEC, OBWOHL ES REICHE ÖLVORRÄTE GIBT.
DAS SAGEN UNSERE GEOLOGEN AUCH...

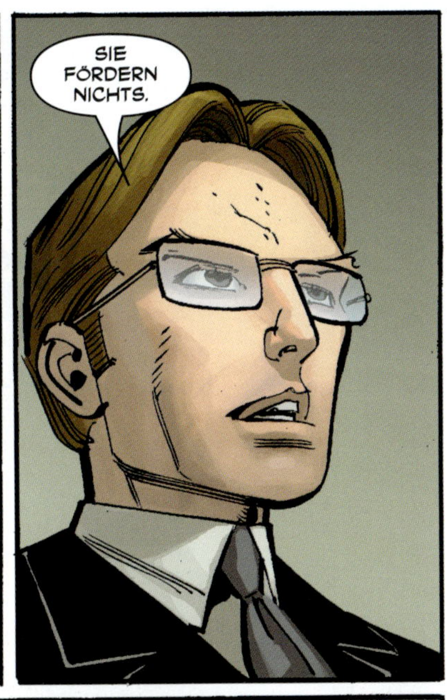
SIE FÖRDERN NICHTS.

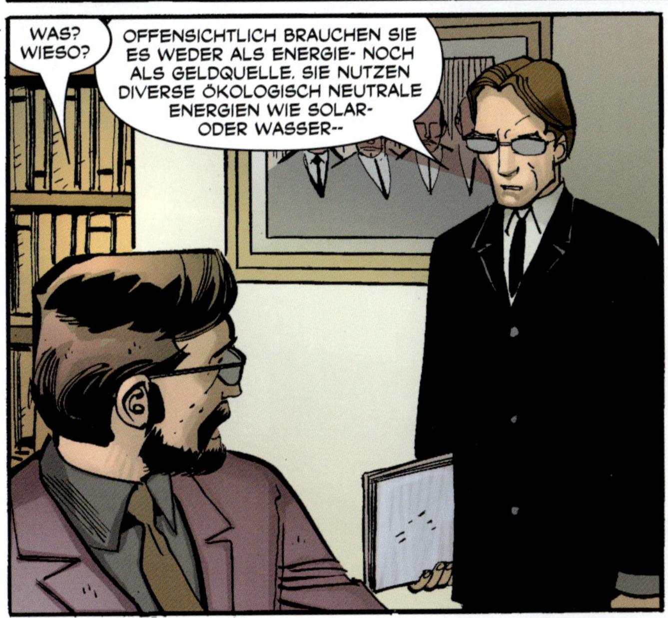
WAS? WIESO?
OFFENSICHTLICH BRAUCHEN SIE ES WEDER ALS ENERGIE- NOCH ALS GELDQUELLE. SIE NUTZEN DIVERSE ÖKOLOGISCH NEUTRALE ENERGIEN WIE SOLAR- ODER WASSER--

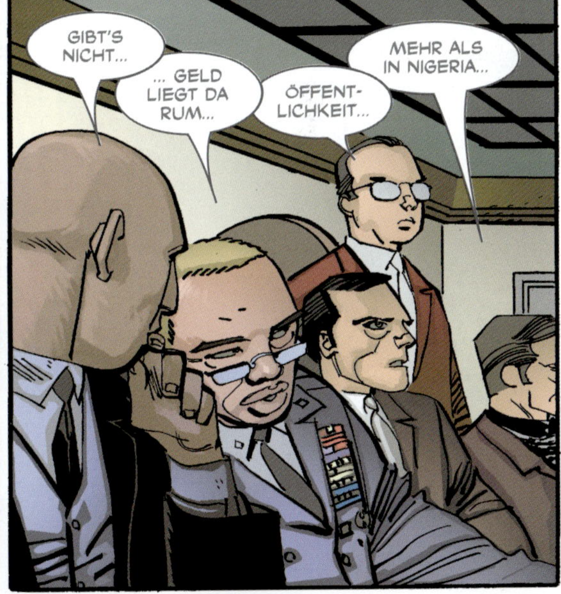
GIBT'S NICHT...
... GELD LIEGT DA RUM...
ÖFFENT-LICHKEIT...
MEHR ALS IN NIGERIA...

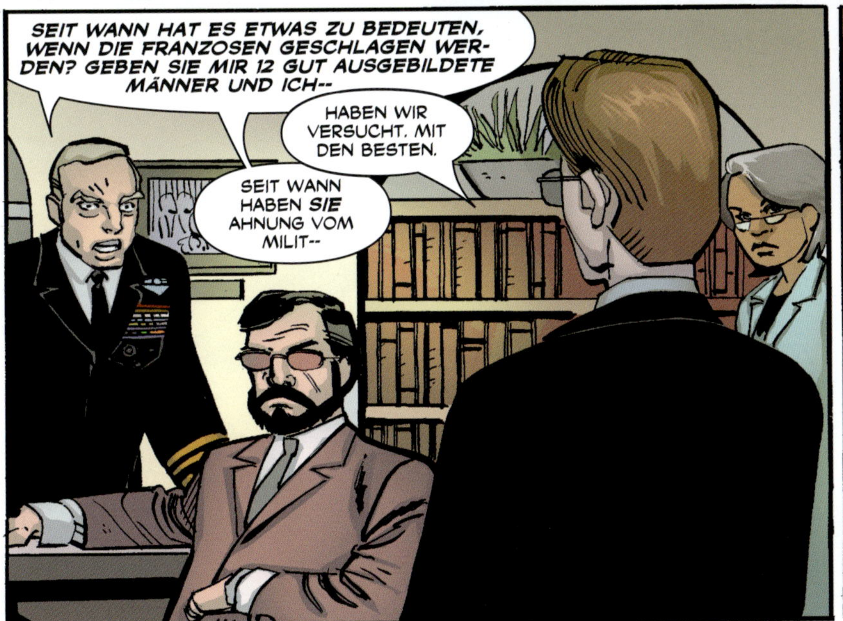
SEIT WANN HAT ES ETWAS ZU BEDEUTEN, WENN DIE FRANZOSEN GESCHLAGEN WERDEN? GEBEN SIE MIR 12 GUT AUSGEBILDETE MÄNNER UND ICH--
HABEN WIR VERSUCHT. MIT DEN BESTEN.
SEIT WANN HABEN *SIE* AHNUNG VOM MILIT--

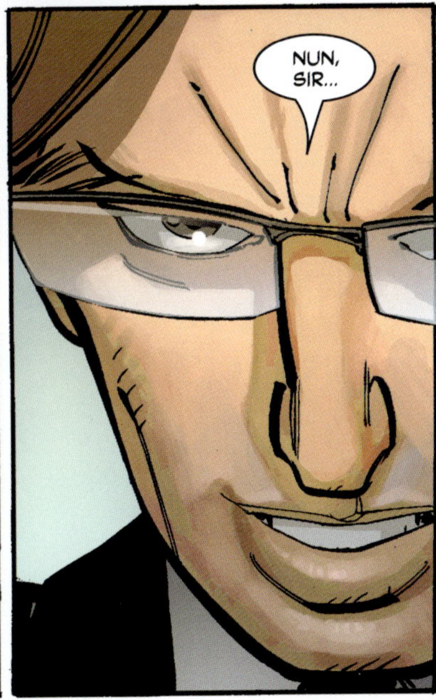
NUN, SIR...

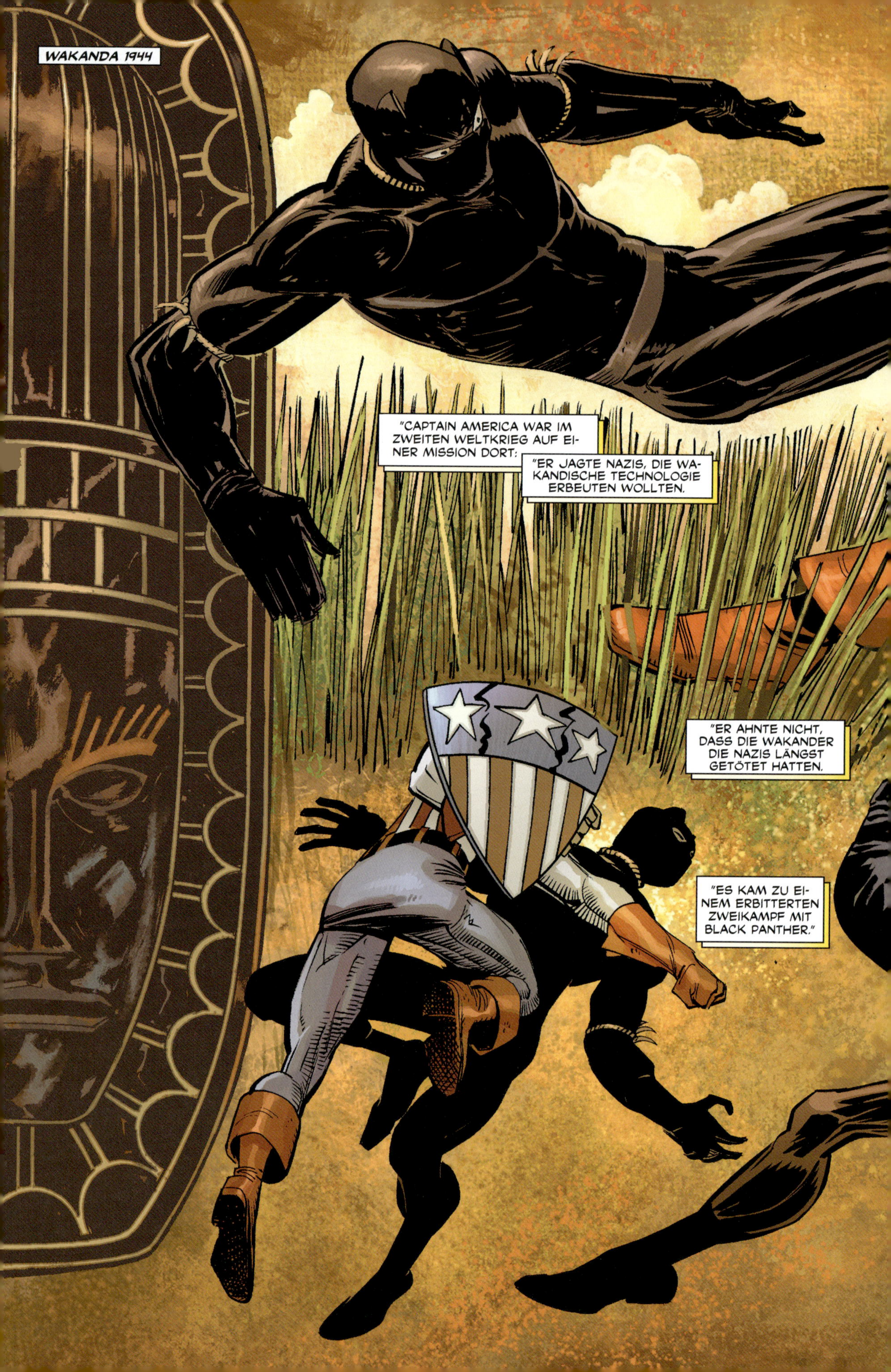
WAKANDA 1944
"CAPTAIN AMERICA WAR IM ZWEITEN WELTKRIEG AUF EINER MISSION DORT:
"ER JAGTE NAZIS, DIE WAKANDISCHE TECHNOLOGIE ERBEUTEN WOLLTEN.
"ER AHNTE NICHT, DASS DIE WAKANDER DIE NAZIS LÄNGST GETÖTET HATTEN.
"ES KAM ZU EINEM ERBITTERTEN ZWEIKAMPF MIT BLACK PANTHER."

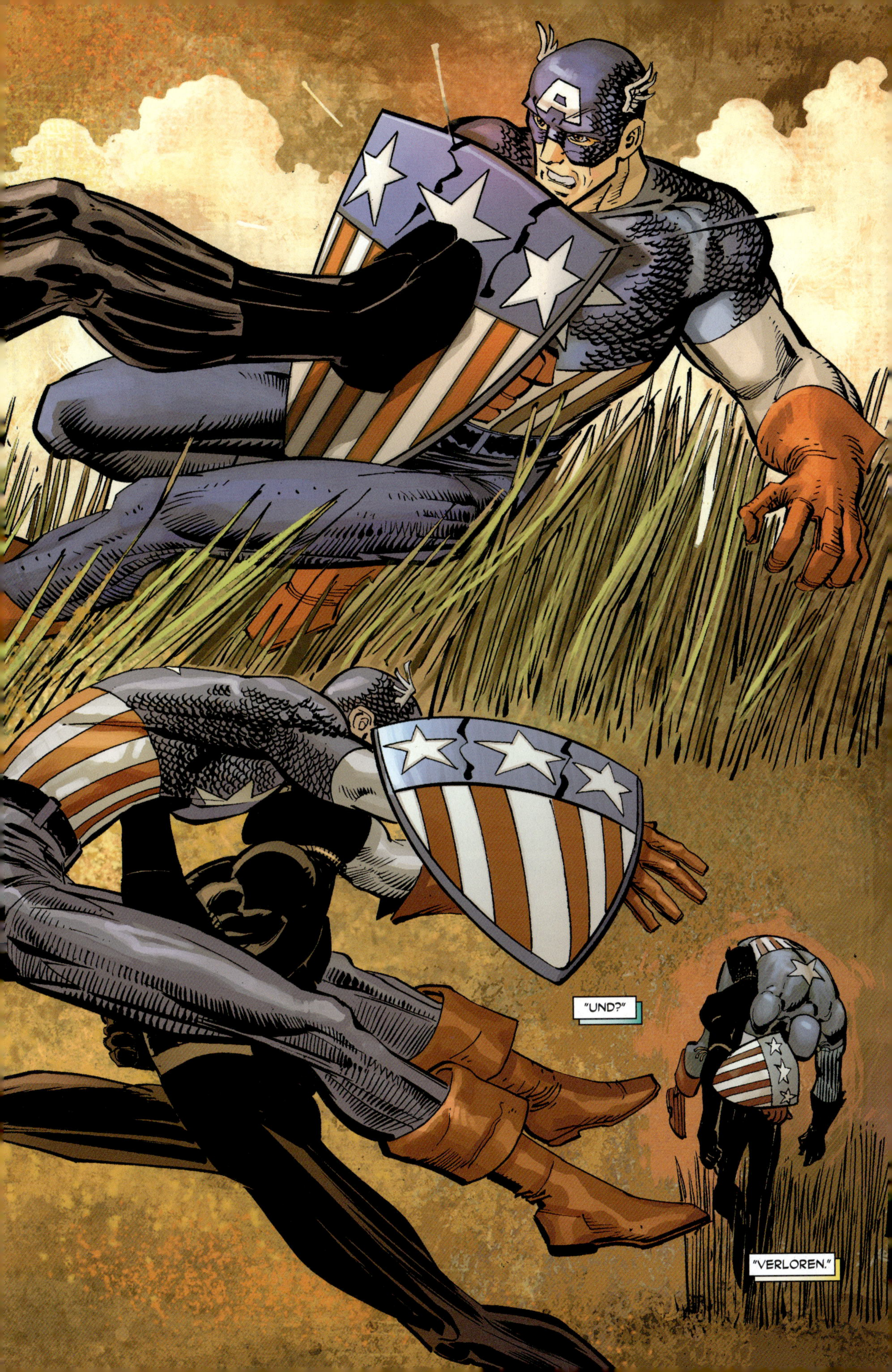
"UND?"
"VERLOREN."

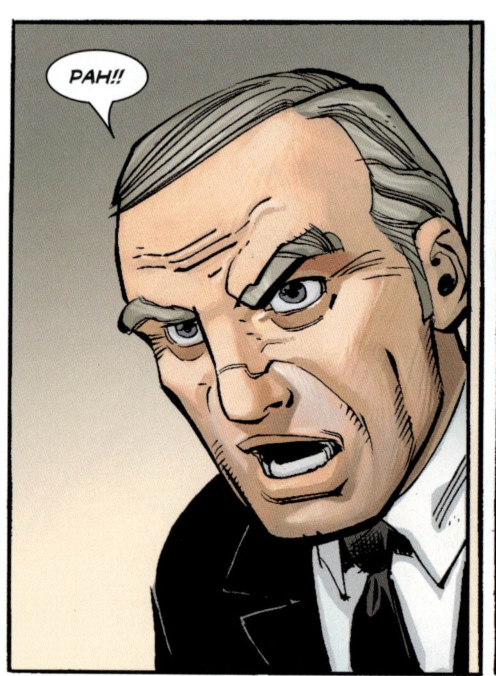
PAH!!

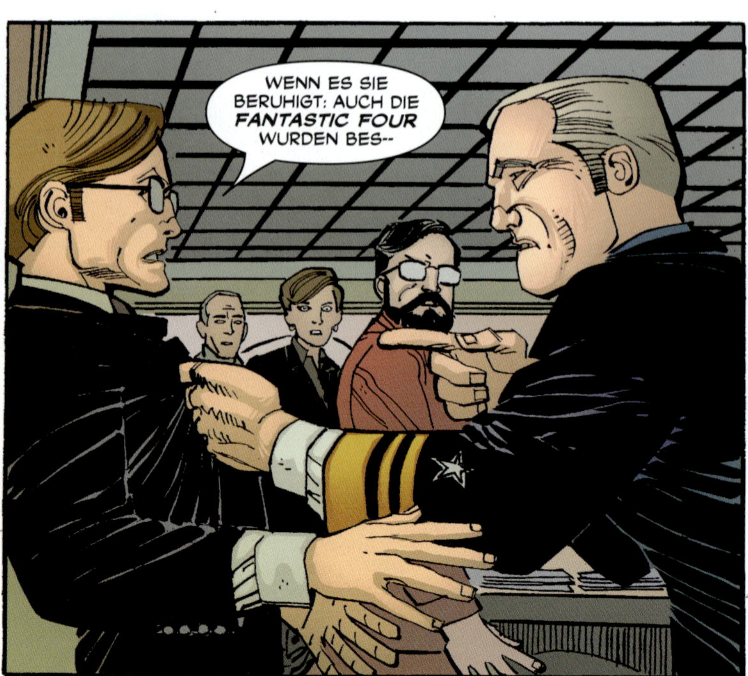
WENN ES SIE BERUHIGT: AUCH DIE FANTASTIC FOUR WURDEN BES--

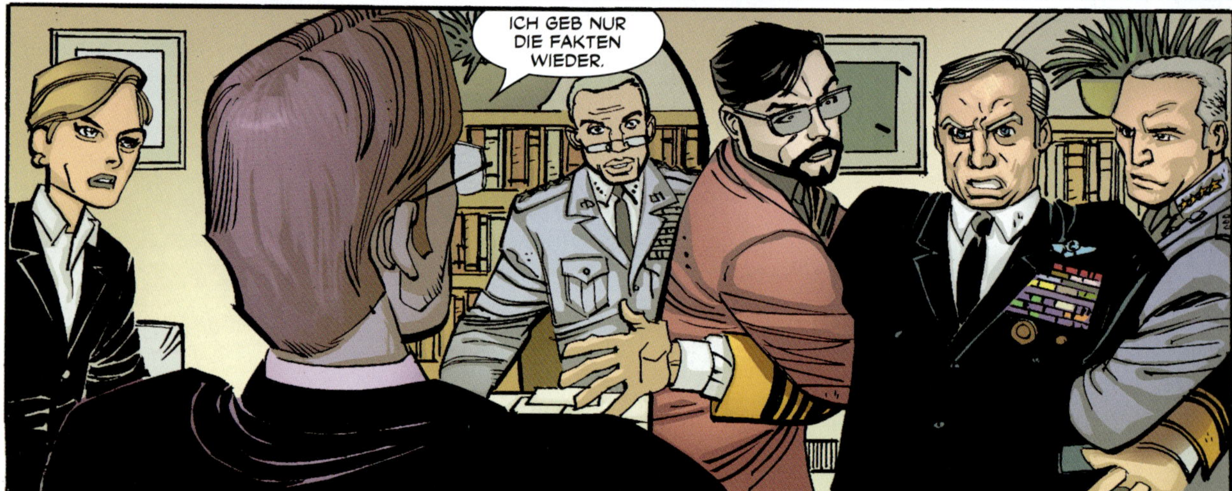
ICH GEB NUR DIE FAKTEN WIEDER.

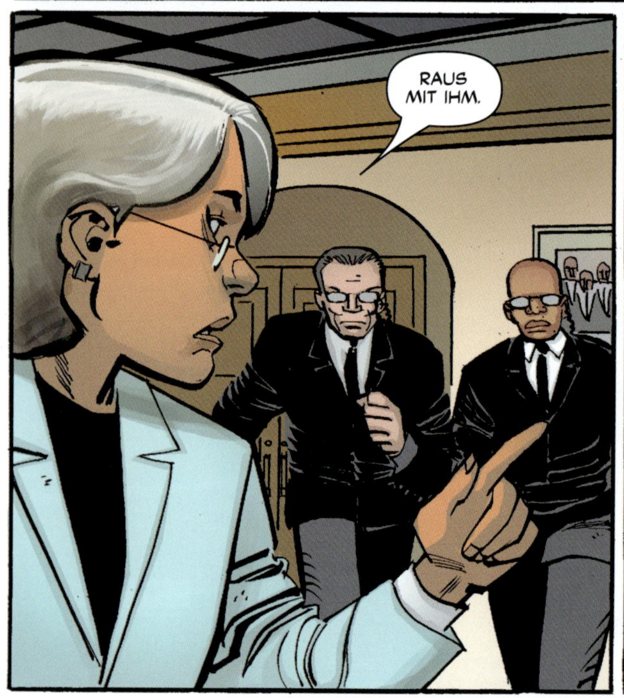
RAUS MIT IHM.

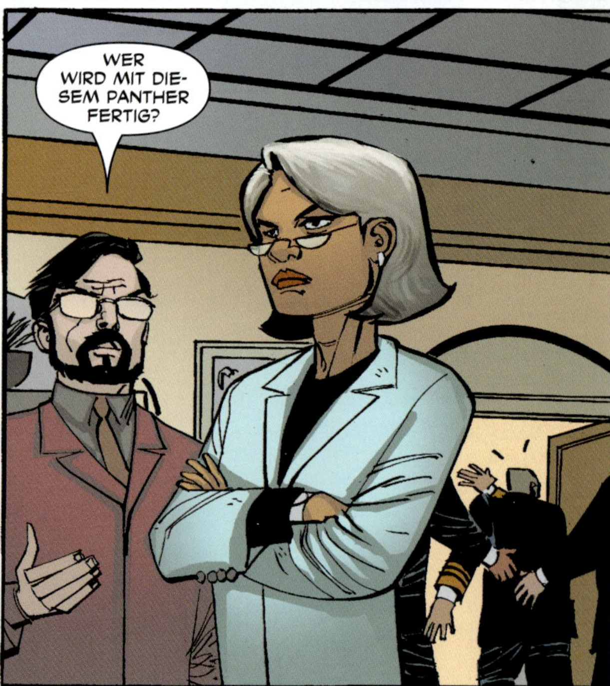
WER WIRD MIT DIE-SEM PANTHER FERTIG?

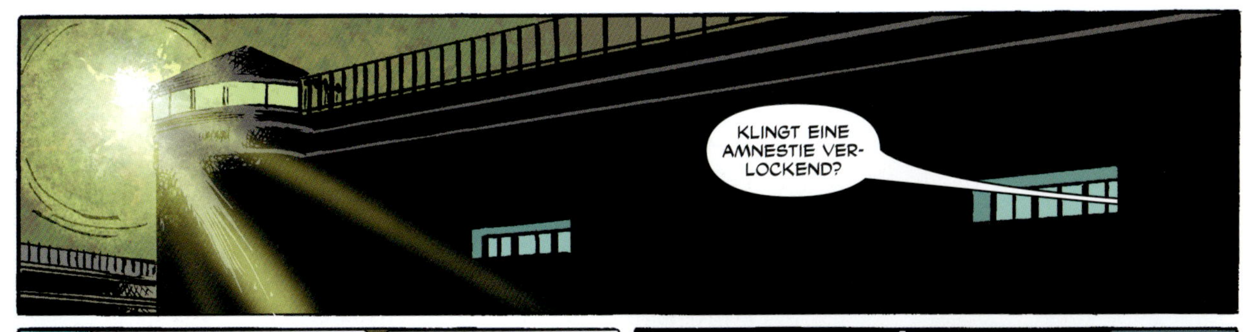
KLINGT EINE AMNESTIE VERLOCKEND?

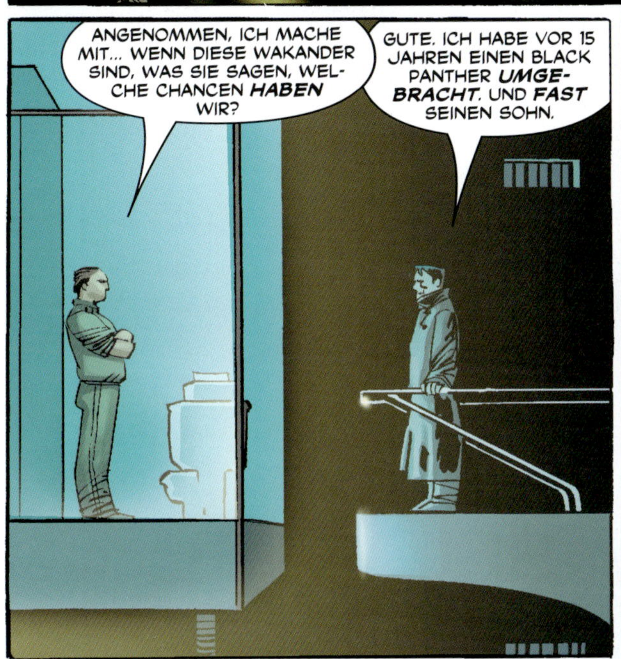
ANGENOMMEN, ICH MACHE MIT... WENN DIESE WAKANDER SIND, WAS SIE SAGEN, WELCHE CHANCEN **HABEN** WIR?
GUTE. ICH HABE VOR 15 JAHREN EINEN BLACK PANTHER **UMGEBRACHT**. UND **FAST** SEINEN SOHN.

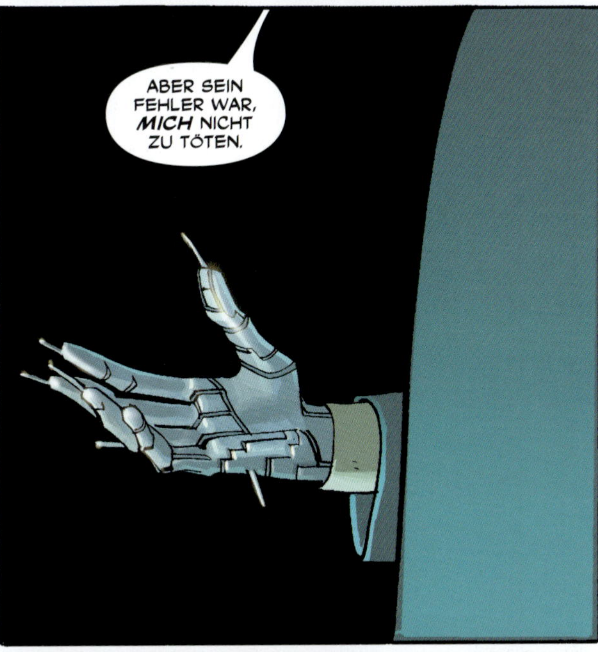
ABER SEIN FEHLER WAR, **MICH** NICHT ZU TÖTEN.

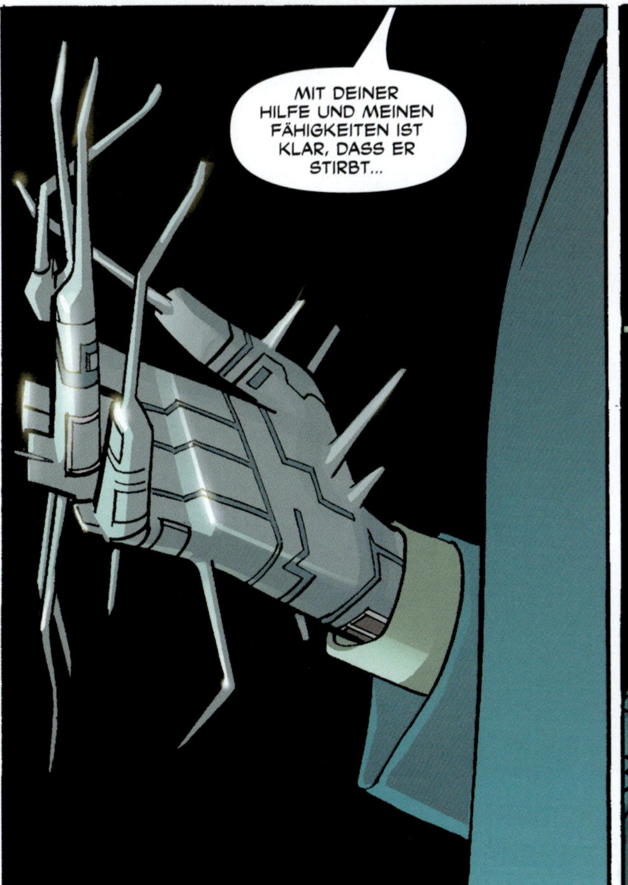
MIT DEINER HILFE UND MEINEN FÄHIGKEITEN IST KLAR, DASS ER STIRBT...

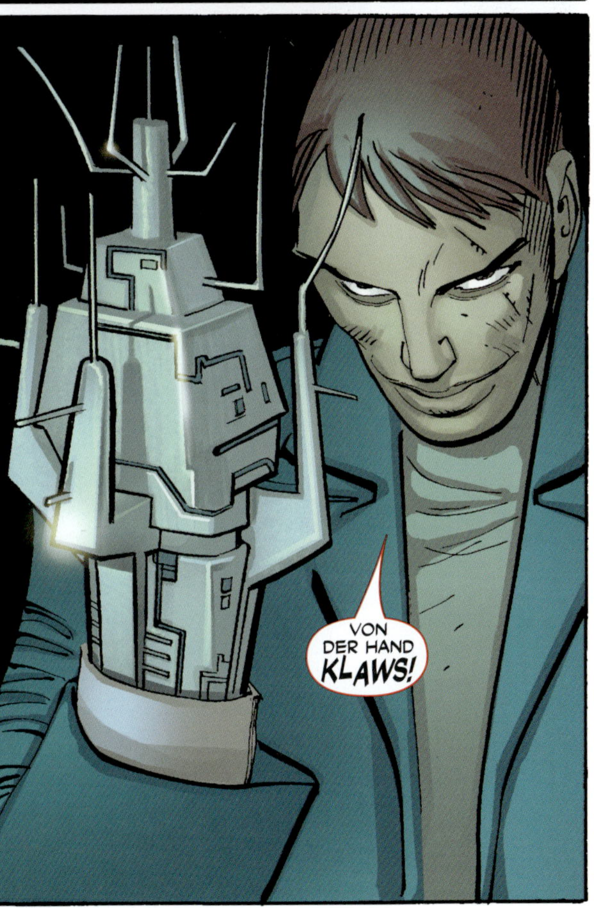
VON DER HAND **KLAWS!**

WER IST BLACK PANTHER?, TEIL 2

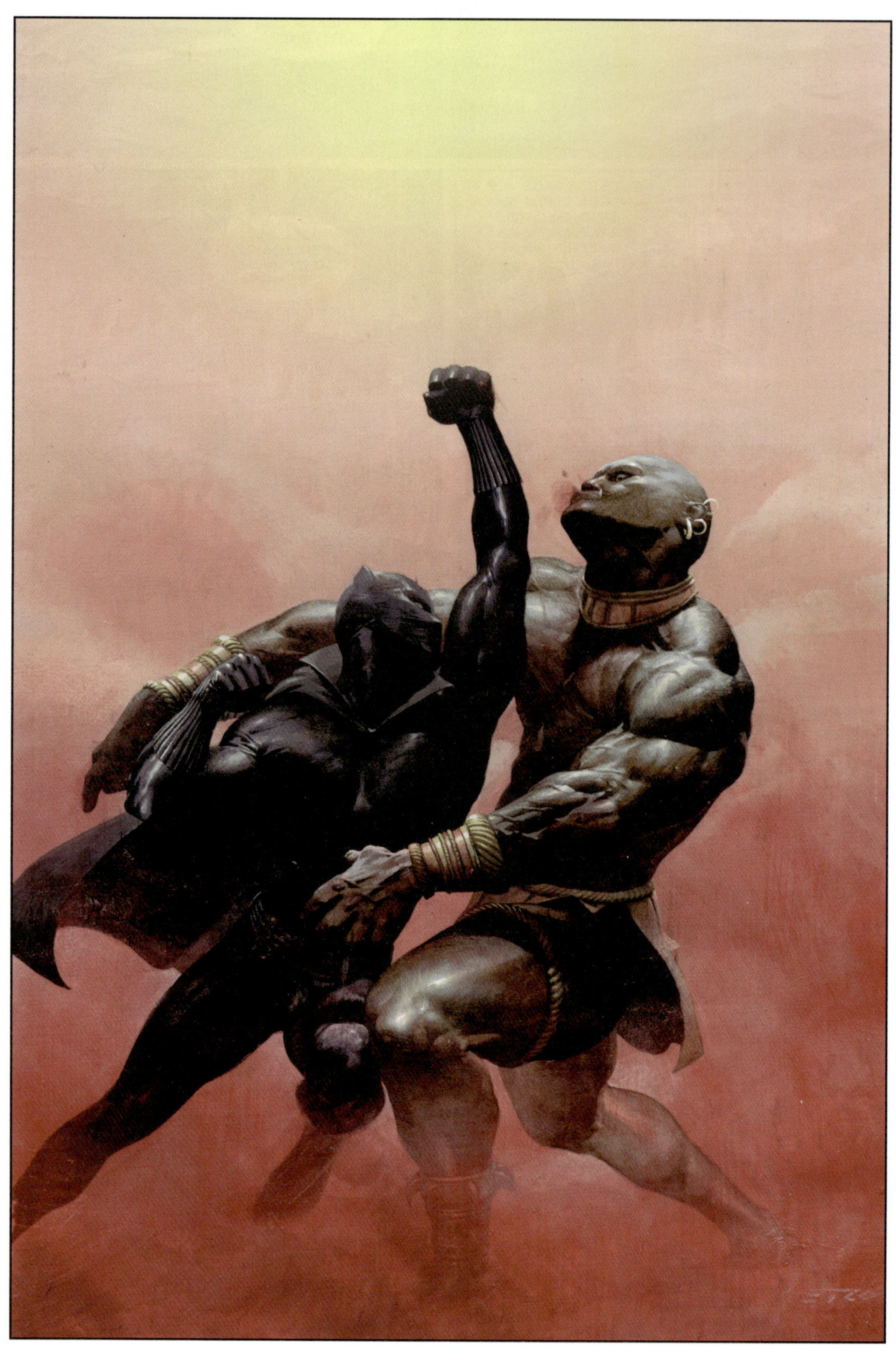

Black Panther (2005) 2
Cover von **ESAD RIBIĆ**

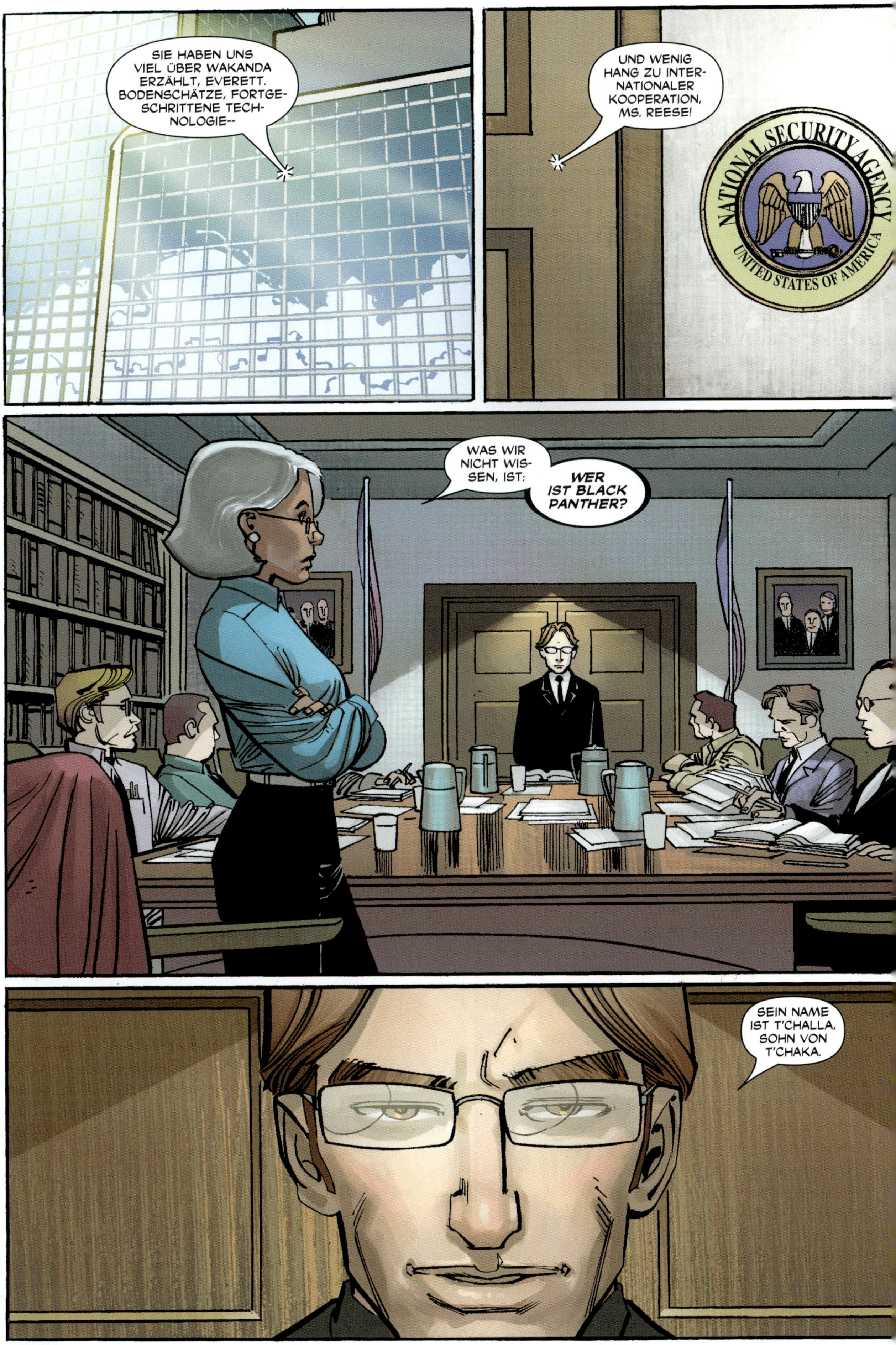

SIE HABEN UNS VIEL ÜBER WAKANDA ERZÄHLT, EVERETT. BODENSCHÄTZE, FORTGESCHRITTENE TECHNOLOGIE--

UND WENIG HANG ZU INTERNATIONALER KOOPERATION, MS. REESE!

NATIONAL SECURITY AGENCY
UNITED STATES OF AMERICA

WAS WIR NICHT WISSEN, IST:

WER IST BLACK PANTHER?

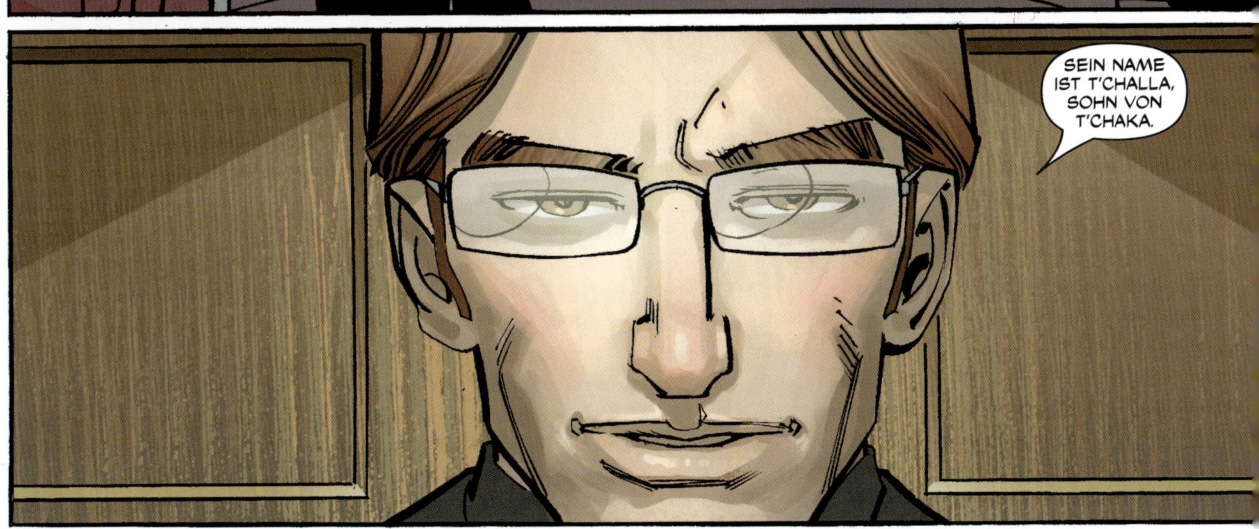

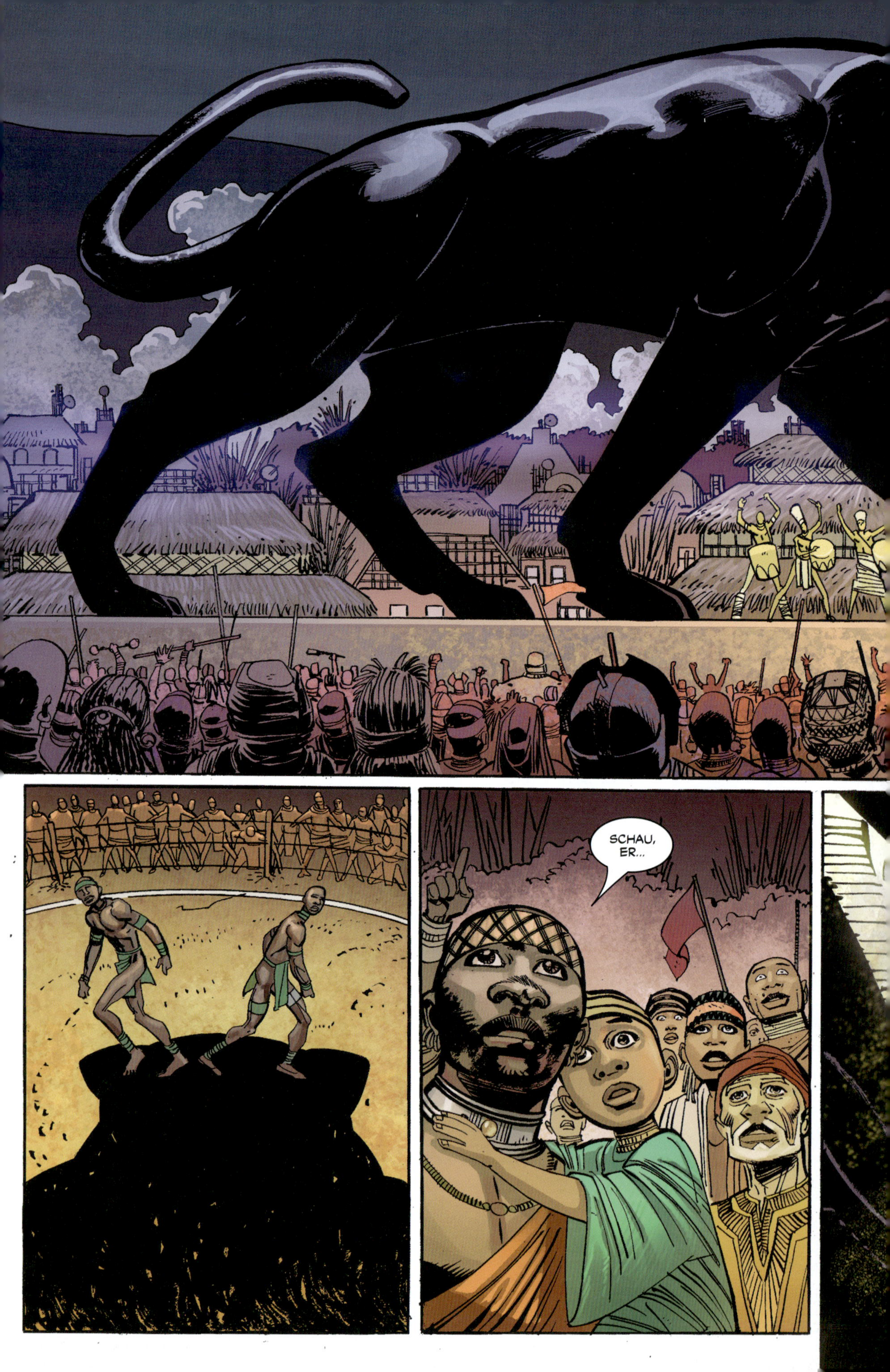

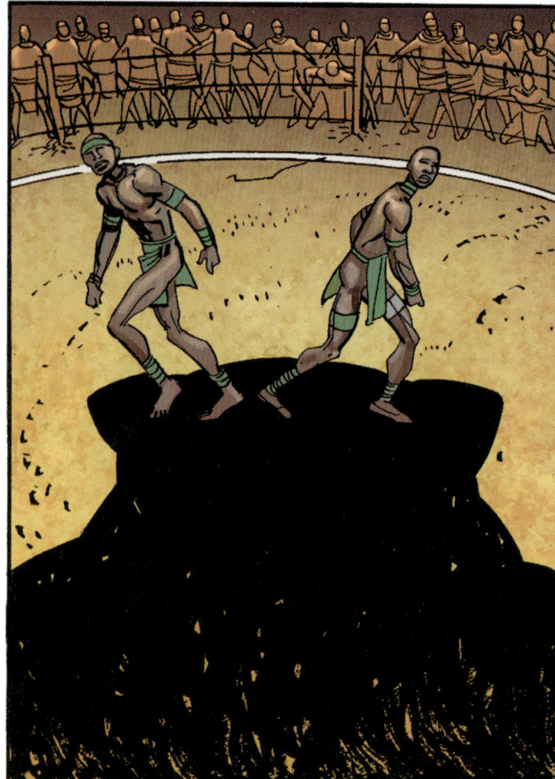

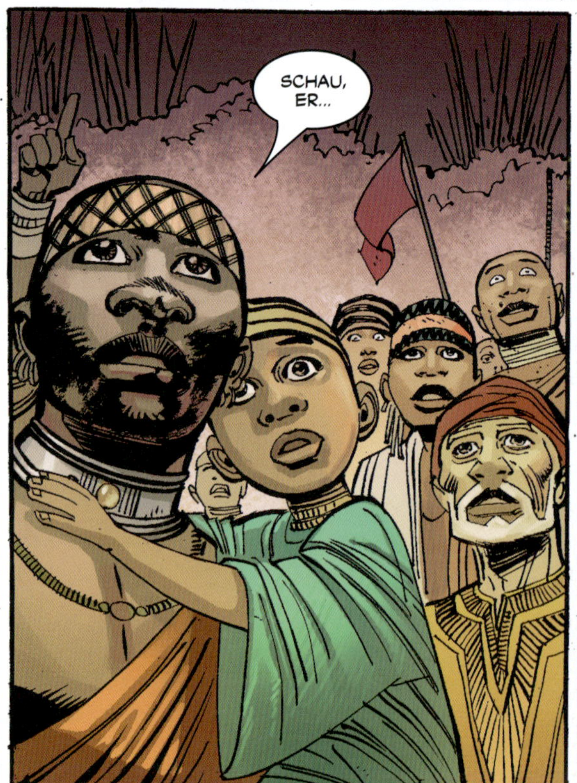
SCHAU, ER...

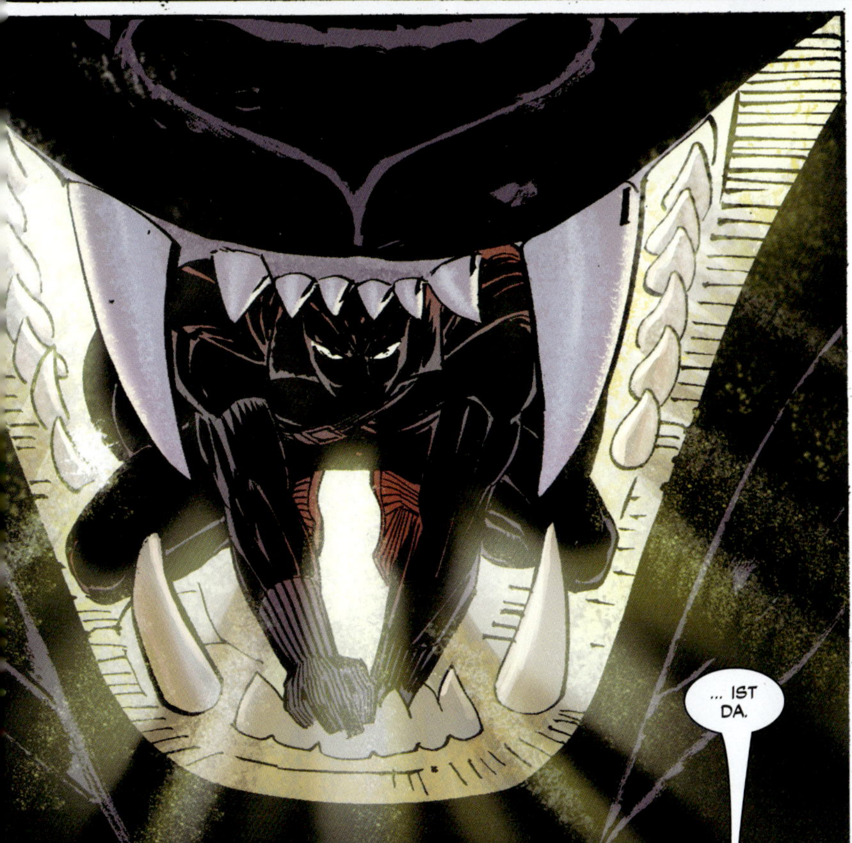
... IST DA.

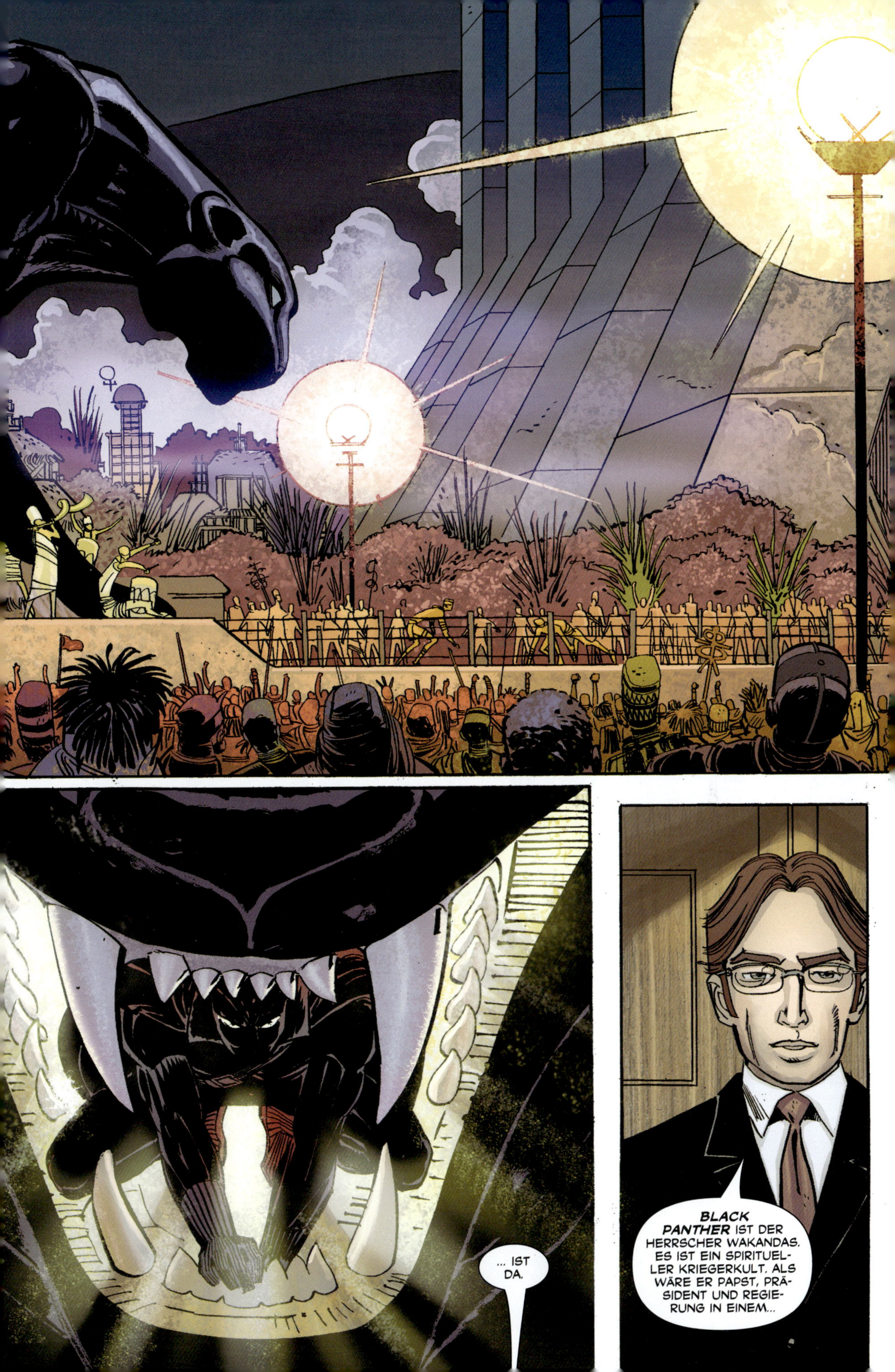

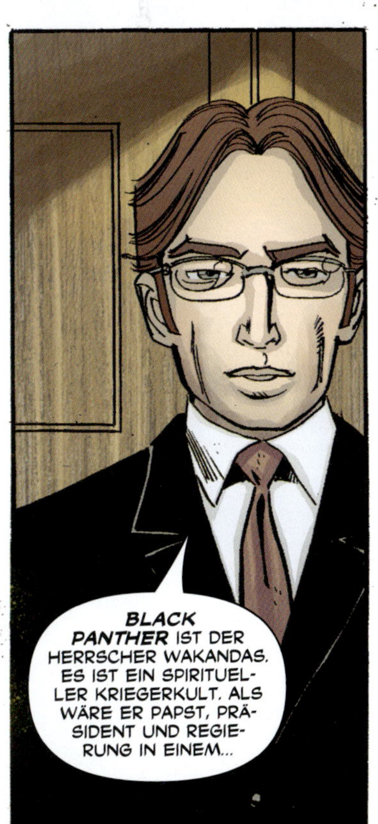
BLACK PANTHER IST DER HERRSCHER WAKANDAS. ES IST EIN SPIRITUELLER KRIEGERKULT. ALS WÄRE ER PAPST, PRÄSIDENT UND REGIERUNG IN EINEM...

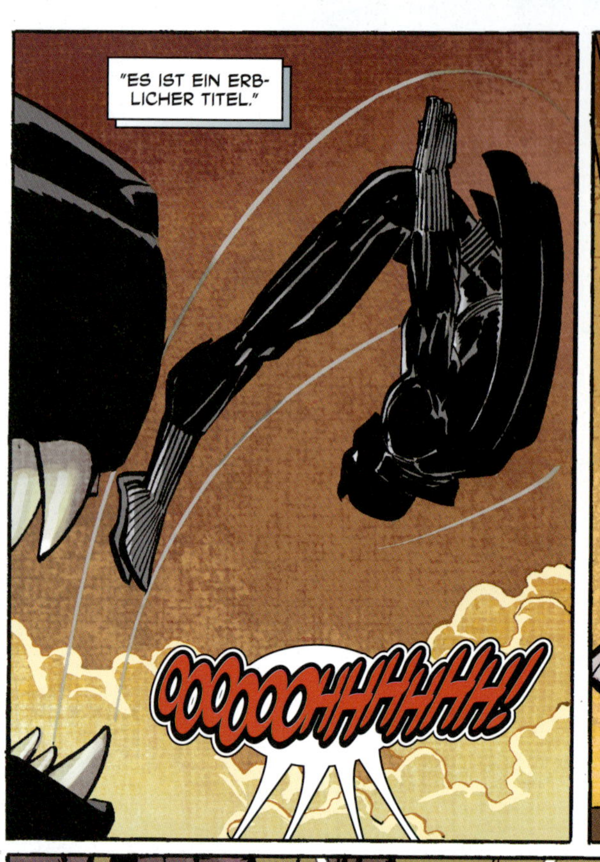
"ES IST EIN ERB-
LICHER TITEL."
OOOOOOOHHHHHH!
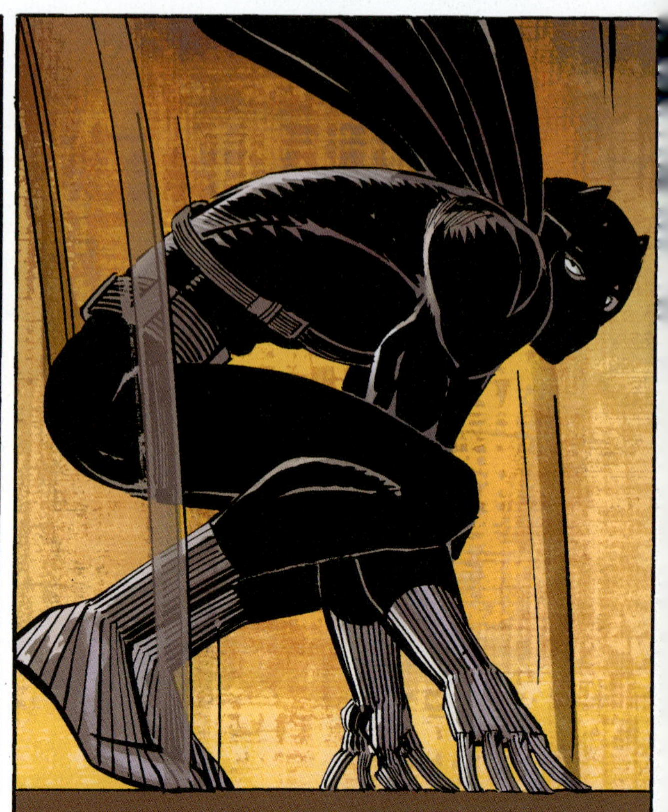
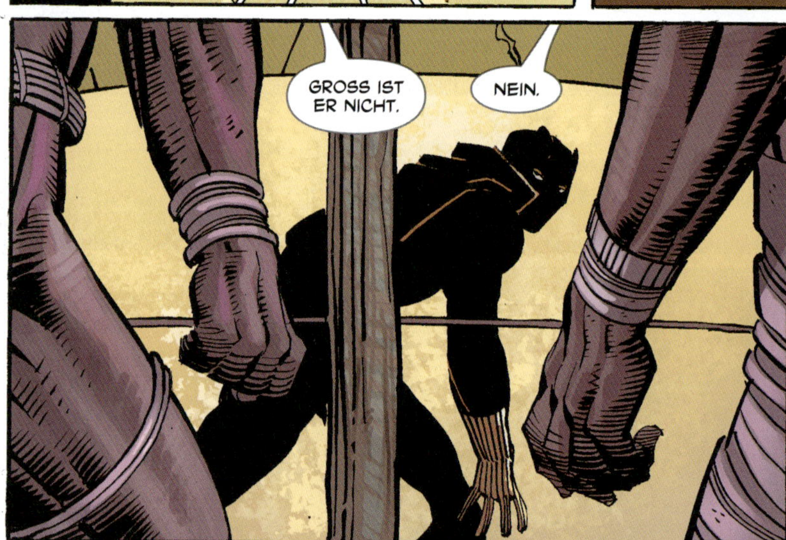
GROSS IST
ER NICHT.
NEIN.
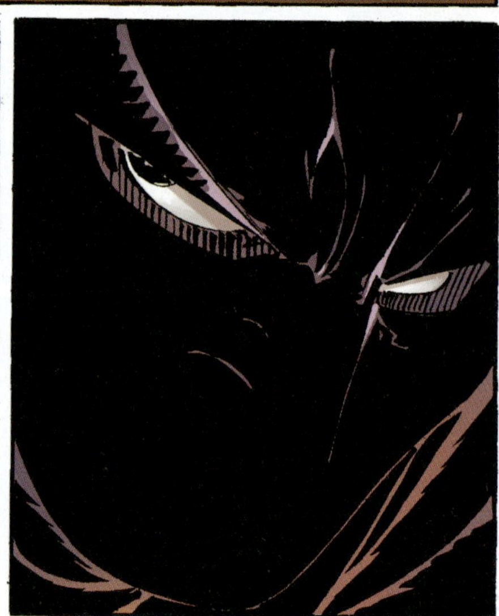
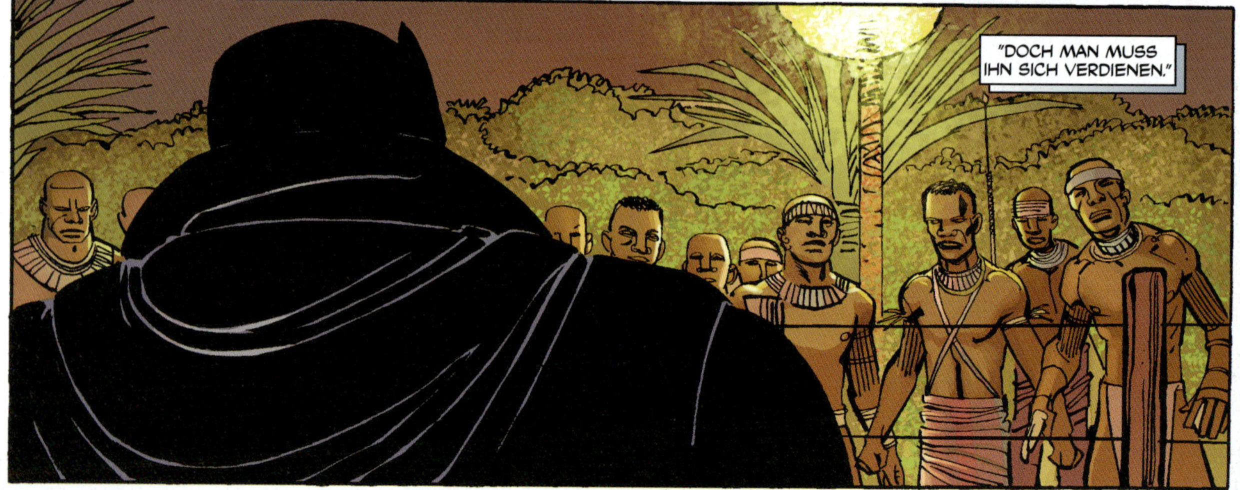
"DOCH MAN MUSS
IHN SICH VERDIENEN."

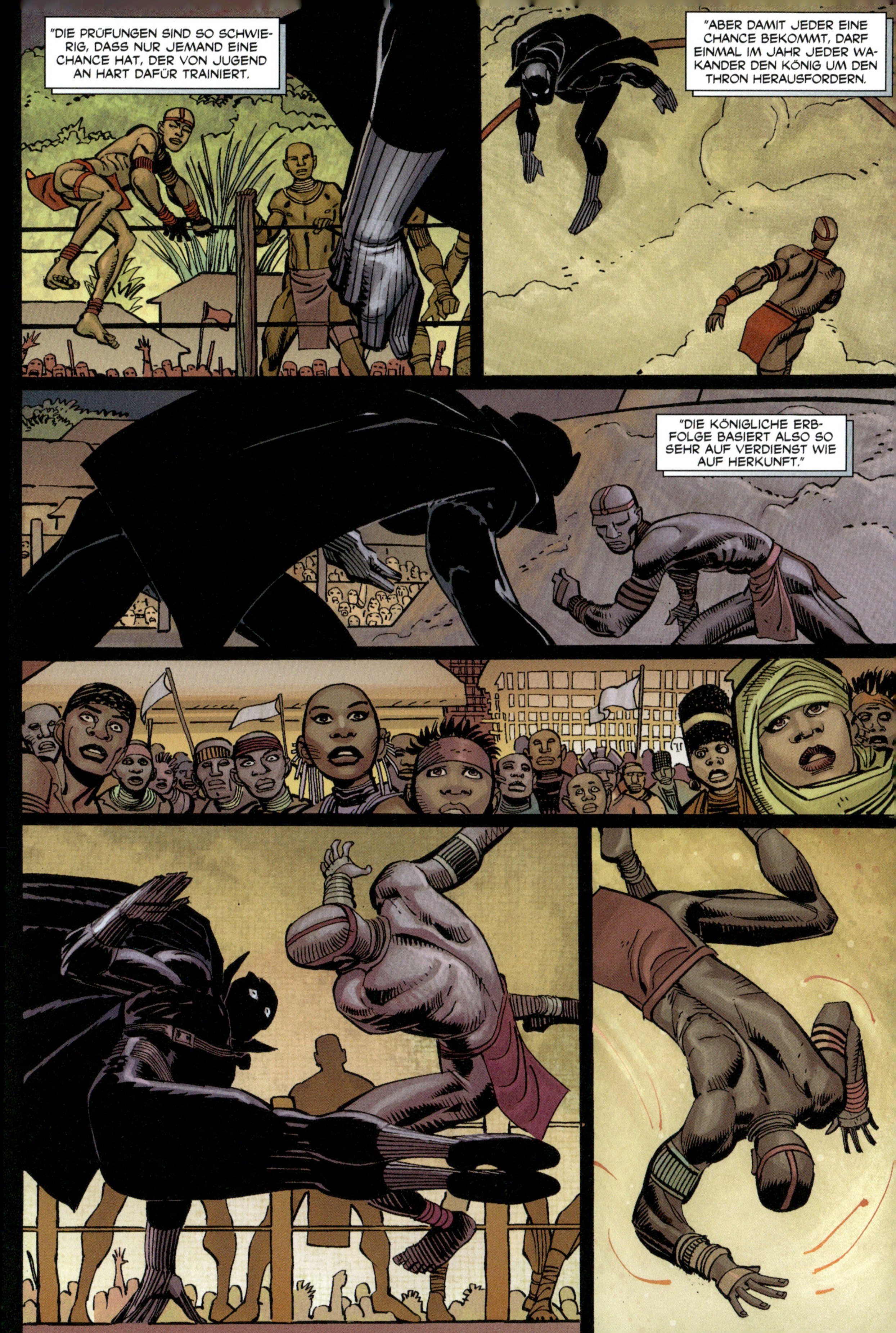
"DIE PRÜFUNGEN SIND SO SCHWIERIG, DASS NUR JEMAND EINE CHANCE HAT, DER VON JUGEND AN HART DAFÜR TRAINIERT.
"ABER DAMIT JEDER EINE CHANCE BEKOMMT, DARF EINMAL IM JAHR JEDER WAKANDER DEN KÖNIG UM DEN THRON HERAUSFORDERN.
"DIE KÖNIGLICHE ERBFOLGE BASIERT ALSO SO SEHR AUF VERDIENST WIE AUF HERKUNFT."

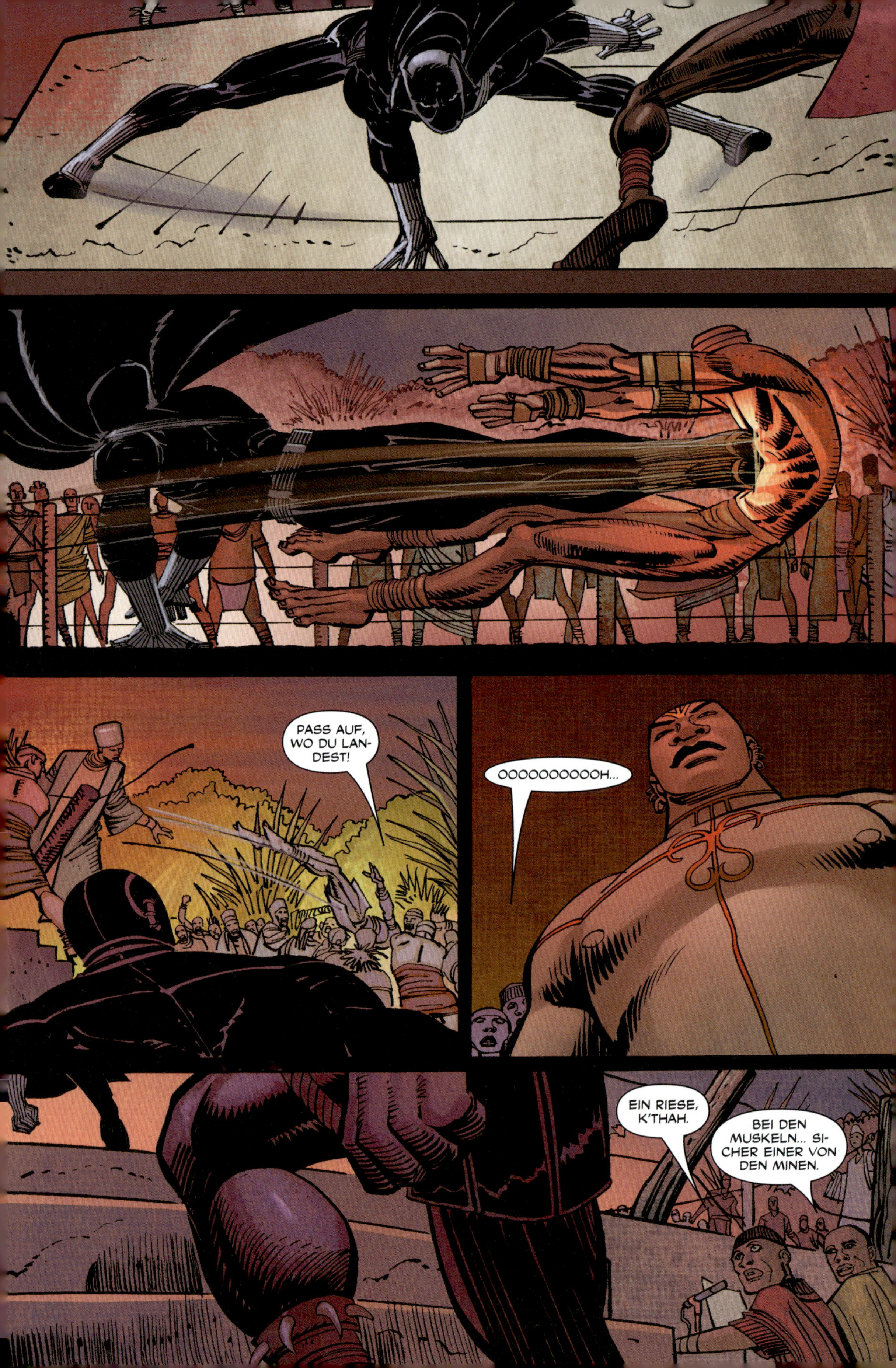
PASS AUF, WO DU LANDEST!
OOOOOOOOOOH...
EIN RIESE, K'THAH.
BEI DEN MUSKELN... SICHER EINER VON DEN MINEN.

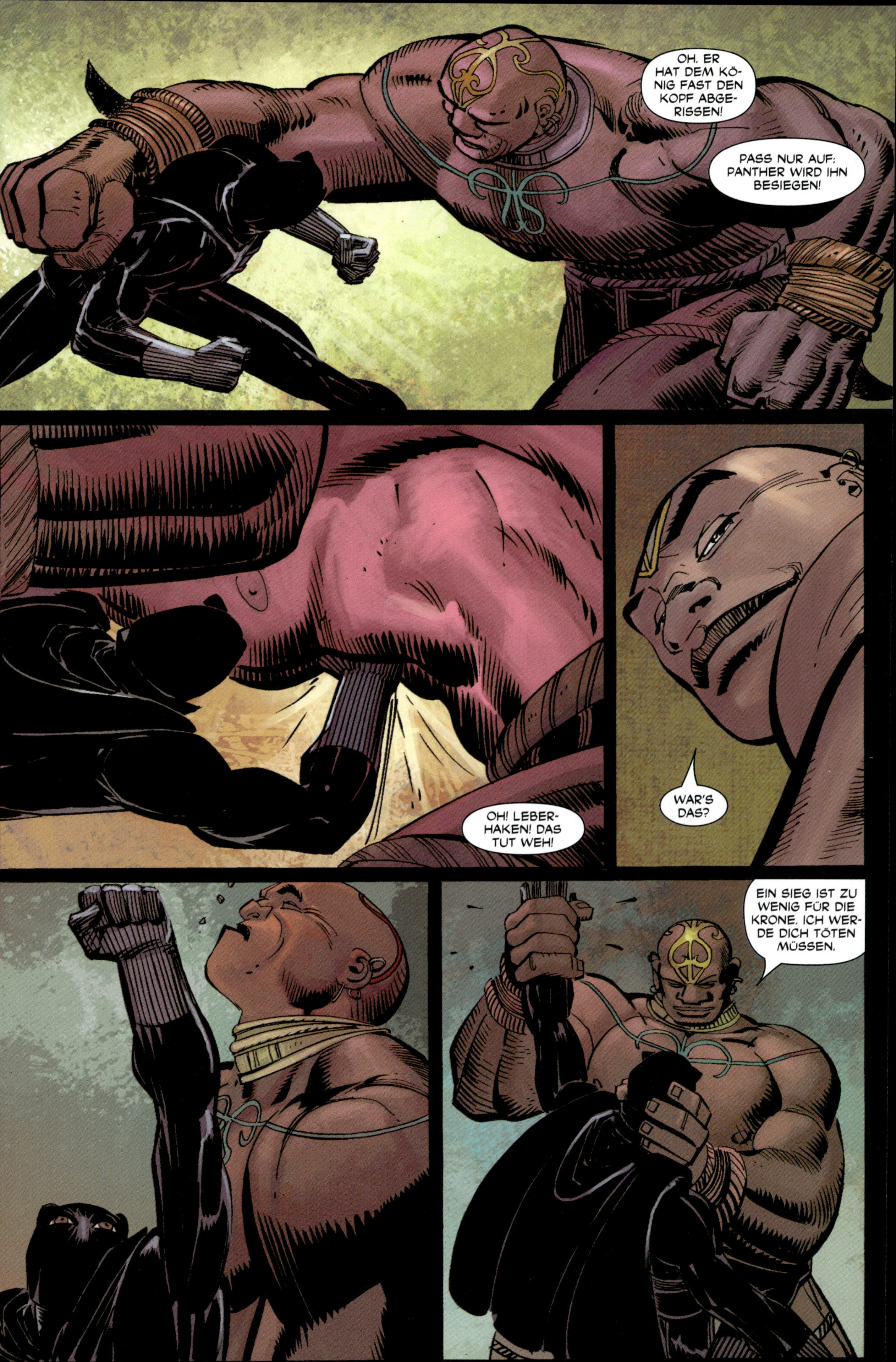

OH. ER HAT DEM KÖNIG FAST DEN KOPF ABGERISSEN!
PASS NUR AUF: PANTHER WIRD IHN BESIEGEN!
OH! LEBERHAKEN! DAS TUT WEH!
WAR'S DAS?
EIN SIEG IST ZU WENIG FÜR DIE KRONE. ICH WERDE DICH TÖTEN MÜSSEN.

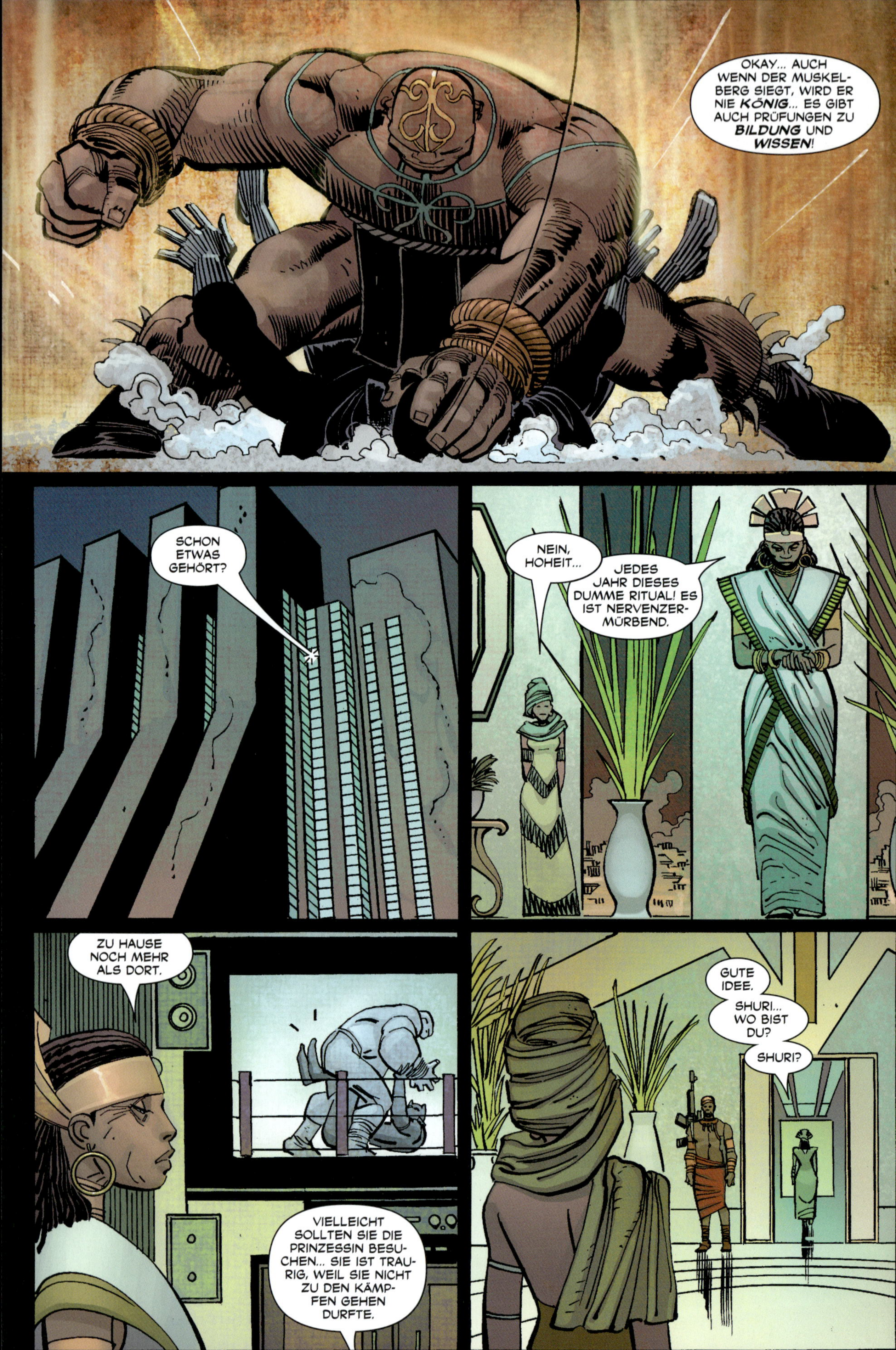
OKAY... AUCH WENN DER MUSKEL-BERG SIEGT, WIRD ER NIE **KÖNIG**... ES GIBT AUCH PRÜFUNGEN ZU **BILDUNG** UND **WISSEN**!
SCHON ETWAS GEHÖRT?
NEIN, HOHEIT...
JEDES JAHR DIESES DUMME RITUAL! ES IST NERVENZER-MÜRBEND.
ZU HAUSE NOCH MEHR ALS DORT.
VIELLEICHT SOLLTEN SIE DIE PRINZESSIN BESU-CHEN... SIE IST TRAU-RIG, WEIL SIE NICHT ZU DEN KÄMP-FEN GEHEN DURFTE.
GUTE IDEE.
SHURI... WO BIST DU?
SHURI?

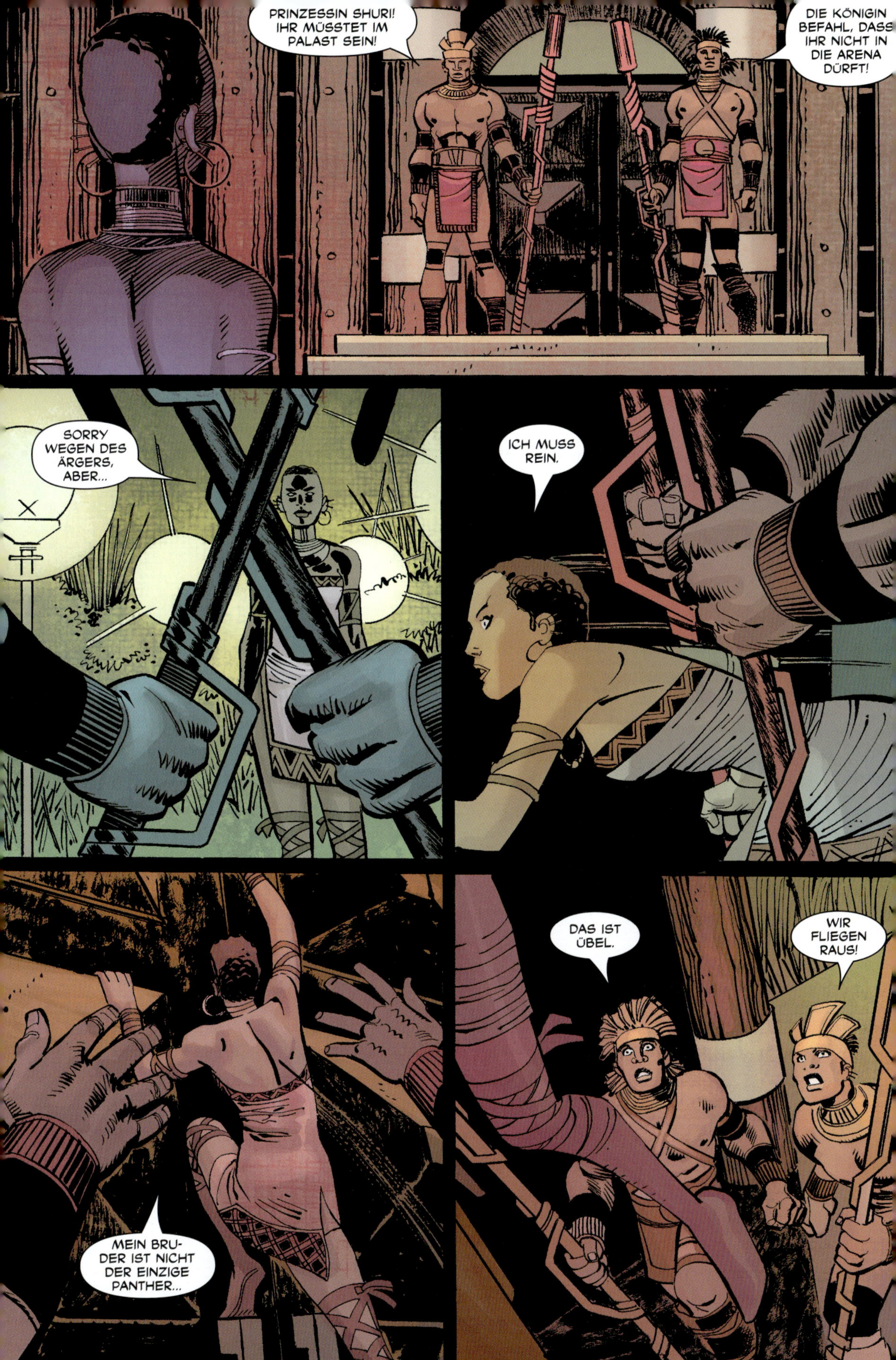
PRINZESSIN SHURI! IHR MÜSSTET IM PALAST SEIN!
DIE KÖNIGIN BEFAHL, DASS IHR NICHT IN DIE ARENA DÜRFT!
SORRY WEGEN DES ÄRGERS, ABER...
ICH MUSS REIN.
MEIN BRUDER IST NICHT DER EINZIGE PANTHER...
DAS IST ÜBEL.
WIR FLIEGEN RAUS!

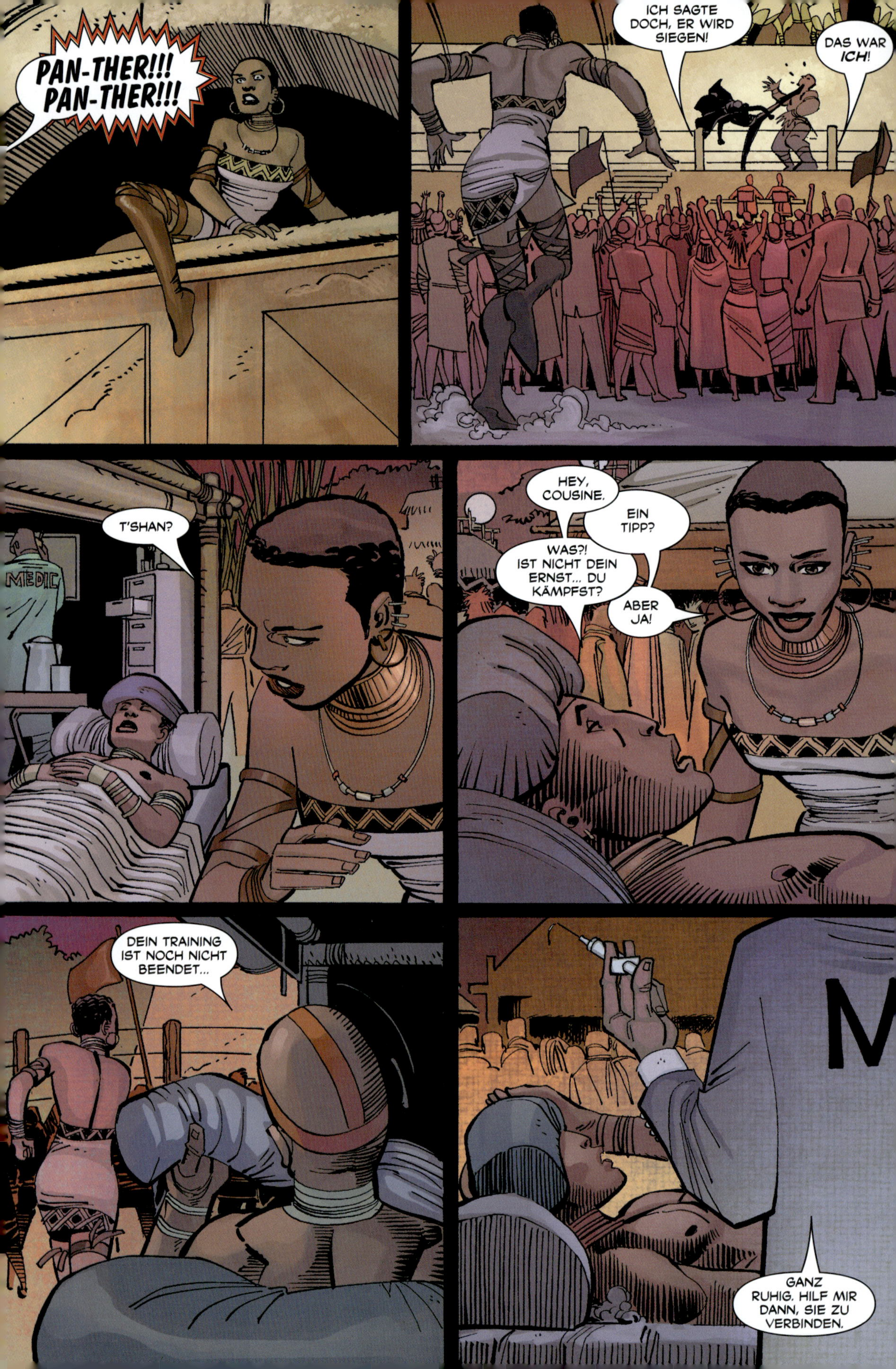
PAN-THER!!! PAN-THER!!!
ICH SAGTE DOCH, ER WIRD SIEGEN!
DAS WAR ICH!
MEDIC
T'SHAN?
HEY, COUSINE.
EIN TIPP?
WAS?! IST NICHT DEIN ERNST... DU KÄMPFST?
ABER JA!
DEIN TRAINING IST NOCH NICHT BEENDET...
M
GANZ RUHIG. HILF MIR DANN, SIE ZU VERBINDEN.

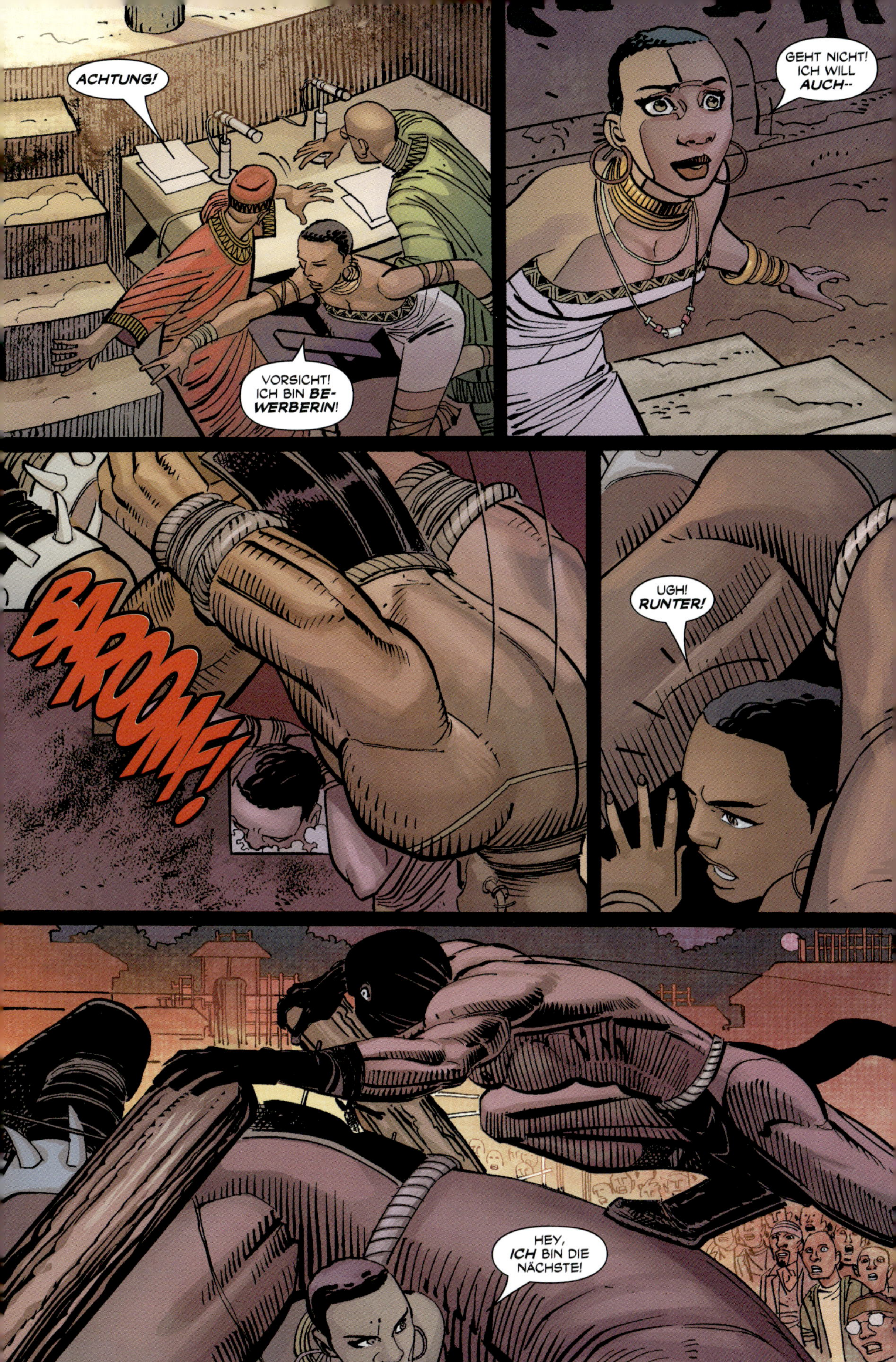
ACHTUNG!
VORSICHT! ICH BIN BE-WERBERIN!
GEHT NICHT! ICH WILL AUCH--
BAROOM!
UGH! RUNTER!
HEY, ICH BIN DIE NÄCHSTE!

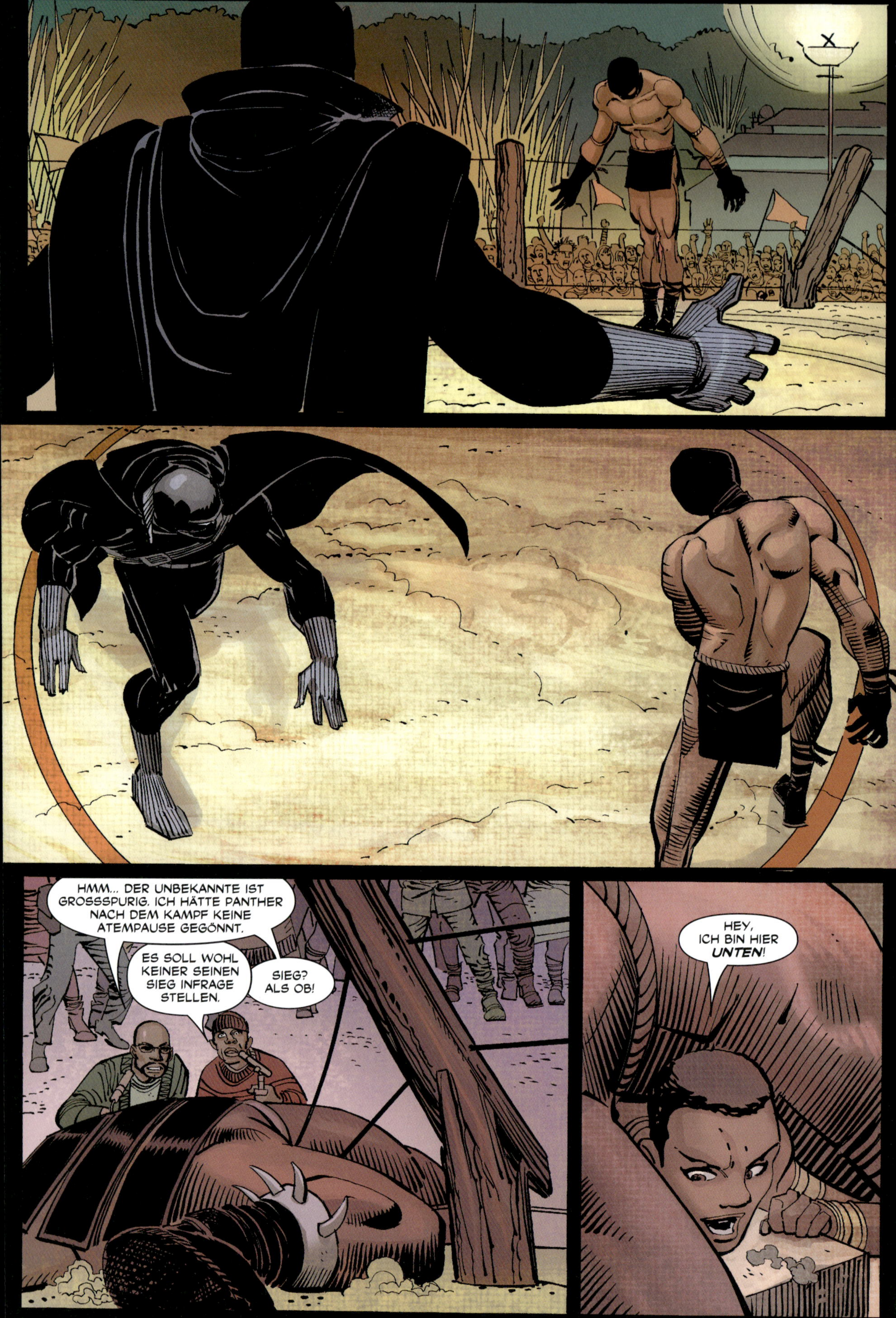

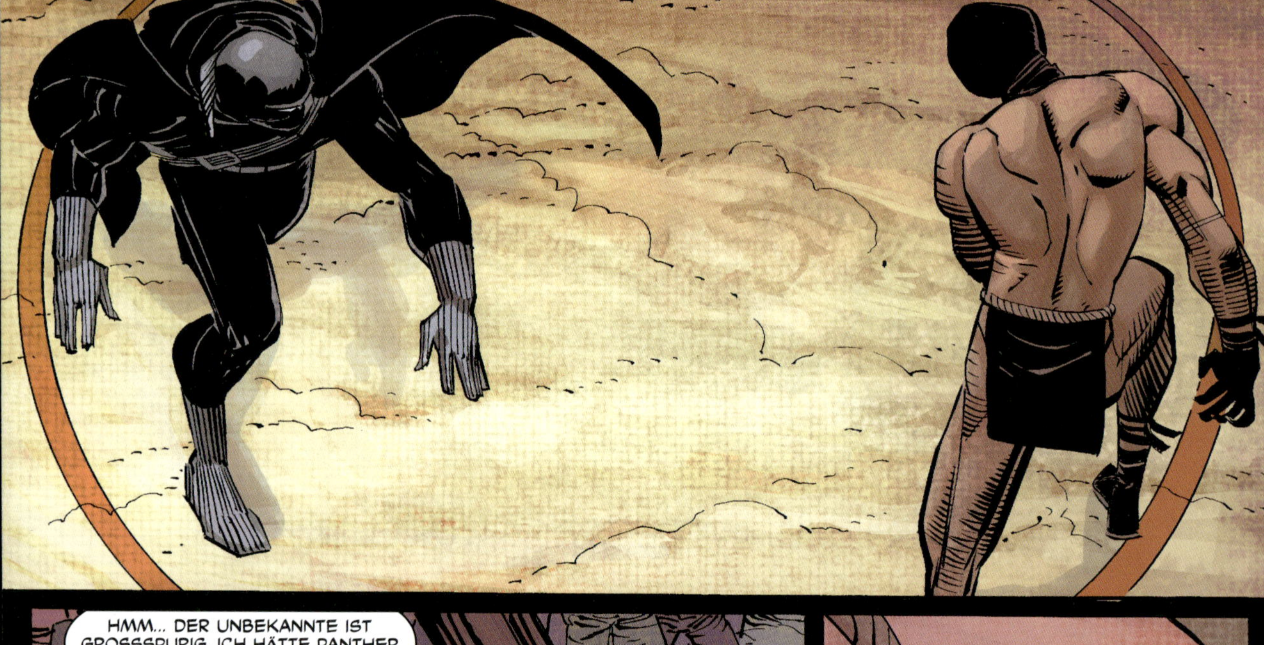

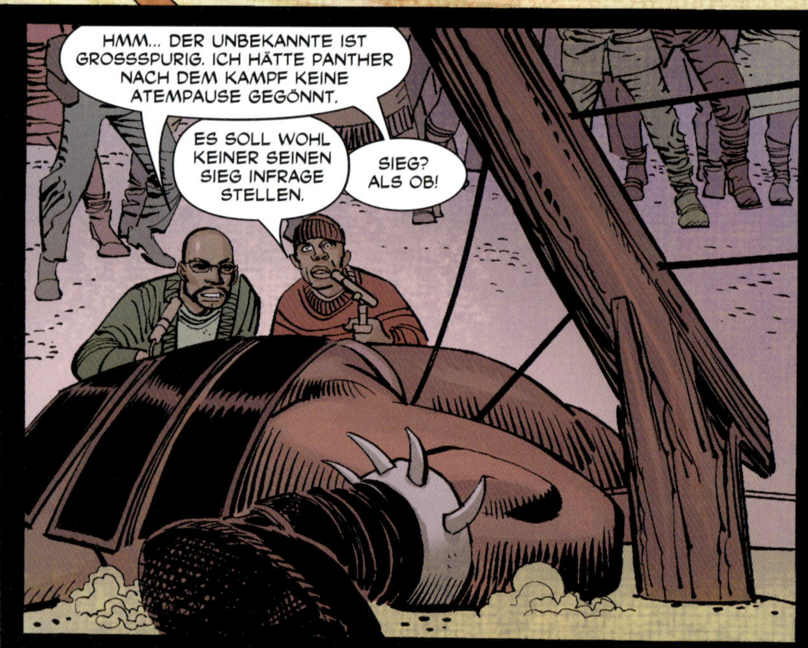
HMM... DER UNBEKANNTE IST GROSSSPURIG. ICH HÄTTE PANTHER NACH DEM KAMPF KEINE ATEMPAUSE GEGÖNNT.
ES SOLL WOHL KEINER SEINEN SIEG INFRAGE STELLEN.
SIEG? ALS OB!

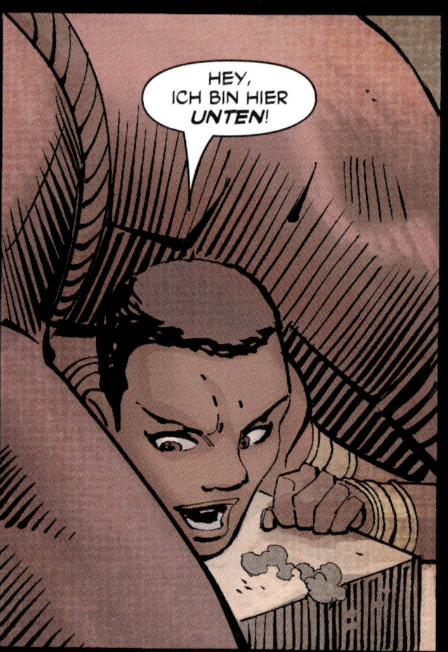
HEY, ICH BIN HIER *UNTEN*!

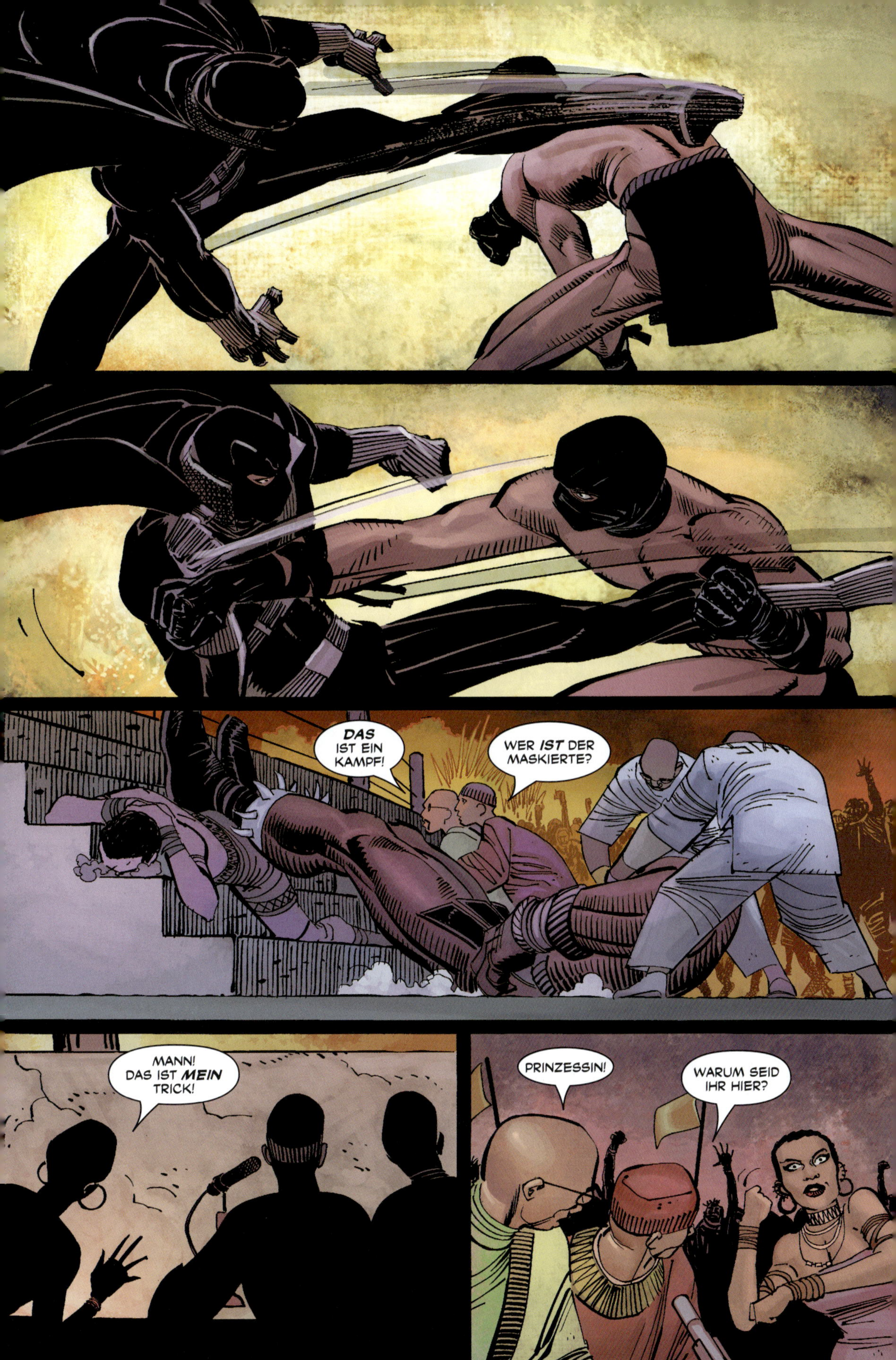
DAS IST EIN KAMPF!
WER IST DER MASKIERTE?
MANN! DAS IST MEIN TRICK!
PRINZESSIN!
WARUM SEID IHR HIER?

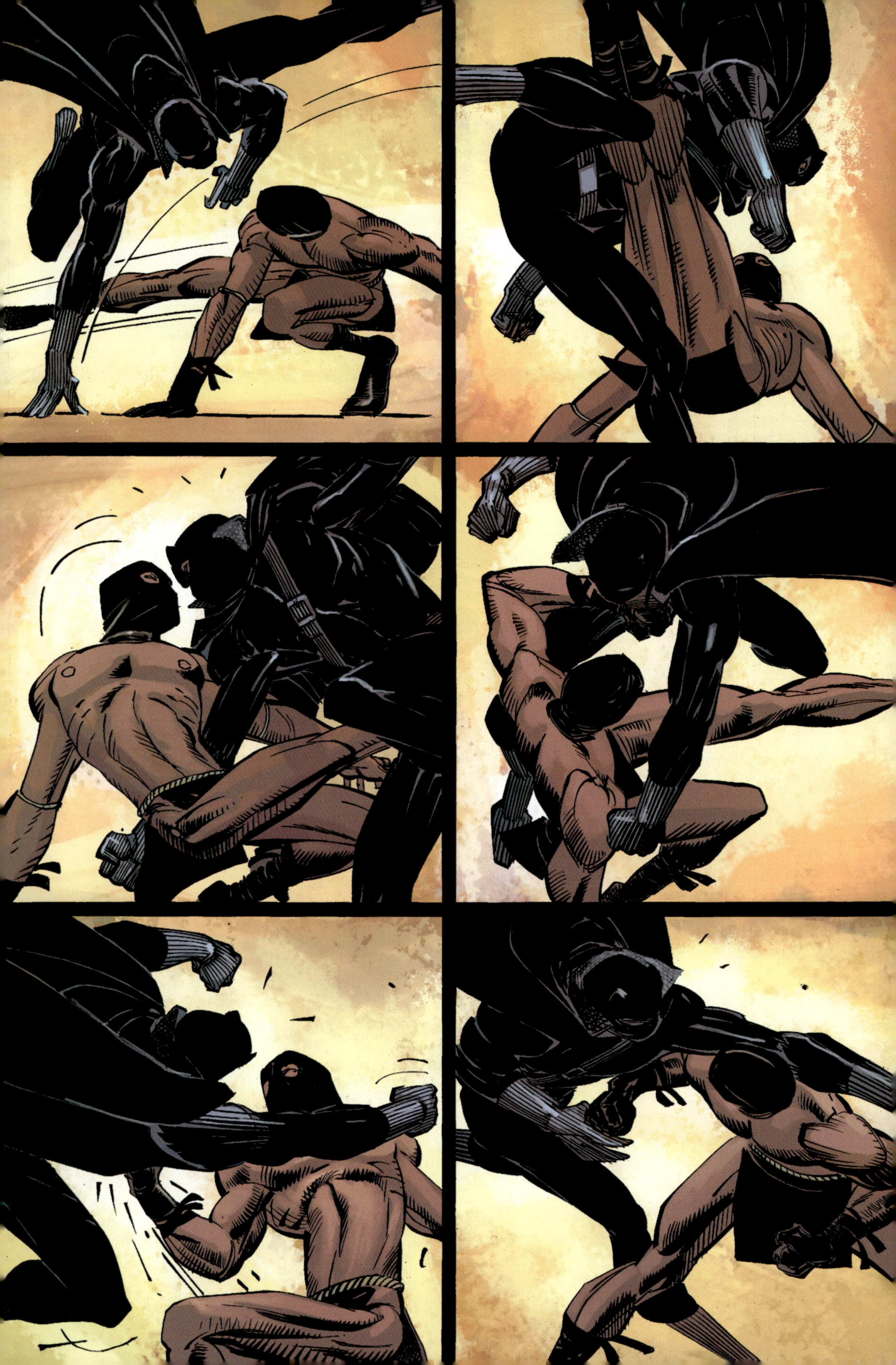

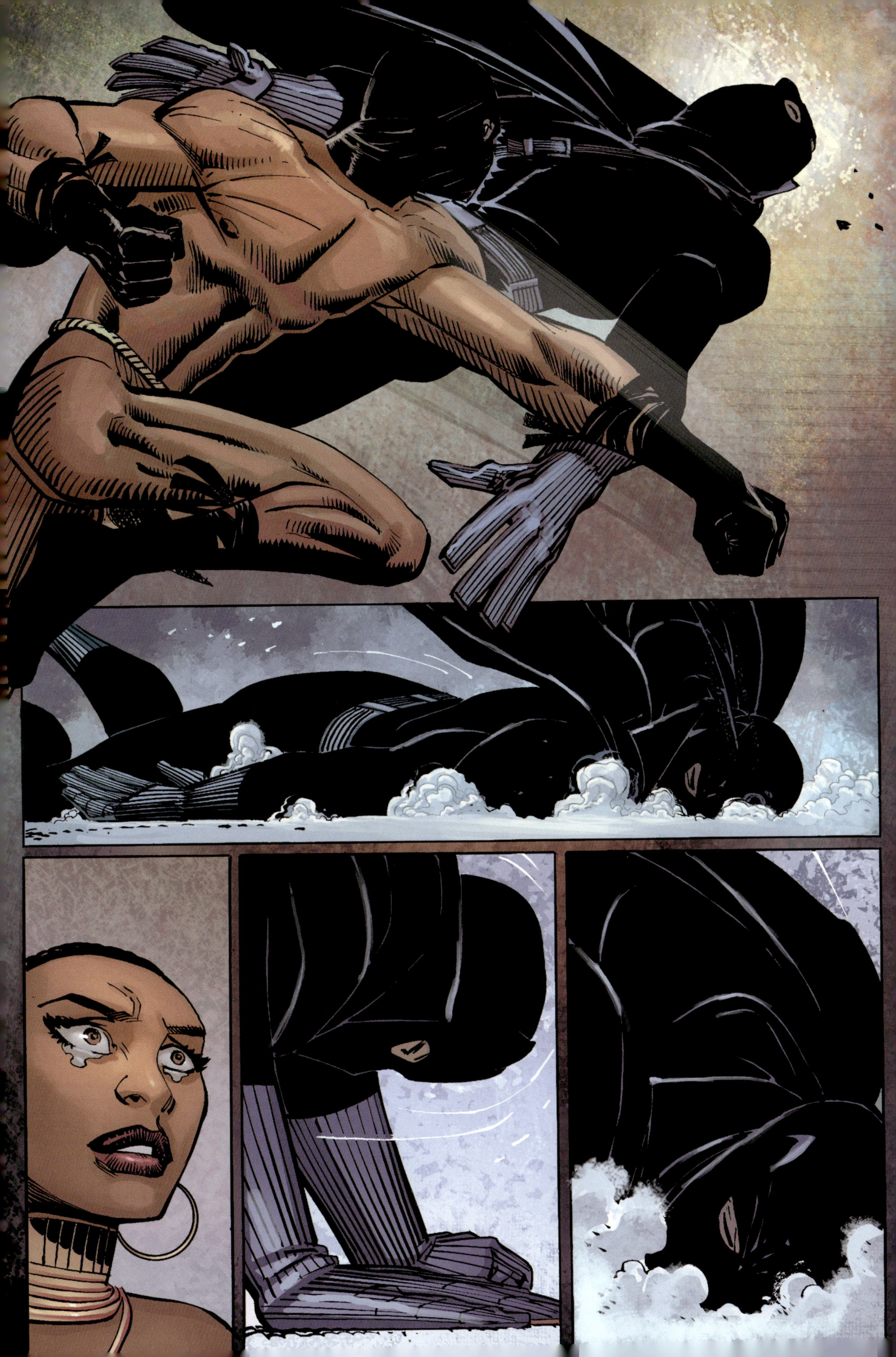

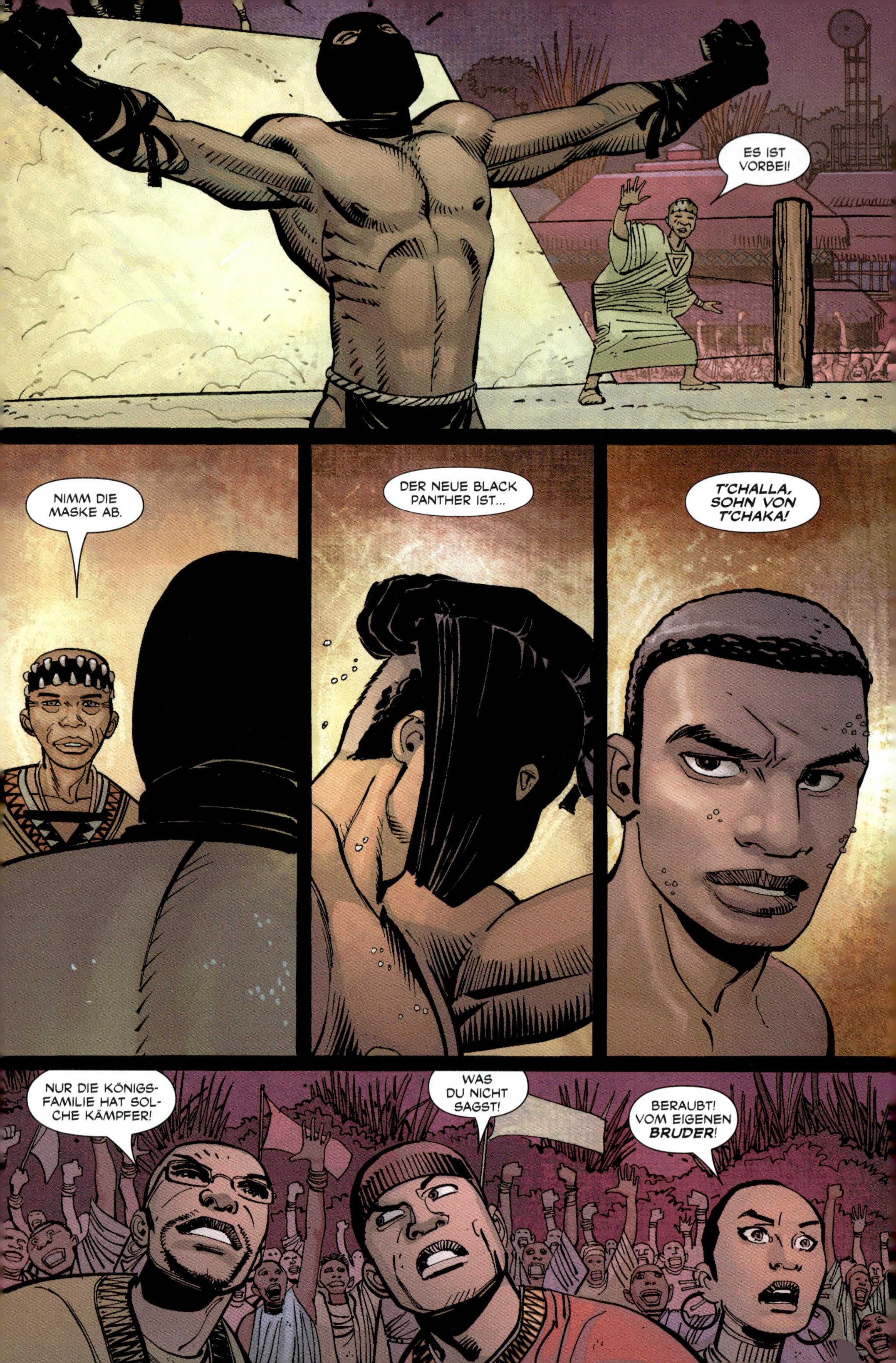
ES IST VORBEI!
NIMM DIE MASKE AB.
DER NEUE BLACK PANTHER IST...
T'CHALLA, SOHN VON T'CHAKA!
NUR DIE KÖNIGS-FAMILIE HAT SOL-CHE KÄMPFER!
WAS DU NICHT SAGST!
BERAUBT! VOM EIGENEN BRUDER!

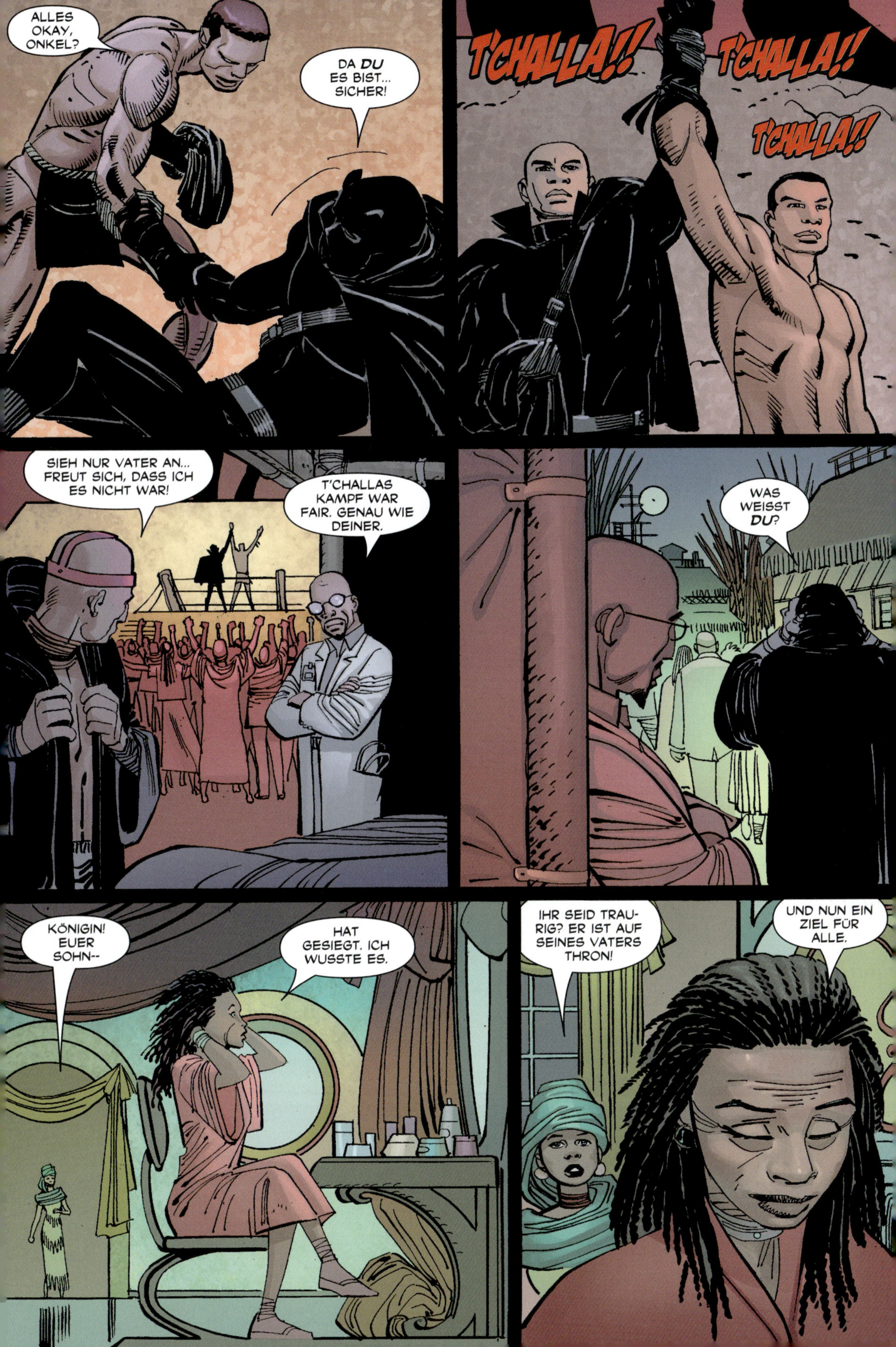
ALLES OKAY, ONKEL?
DA DU ES BIST... SICHER!
T'CHALLA!!
T'CHALLA!!
T'CHALLA!!
SIEH NUR VATER AN... FREUT SICH, DASS ICH ES NICHT WAR!
T'CHALLAS KAMPF WAR FAIR. GENAU WIE DEINER.
WAS WEISST DU?
KÖNIGIN! EUER SOHN--
HAT GESIEGT. ICH WUSSTE ES.
IHR SEID TRAURIG? ER IST AUF SEINES VATERS THRON!
UND NUN EIN ZIEL FÜR ALLE.

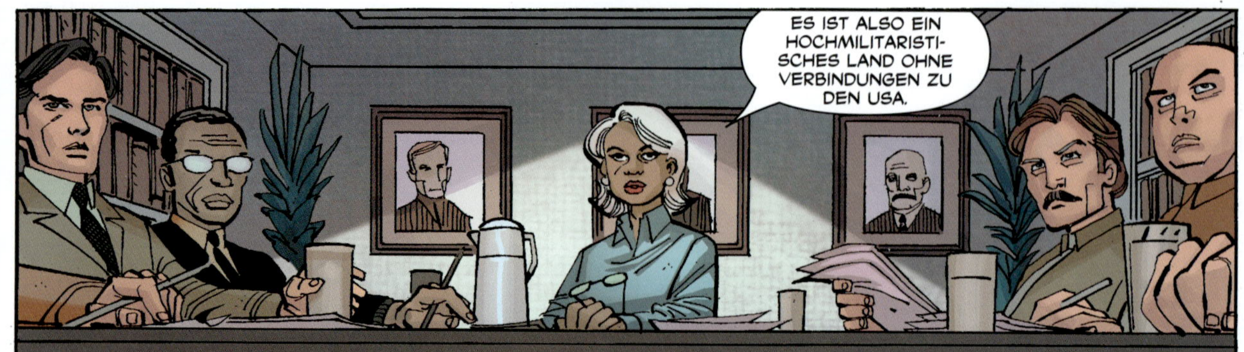
ES IST ALSO EIN HOCHMILITARISTI-SCHES LAND OHNE VERBINDUNGEN ZU DEN USA.

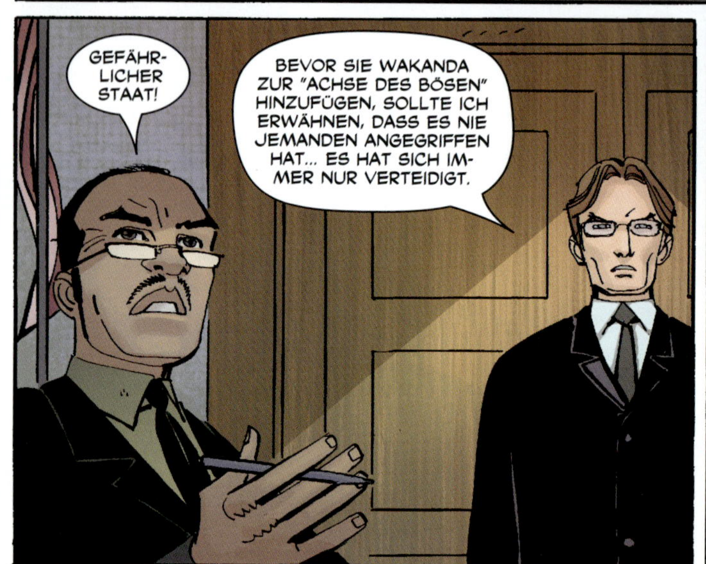
GEFÄHR-LICHER STAAT!
BEVOR SIE WAKANDA ZUR "ACHSE DES BÖSEN" HINZUFÜGEN, SOLLTE ICH ERWÄHNEN, DASS ES NIE JEMANDEN ANGEGRIFFEN HAT... ES HAT SICH IM-MER NUR VERTEIDIGT.

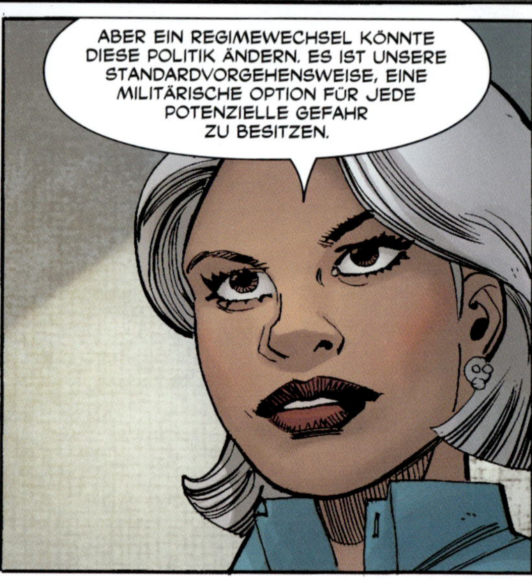
ABER EIN REGIMEWECHSEL KÖNNTE DIESE POLITIK ÄNDERN. ES IST UNSERE STANDARDVORGEHENSWEISE, EINE MILITÄRISCHE OPTION FÜR JEDE POTENZIELLE GEFAHR ZU BESITZEN.

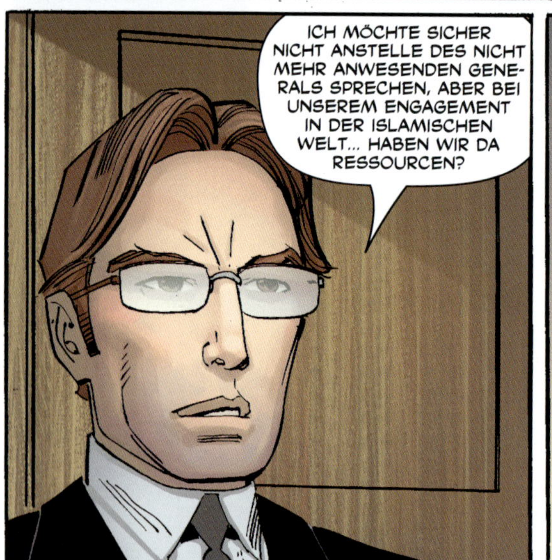
ICH MÖCHTE SICHER NICHT ANSTELLE DES NICHT MEHR ANWESENDEN GENE-RALS SPRECHEN, ABER BEI UNSEREM ENGAGEMENT IN DER ISLAMISCHEN WELT... HABEN WIR DA RESSOURCEN?

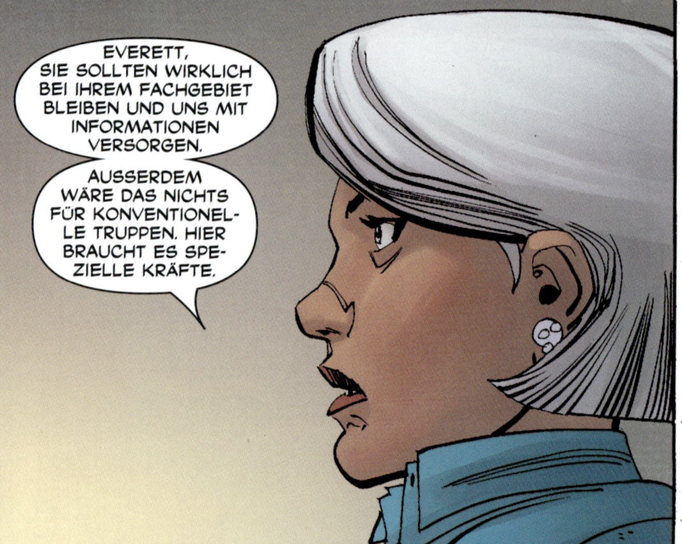
EVERETT, SIE SOLLTEN WIRKLICH BEI IHREM FACHGEBIET BLEIBEN UND UNS MIT INFORMATIONEN VERSORGEN.
AUSSERDEM WÄRE DAS NICHTS FÜR KONVENTIONEL-LE TRUPPEN. HIER BRAUCHT ES SPE-ZIELLE KRÄFTE.

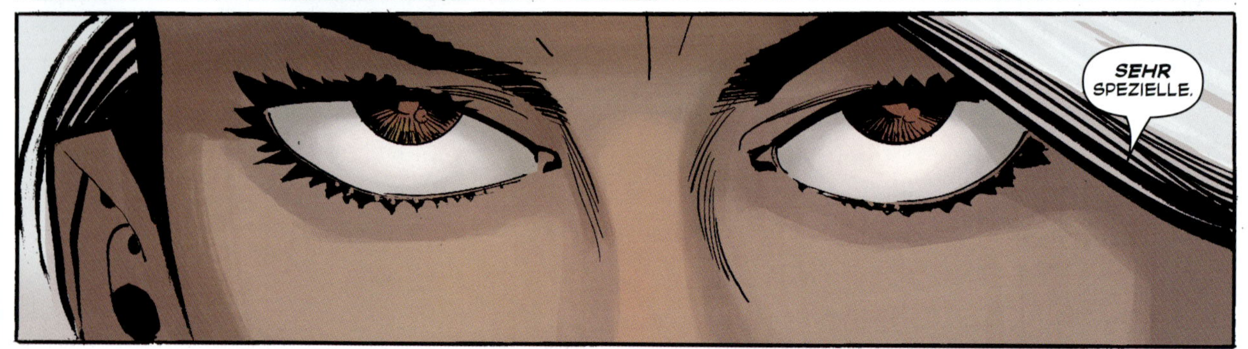
SEHR SPEZIELLE.

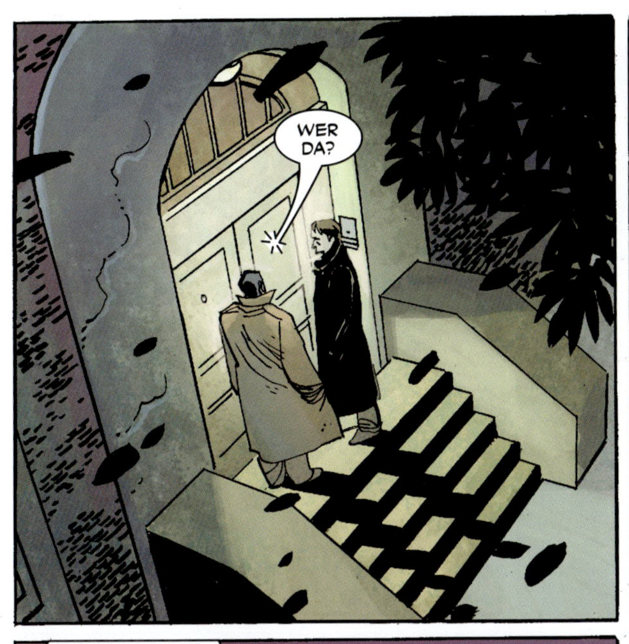
WER DA?

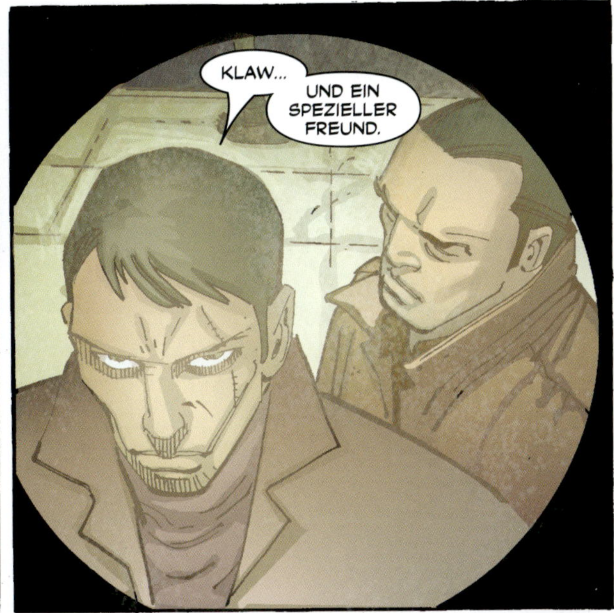
KLAW...
UND EIN SPEZIELLER FREUND.

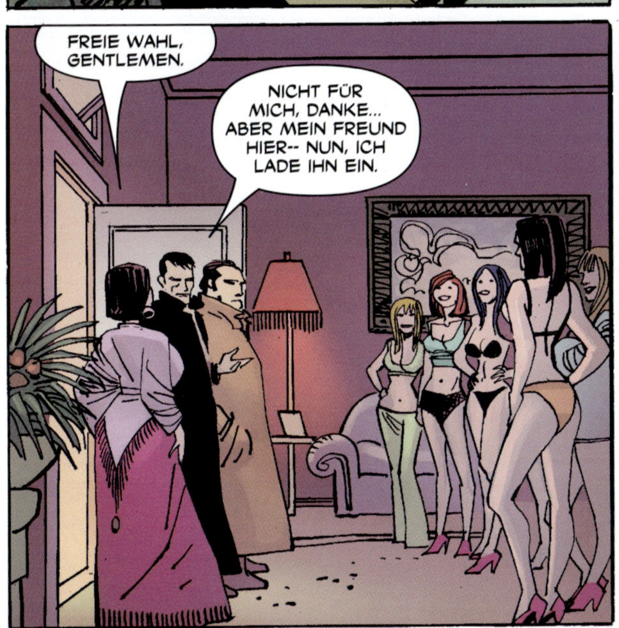
FREIE WAHL, GENTLEMEN.
NICHT FÜR MICH, DANKE... ABER MEIN FREUND HIER-- NUN, ICH LADE IHN EIN.

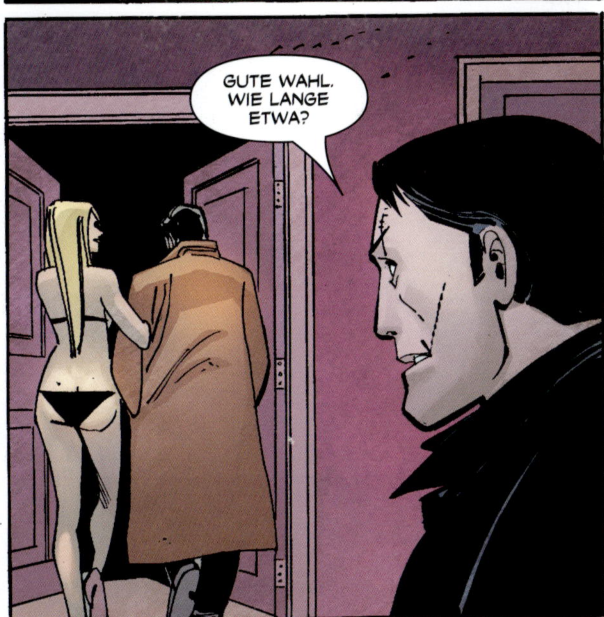
GUTE WAHL. WIE LANGE ETWA?

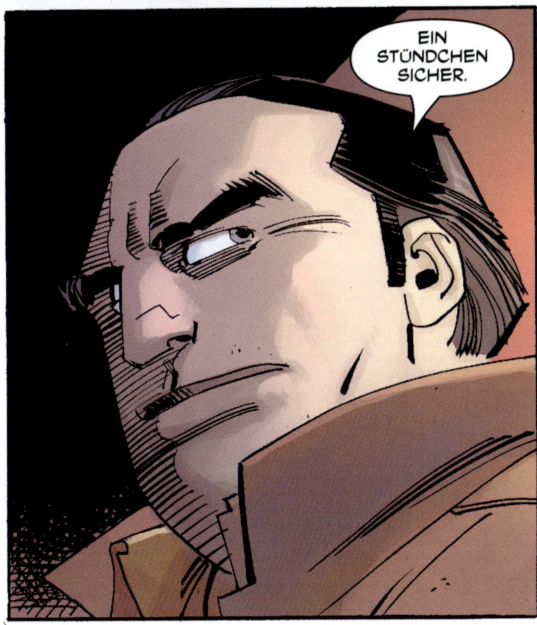
EIN STÜNDCHEN SICHER.

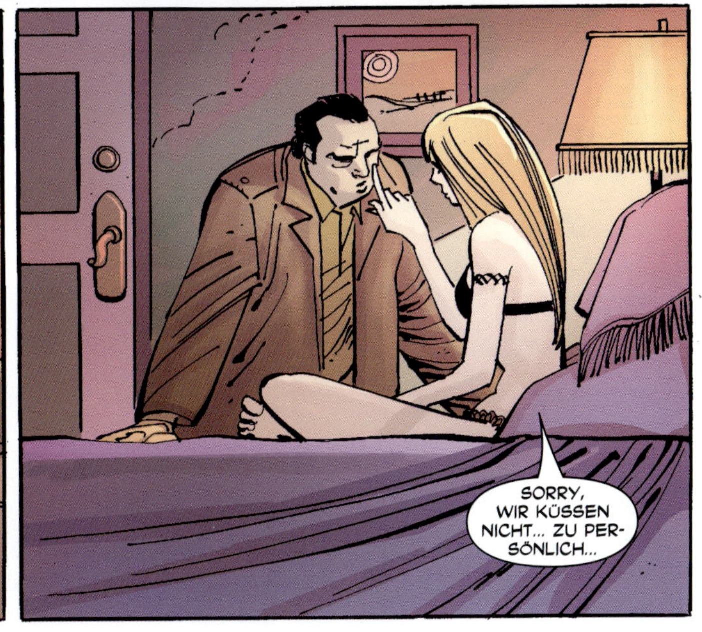
SORRY, WIR KÜSSEN NICHT... ZU PERSÖNLICH...

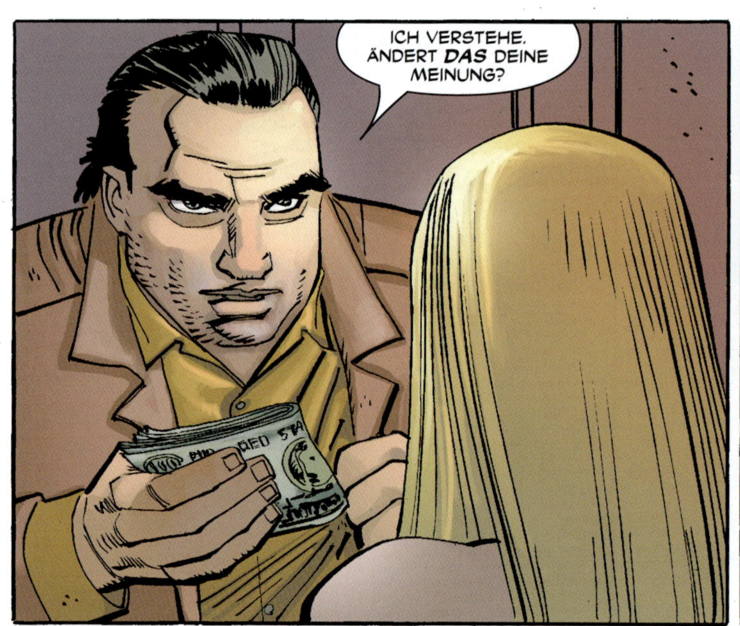
ICH VERSTEHE.
ÄNDERT **DAS** DEINE MEINUNG?

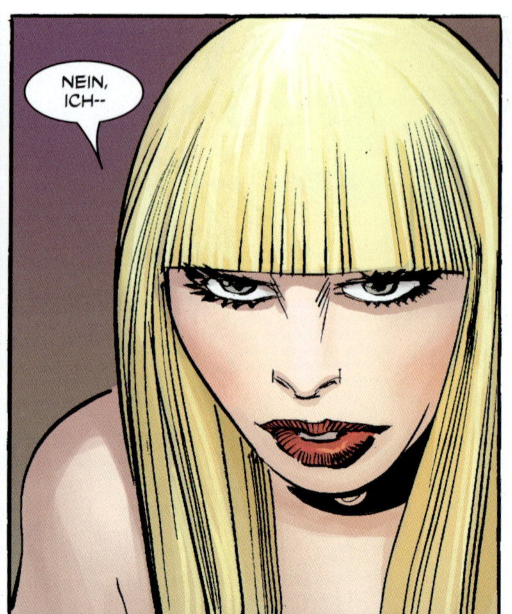
NEIN, ICH--

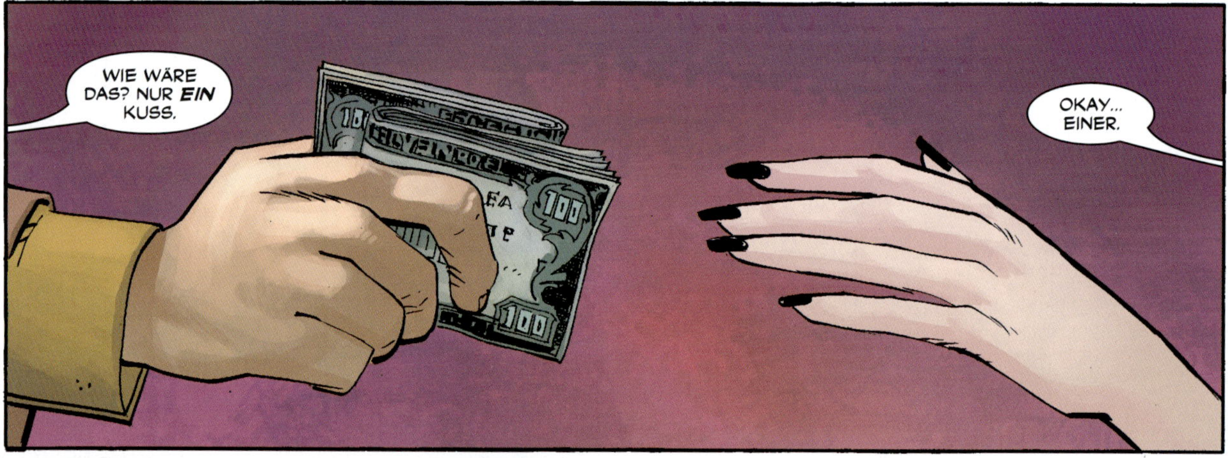
WIE WÄRE DAS? NUR **EIN** KUSS.
OKAY... EINER.

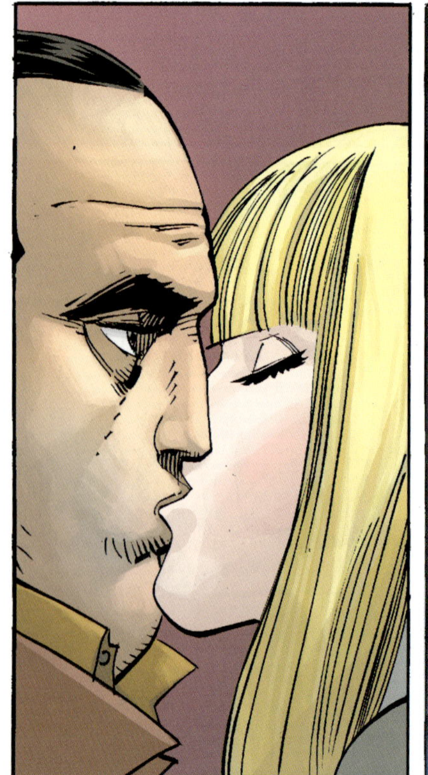

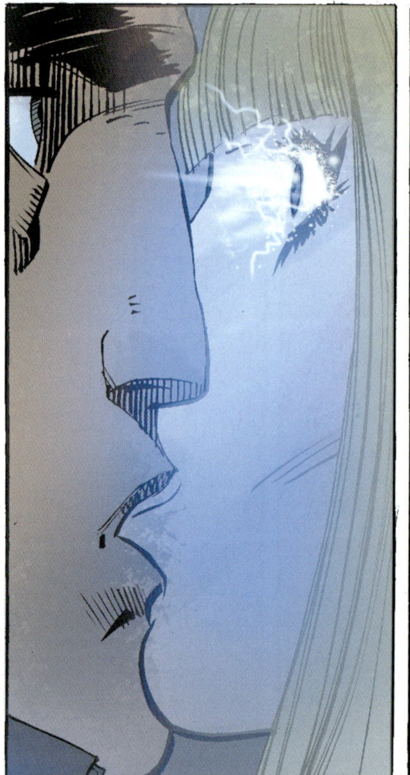

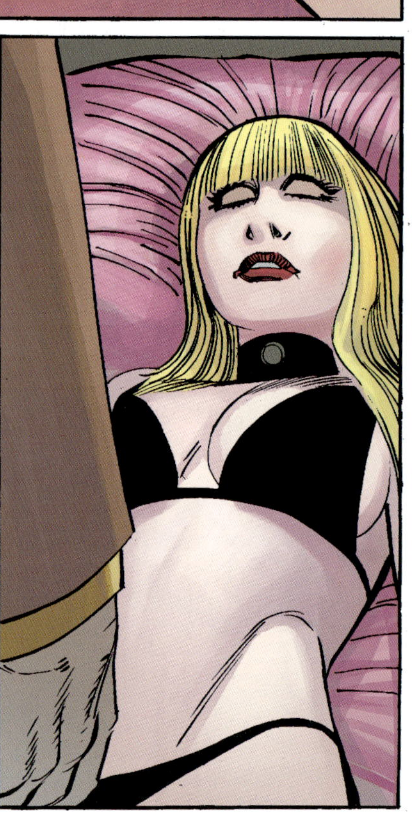

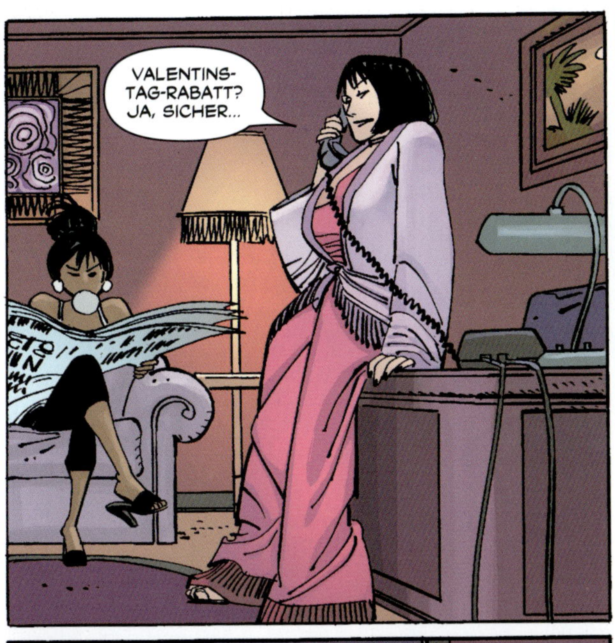
VALENTINS-TAG-RABATT? JA, SICHER...

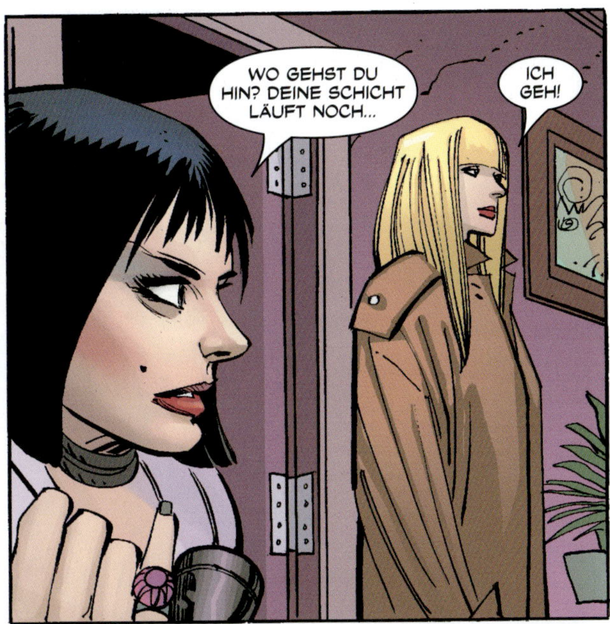
WO GEHST DU HIN? DEINE SCHICHT LÄUFT NOCH...
ICH GEH!

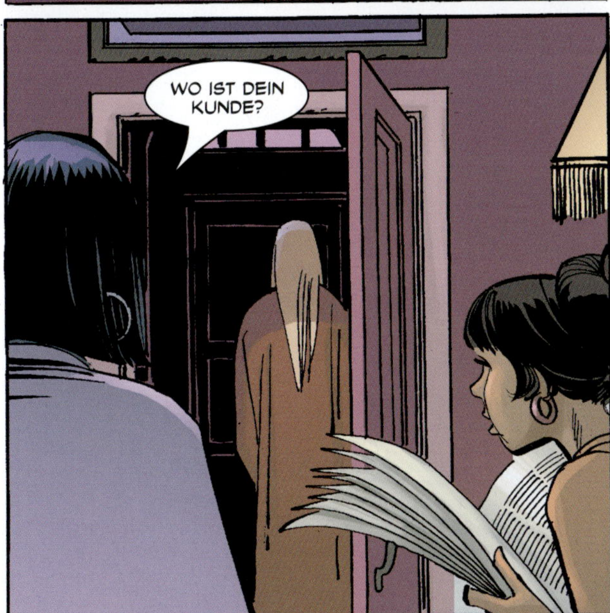
WO IST DEIN KUNDE?

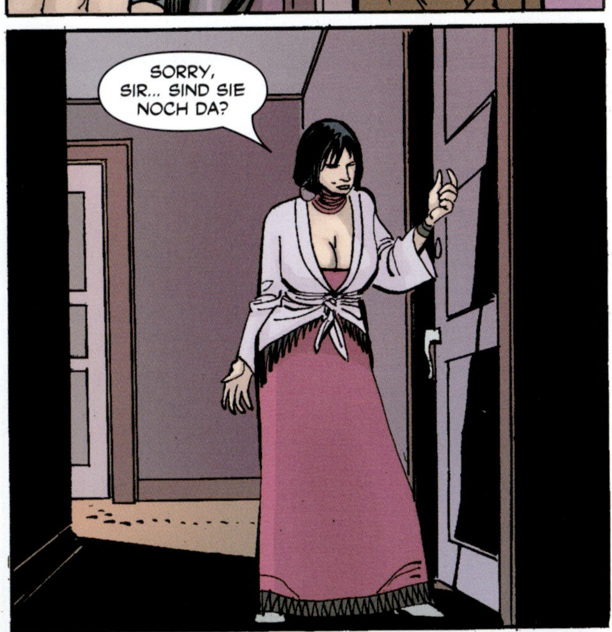
SORRY, SIR... SIND SIE NOCH DA?

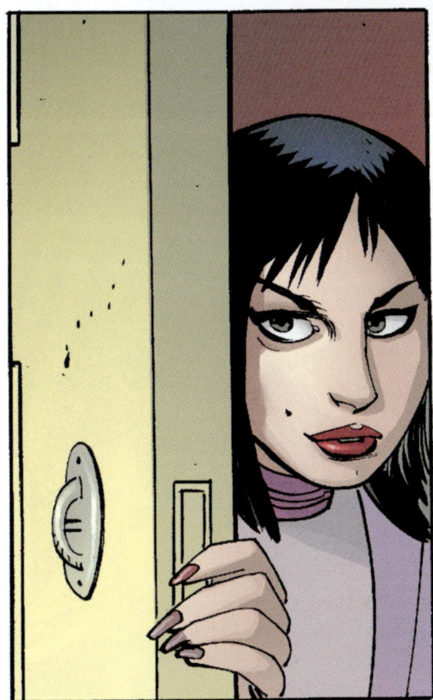

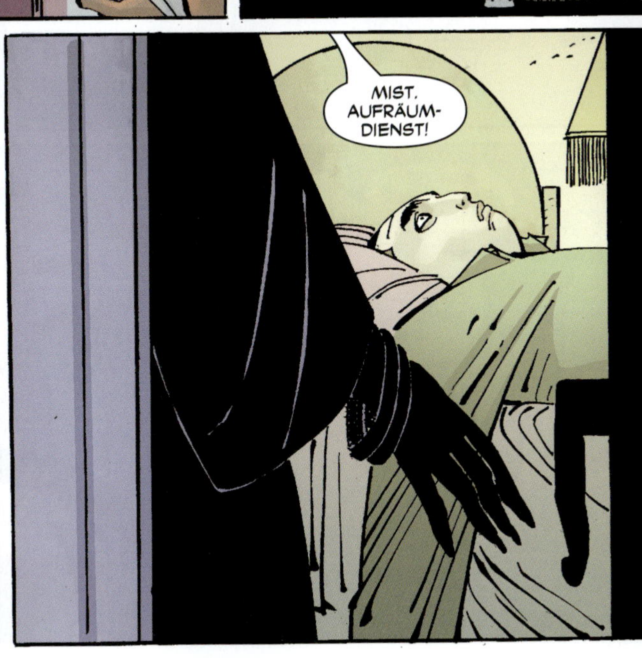
MIST. AUFRÄUM-DIENST!

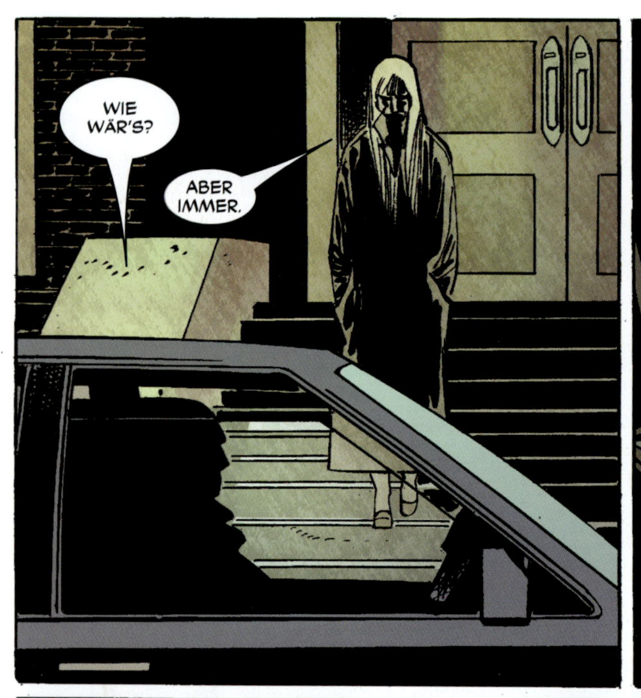
WIE WÄR'S?
ABER IMMER.

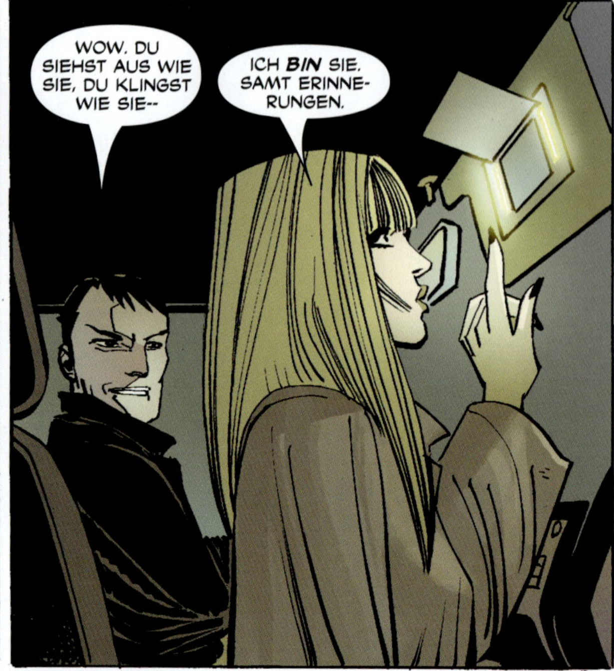
WOW. DU SIEHST AUS WIE SIE, DU KLINGST WIE SIE--
ICH **BIN** SIE. SAMT ERINNE-RUNGEN.

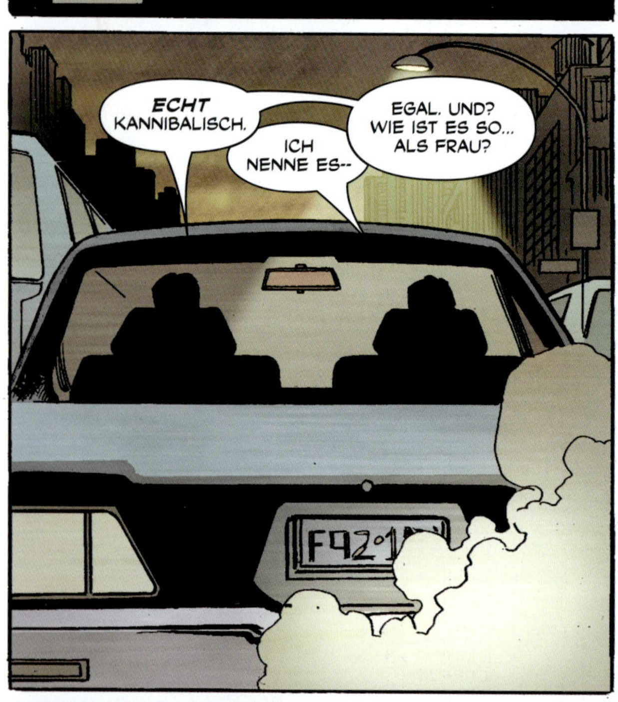
EGAL. UND? WIE IST ES SO... ALS FRAU?
ICH NENNE ES--
ECHT KANNIBALISCH.

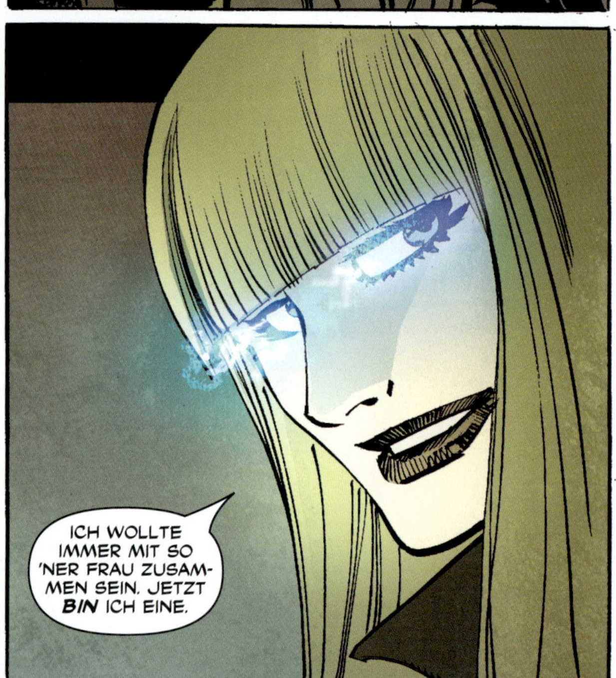
ICH WOLLTE IMMER MIT SO 'NER FRAU ZUSAM-MEN SEIN. JETZT **BIN** ICH EINE.

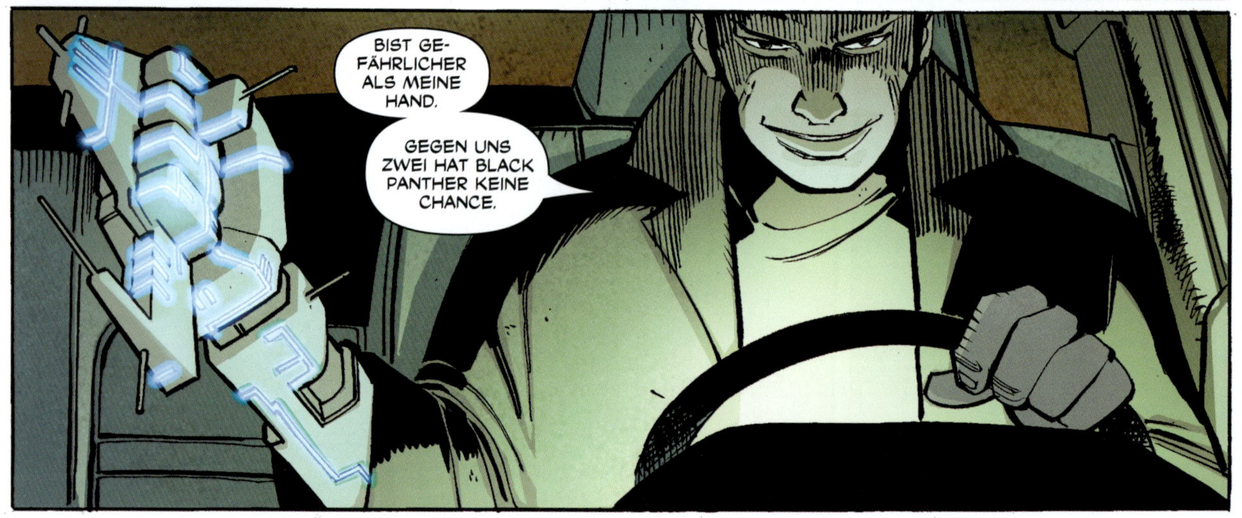
BIST GE-FÄHRLICHER ALS MEINE HAND.
GEGEN UNS ZWEI HAT BLACK PANTHER KEINE CHANCE.

WER IST BLACK PANTHER?, TEIL 3

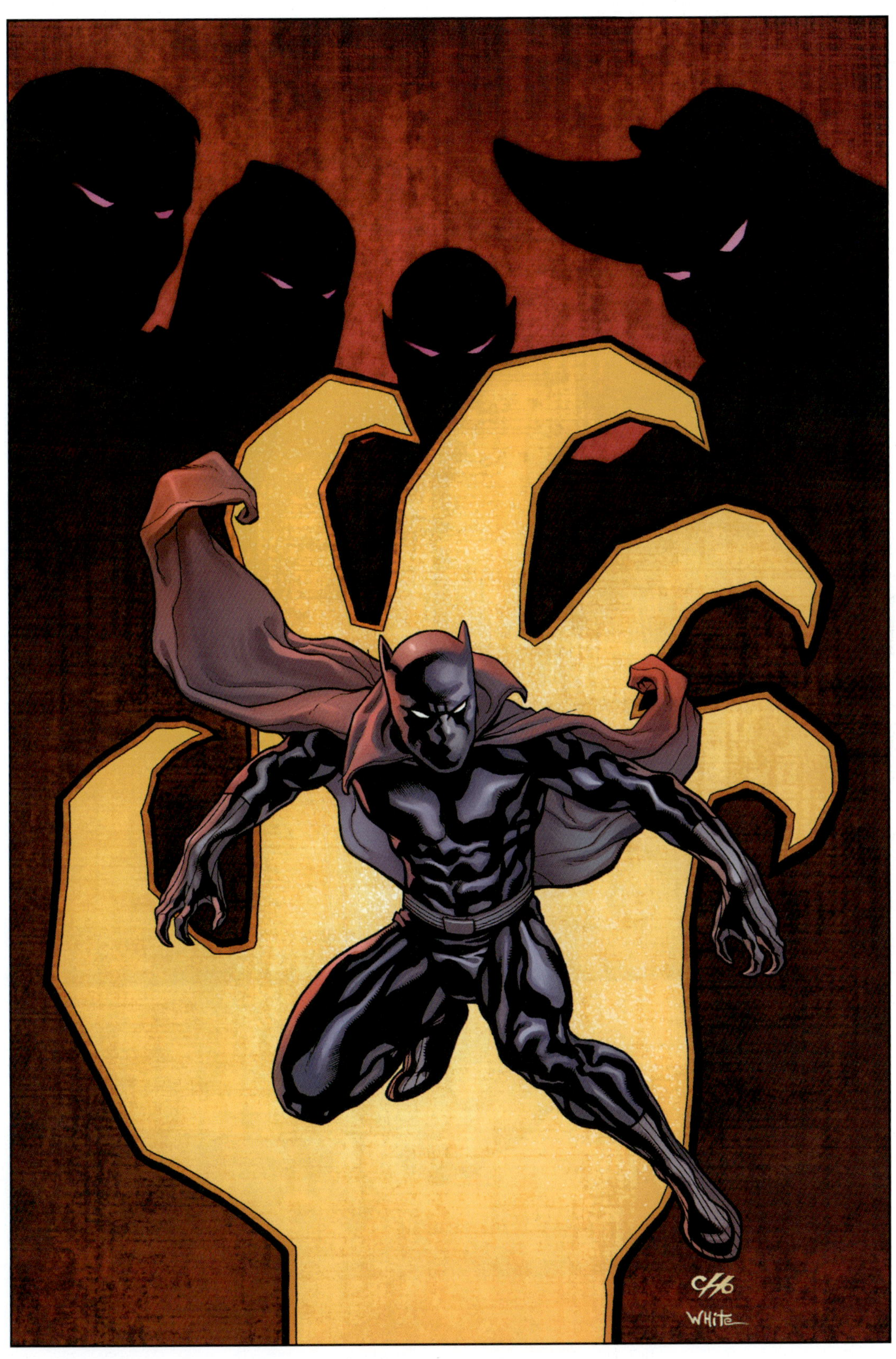

Black Panther (2005) 3
Cover von **FRANK CHO**

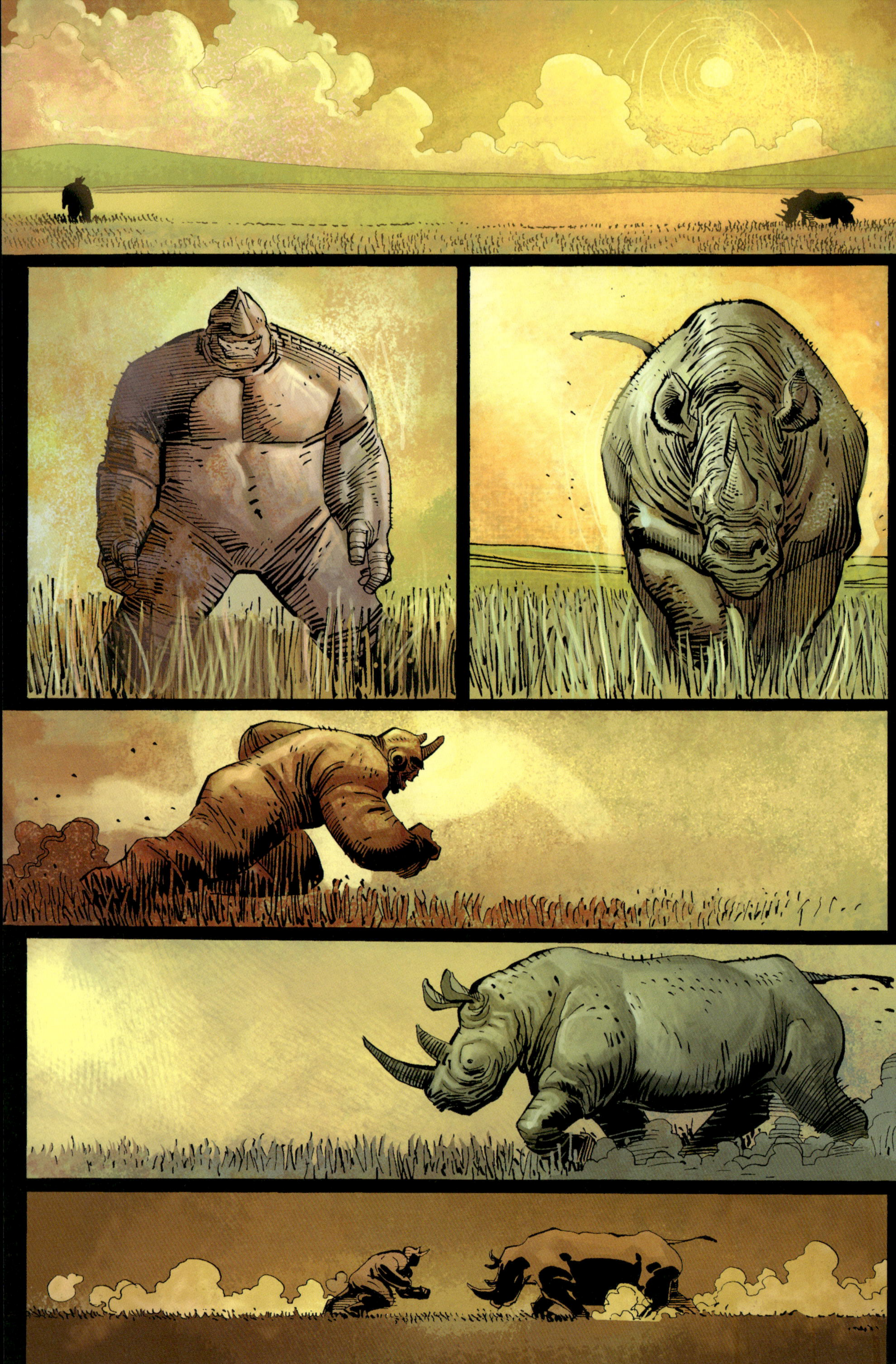

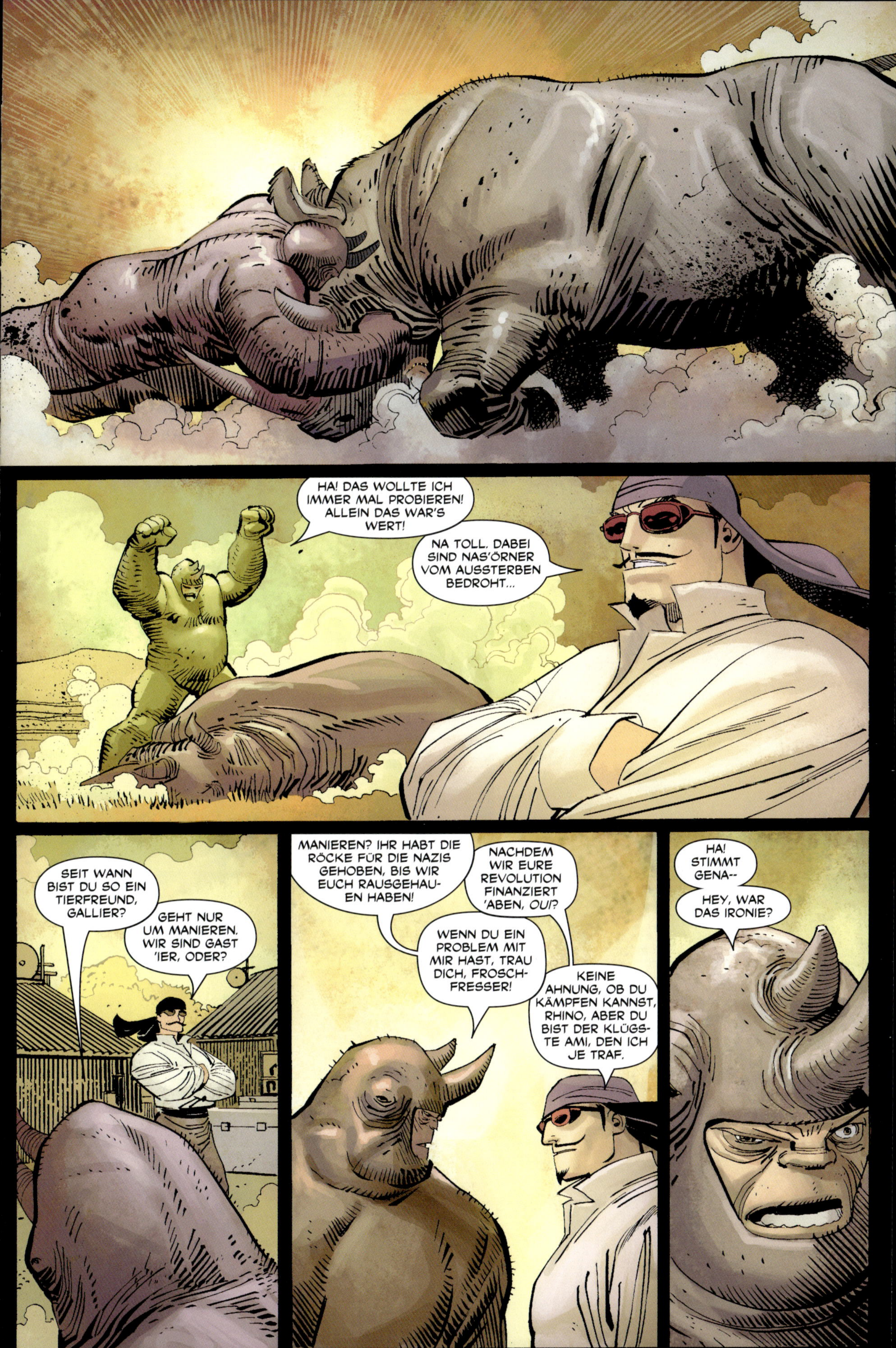
HA! DAS WOLLTE ICH IMMER MAL PROBIEREN! ALLEIN DAS WAR'S WERT!
NA TOLL. DABEI SIND NAS'ÖRNER VOM AUSSTERBEN BEDROHT...
SEIT WANN BIST DU SO EIN TIERFREUND, GALLIER?
GEHT NUR UM MANIEREN. WIR SIND GAST 'IER, ODER?
MANIEREN? IHR HABT DIE RÖCKE FÜR DIE NAZIS GEHOBEN, BIS WIR EUCH RAUSGEHAU-EN HABEN!
NACHDEM WIR EURE REVOLUTION FINANZIERT 'ABEN, *OUI*?
WENN DU EIN PROBLEM MIT MIR HAST, TRAU DICH, FROSCH-FRESSER!
KEINE AHNUNG, OB DU KÄMPFEN KANNST, RHINO, ABER DU BIST DER KLÜGS-TE AMI, DEN ICH JE TRAF.
HA! STIMMT GENA--
HEY, WAR DAS IRONIE?

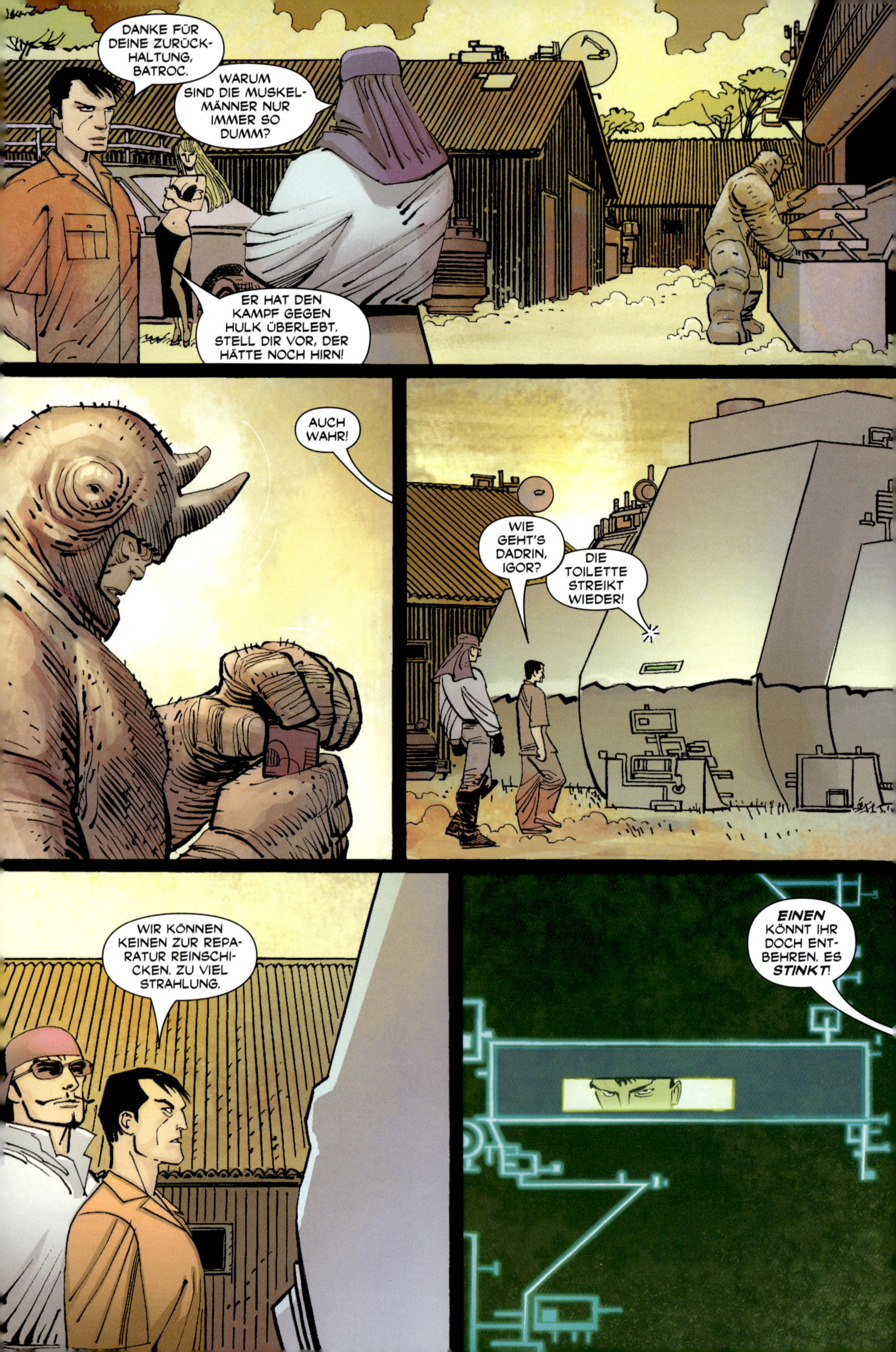
DANKE FÜR DEINE ZURÜCK-HALTUNG, BATROC.
WARUM SIND DIE MUSKEL-MÄNNER NUR IMMER SO DUMM?
ER HAT DEN KAMPF GEGEN HULK ÜBERLEBT. STELL DIR VOR, DER HÄTTE NOCH HIRN!
AUCH WAHR!
WIE GEHT'S DADRIN, IGOR?
DIE TOILETTE STREIKT WIEDER!
WIR KÖNNEN KEINEN ZUR REPA-RATUR REINSCHI-CKEN. ZU VIEL STRAHLUNG.
EINEN KÖNNT IHR DOCH ENT-BEHREN. ES *STINKT*!

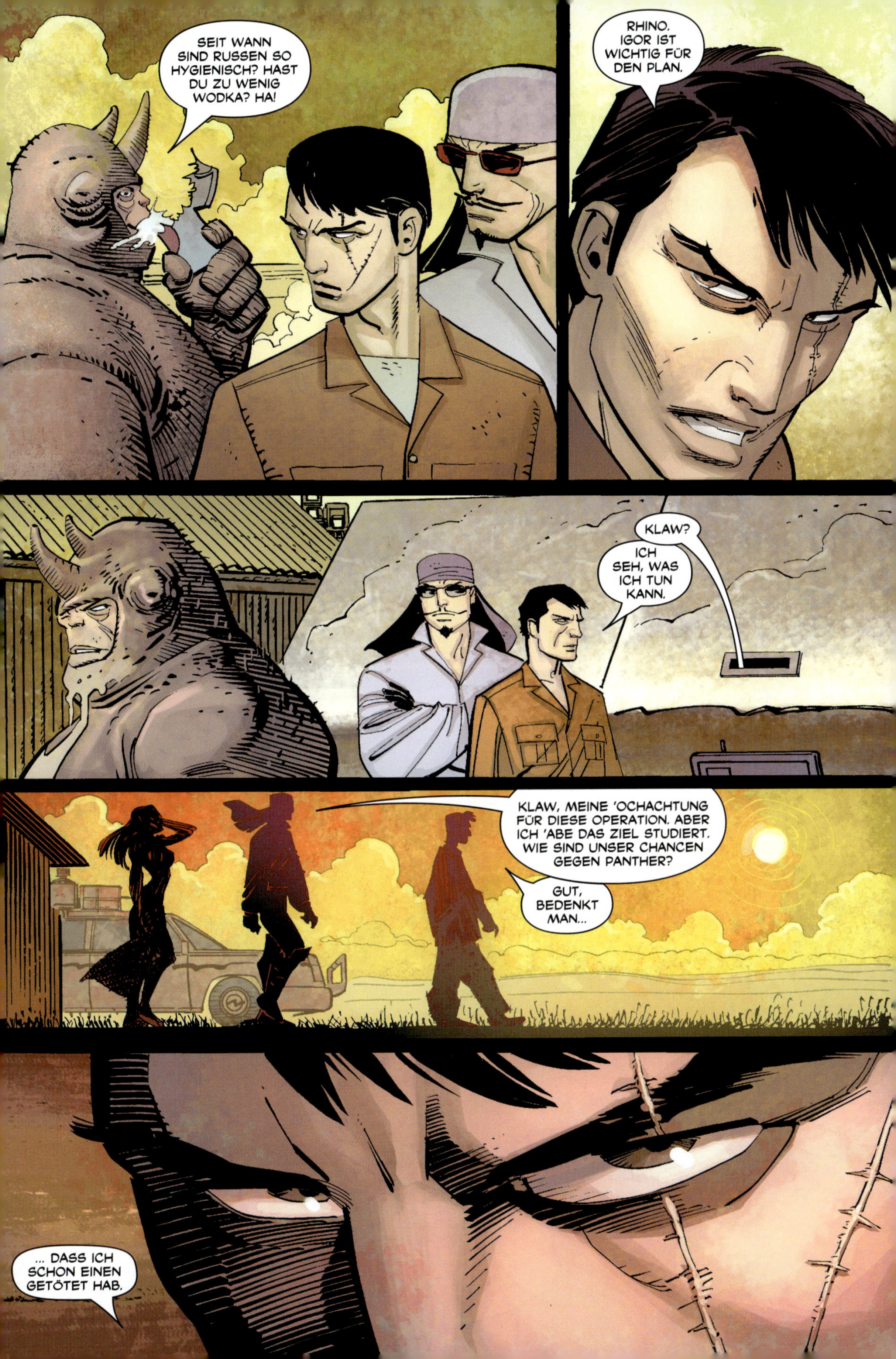
SEIT WANN SIND RUSSEN SO HYGIENISCH? HAST DU ZU WENIG WODKA? HA!
RHINO. IGOR IST WICHTIG FÜR DEN PLAN.
KLAW?
ICH SEH, WAS ICH TUN KANN.
KLAW, MEINE 'OCHACHTUNG FÜR DIESE OPERATION. ABER ICH 'ABE DAS ZIEL STUDIERT. WIE SIND UNSER CHANCEN GEGEN PANTHER?
GUT, BEDENKT MAN...
... DASS ICH SCHON EINEN GETÖTET HAB.

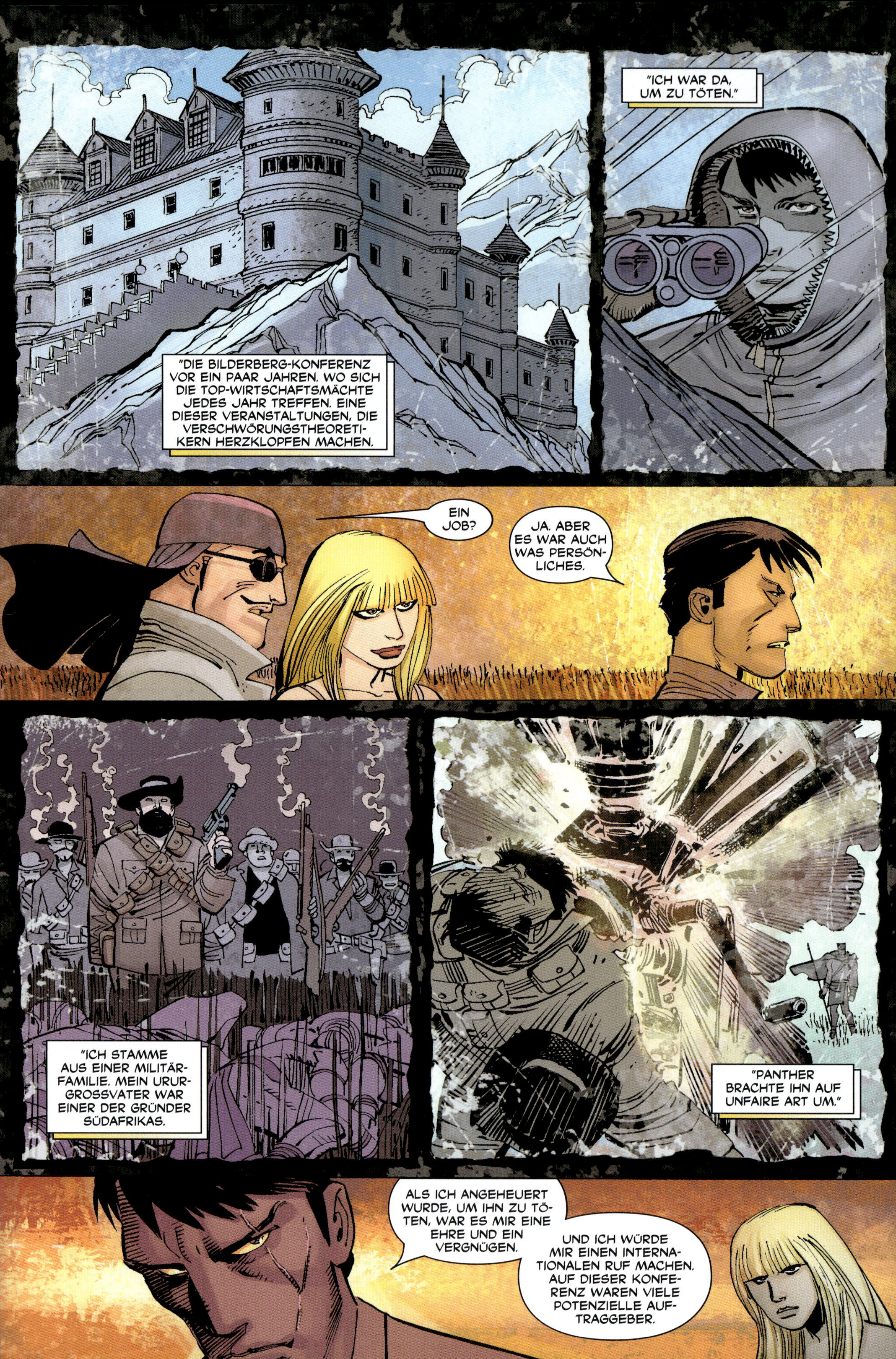
"DIE BILDERBERG-KONFERENZ VOR EIN PAAR JAHREN. WO SICH DIE TOP-WIRTSCHAFTSMÄCHTE JEDES JAHR TREFFEN. EINE DIESER VERANSTALTUNGEN, DIE VERSCHWÖRUNGSTHEORETIKERN HERZKLOPFEN MACHEN.
"ICH WAR DA, UM ZU TÖTEN."
EIN JOB?
JA. ABER ES WAR AUCH WAS PERSÖNLICHES.
"ICH STAMME AUS EINER MILITÄRFAMILIE. MEIN URURGROSSVATER WAR EINER DER GRÜNDER SÜDAFRIKAS.
"PANTHER BRACHTE IHN AUF UNFAIRE ART UM."
ALS ICH ANGEHEUERT WURDE, UM IHN ZU TÖTEN, WAR ES MIR EINE EHRE UND EIN VERGNÜGEN.
UND ICH WÜRDE MIR EINEN INTERNATIONALEN RUF MACHEN. AUF DIESER KONFERENZ WAREN VIELE POTENZIELLE AUFTRAGGEBER.

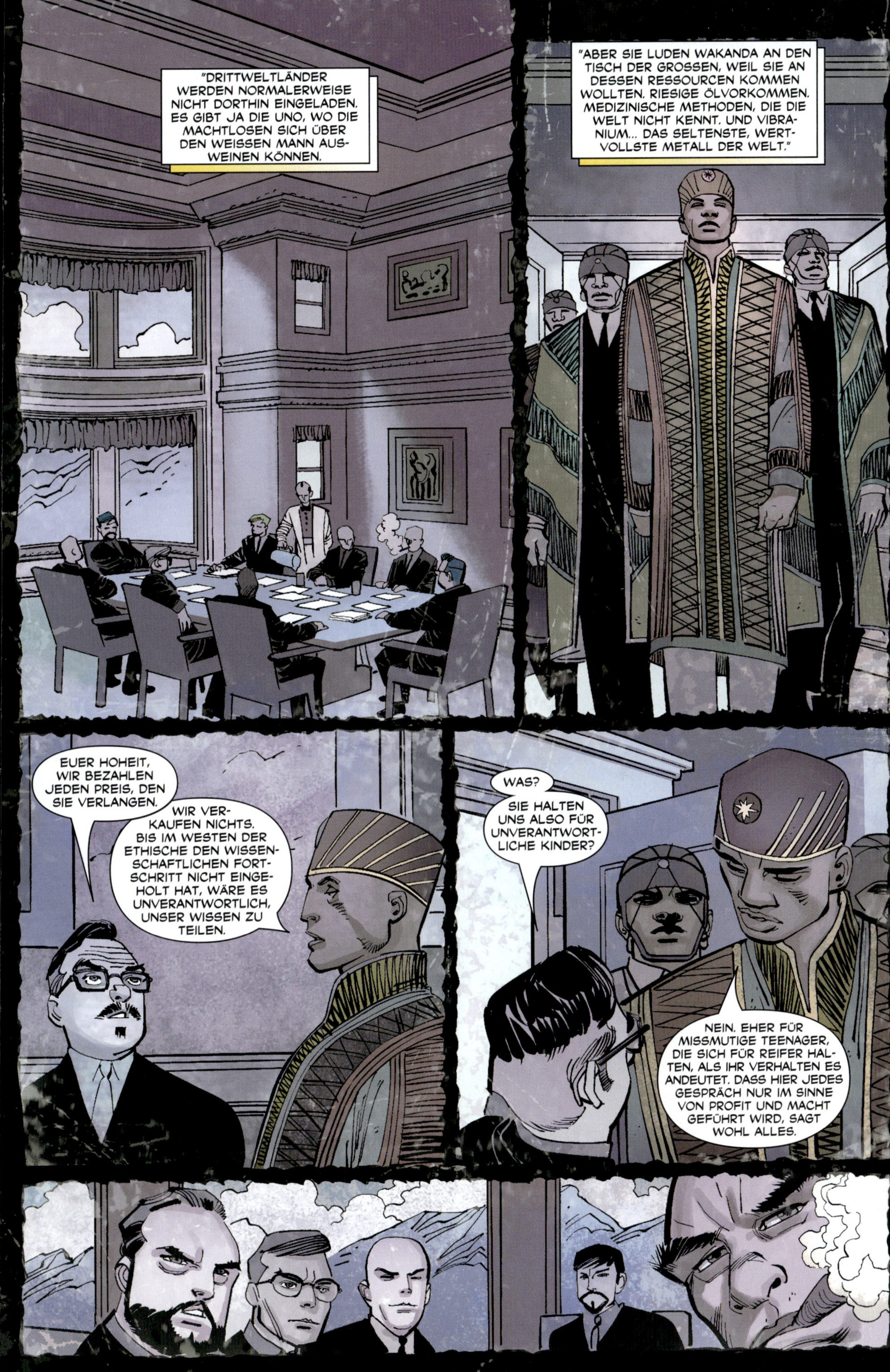
"DRITTWELTLÄNDER WERDEN NORMALERWEISE NICHT DORTHIN EINGELADEN. ES GIBT JA DIE UNO, WO DIE MACHTLOSEN SICH ÜBER DEN WEISSEN MANN AUS-WEINEN KÖNNEN.
"ABER SIE LUDEN WAKANDA AN DEN TISCH DER GROSSEN, WEIL SIE AN DESSEN RESSOURCEN KOMMEN WOLLTEN. RIESIGE ÖLVORKOMMEN. MEDIZINISCHE METHODEN, DIE DIE WELT NICHT KENNT. UND VIBRA-NIUM... DAS SELTENSTE, WERT-VOLLSTE METALL DER WELT."
EUER HOHEIT, WIR BEZAHLEN JEDEN PREIS, DEN SIE VERLANGEN.
WIR VER-KAUFEN NICHTS. BIS IM WESTEN DER ETHISCHE DEN WISSEN-SCHAFTLICHEN FORT-SCHRITT NICHT EINGE-HOLT HAT, WÄRE ES UNVERANTWORTLICH, UNSER WISSEN ZU TEILEN.
WAS?
SIE HALTEN UNS ALSO FÜR UNVERANTWORT-LICHE KINDER?
NEIN. EHER FÜR MISSMUTIGE TEENAGER, DIE SICH FÜR REIFER HAL-TEN, ALS IHR VERHALTEN ES ANDEUTET. DASS HIER JEDES GESPRÄCH NUR IM SINNE VON PROFIT UND MACHT GEFÜHRT WIRD, SAGT WOHL ALLES.

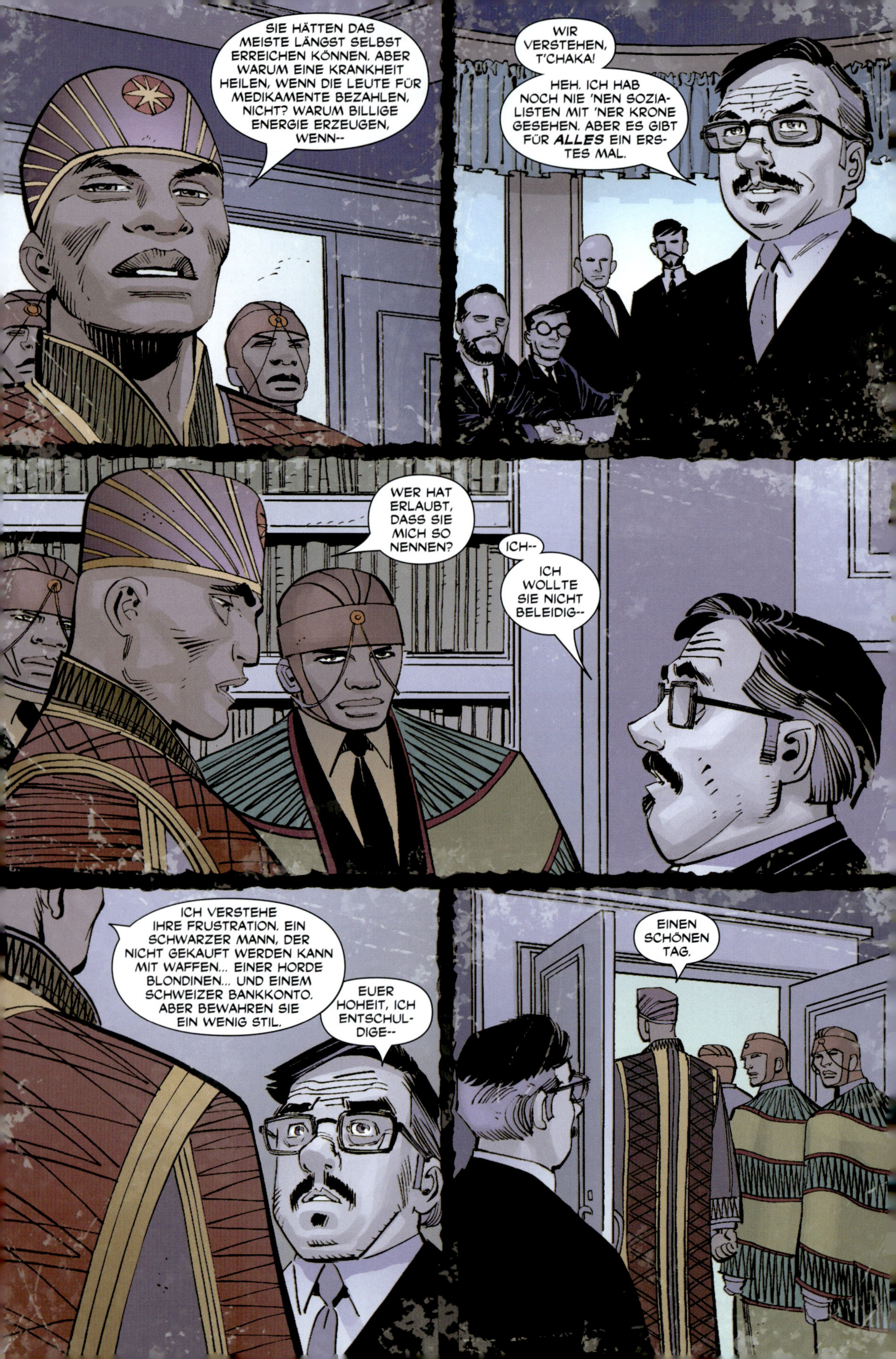
SIE HÄTTEN DAS MEISTE LÄNGST SELBST ERREICHEN KÖNNEN. ABER WARUM EINE KRANKHEIT HEILEN, WENN DIE LEUTE FÜR MEDIKAMENTE BEZAHLEN, NICHT? WARUM BILLIGE ENERGIE ERZEUGEN, WENN--
WIR VERSTEHEN, T'CHAKA!
HEH. ICH HAB NOCH NIE 'NEN SOZIALISTEN MIT 'NER KRONE GESEHEN. ABER ES GIBT FÜR ALLES EIN ERSTES MAL.
WER HAT ERLAUBT, DASS SIE MICH SO NENNEN?
ICH--
ICH WOLLTE SIE NICHT BELEIDIG--
ICH VERSTEHE IHRE FRUSTRATION. EIN SCHWARZER MANN, DER NICHT GEKAUFT WERDEN KANN MIT WAFFEN... EINER HORDE BLONDINEN... UND EINEM SCHWEIZER BANKKONTO. ABER BEWAHREN SIE EIN WENIG STIL.
EUER HOHEIT, ICH ENTSCHULDIGE--
EINEN SCHÖNEN TAG.

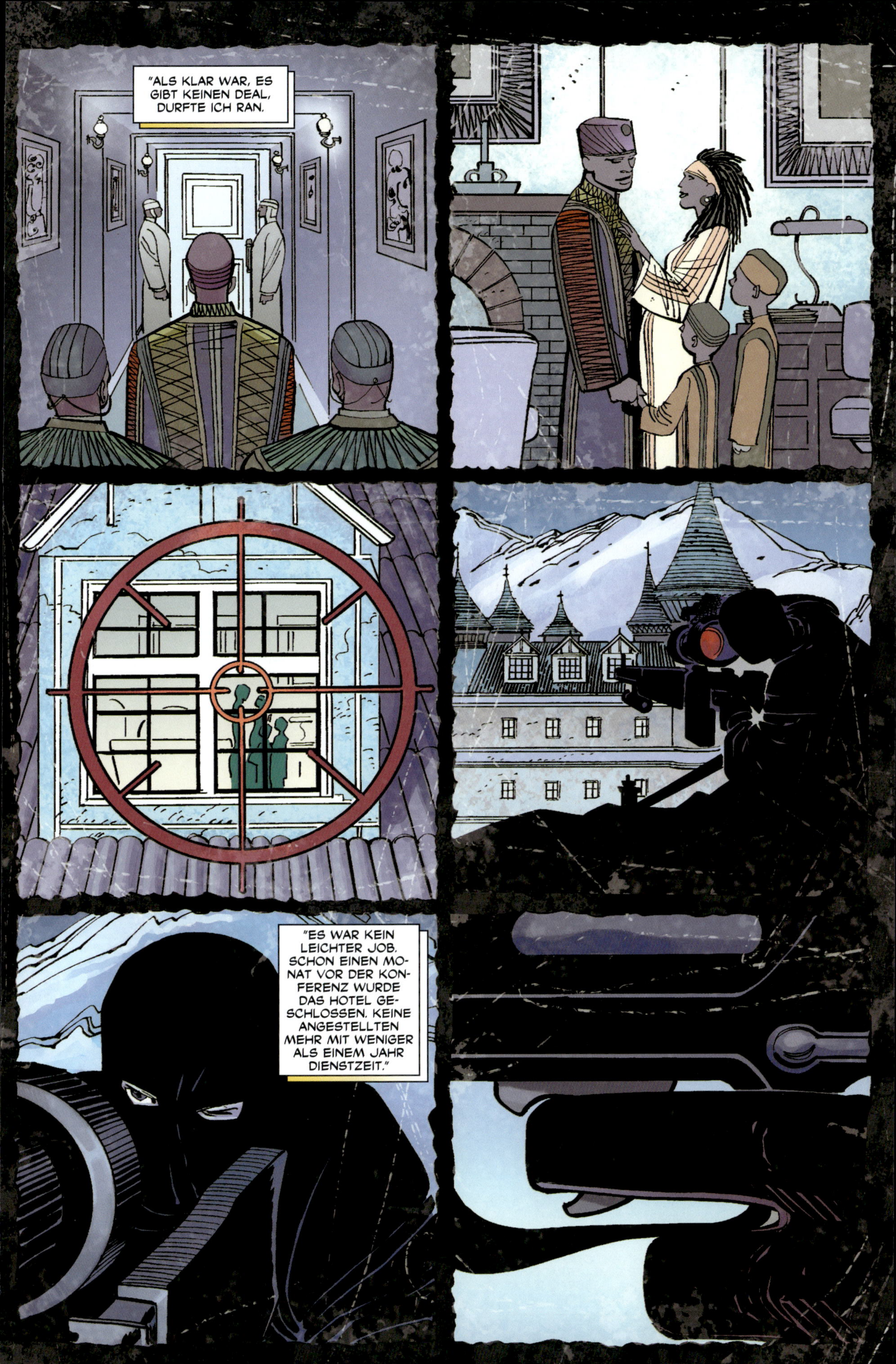
"ALS KLAR WAR, ES GIBT KEINEN DEAL, DURFTE ICH RAN.
"ES WAR KEIN LEICHTER JOB. SCHON EINEN MONAT VOR DER KONFERENZ WURDE DAS HOTEL GESCHLOSSEN. KEINE ANGESTELLTEN MEHR MIT WENIGER ALS EINEM JAHR DIENSTZEIT."

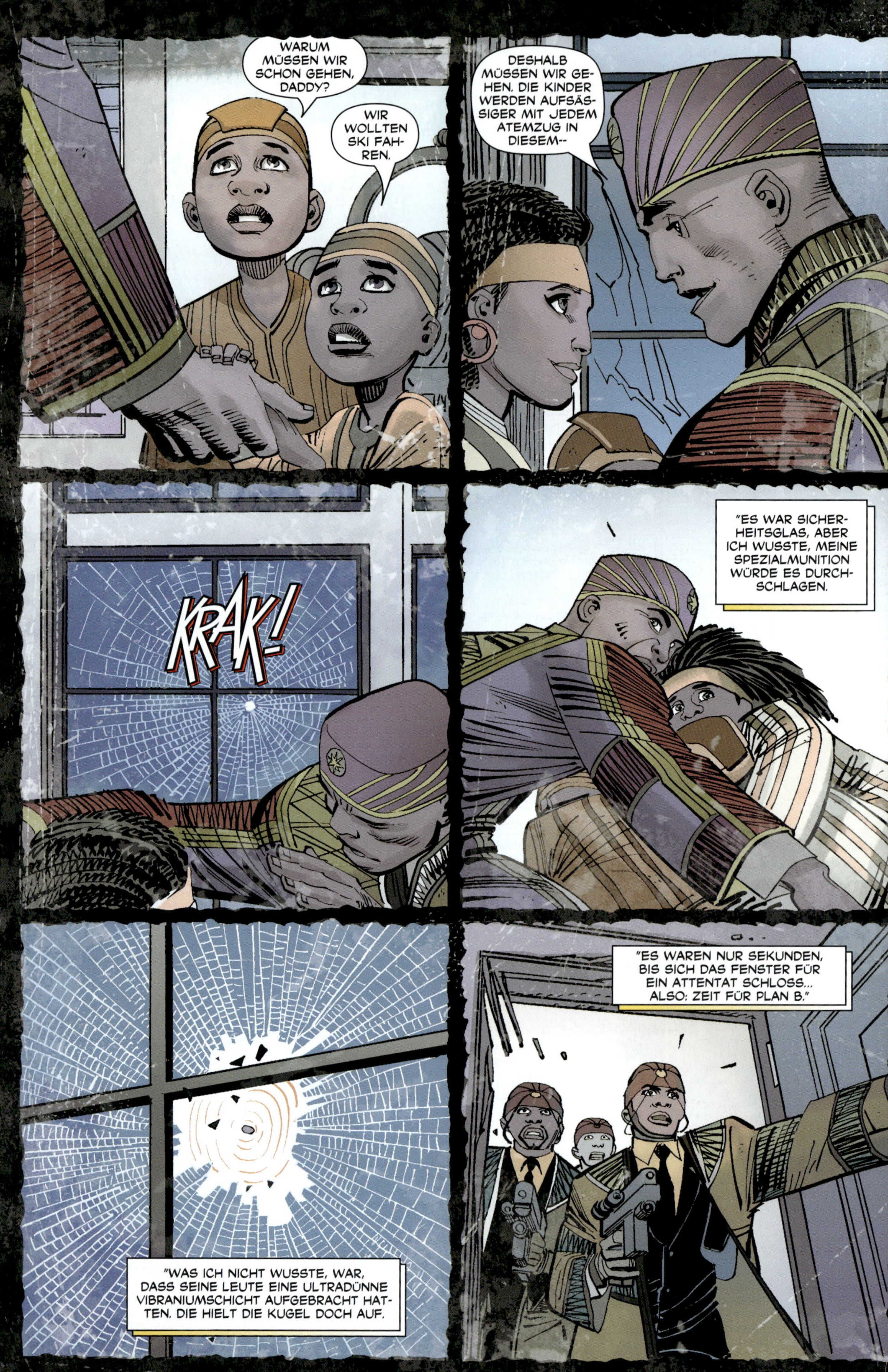
WARUM MÜSSEN WIR SCHON GEHEN, DADDY?
WIR WOLLTEN SKI FAHREN.
DESHALB MÜSSEN WIR GEHEN. DIE KINDER WERDEN AUFSÄSSIGER MIT JEDEM ATEMZUG IN DIESEM--
KRAK!
"ES WAR SICHERHEITSGLAS, ABER ICH WUSSTE, MEINE SPEZIALMUNITION WÜRDE ES DURCHSCHLAGEN.
"WAS ICH NICHT WUSSTE, WAR, DASS SEINE LEUTE EINE ULTRADÜNNE VIBRANIUMSCHICHT AUFGEBRACHT HATTEN. DIE HIELT DIE KUGEL DOCH AUF.
"ES WAREN NUR SEKUNDEN, BIS SICH DAS FENSTER FÜR EIN ATTENTAT SCHLOSS... ALSO: ZEIT FÜR PLAN B."

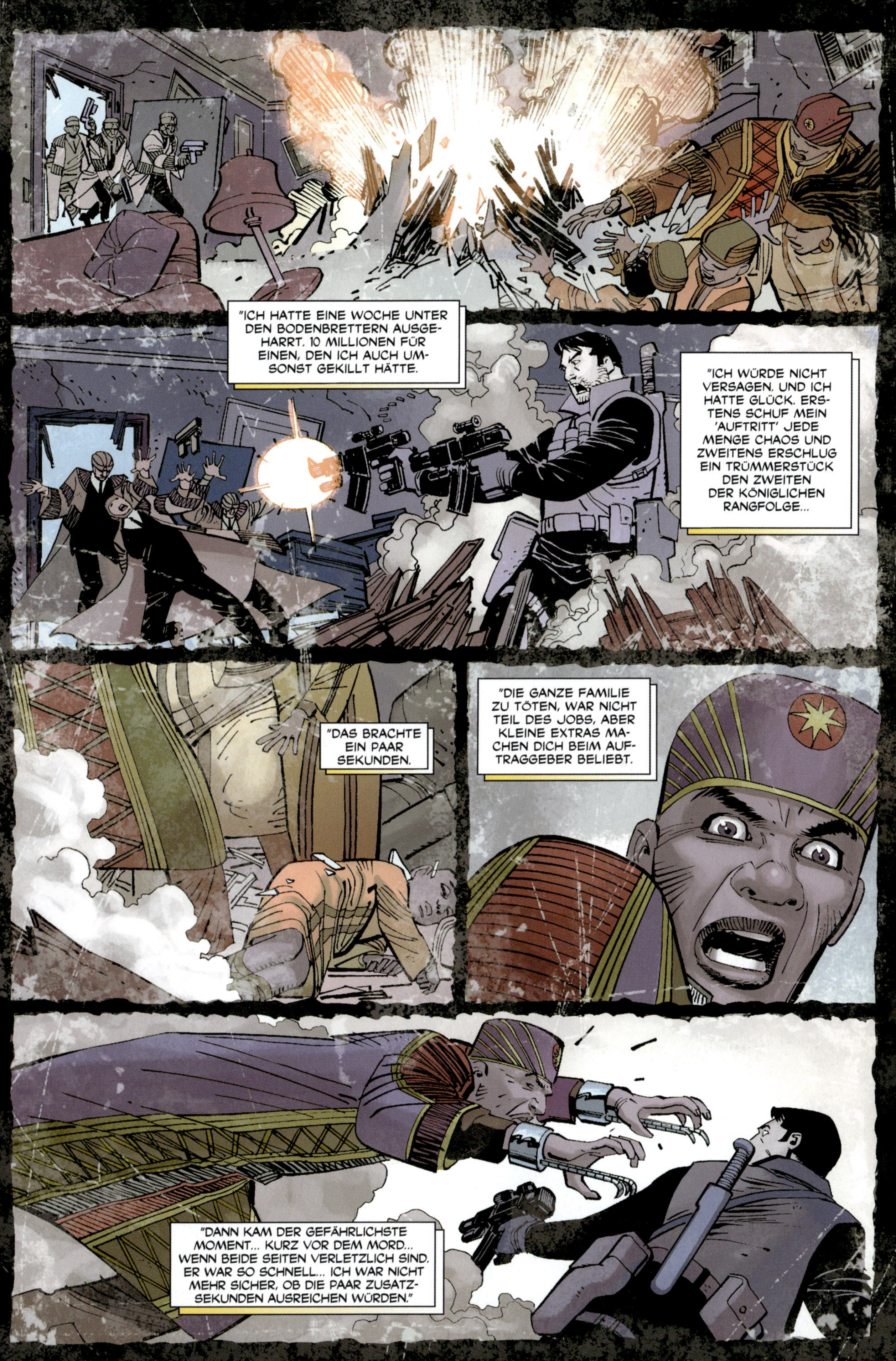
"ICH HATTE EINE WOCHE UNTER DEN BODENBRETTERN AUSGEHARRT. 10 MILLIONEN FÜR EINEN, DEN ICH AUCH UMSONST GEKILLT HÄTTE.
"ICH WÜRDE NICHT VERSAGEN. UND ICH HATTE GLÜCK. ERSTENS SCHUF MEIN 'AUFTRITT' JEDE MENGE CHAOS UND ZWEITENS ERSCHLUG EIN TRÜMMERSTÜCK DEN ZWEITEN DER KÖNIGLICHEN RANGFOLGE...
"DAS BRACHTE EIN PAAR SEKUNDEN.
"DIE GANZE FAMILIE ZU TÖTEN, WAR NICHT TEIL DES JOBS, ABER KLEINE EXTRAS MACHEN DICH BEIM AUFTRAGGEBER BELIEBT.
"DANN KAM DER GEFÄHRLICHSTE MOMENT... KURZ VOR DEM MORD... WENN BEIDE SEITEN VERLETZLICH SIND. ER WAR SO SCHNELL... ICH WAR NICHT MEHR SICHER, OB DIE PAAR ZUSATZSEKUNDEN AUSREICHEN WÜRDEN."

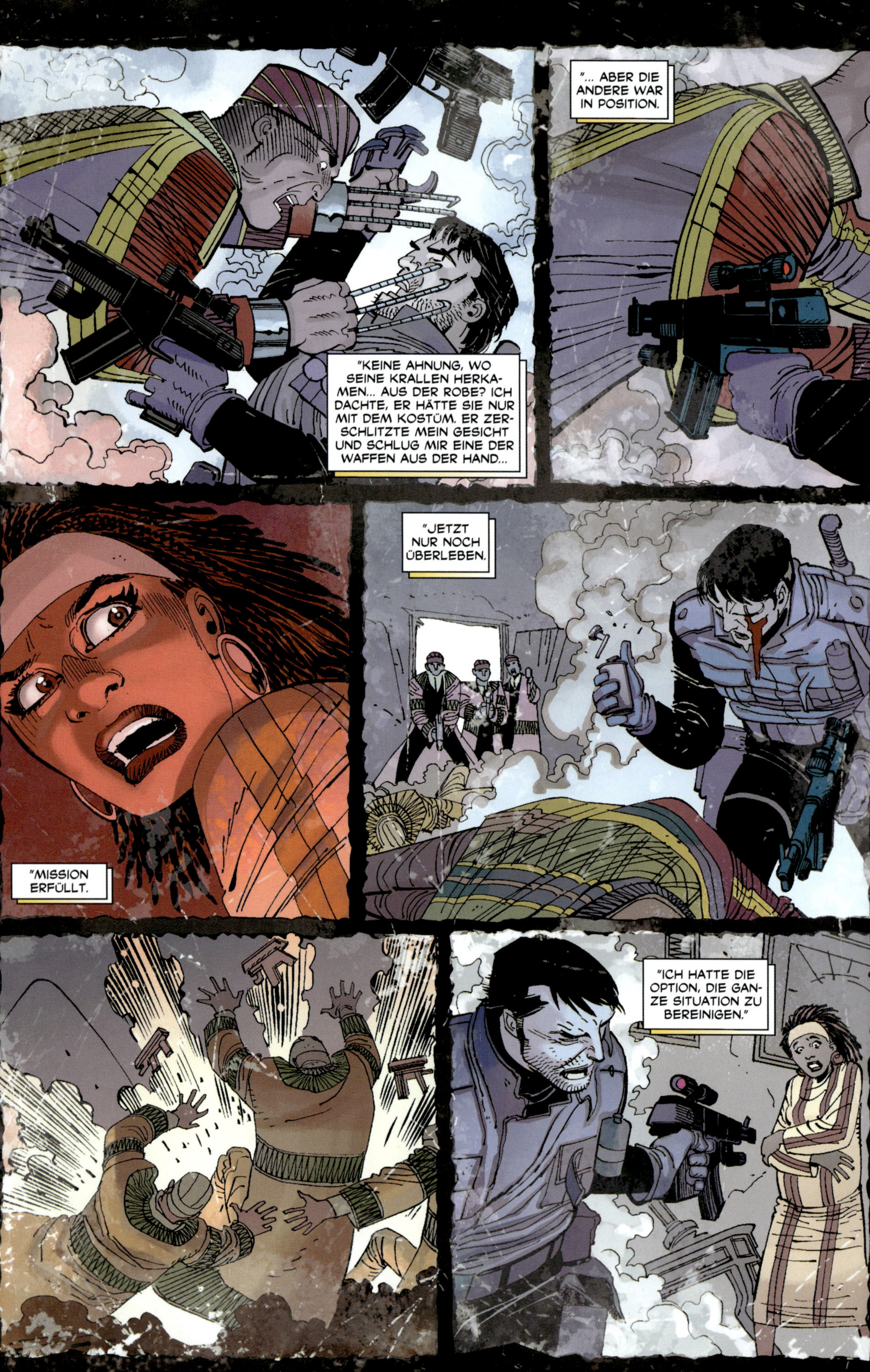
"KEINE AHNUNG, WO SEINE KRALLEN HERKAMEN... AUS DER ROBE? ICH DACHTE, ER HÄTTE SIE NUR MIT DEM KOSTÜM. ER ZERSCHLITZTE MEIN GESICHT UND SCHLUG MIR EINE DER WAFFEN AUS DER HAND...
"... ABER DIE ANDERE WAR IN POSITION.
"MISSION ERFÜLLT.
"JETZT NUR NOCH ÜBERLEBEN.
"ICH HATTE DIE OPTION, DIE GANZE SITUATION ZU BEREINIGEN."

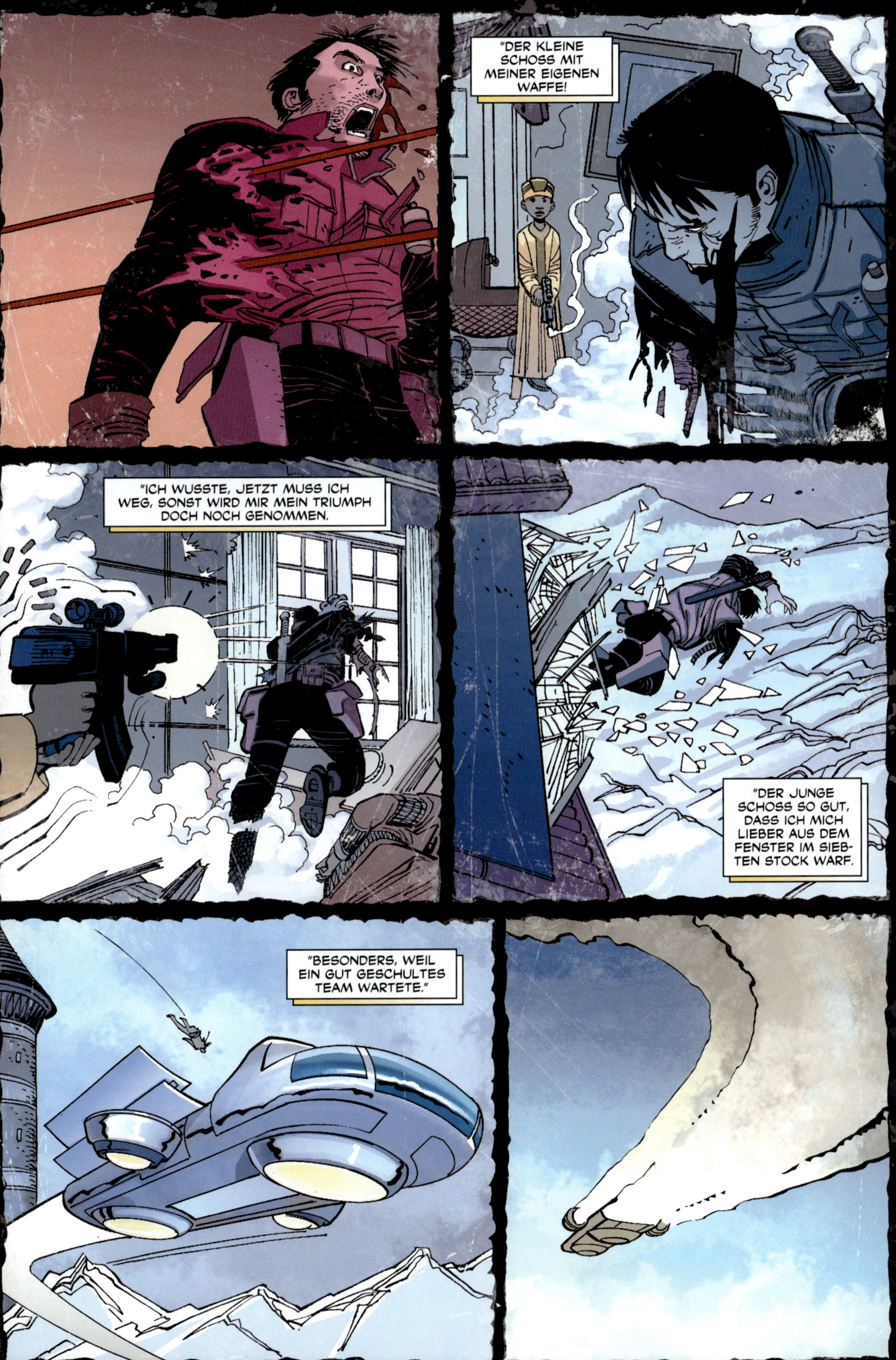
"DER KLEINE SCHOSS MIT MEINER EIGENEN WAFFE!
"ICH WUSSTE, JETZT MUSS ICH WEG, SONST WIRD MIR MEIN TRIUMPH DOCH NOCH GENOMMEN.
"DER JUNGE SCHOSS SO GUT, DASS ICH MICH LIEBER AUS DEM FENSTER IM SIEB-TEN STOCK WARF.
"BESONDERS, WEIL EIN GUT GESCHULTES TEAM WARTETE."

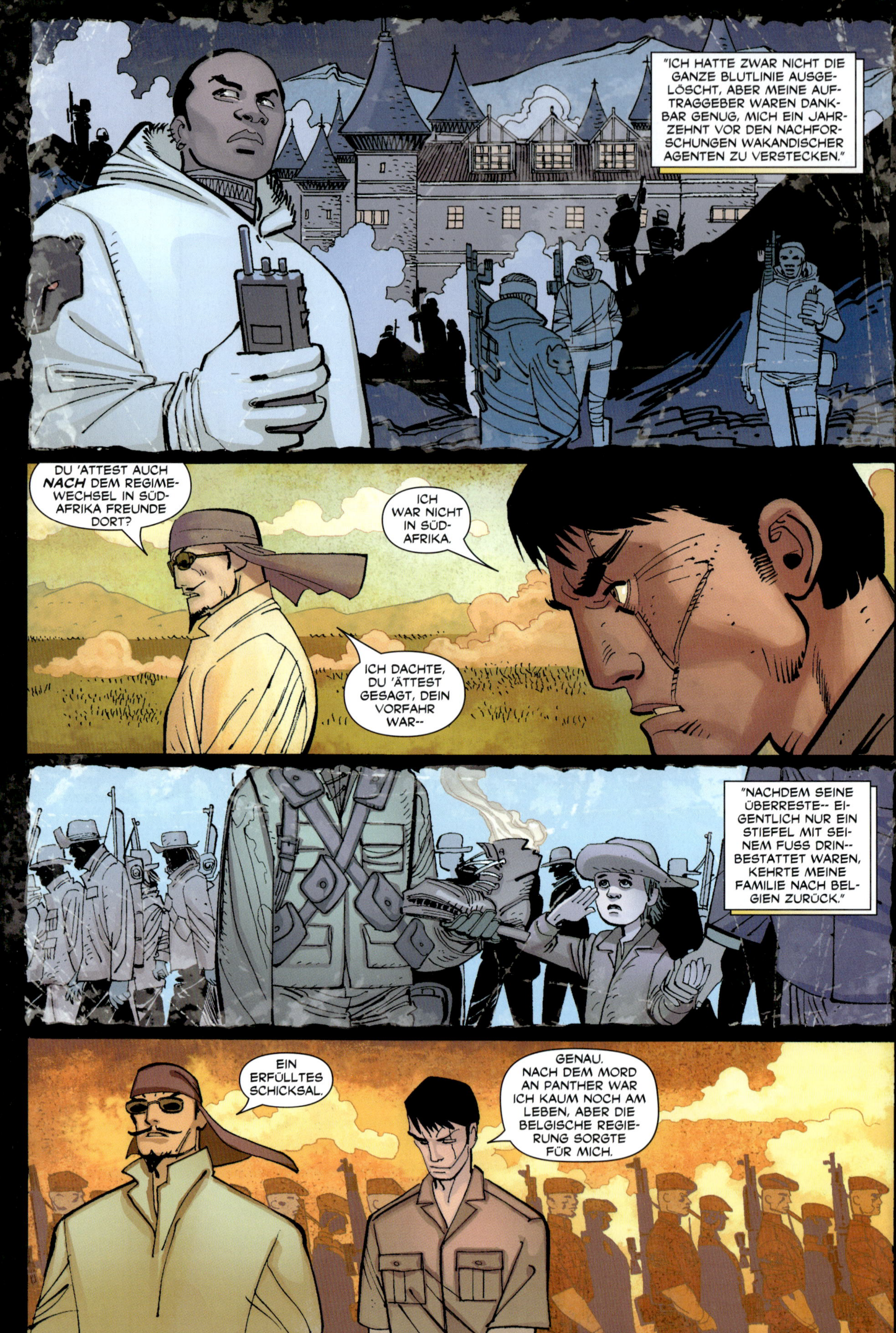
"ICH HATTE ZWAR NICHT DIE GANZE BLUTLINIE AUSGELÖSCHT, ABER MEINE AUFTRAGGEBER WAREN DANKBAR GENUG, MICH EIN JAHRZEHNT VOR DEN NACHFORSCHUNGEN WAKANDISCHER AGENTEN ZU VERSTECKEN."
DU 'ATTEST AUCH NACH DEM REGIMEWECHSEL IN SÜDAFRIKA FREUNDE DORT?
ICH WAR NICHT IN SÜDAFRIKA.
ICH DACHTE, DU 'ÄTTEST GESAGT, DEIN VORFAHR WAR--
"NACHDEM SEINE ÜBERRESTE-- EIGENTLICH NUR EIN STIEFEL MIT SEINEM FUSS DRIN-- BESTATTET WAREN, KEHRTE MEINE FAMILIE NACH BELGIEN ZURÜCK."
EIN ERFÜLLTES SCHICKSAL.
GENAU. NACH DEM MORD AN PANTHER WAR ICH KAUM NOCH AM LEBEN, ABER DIE BELGISCHE REGIERUNG SORGTE FÜR MICH.

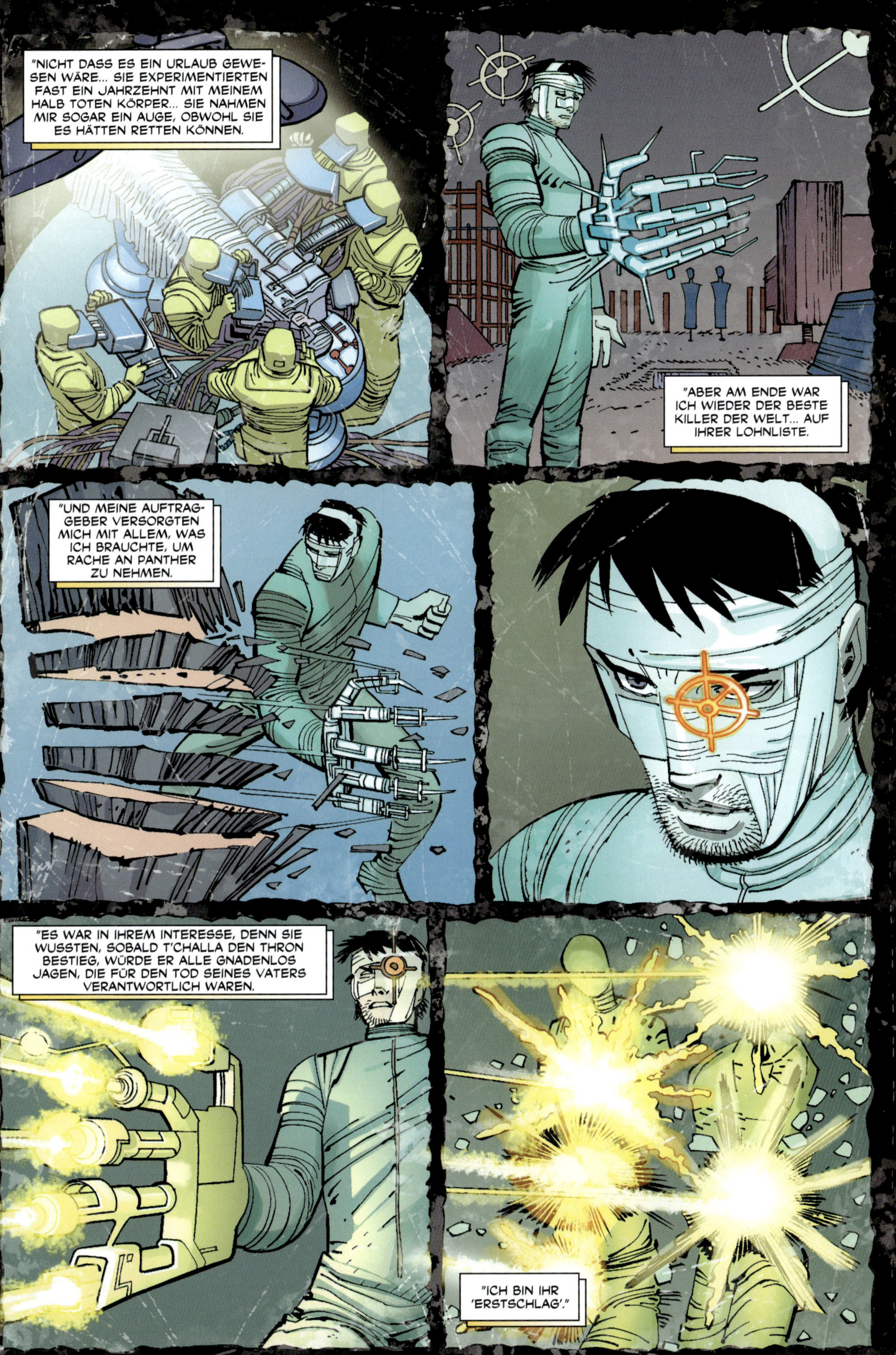
"NICHT DASS ES EIN URLAUB GEWESEN WÄRE... SIE EXPERIMENTIERTEN FAST EIN JAHRZEHNT MIT MEINEM HALB TOTEN KÖRPER... SIE NAHMEN MIR SOGAR EIN AUGE, OBWOHL SIE ES HÄTTEN RETTEN KÖNNEN.
"ABER AM ENDE WAR ICH WIEDER DER BESTE KILLER DER WELT... AUF IHRER LOHNLISTE.
"UND MEINE AUFTRAGGEBER VERSORGTEN MICH MIT ALLEM, WAS ICH BRAUCHTE, UM RACHE AN PANTHER ZU NEHMEN.
"ES WAR IN IHREM INTERESSE, DENN SIE WUSSTEN, SOBALD T'CHALLA DEN THRON BESTIEG, WÜRDE ER ALLE GNADENLOS JAGEN, DIE FÜR DEN TOD SEINES VATERS VERANTWORTLICH WAREN.
"ICH BIN IHR 'ERSTSCHLAG'."

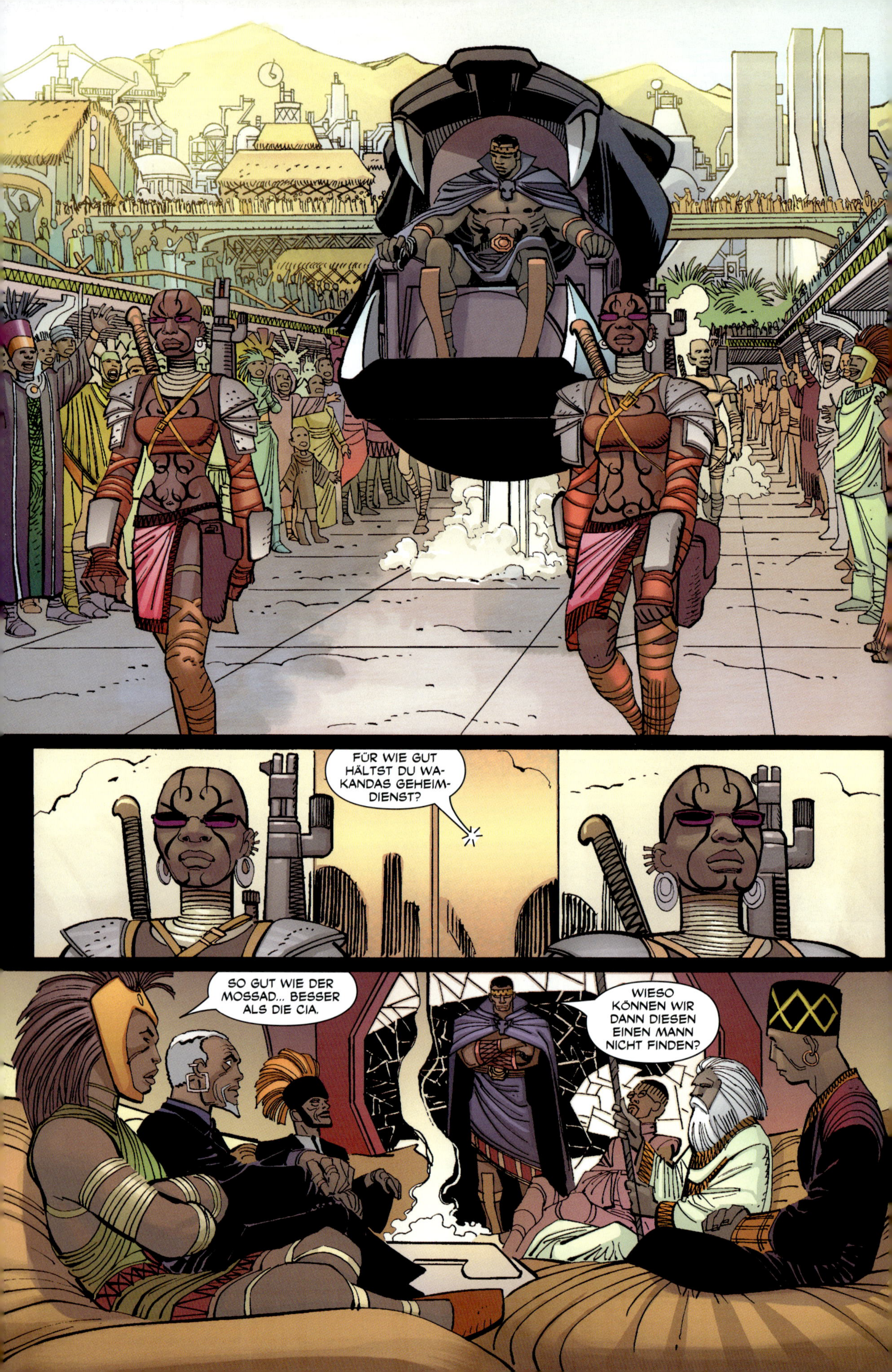
FÜR WIE GUT HÄLTST DU WAKANDAS GEHEIMDIENST?
SO GUT WIE DER MOSSAD... BESSER ALS DIE CIA.
WIESO KÖNNEN WIR DANN DIESEN EINEN MANN NICHT FINDEN?

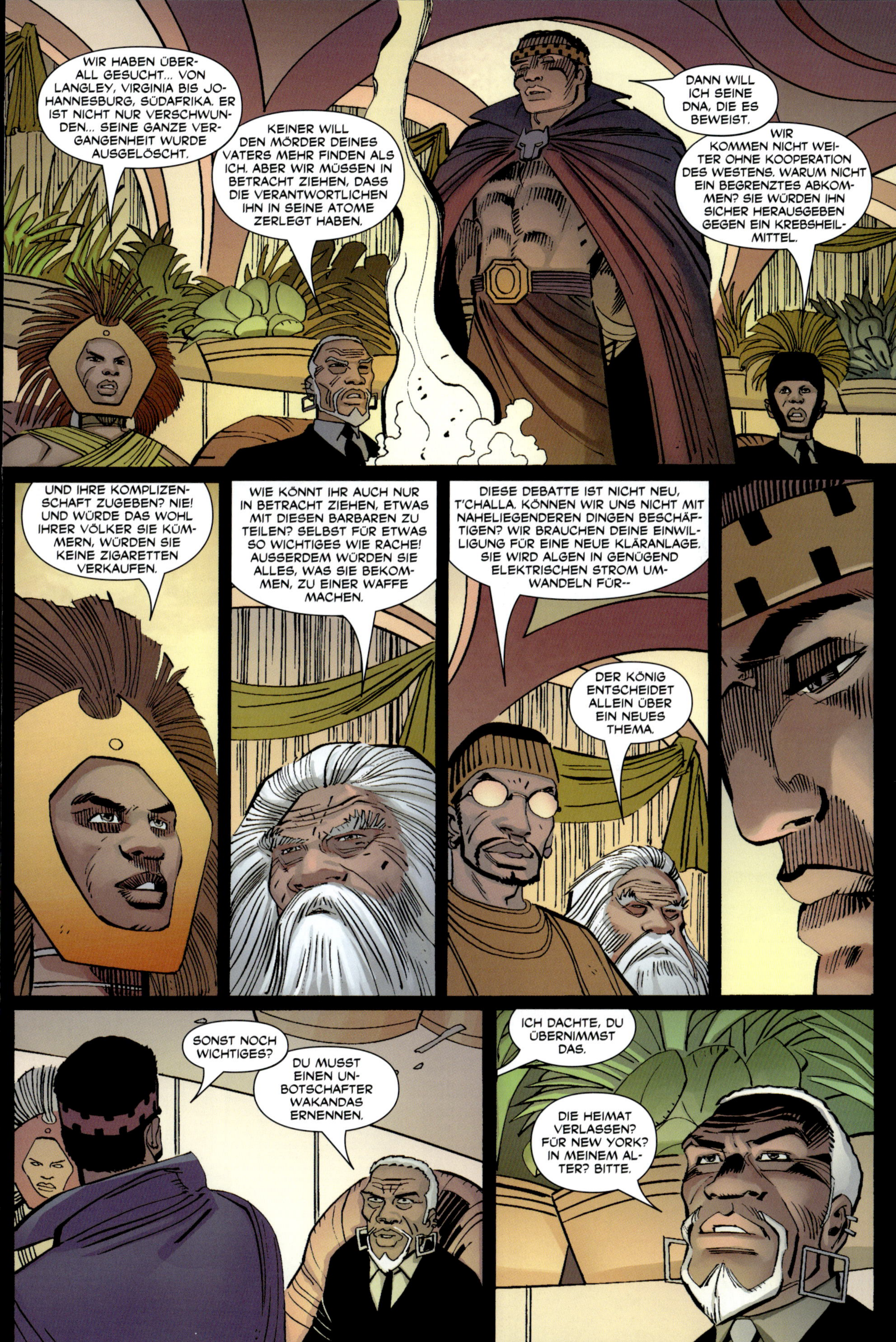
WIR HABEN ÜBERALL GESUCHT... VON LANGLEY, VIRGINIA BIS JOHANNESBURG, SÜDAFRIKA. ER IST NICHT NUR VERSCHWUNDEN... SEINE GANZE VERGANGENHEIT WURDE AUSGELÖSCHT.
KEINER WILL DEN MÖRDER DEINES VATERS MEHR FINDEN ALS ICH. ABER WIR MÜSSEN IN BETRACHT ZIEHEN, DASS DIE VERANTWORTLICHEN IHN IN SEINE ATOME ZERLEGT HABEN.
DANN WILL ICH SEINE DNA, DIE ES BEWEIST.
WIR KOMMEN NICHT WEITER OHNE KOOPERATION DES WESTENS. WARUM NICHT EIN BEGRENZTES ABKOMMEN? SIE WÜRDEN IHN SICHER HERAUSGEBEN GEGEN EIN KREBSHEILMITTEL.
UND IHRE KOMPLIZENSCHAFT ZUGEBEN? NIE! UND WÜRDE DAS WOHL IHRER VÖLKER SIE KÜMMERN, WÜRDEN SIE KEINE ZIGARETTEN VERKAUFEN.
WIE KÖNNT IHR AUCH NUR IN BETRACHT ZIEHEN, ETWAS MIT DIESEN BARBAREN ZU TEILEN? SELBST FÜR ETWAS SO WICHTIGES WIE RACHE! AUSSERDEM WÜRDEN SIE ALLES, WAS SIE BEKOMMEN, ZU EINER WAFFE MACHEN.
DIESE DEBATTE IST NICHT NEU, T'CHALLA. KÖNNEN WIR UNS NICHT MIT NAHELIEGENDEREN DINGEN BESCHÄFTIGEN? WIR BRAUCHEN DEINE EINWILLIGUNG FÜR EINE NEUE KLÄRANLAGE. SIE WIRD ALGEN IN GENÜGEND ELEKTRISCHEN STROM UMWANDELN FÜR--
DER KÖNIG ENTSCHEIDET ALLEIN ÜBER EIN NEUES THEMA.
SONST NOCH WICHTIGES?
DU MUSST EINEN UNBOTSCHAFTER WAKANDAS ERNENNEN.
ICH DACHTE, DU ÜBERNIMMST DAS.
DIE HEIMAT VERLASSEN? FÜR NEW YORK? IN MEINEM ALTER? BITTE.

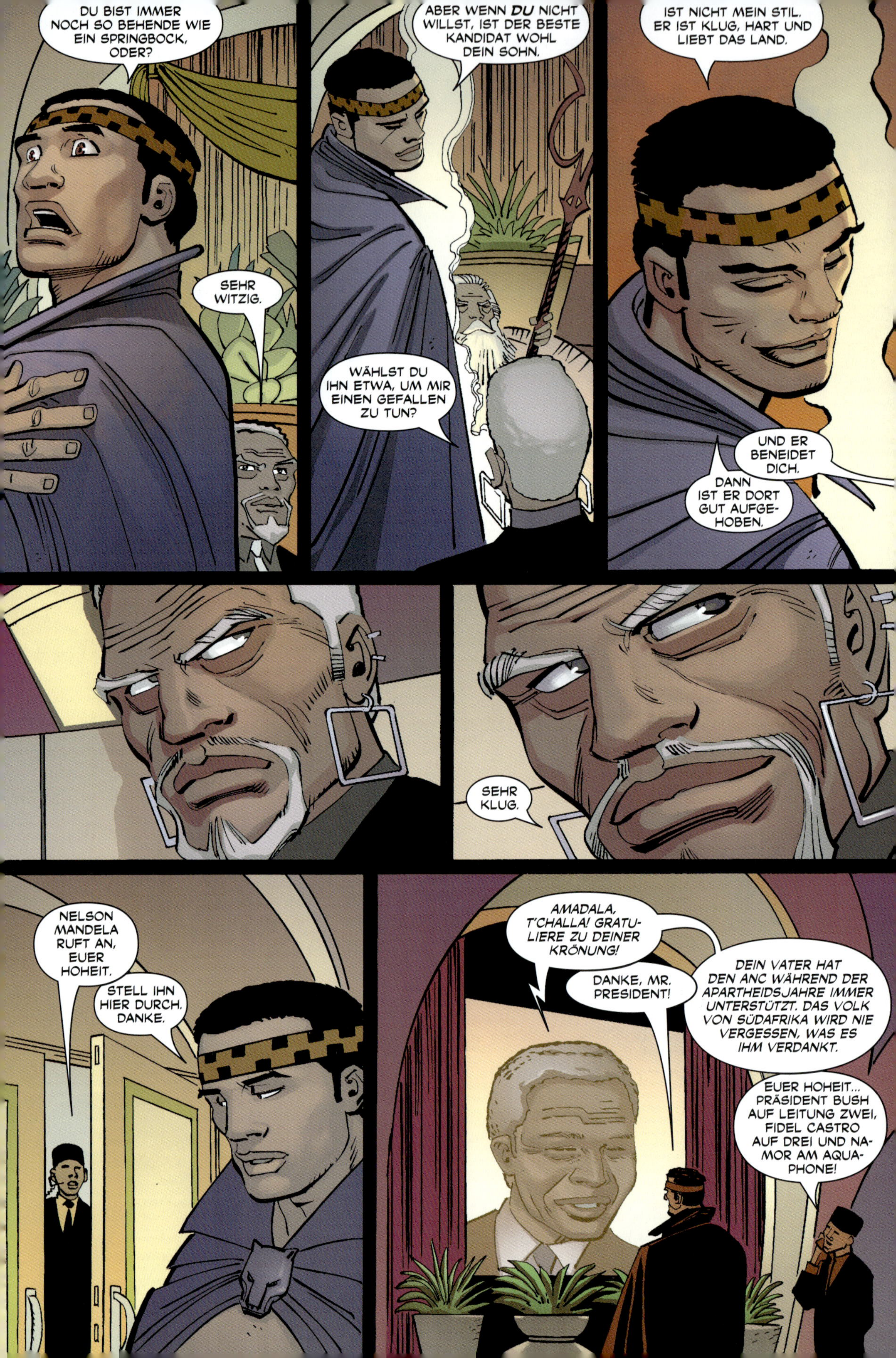
DU BIST IMMER NOCH SO BEHENDE WIE EIN SPRINGBOCK, ODER?
SEHR WITZIG.
ABER WENN DU NICHT WILLST, IST DER BESTE KANDIDAT WOHL DEIN SOHN.
WÄHLST DU IHN ETWA, UM MIR EINEN GEFALLEN ZU TUN?
IST NICHT MEIN STIL. ER IST KLUG, HART UND LIEBT DAS LAND.
UND ER BENEIDET DICH.
DANN IST ER DORT GUT AUFGEHOBEN.
SEHR KLUG.
NELSON MANDELA RUFT AN, EUER HOHEIT.
STELL IHN HIER DURCH. DANKE.
AMADALA, T'CHALLA! GRATULIERE ZU DEINER KRÖNUNG!
DANKE, MR. PRESIDENT!
DEIN VATER HAT DEN ANC WÄHREND DER APARTHEIDSJAHRE IMMER UNTERSTÜTZT. DAS VOLK VON SÜDAFRIKA WIRD NIE VERGESSEN, WAS ES IHM VERDANKT.
EUER HOHEIT... PRÄSIDENT BUSH AUF LEITUNG ZWEI, FIDEL CASTRO AUF DREI UND NAMOR AM AQUAPHONE!

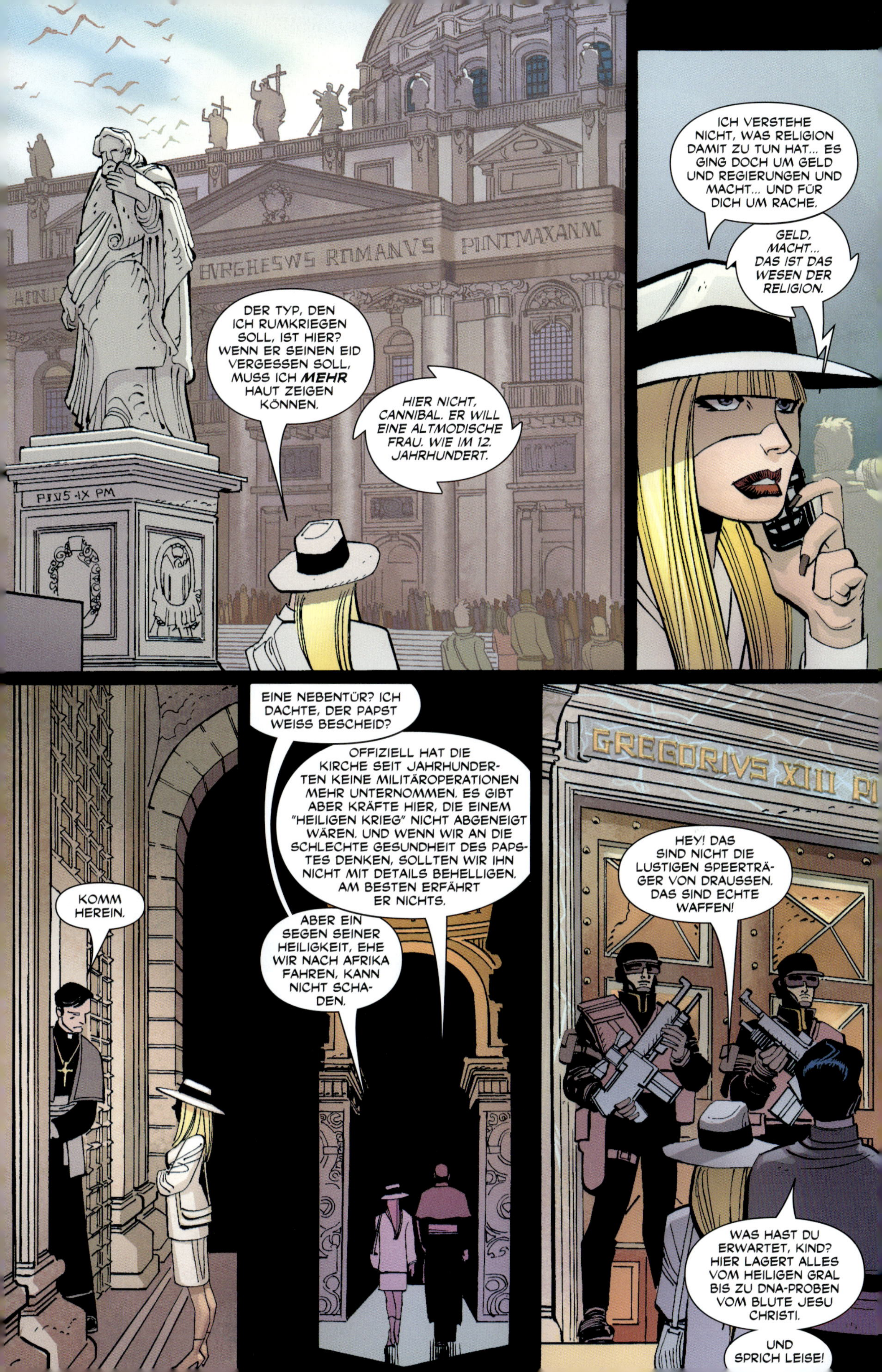

DER TYP, DEN ICH RUMKRIEGEN SOLL, IST HIER? WENN ER SEINEN EID VERGESSEN SOLL, MUSS ICH ***MEHR*** HAUT ZEIGEN KÖNNEN.

HIER NICHT, CANNIBAL. ER WILL EINE ALTMODISCHE FRAU. WIE IM 12. JAHRHUNDERT.

ICH VERSTEHE NICHT, WAS RELIGION DAMIT ZU TUN HAT... ES GING DOCH UM GELD UND REGIERUNGEN UND MACHT... UND FÜR DICH UM RACHE.

GELD, MACHT... DAS IST DAS WESEN DER RELIGION.

KOMM HEREIN.

EINE NEBENTÜR? ICH DACHTE, DER PAPST WEISS BESCHEID?

OFFIZIELL HAT DIE KIRCHE SEIT JAHRHUNDERTEN KEINE MILITÄROPERATIONEN MEHR UNTERNOMMEN. ES GIBT ABER KRÄFTE HIER, DIE EINEM "HEILIGEN KRIEG" NICHT ABGENEIGT WÄREN. UND WENN WIR AN DIE SCHLECHTE GESUNDHEIT DES PAPSTES DENKEN, SOLLTEN WIR IHN NICHT MIT DETAILS BEHELLIGEN. AM BESTEN ERFÄHRT ER NICHTS.

ABER EIN SEGEN SEINER HEILIGKEIT, EHE WIR NACH AFRIKA FAHREN, KANN NICHT SCHADEN.

HEY! DAS SIND NICHT DIE LUSTIGEN SPEERTRÄGER VON DRAUSSEN. DAS SIND ECHTE WAFFEN!

WAS HAST DU ERWARTET, KIND? HIER LAGERT ALLES VOM HEILIGEN GRAL BIS ZU DNA-PROBEN VOM BLUTE JESU CHRISTI.

UND SPRICH LEISE!

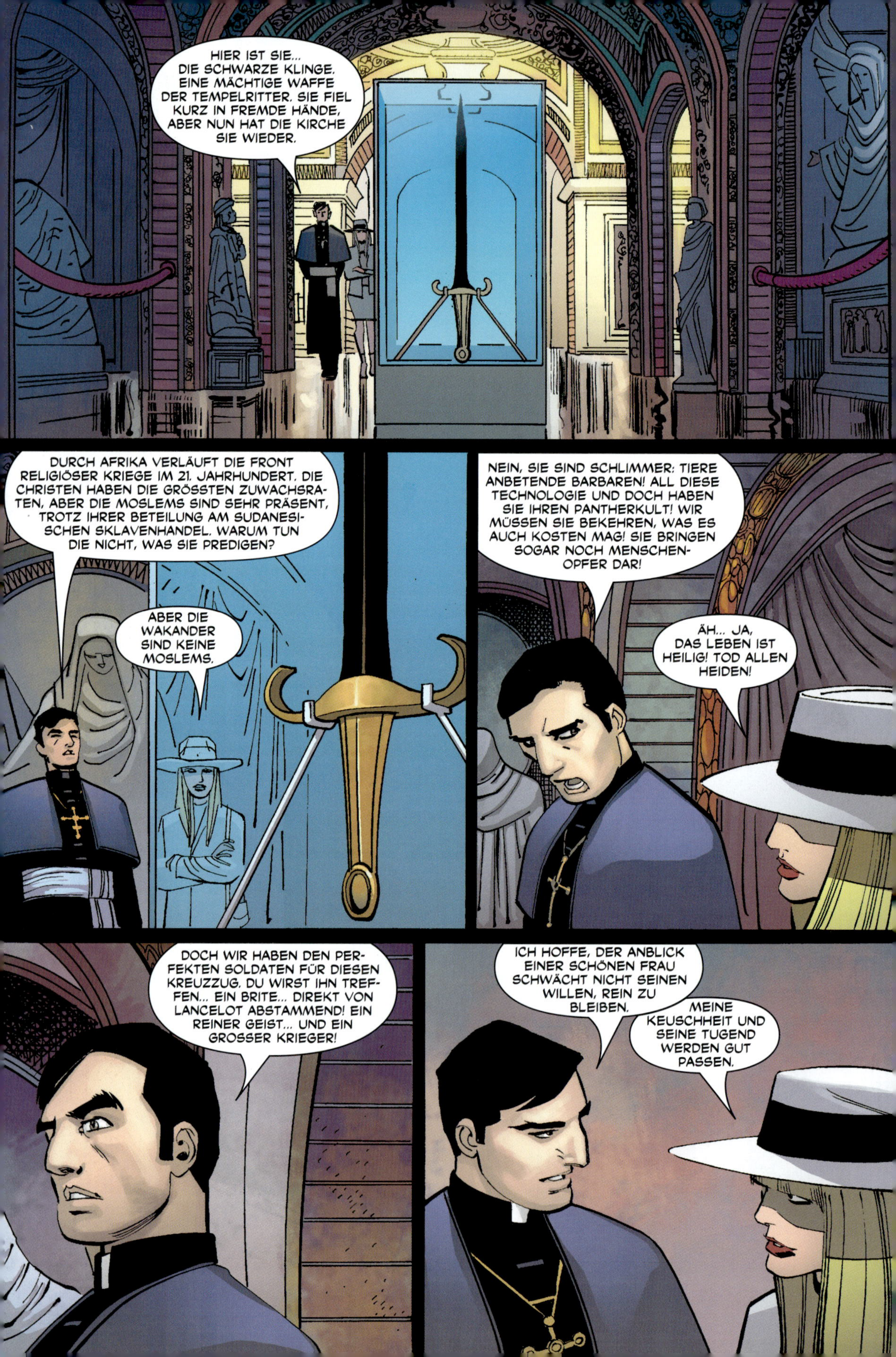
HIER IST SIE... DIE SCHWARZE KLINGE. EINE MÄCHTIGE WAFFE DER TEMPELRITTER. SIE FIEL KURZ IN FREMDE HÄNDE, ABER NUN HAT DIE KIRCHE SIE WIEDER.
DURCH AFRIKA VERLÄUFT DIE FRONT RELIGIÖSER KRIEGE IM 21. JAHRHUNDERT. DIE CHRISTEN HABEN DIE GRÖSSTEN ZUWACHSRATEN, ABER DIE MOSLEMS SIND SEHR PRÄSENT, TROTZ IHRER BETEILUNG AM SUDANESISCHEN SKLAVENHANDEL. WARUM TUN DIE NICHT, WAS SIE PREDIGEN?
ABER DIE WAKANDER SIND KEINE MOSLEMS.
NEIN, SIE SIND SCHLIMMER: TIERE ANBETENDE BARBAREN! ALL DIESE TECHNOLOGIE UND DOCH HABEN SIE IHREN PANTHERKULT! WIR MÜSSEN SIE BEKEHREN, WAS ES AUCH KOSTEN MAG! SIE BRINGEN SOGAR NOCH MENSCHENOPFER DAR!
ÄH... JA, DAS LEBEN IST HEILIG! TOD ALLEN HEIDEN!
DOCH WIR HABEN DEN PERFEKTEN SOLDATEN FÜR DIESEN KREUZZUG. DU WIRST IHN TREFFEN... EIN BRITE... DIREKT VON LANCELOT ABSTAMMEND! EIN REINER GEIST... UND EIN GROSSER KRIEGER!
ICH HOFFE, DER ANBLICK EINER SCHÖNEN FRAU SCHWÄCHT NICHT SEINEN WILLEN, REIN ZU BLEIBEN.
MEINE KEUSCHHEIT UND SEINE TUGEND WERDEN GUT PASSEN.

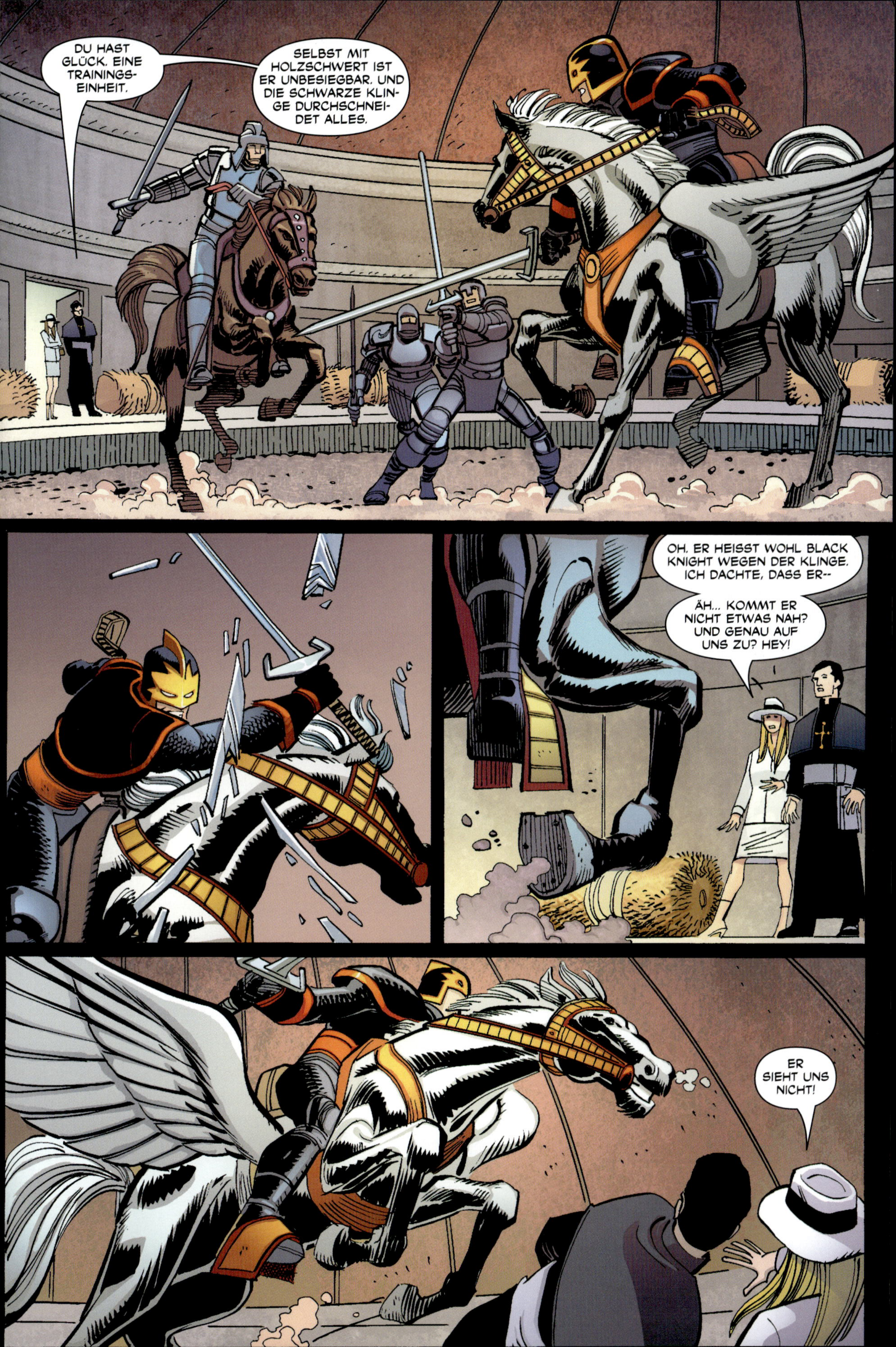

DU HAST GLÜCK. EINE TRAININGS-EINHEIT.

SELBST MIT HOLZSCHWERT IST ER UNBESIEGBAR. UND DIE SCHWARZE KLINGE DURCHSCHNEIDET ALLES.

OH. ER HEISST WOHL BLACK KNIGHT WEGEN DER KLINGE. ICH DACHTE, DASS ER--

ÄH... KOMMT ER NICHT ETWAS NAH? UND GENAU AUF UNS ZU? HEY!

ER SIEHT UNS NICHT!

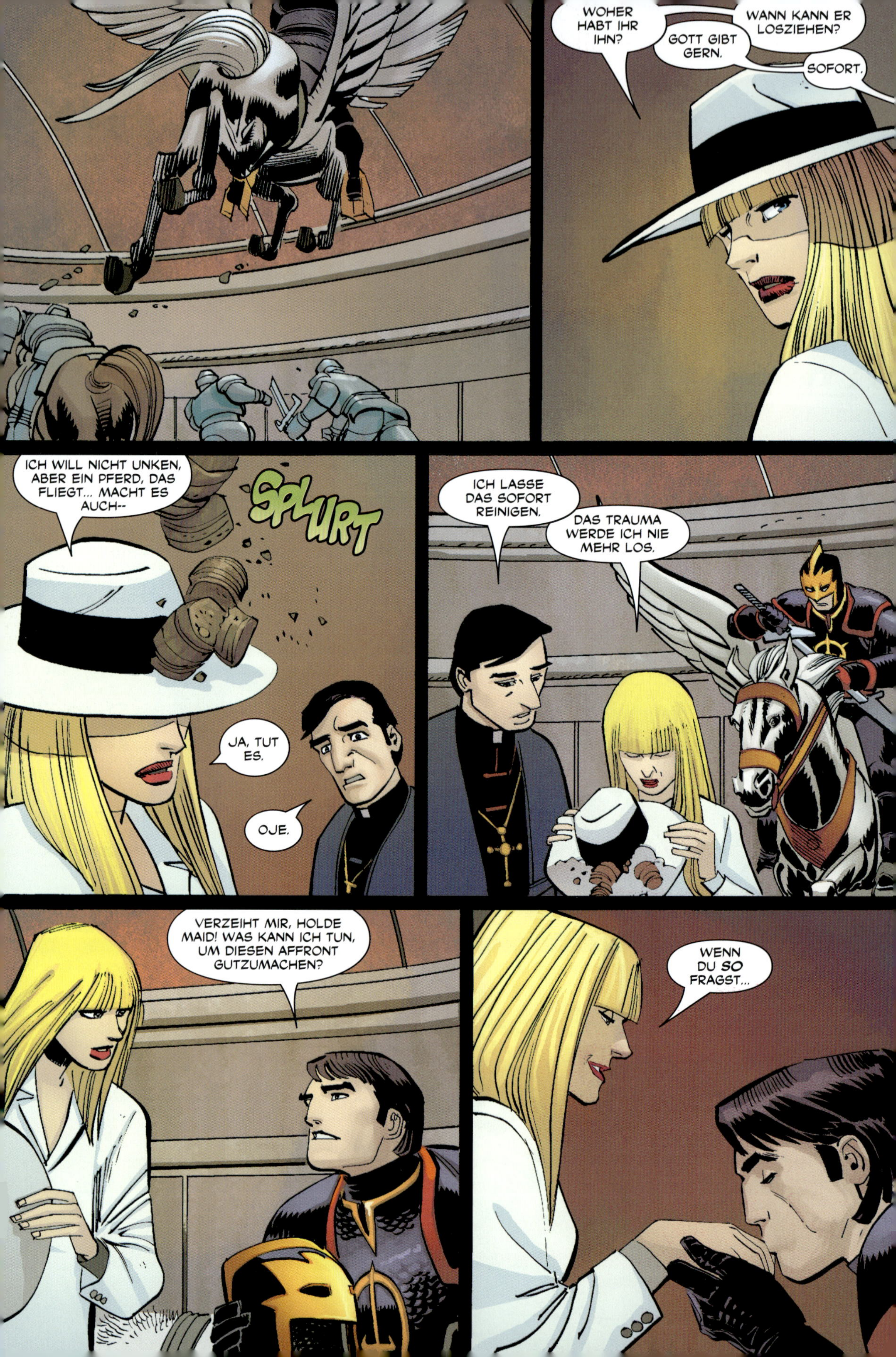
WOHER HABT IHR IHN?
GOTT GIBT GERN.
WANN KANN ER LOSZIEHEN?
SOFORT.
ICH WILL NICHT UNKEN, ABER EIN PFERD, DAS FLIEGT... MACHT ES AUCH--
SPLURT
JA, TUT ES.
OJE.
ICH LASSE DAS SOFORT REINIGEN.
DAS TRAUMA WERDE ICH NIE MEHR LOS.
VERZEIHT MIR, HOLDE MAID! WAS KANN ICH TUN, UM DIESEN AFFRONT GUTZUMACHEN?
WENN DU SO FRAGST...

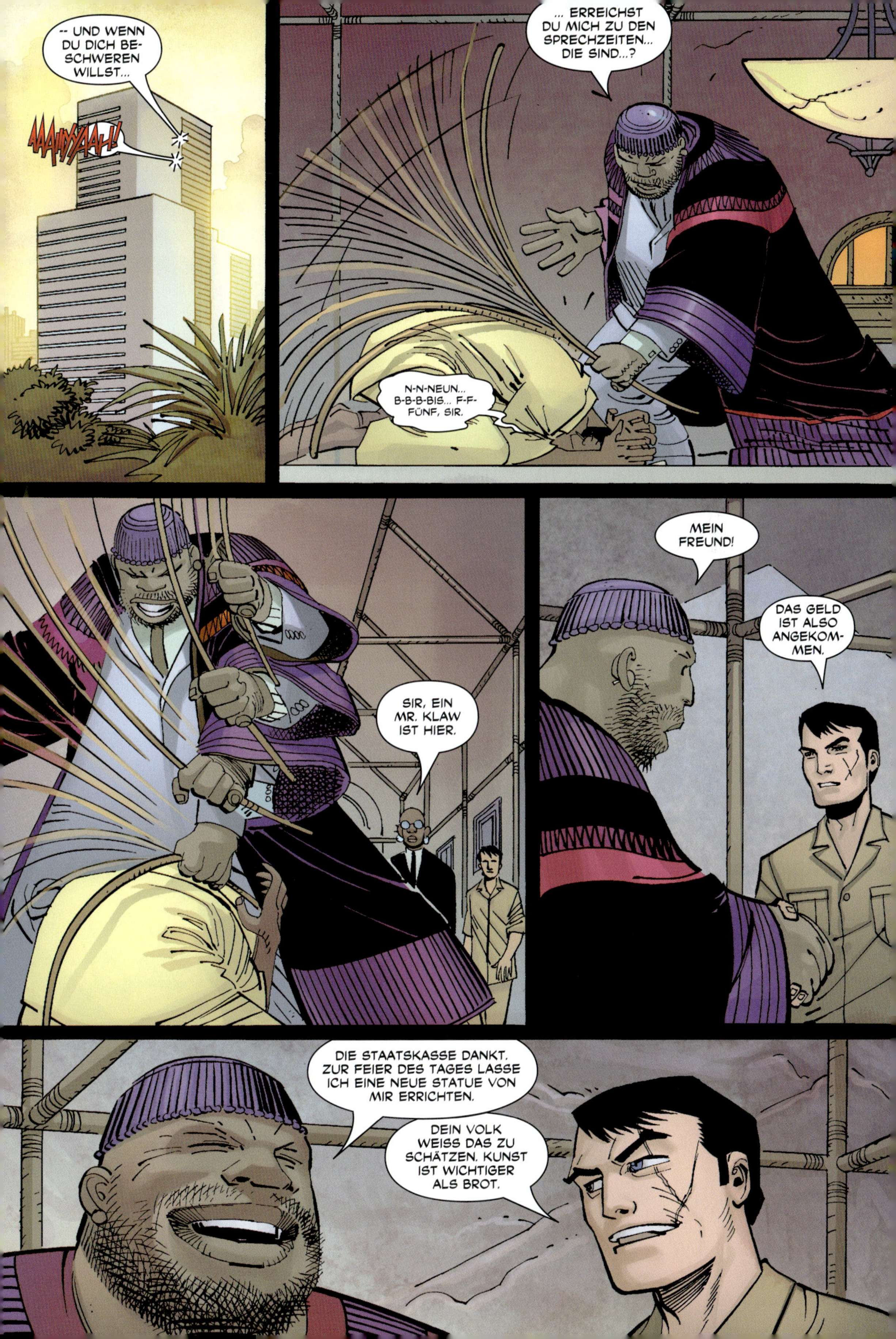
-- UND WENN DU DICH BESCHWEREN WILLST...
AAAHHYAAH!
... ERREICHST DU MICH ZU DEN SPRECHZEITEN... DIE SIND...?
N-N-NEUN... B-B-B-BIS... F-F-FÜNF, SIR.
SIR, EIN MR. KLAW IST HIER.
MEIN FREUND!
DAS GELD IST ALSO ANGEKOMMEN.
DIE STAATSKASSE DANKT. ZUR FEIER DES TAGES LASSE ICH EINE NEUE STATUE VON MIR ERRICHTEN.
DEIN VOLK WEISS DAS ZU SCHÄTZEN. KUNST IST WICHTIGER ALS BROT.

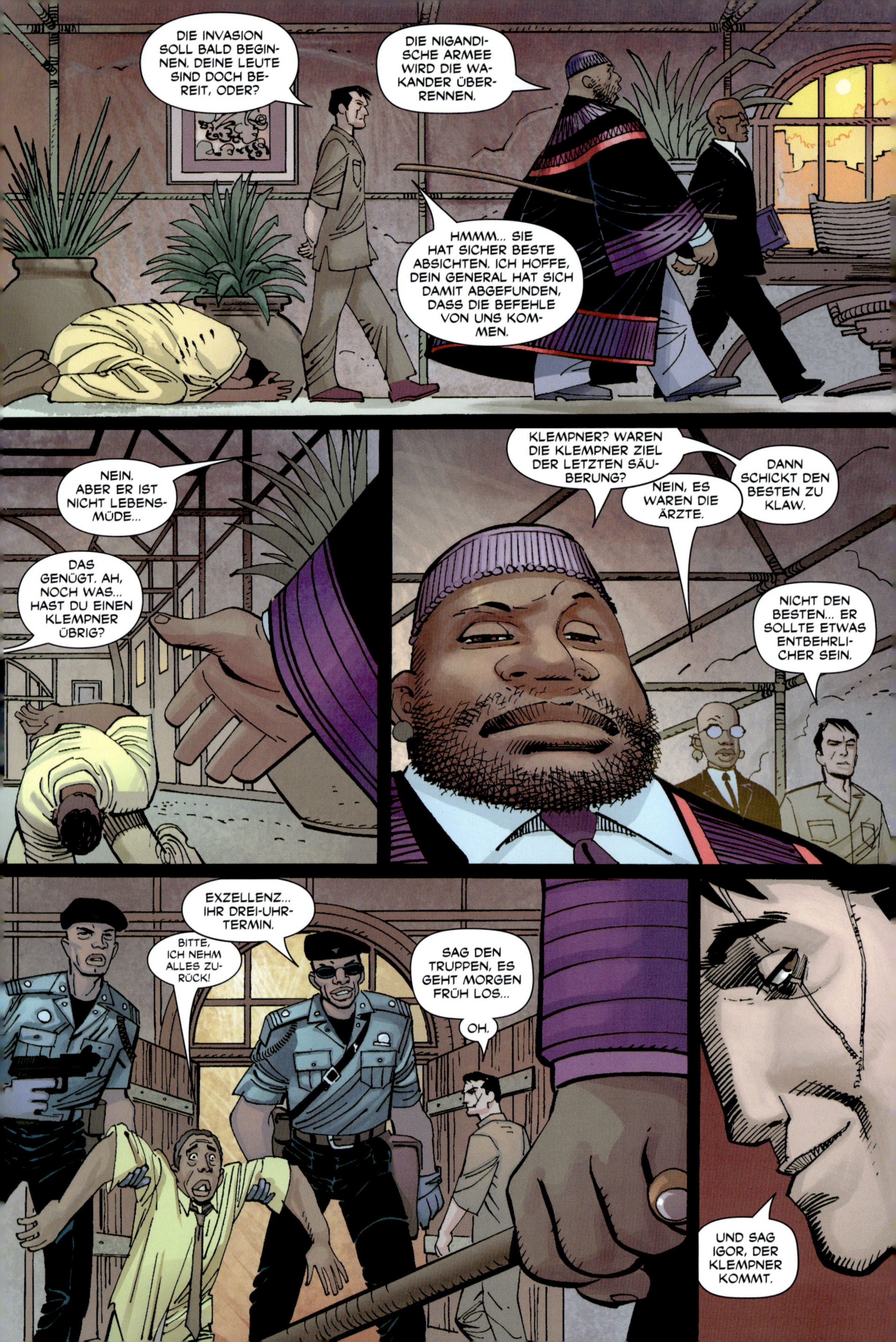
DIE INVASION SOLL BALD BEGINNEN. DEINE LEUTE SIND DOCH BEREIT, ODER?
DIE NIGANDISCHE ARMEE WIRD DIE WAKANDER ÜBERRENNEN.
HMMM... SIE HAT SICHER BESTE ABSICHTEN. ICH HOFFE, DEIN GENERAL HAT SICH DAMIT ABGEFUNDEN, DASS DIE BEFEHLE VON UNS KOMMEN.
NEIN. ABER ER IST NICHT LEBENSMÜDE...
DAS GENÜGT. AH, NOCH WAS... HAST DU EINEN KLEMPNER ÜBRIG?
KLEMPNER? WAREN DIE KLEMPNER ZIEL DER LETZTEN SÄUBERUNG?
NEIN, ES WAREN DIE ÄRZTE.
DANN SCHICKT DEN BESTEN ZU KLAW.
NICHT DEN BESTEN... ER SOLLTE ETWAS ENTBEHRLICHER SEIN.
EXZELLENZ... IHR DREI-UHR-TERMIN.
BITTE, ICH NEHM ALLES ZURÜCK!
SAG DEN TRUPPEN, ES GEHT MORGEN FRÜH LOS...
OH.
UND SAG IGOR, DER KLEMPNER KOMMT.

WER IST BLACK PANTHER?, TEIL 4

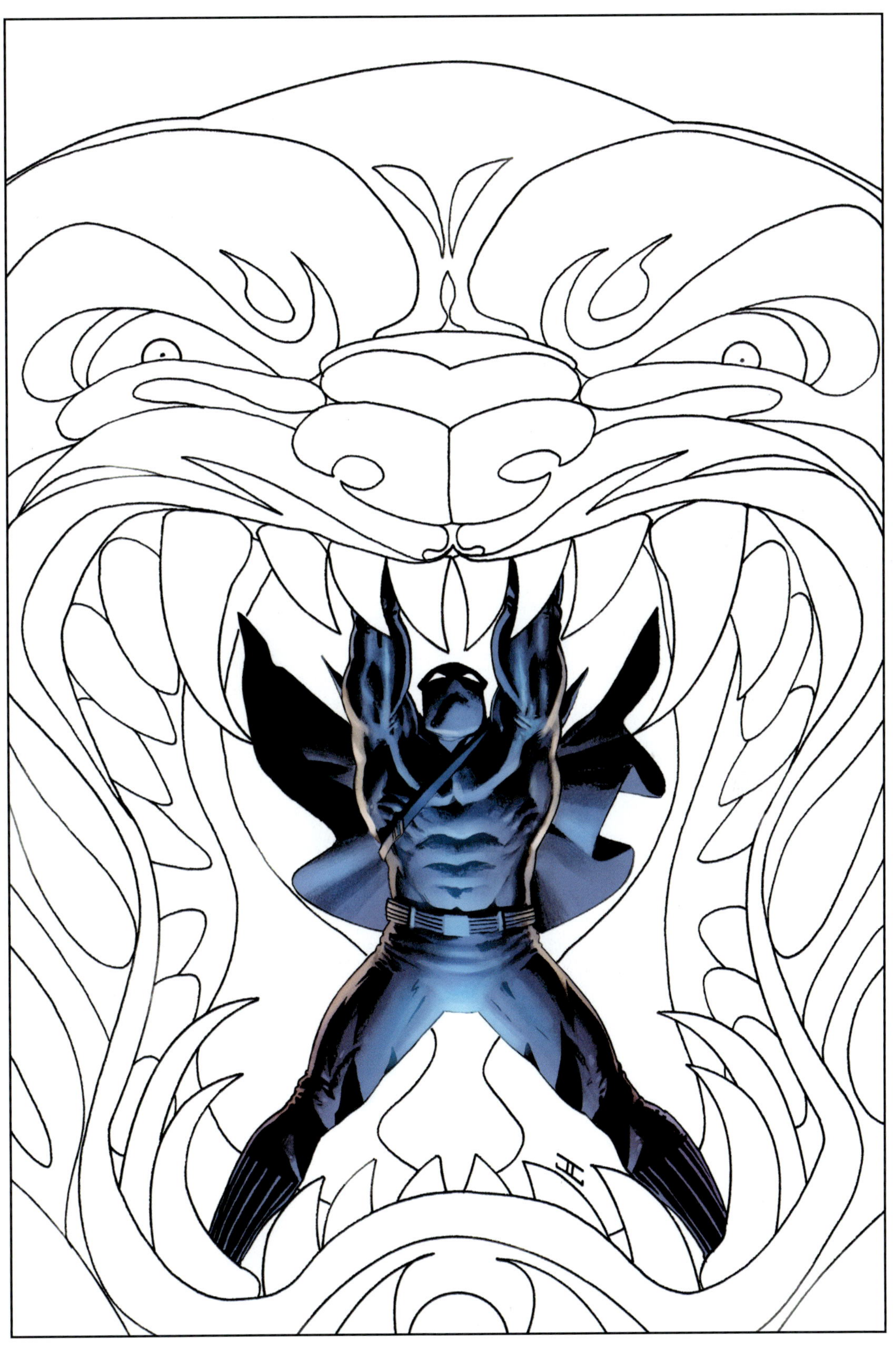

Black Panther (2005) 4
Cover von **JOHN CASSADAY**

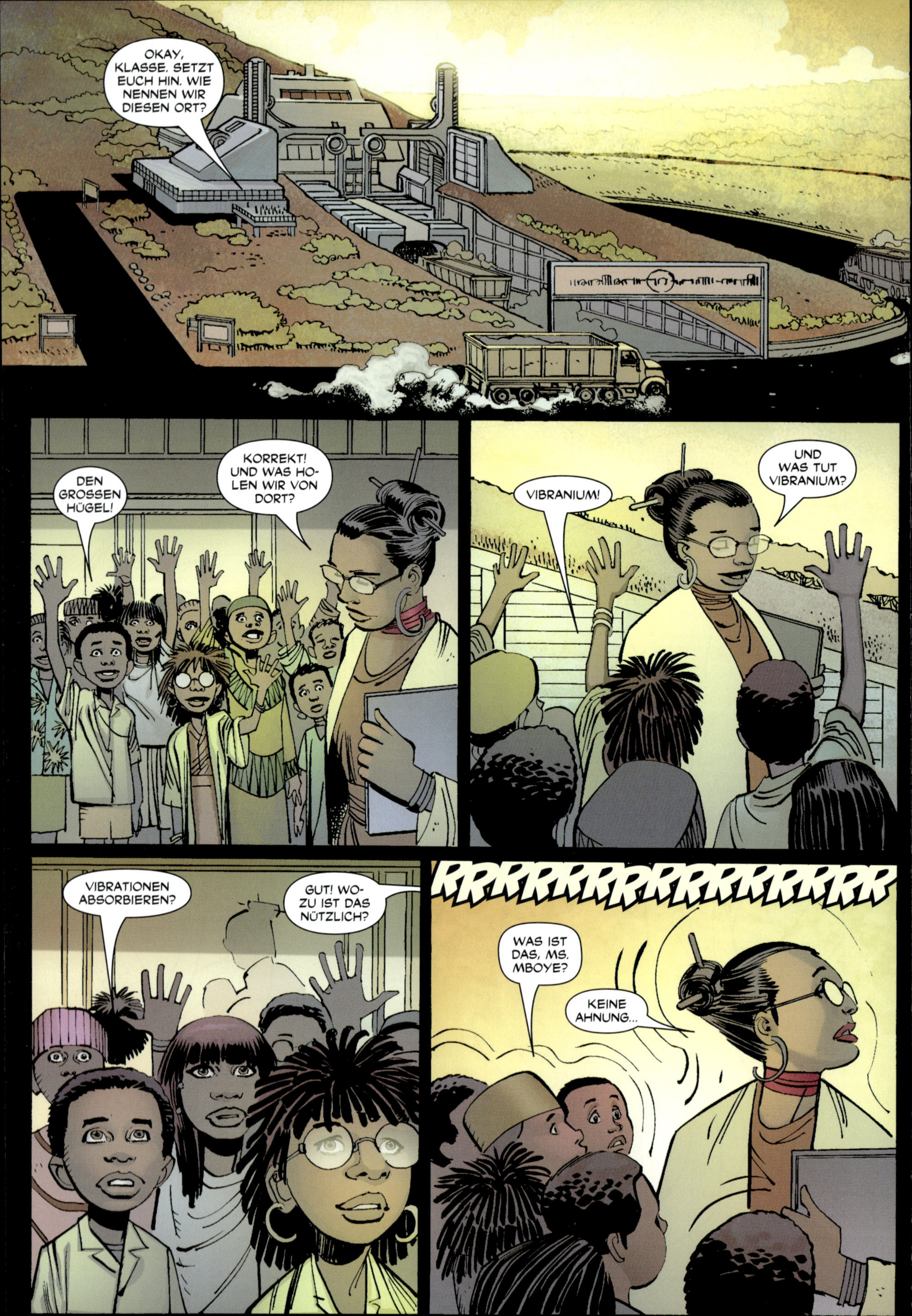
OKAY, KLASSE, SETZT EUCH HIN. WIE NENNEN WIR DIESEN ORT?
DEN GROSSEN HÜGEL!
KORREKT! UND WAS HOLEN WIR VON DORT?
VIBRANIUM!
UND WAS TUT VIBRANIUM?
VIBRATIONEN ABSORBIEREN?
GUT! WOZU IST DAS NÜTZLICH?
RRRRRRRRRRRRRRRRRRRR
WAS IST DAS, MS. MBOYE?
KEINE AHNUNG...

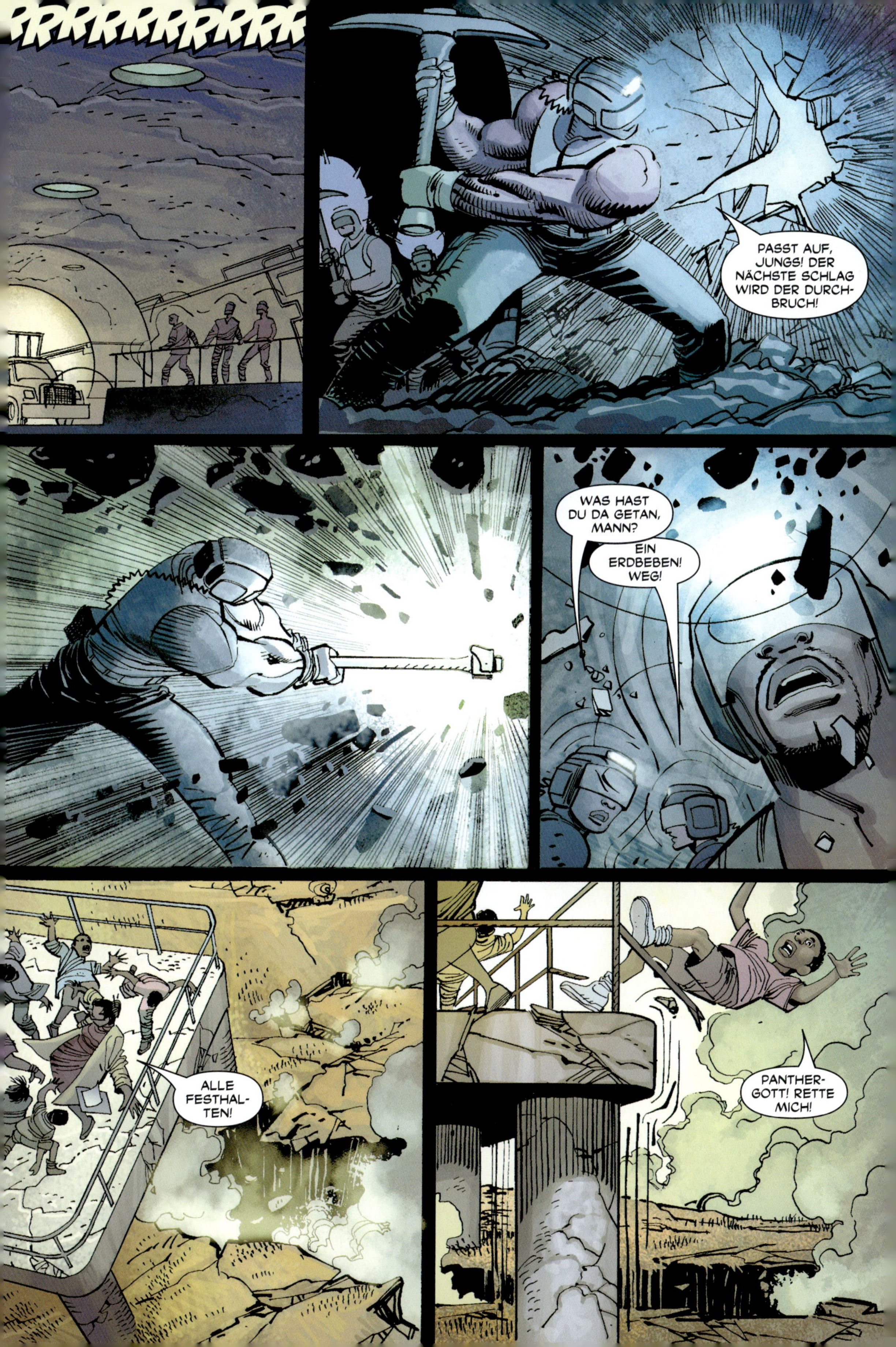
RRRRRRRRRRR
PASST AUF, JUNGS! DER NÄCHSTE SCHLAG WIRD DER DURCHBRUCH!
WAS HAST DU DA GETAN, MANN?
EIN ERDBEBEN! WEG!
ALLE FESTHALTEN!
PANTHERGOTT! RETTE MICH!

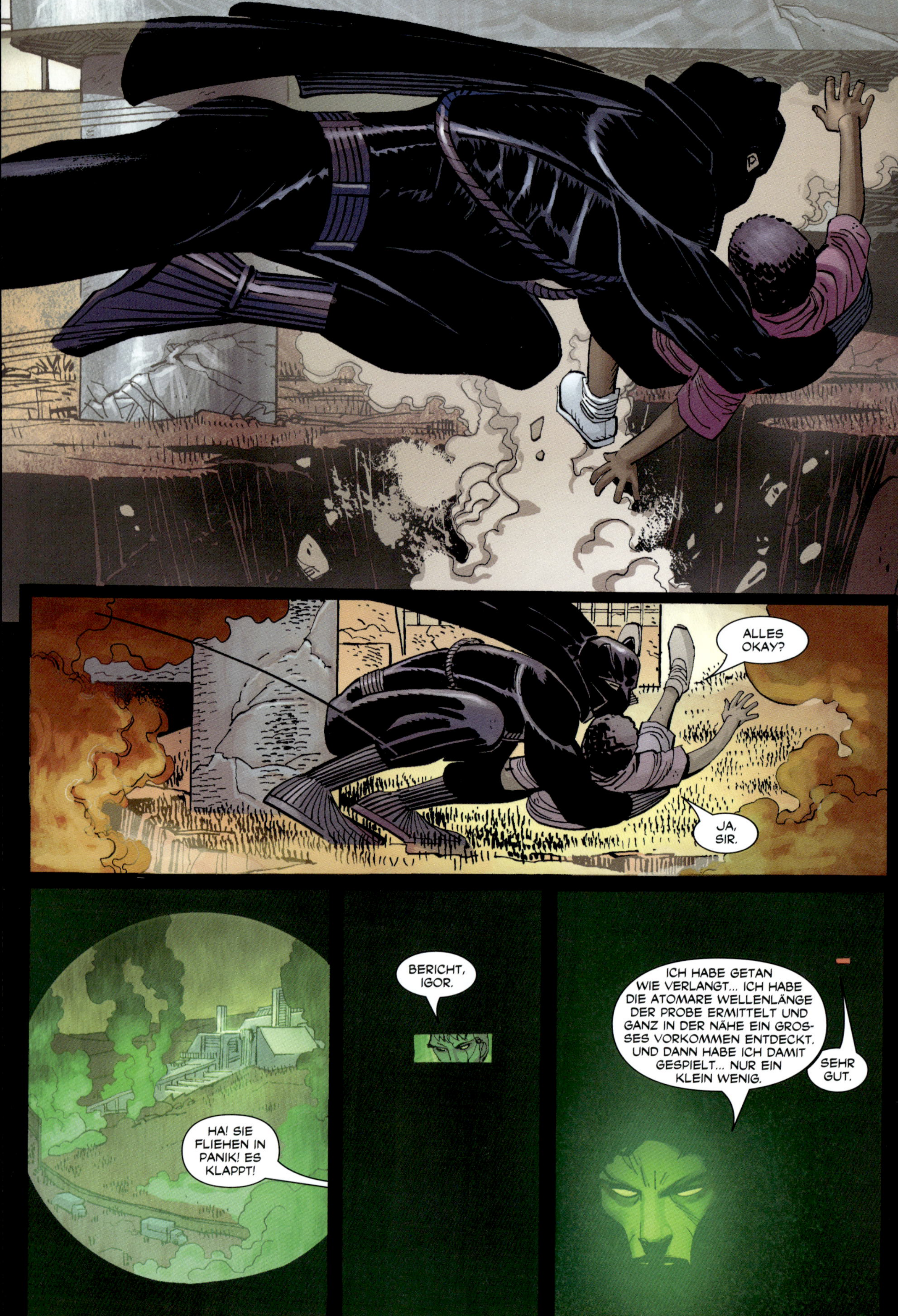
ALLES OKAY?
JA, SIR.
HA! SIE FLIEHEN IN PANIK! ES KLAPPT!
BERICHT, IGOR.
ICH HABE GETAN WIE VERLANGT... ICH HABE DIE ATOMARE WELLENLÄNGE DER PROBE ERMITTELT UND GANZ IN DER NÄHE EIN GROS-SES VORKOMMEN ENTDECKT. UND DANN HABE ICH DAMIT GESPIELT... NUR EIN KLEIN WENIG.
SEHR GUT.

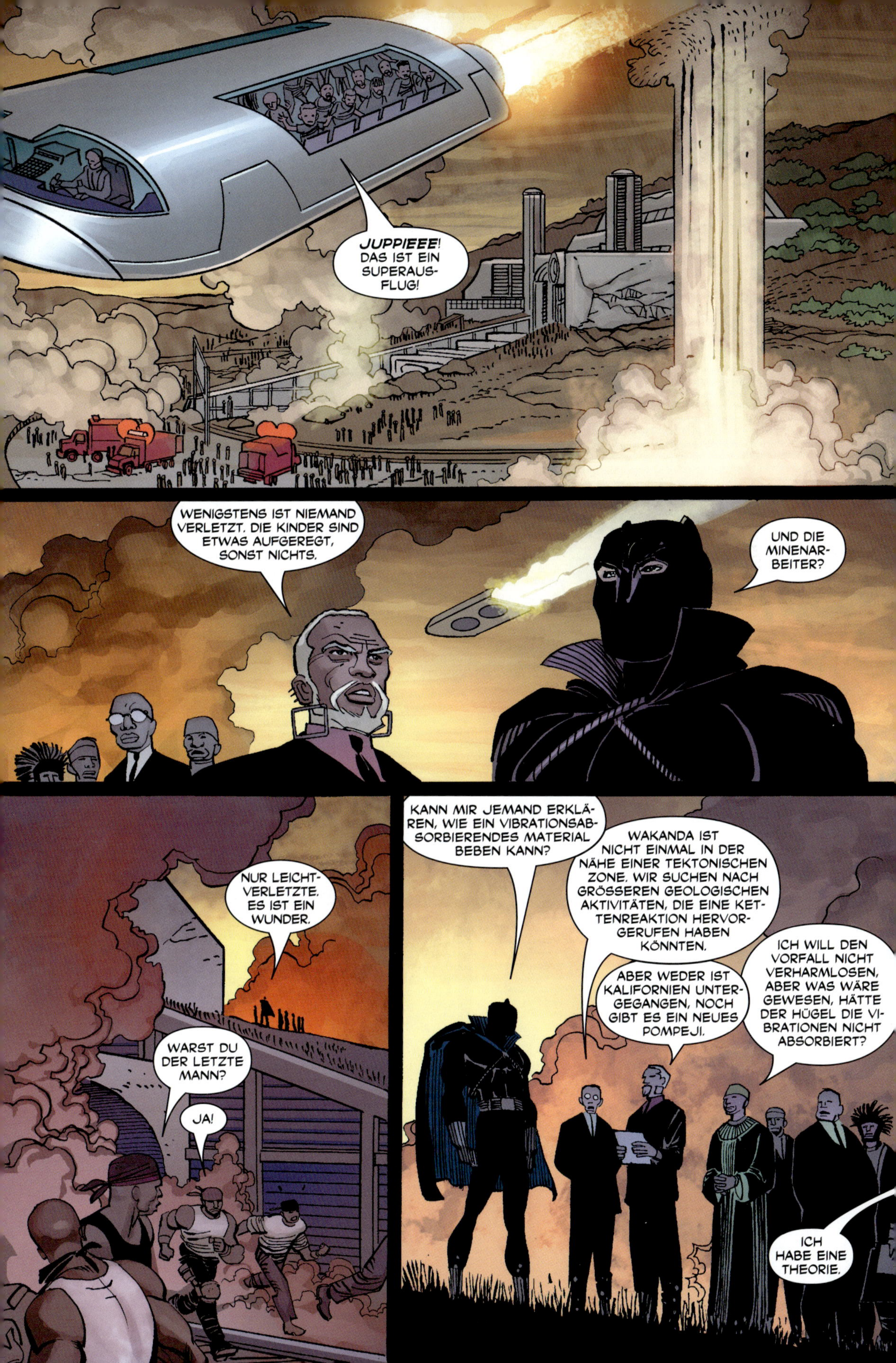
JUPPIEEE! DAS IST EIN SUPERAUSFLUG!
WENIGSTENS IST NIEMAND VERLETZT. DIE KINDER SIND ETWAS AUFGEREGT, SONST NICHTS.
UND DIE MINENARBEITER?
NUR LEICHTVERLETZTE. ES IST EIN WUNDER.
WARST DU DER LETZTE MANN?
JA!
KANN MIR JEMAND ERKLÄREN, WIE EIN VIBRATIONSABSORBIERENDES MATERIAL BEBEN KANN?
WAKANDA IST NICHT EINMAL IN DER NÄHE EINER TEKTONISCHEN ZONE. WIR SUCHEN NACH GRÖSSEREN GEOLOGISCHEN AKTIVITÄTEN, DIE EINE KETTENREAKTION HERVORGERUFEN HABEN KÖNNTEN.
ABER WEDER IST KALIFORNIEN UNTERGEGANGEN, NOCH GIBT ES EIN NEUES POMPEJI.
ICH WILL DEN VORFALL NICHT VERHARMLOSEN, ABER WAS WÄRE GEWESEN, HÄTTE DER HÜGEL DIE VIBRATIONEN NICHT ABSORBIERT?
ICH HABE EINE THEORIE.

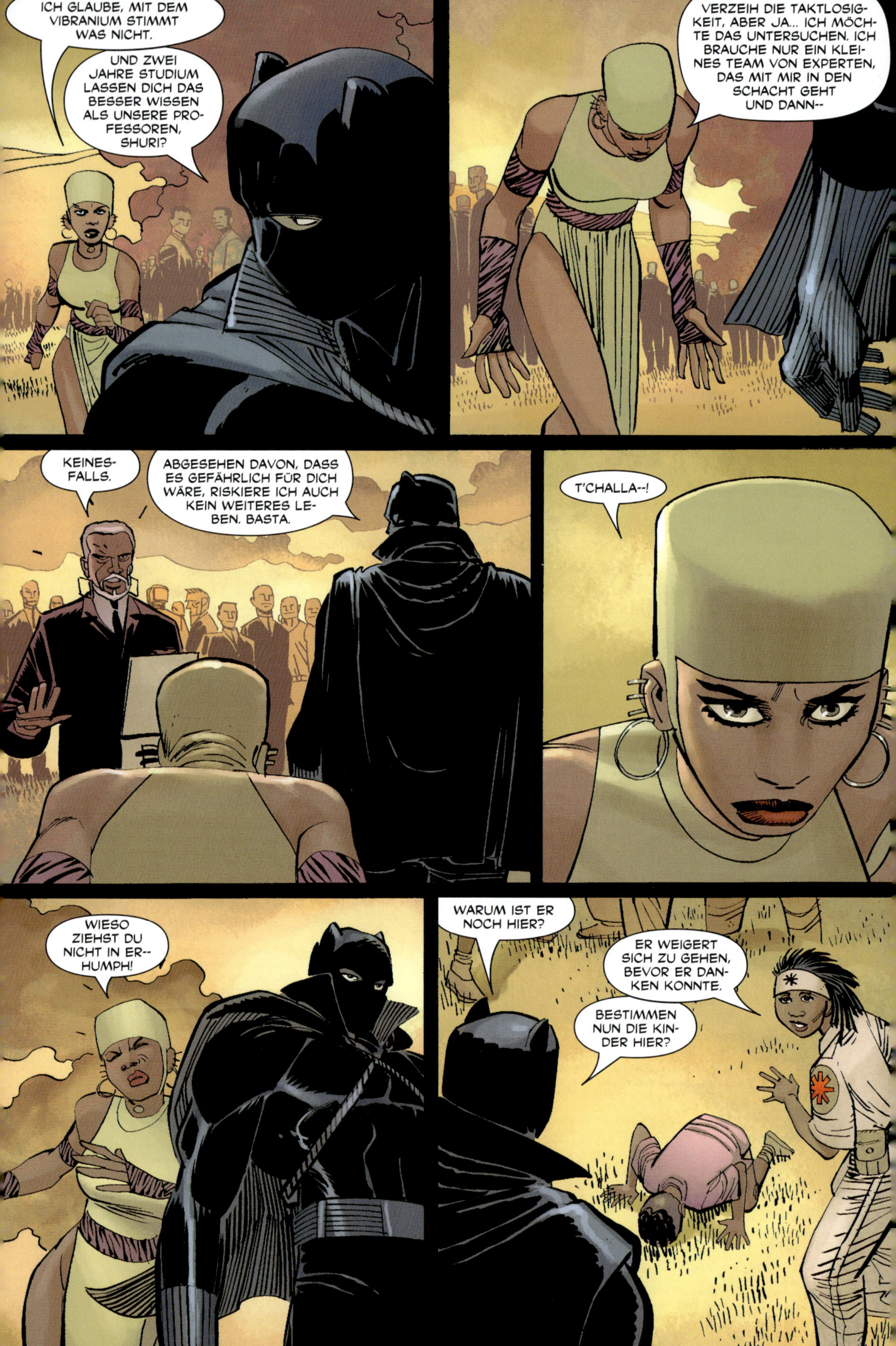
ICH GLAUBE, MIT DEM VIBRANIUM STIMMT WAS NICHT.
UND ZWEI JAHRE STUDIUM LASSEN DICH DAS BESSER WISSEN ALS UNSERE PROFESSOREN, SHURI?
VERZEIH DIE TAKTLOSIGKEIT, ABER JA... ICH MÖCHTE DAS UNTERSUCHEN. ICH BRAUCHE NUR EIN KLEINES TEAM VON EXPERTEN, DAS MIT MIR IN DEN SCHACHT GEHT UND DANN--
KEINESFALLS.
ABGESEHEN DAVON, DASS ES GEFÄHRLICH FÜR DICH WÄRE, RISKIERE ICH AUCH KEIN WEITERES LEBEN. BASTA.
T'CHALLA--!
WIESO ZIEHST DU NICHT IN ER-- HUMPH!
WARUM IST ER NOCH HIER?
ER WEIGERT SICH ZU GEHEN, BEVOR ER DANKEN KONNTE.
BESTIMMEN NUN DIE KINDER HIER?

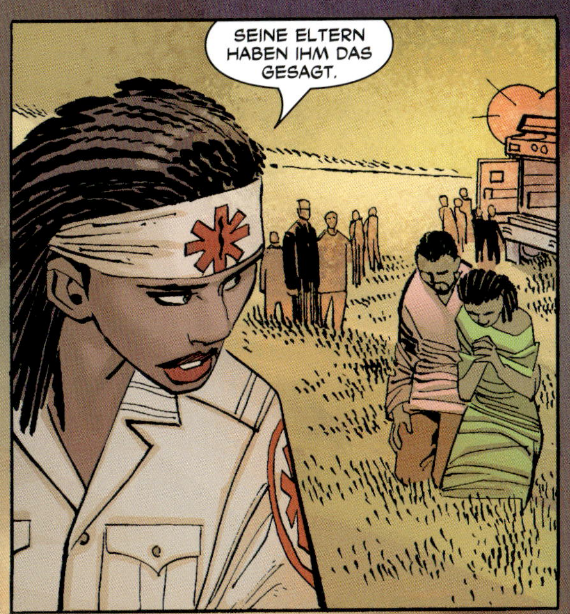
SEINE ELTERN HABEN IHM DAS GESAGT.

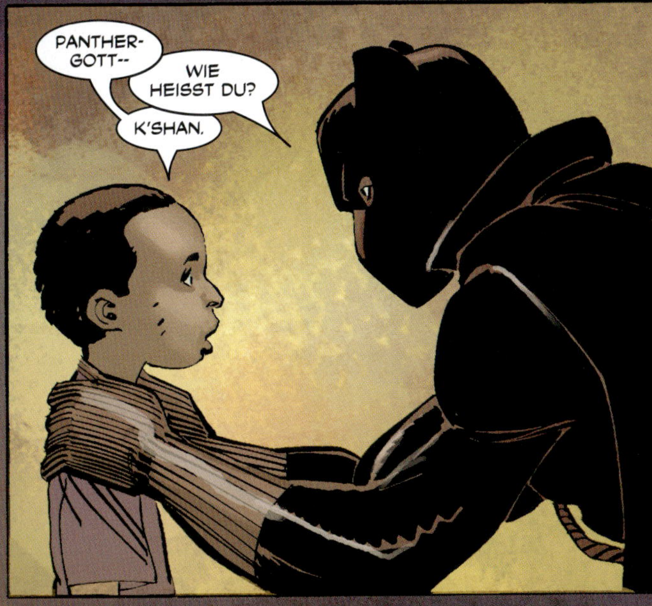
PANTHER-GOTT--
WIE HEISST DU?
K'SHAN.

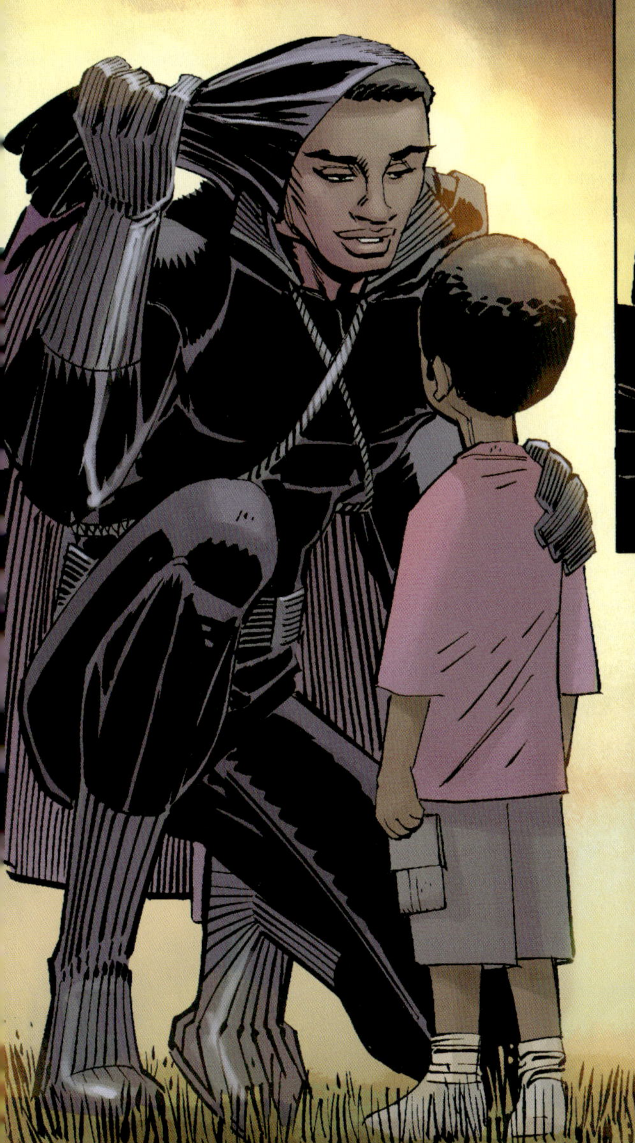

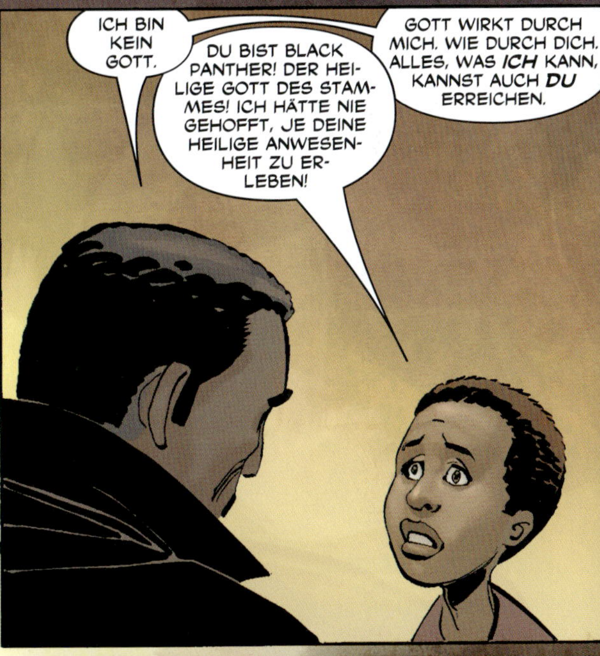
ICH BIN KEIN GOTT.
DU BIST BLACK PANTHER! DER HEILIGE GOTT DES STAMMES! ICH HÄTTE NIE GEHOFFT, JE DEINE HEILIGE ANWESENHEIT ZU ERLEBEN!
GOTT WIRKT DURCH MICH, WIE DURCH DICH. ALLES, WAS ICH KANN, KANNST AUCH DU ERREICHEN.

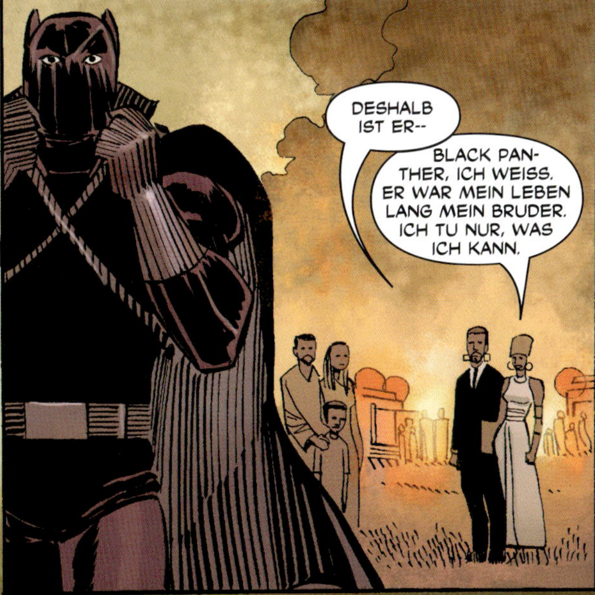
DESHALB IST ER--
BLACK PANTHER, ICH WEISS. ER WAR MEIN LEBEN LANG MEIN BRUDER. ICH TU NUR, WAS ICH KANN.

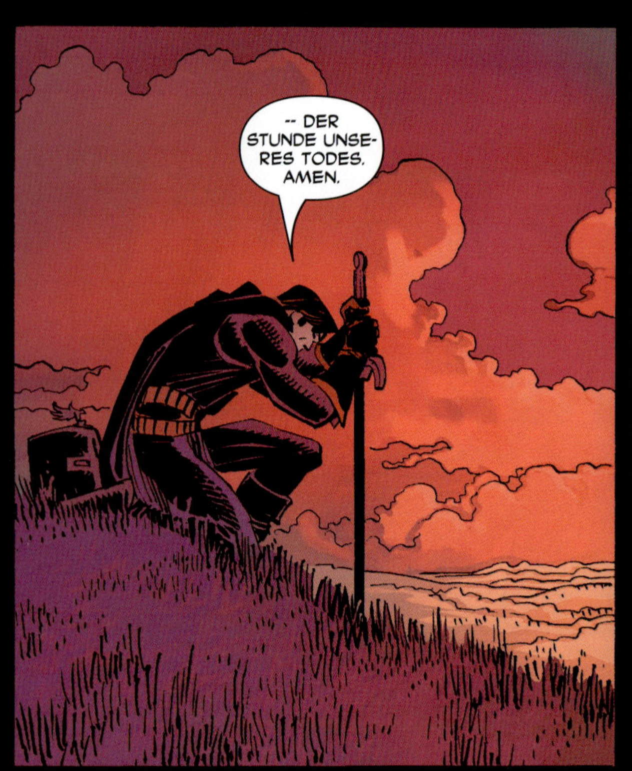
-- DER STUNDE UNSERES TODES. AMEN.

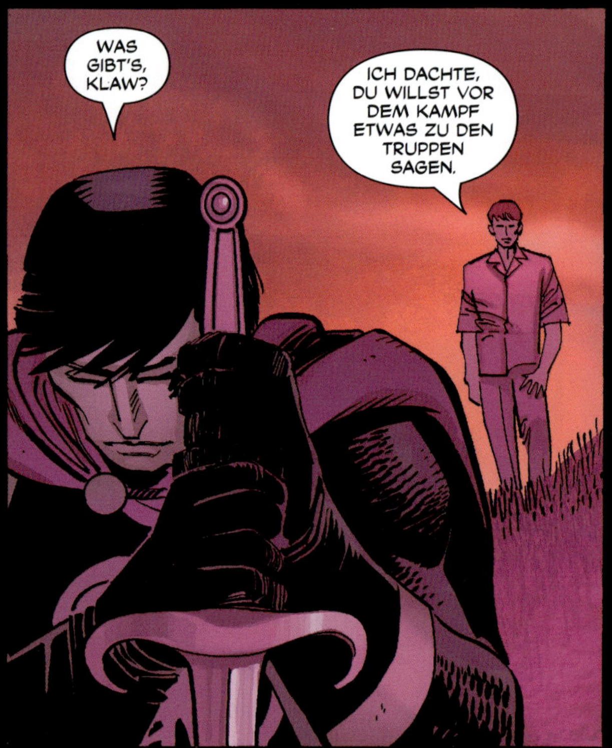
WAS GIBT'S, KLAW?
ICH DACHTE, DU WILLST VOR DEM KAMPF ETWAS ZU DEN TRUPPEN SAGEN.

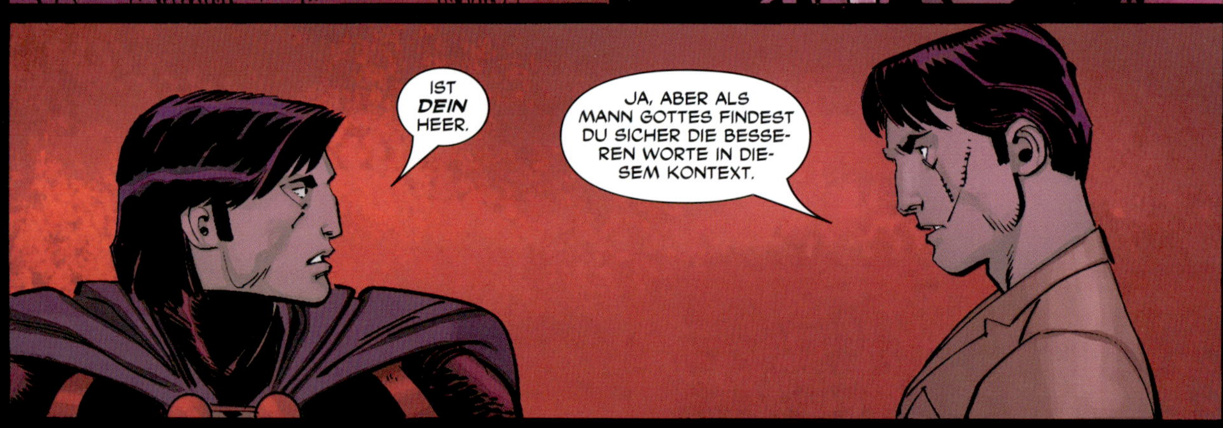
IST *DEIN* HEER.
JA, ABER ALS MANN GOTTES FINDEST DU SICHER DIE BESSEREN WORTE IN DIESEM KONTEXT.

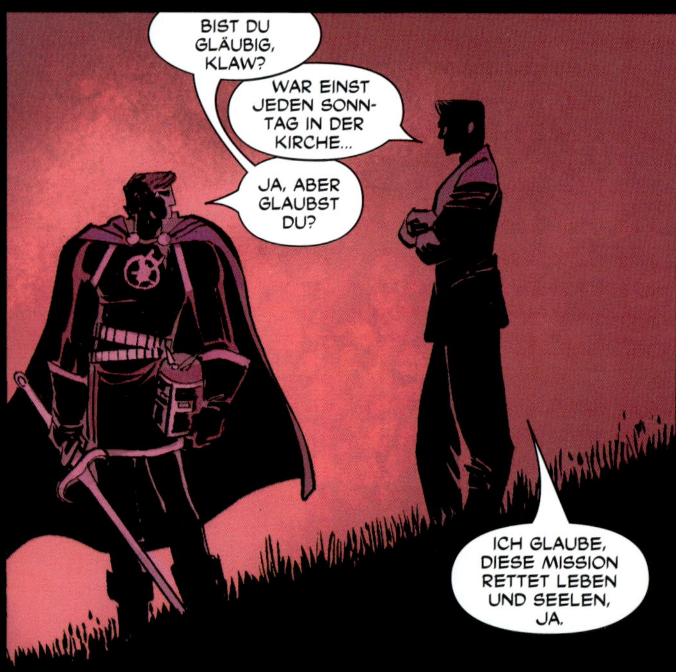
BIST DU GLÄUBIG, KLAW?
WAR EINST JEDEN SONNTAG IN DER KIRCHE...
JA, ABER GLAUBST DU?
ICH GLAUBE, DIESE MISSION RETTET LEBEN UND SEELEN, JA.

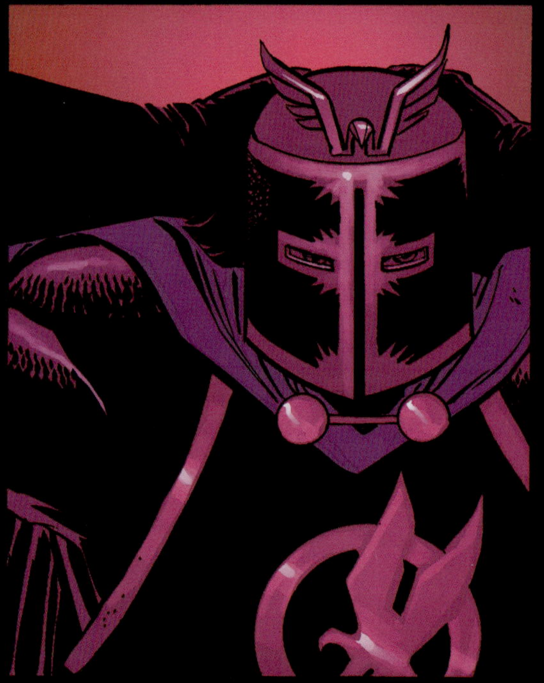

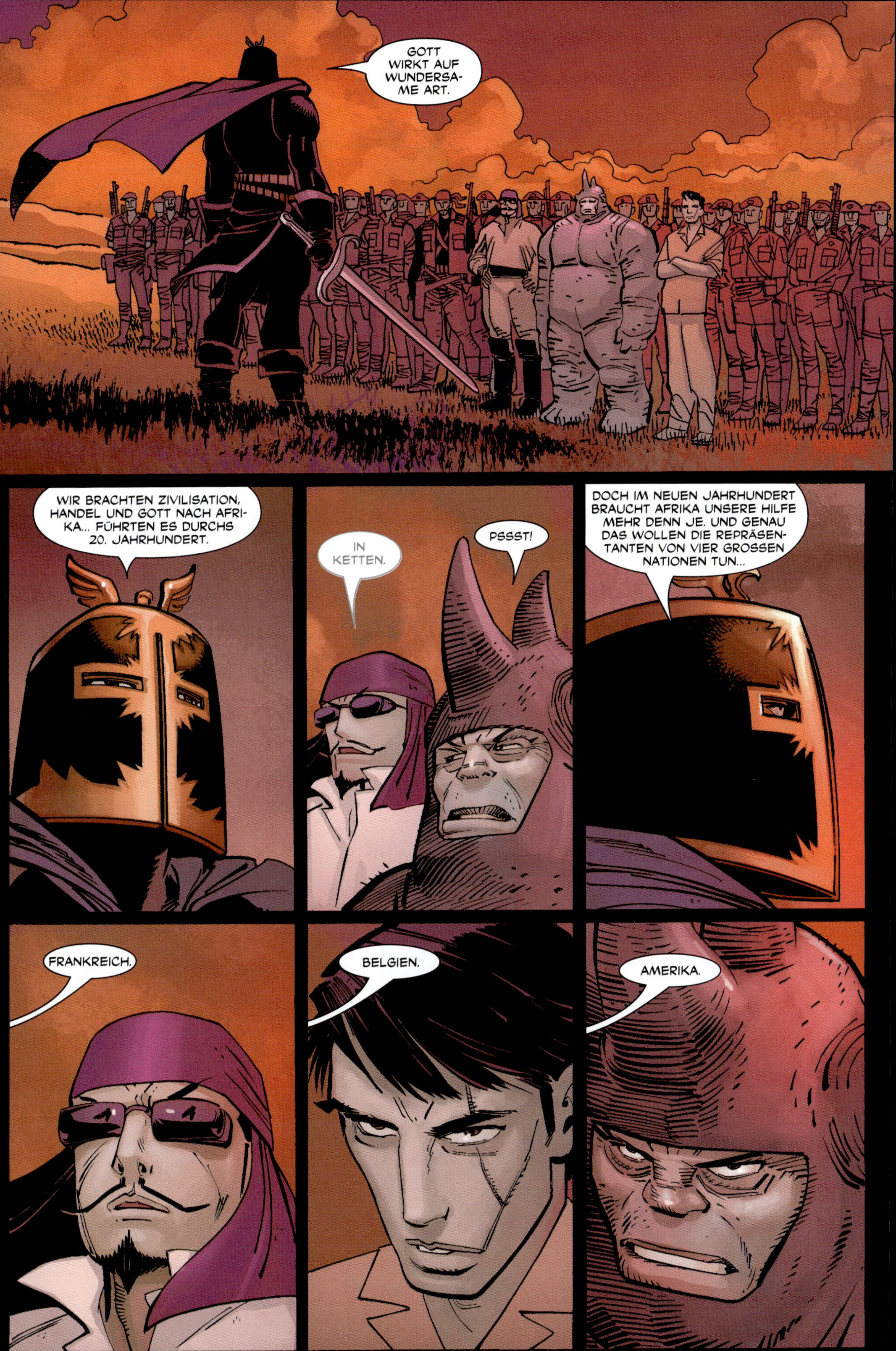

GOTT WIRKT AUF WUNDERSA-ME ART.

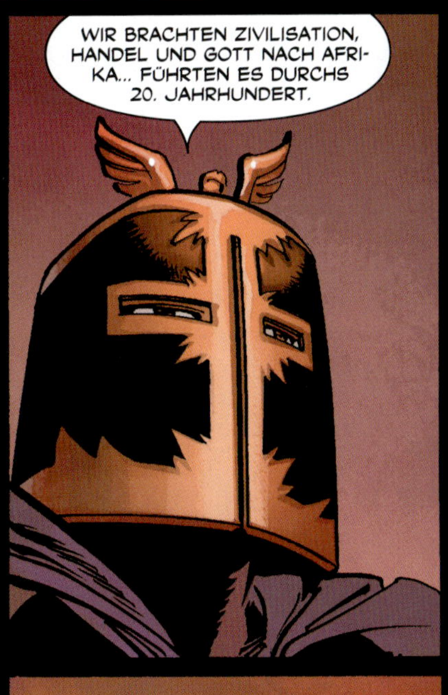

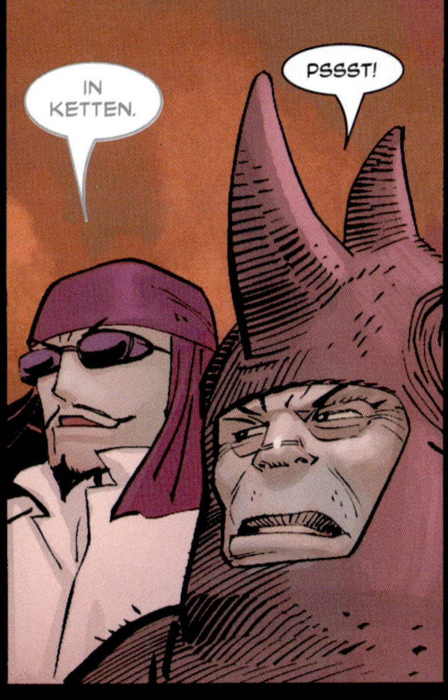

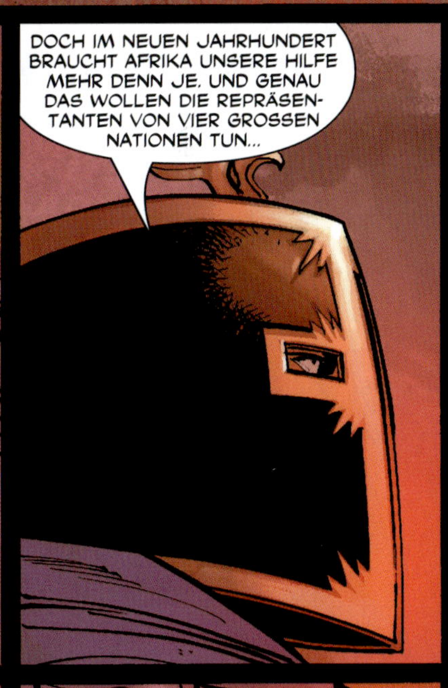

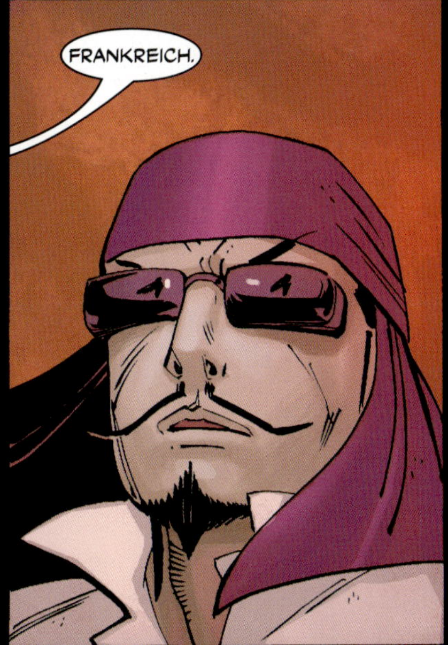

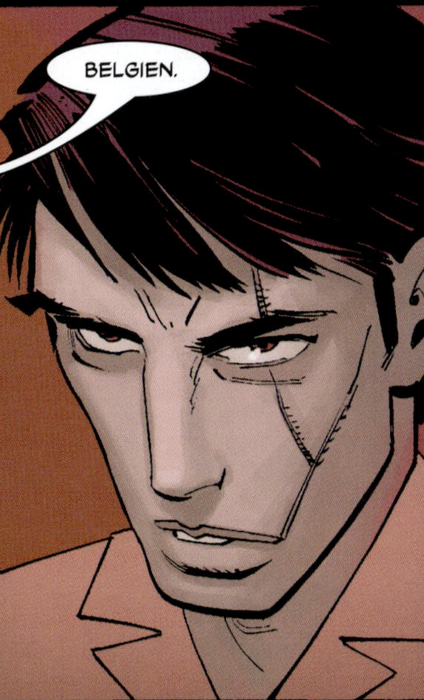

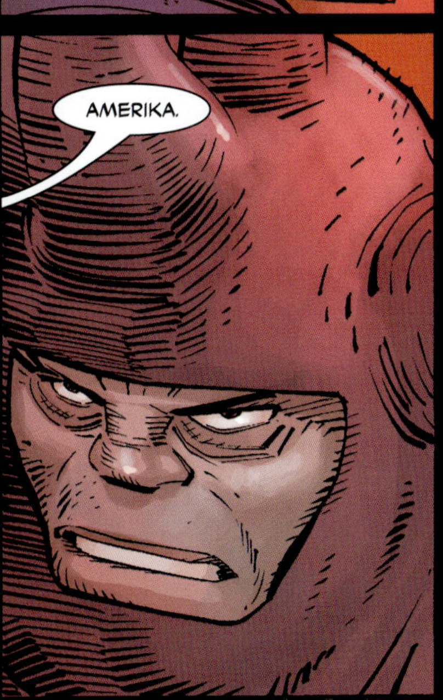

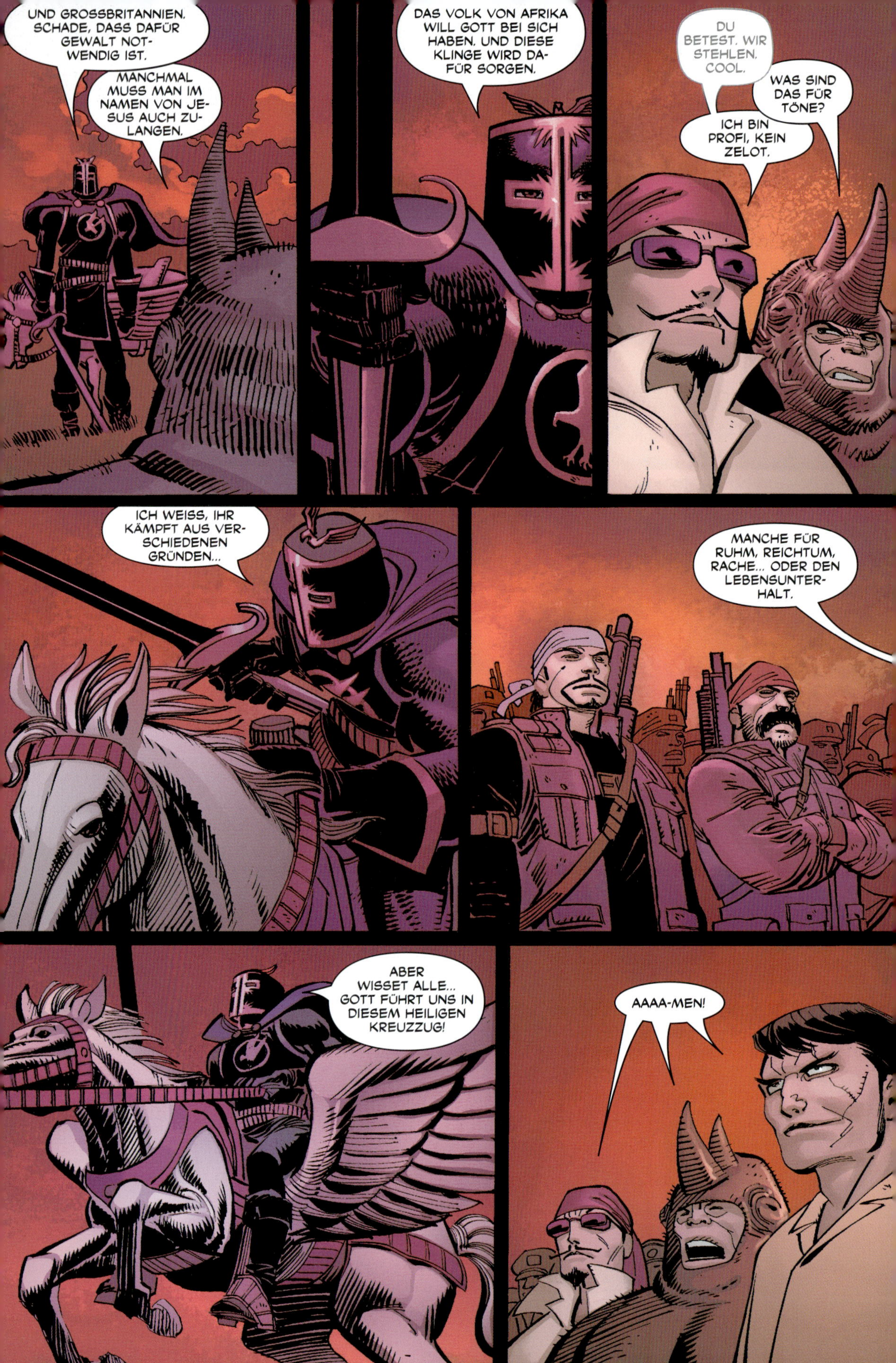
UND GROSSBRITANNIEN. SCHADE, DASS DAFÜR GEWALT NOT-WENDIG IST.
MANCHMAL MUSS MAN IM NAMEN VON JE-SUS AUCH ZU-LANGEN.
DAS VOLK VON AFRIKA WILL GOTT BEI SICH HABEN. UND DIESE KLINGE WIRD DA-FÜR SORGEN.
DU BETEST. WIR STEHLEN. COOL.
ICH BIN PROFI, KEIN ZELOT.
WAS SIND DAS FÜR TÖNE?
ICH WEISS, IHR KÄMPFT AUS VER-SCHIEDENEN GRÜNDEN...
MANCHE FÜR RUHM, REICHTUM, RACHE... ODER DEN LEBENSUNTER-HALT.
ABER WISSET ALLE... GOTT FÜHRT UNS IN DIESEM HEILIGEN KREUZZUG!
AAAA-MEN!

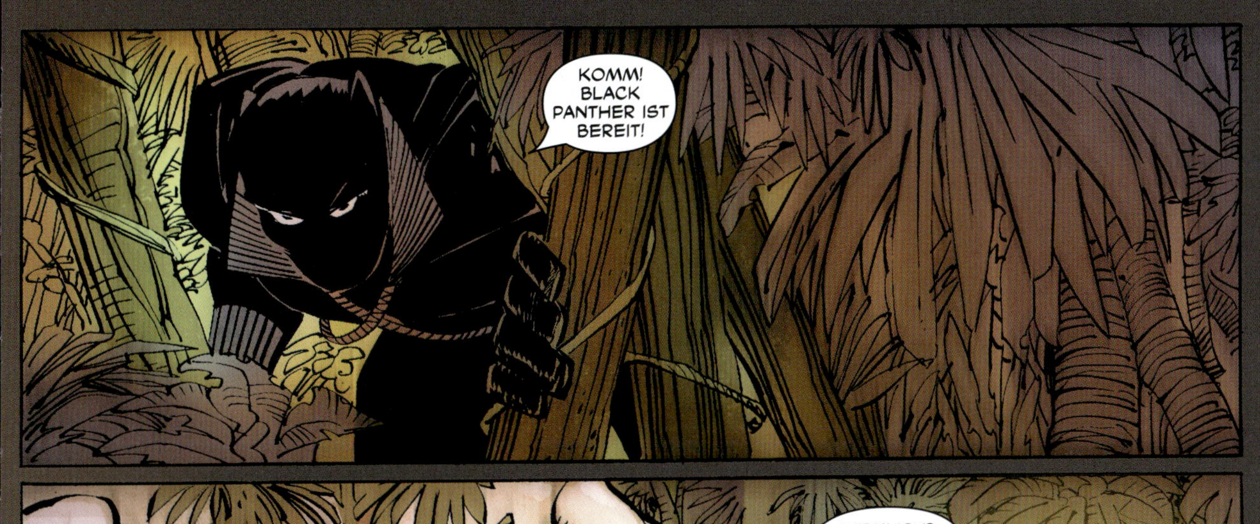
KOMM! BLACK PANTHER IST BEREIT!

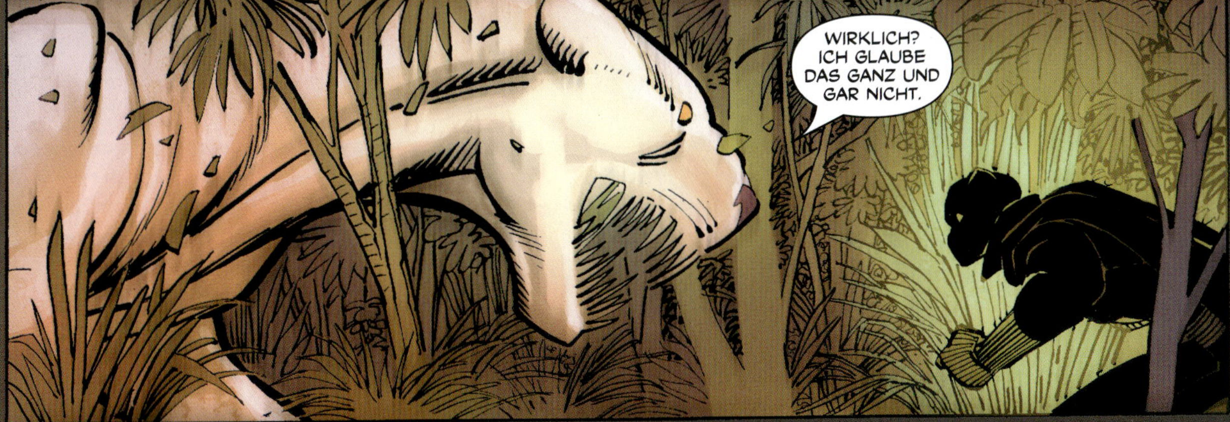
WIRKLICH? ICH GLAUBE DAS GANZ UND GAR NICHT.

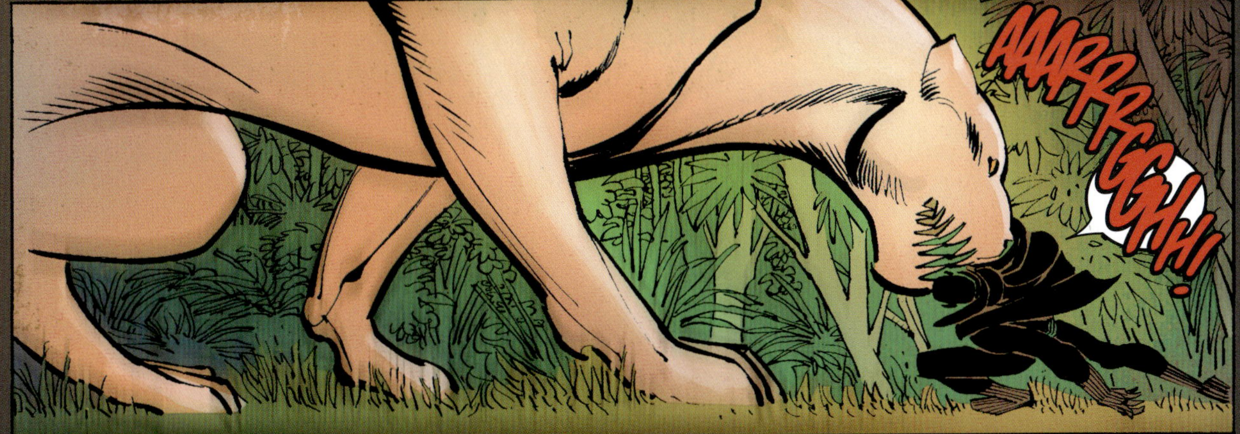
AAARRGGHH!

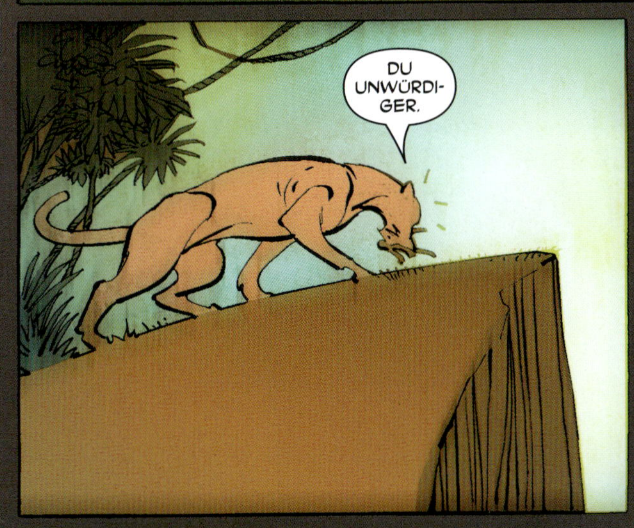
DU UNWÜRDIGER.

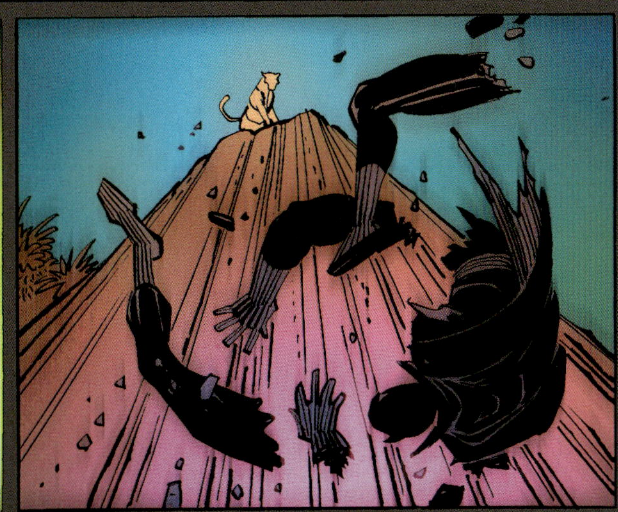

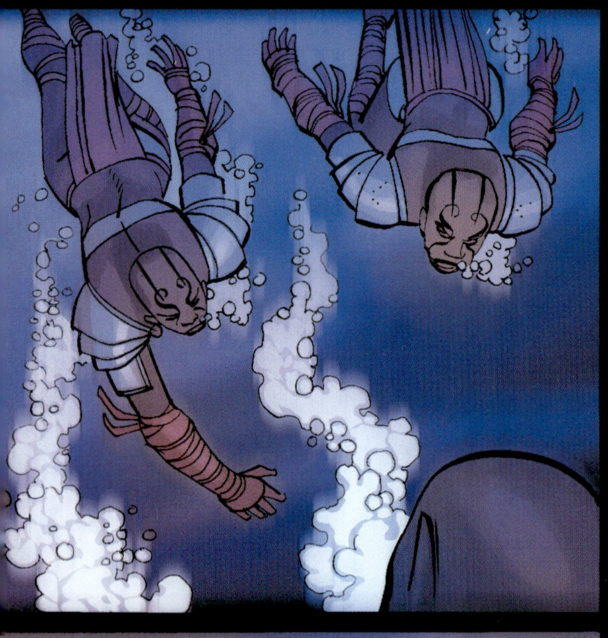

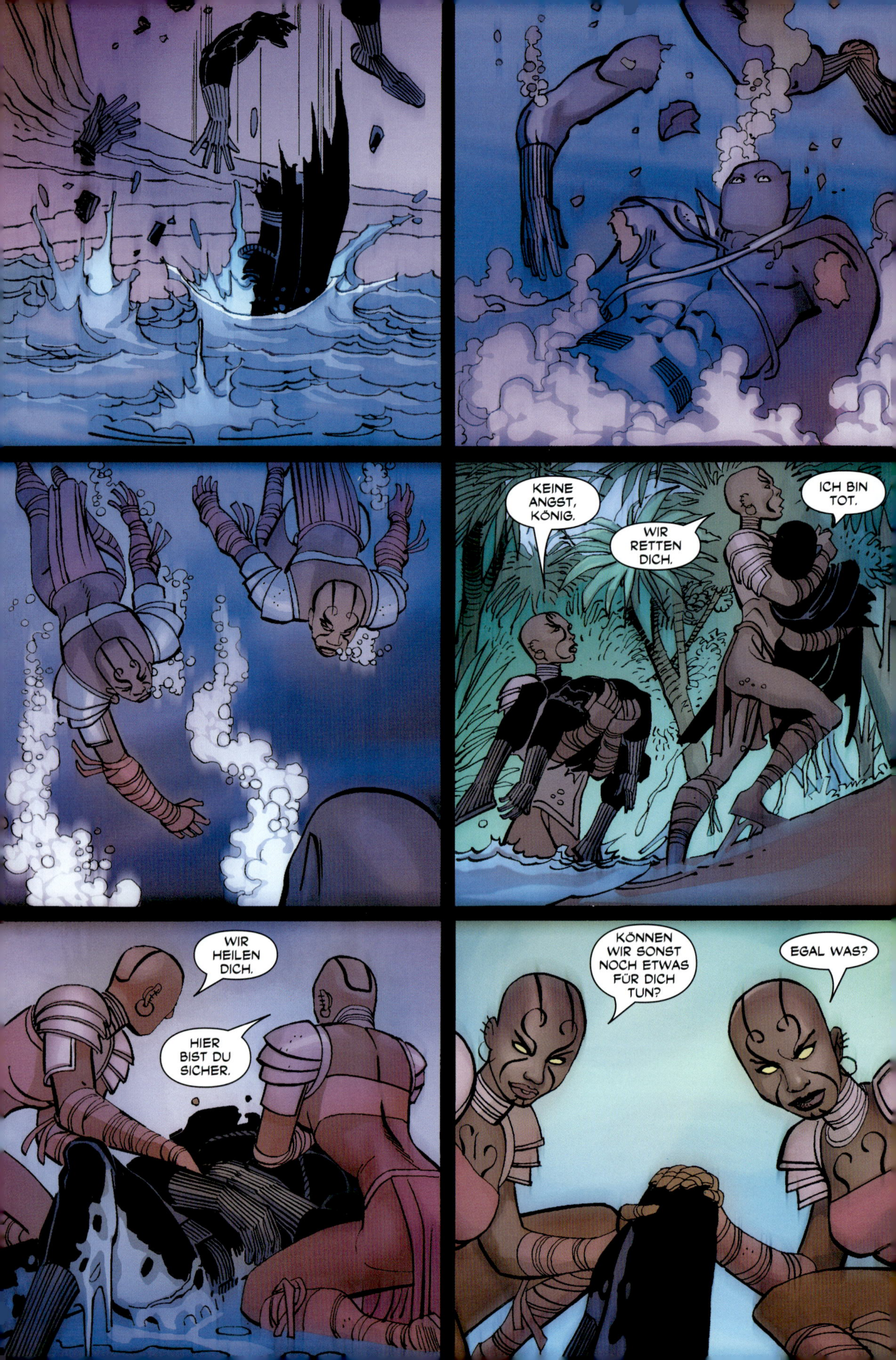

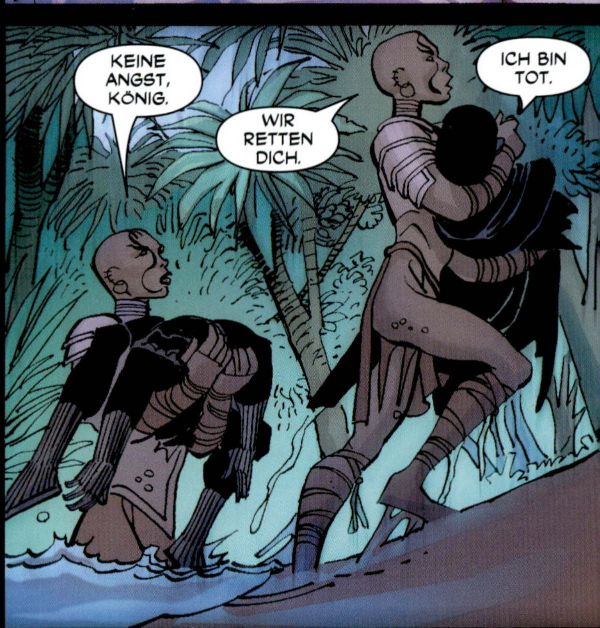
KEINE ANGST, KÖNIG.
WIR RETTEN DICH.
ICH BIN TOT.

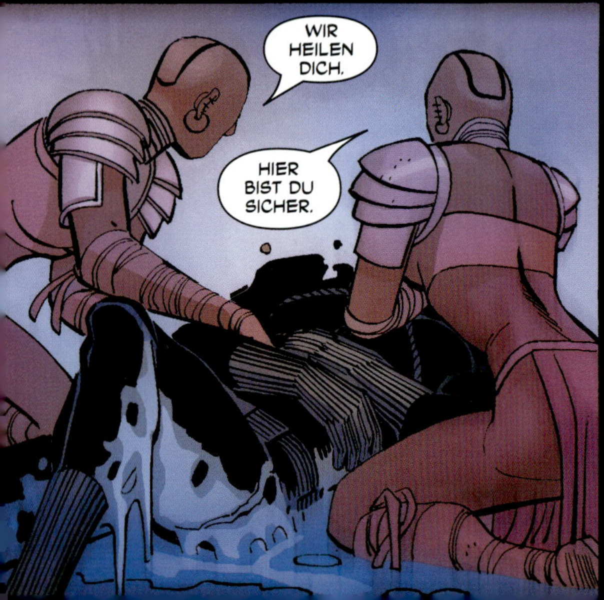
WIR HEILEN DICH.
HIER BIST DU SICHER.

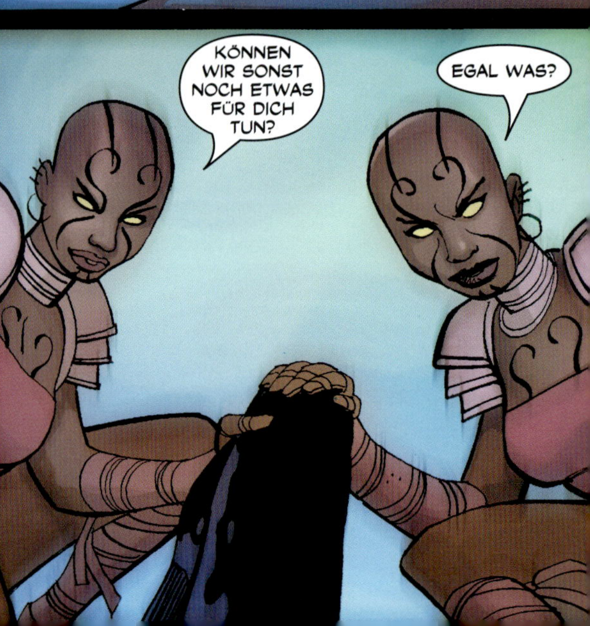
KÖNNEN WIR SONST NOCH ETWAS FÜR DICH TUN?
EGAL WAS?

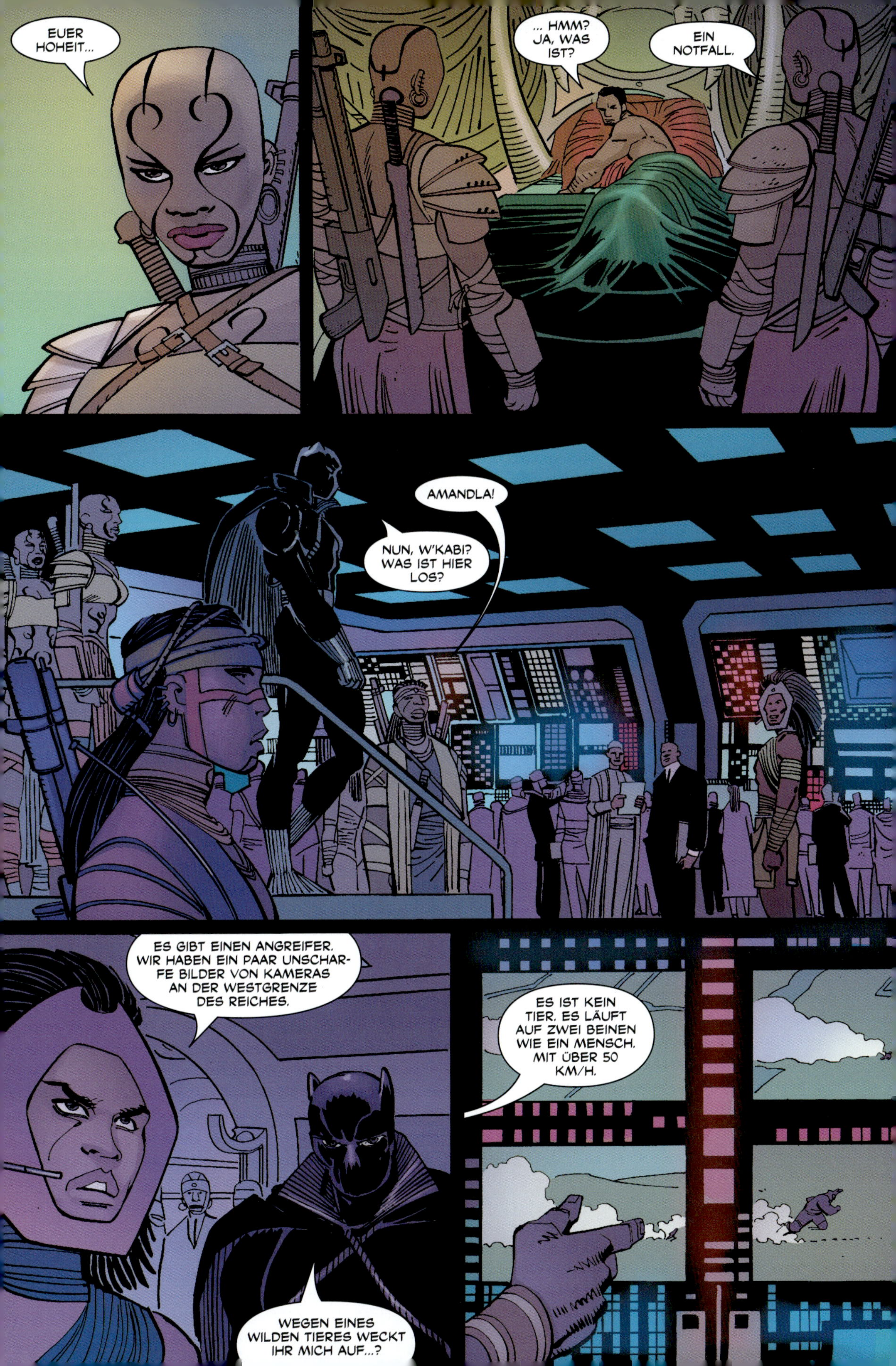
EUER HOHEIT...
... HMM? JA, WAS IST?
EIN NOTFALL.
AMANDLA!
NUN, W'KABI? WAS IST HIER LOS?
ES GIBT EINEN ANGREIFER. WIR HABEN EIN PAAR UNSCHARFE BILDER VON KAMERAS AN DER WESTGRENZE DES REICHES.
WEGEN EINES WILDEN TIERES WECKT IHR MICH AUF...?
ES IST KEIN TIER. ES LÄUFT AUF ZWEI BEINEN WIE EIN MENSCH. MIT ÜBER 50 KM/H.

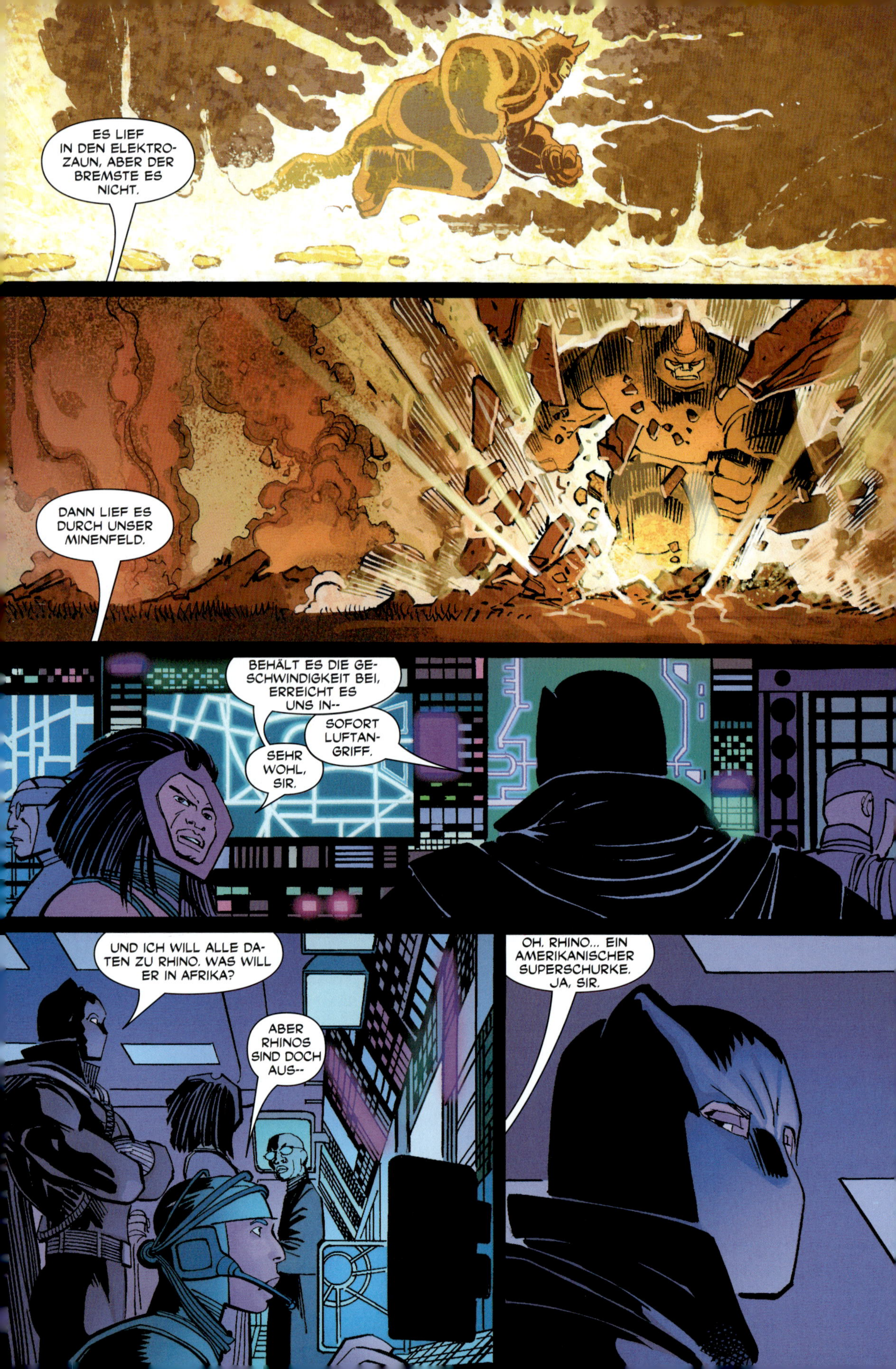
ES LIEF IN DEN ELEKTRO-ZAUN, ABER DER BREMSTE ES NICHT.
DANN LIEF ES DURCH UNSER MINENFELD.
BEHÄLT ES DIE GE-SCHWINDIGKEIT BEI, ERREICHT ES UNS IN--
SOFORT LUFTAN-GRIFF.
SEHR WOHL, SIR.
UND ICH WILL ALLE DA-TEN ZU RHINO. WAS WILL ER IN AFRIKA?
ABER RHINOS SIND DOCH AUS--
OH, RHINO... EIN AMERIKANISCHER SUPERSCHURKE. JA, SIR.

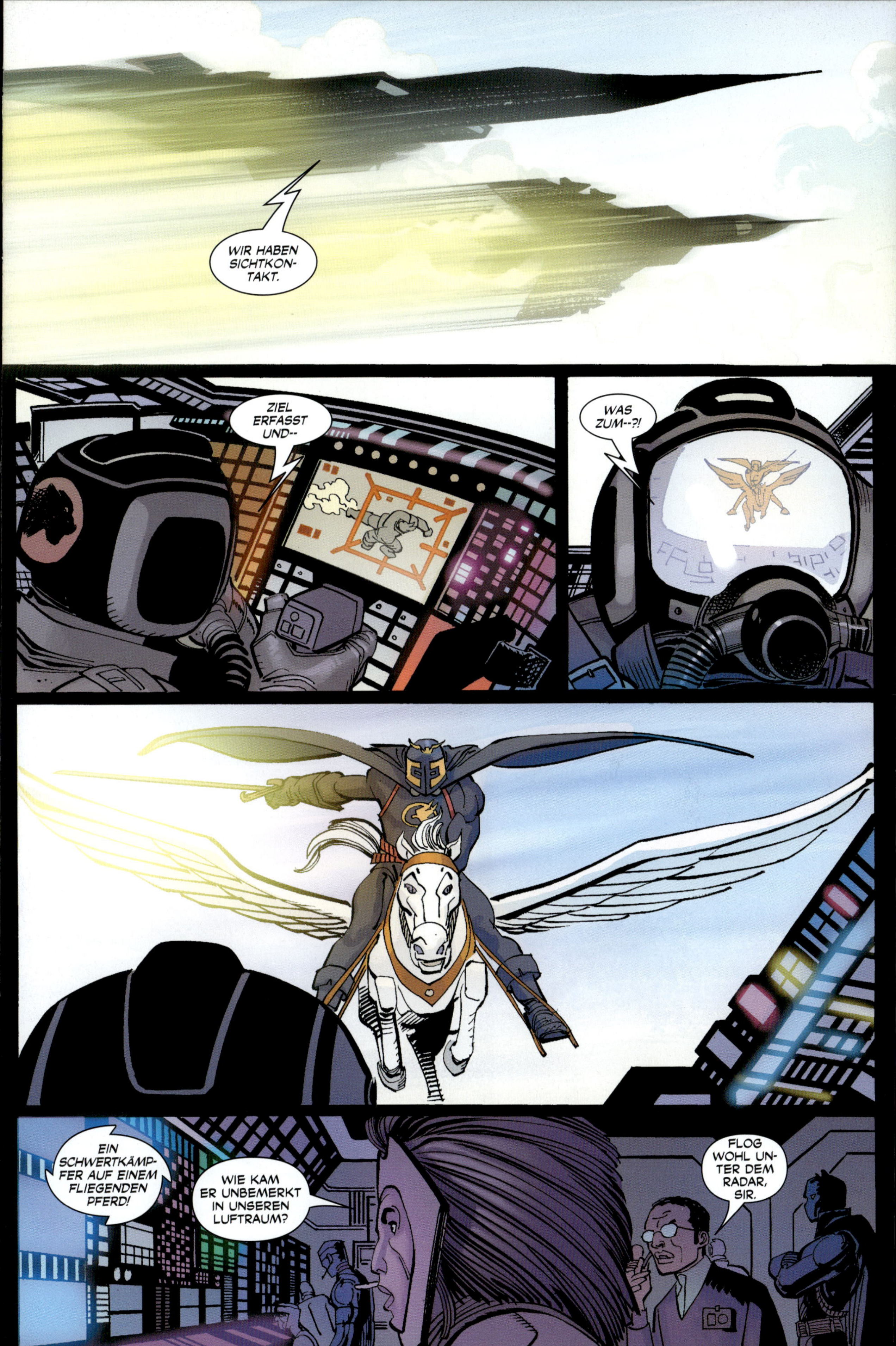
WIR HABEN SICHTKON-TAKT.
ZIEL ERFASST UND--
WAS ZUM--?!
EIN SCHWERTKÄMPFER AUF EINEM FLIEGENDEN PFERD!
WIE KAM ER UNBEMERKT IN UNSEREN LUFTRAUM?
FLOG WOHL UNTER DEM RADAR, SIR.

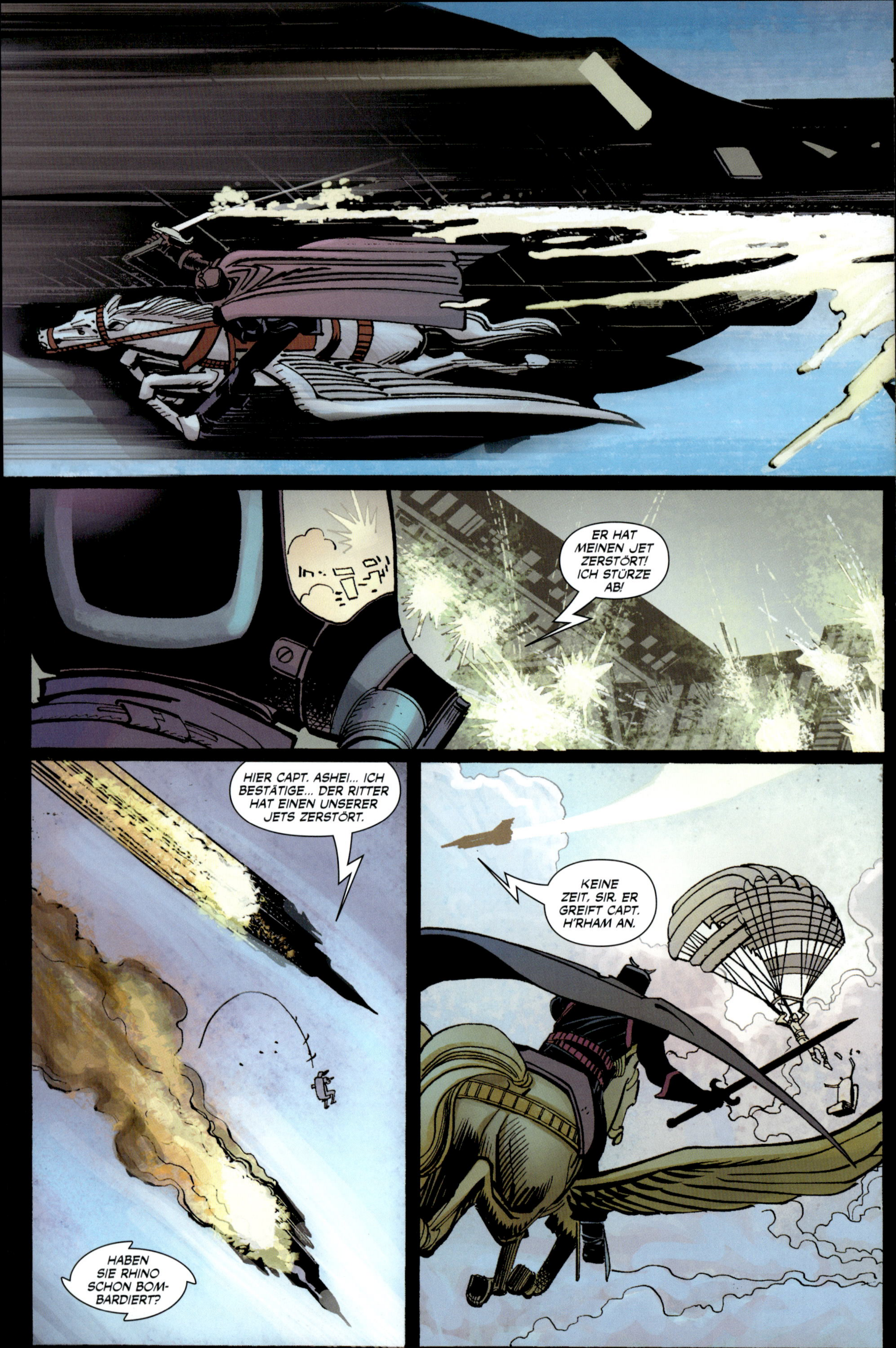

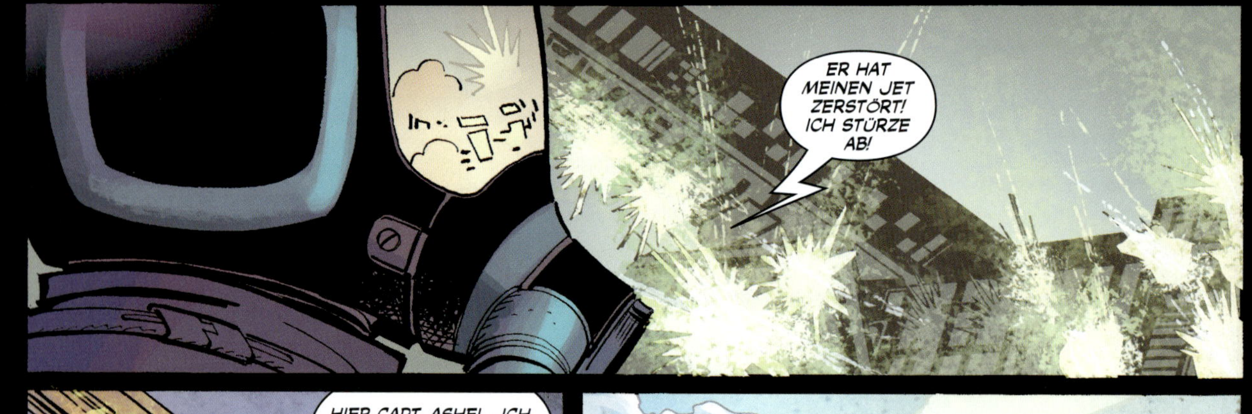
ER HAT MEINEN JET ZERSTÖRT! ICH STÜRZE AB!

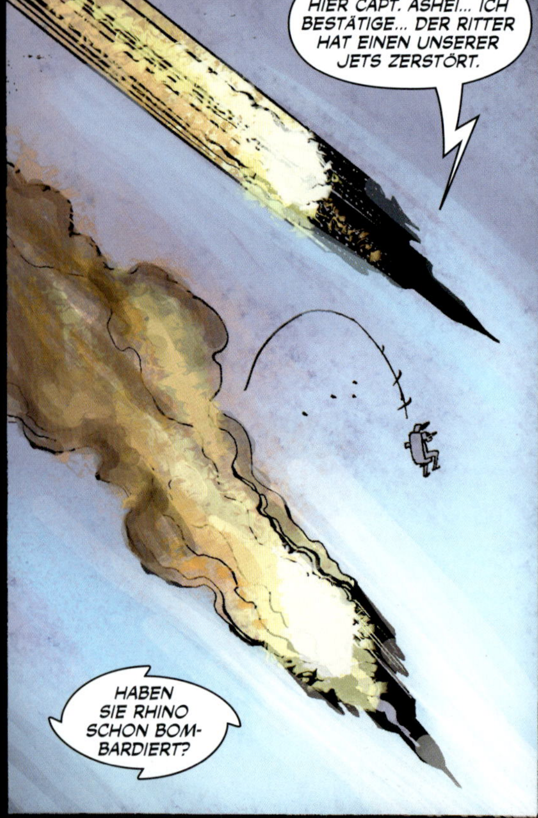
HIER CAPT. ASHEI... ICH BESTÄTIGE... DER RITTER HAT EINEN UNSERER JETS ZERSTÖRT.
HABEN SIE RHINO SCHON BOM-BARDIERT?

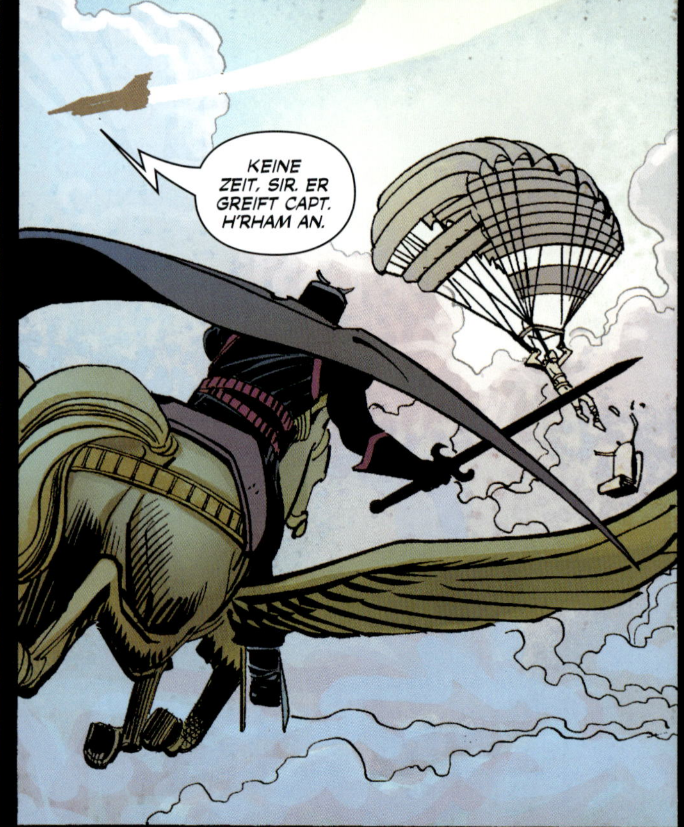
KEINE ZEIT, SIR. ER GREIFT CAPT. H'RHAM AN.

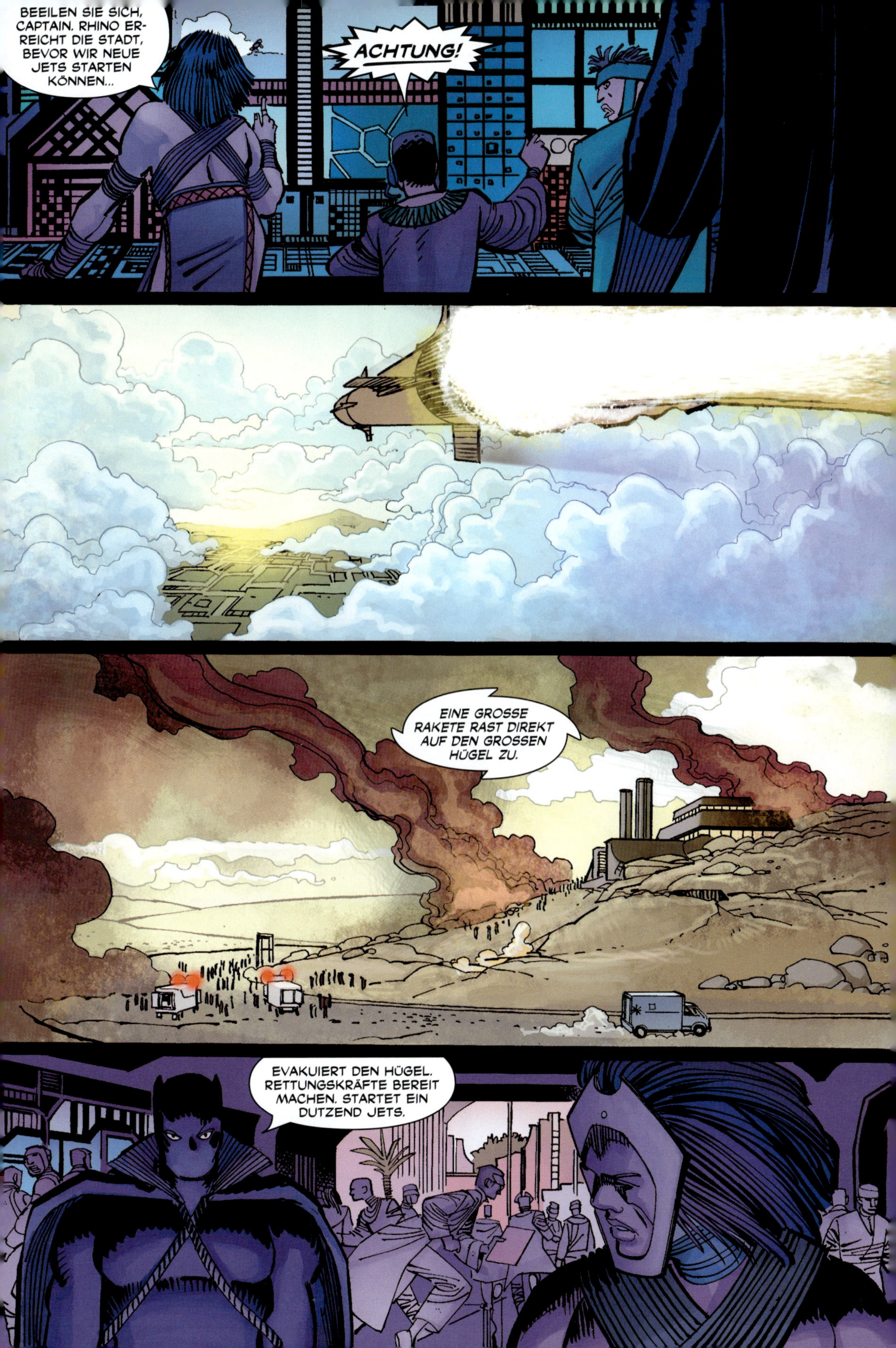
BEEILEN SIE SICH, CAPTAIN. RHINO ERREICHT DIE STADT, BEVOR WIR NEUE JETS STARTEN KÖNNEN...
ACHTUNG!
EINE GROSSE RAKETE RAST DIREKT AUF DEN GROSSEN HÜGEL ZU.
EVAKUIERT DEN HÜGEL. RETTUNGSKRÄFTE BEREIT MACHEN. STARTET EIN DUTZEND JETS.

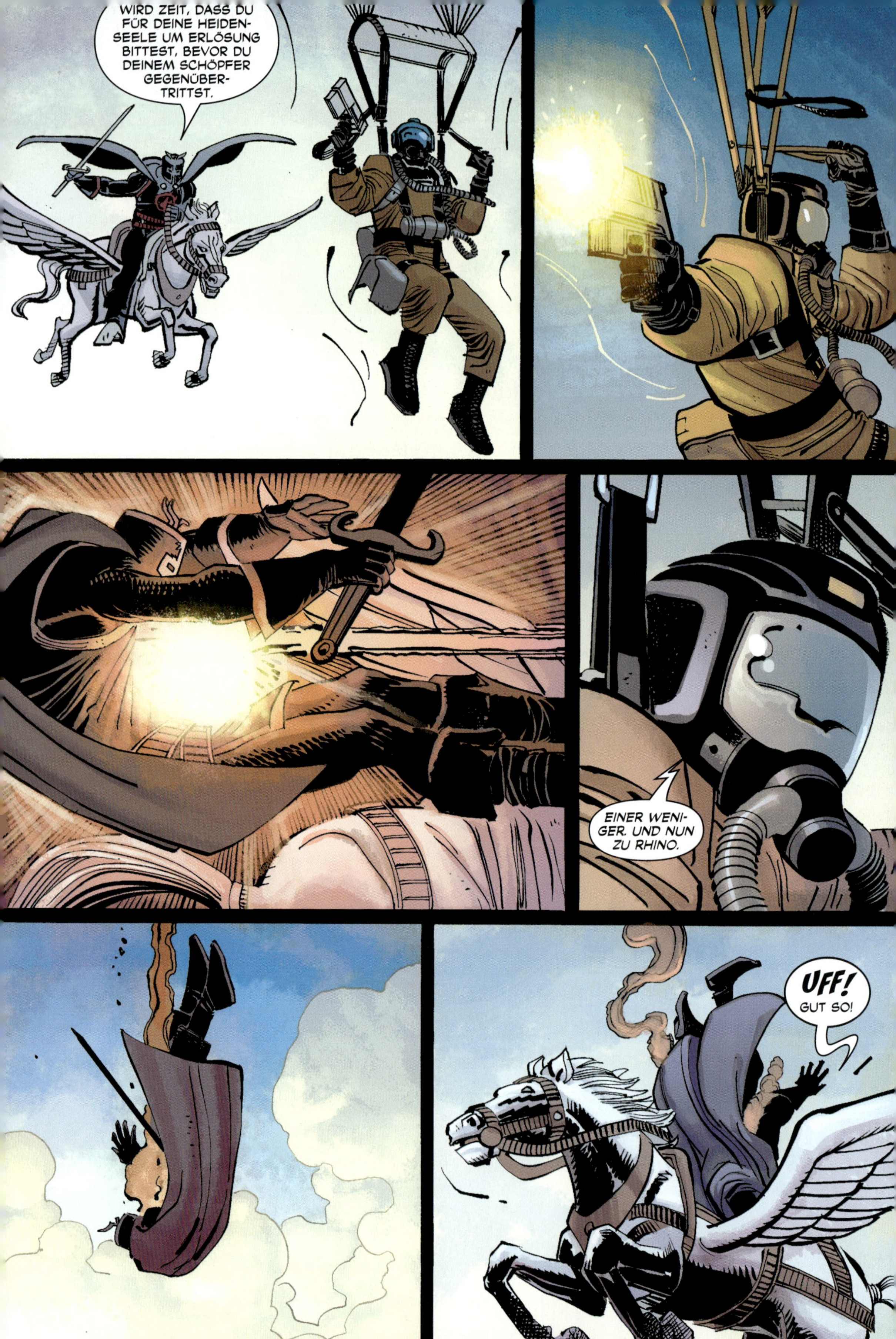
WIRD ZEIT, DASS DU FÜR DEINE HEIDEN-SEELE UM ERLÖSUNG BITTEST, BEVOR DU DEINEM SCHÖPFER GEGENÜBER-TRITTST.
EINER WENI-GER. UND NUN ZU RHINO.
UFF! GUT SO!

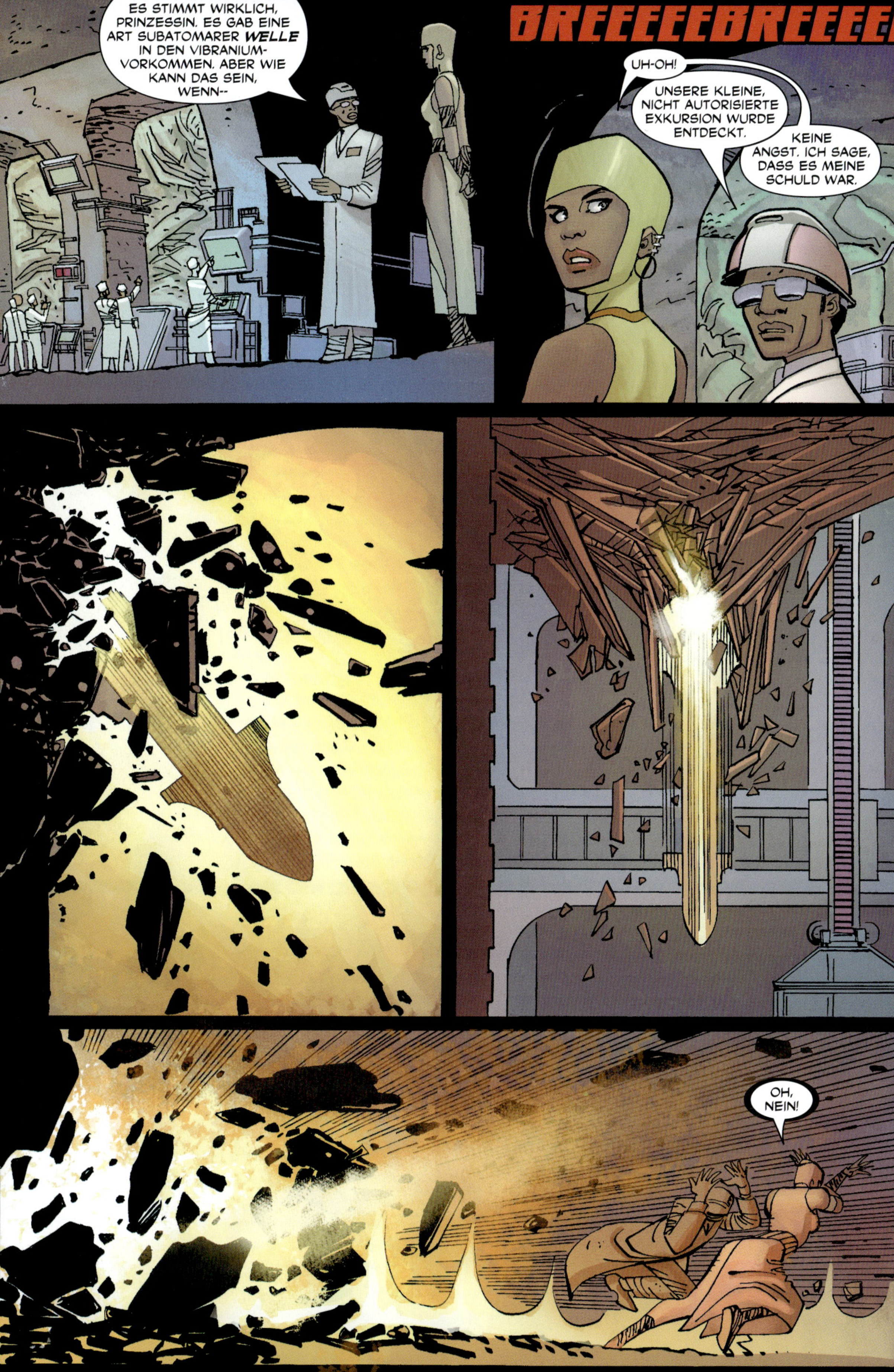
ES STIMMT WIRKLICH, PRINZESSIN. ES GAB EINE ART SUBATOMARER *WELLE* IN DEN VIBRANIUM-VORKOMMEN. ABER WIE KANN DAS SEIN, WENN--
BREEEEEBREEEEE
UH-OH!
UNSERE KLEINE, NICHT AUTORISIERTE EXKURSION WURDE ENTDECKT.
KEINE ANGST. ICH SAGE, DASS ES MEINE SCHULD WAR.
OH, NEIN!

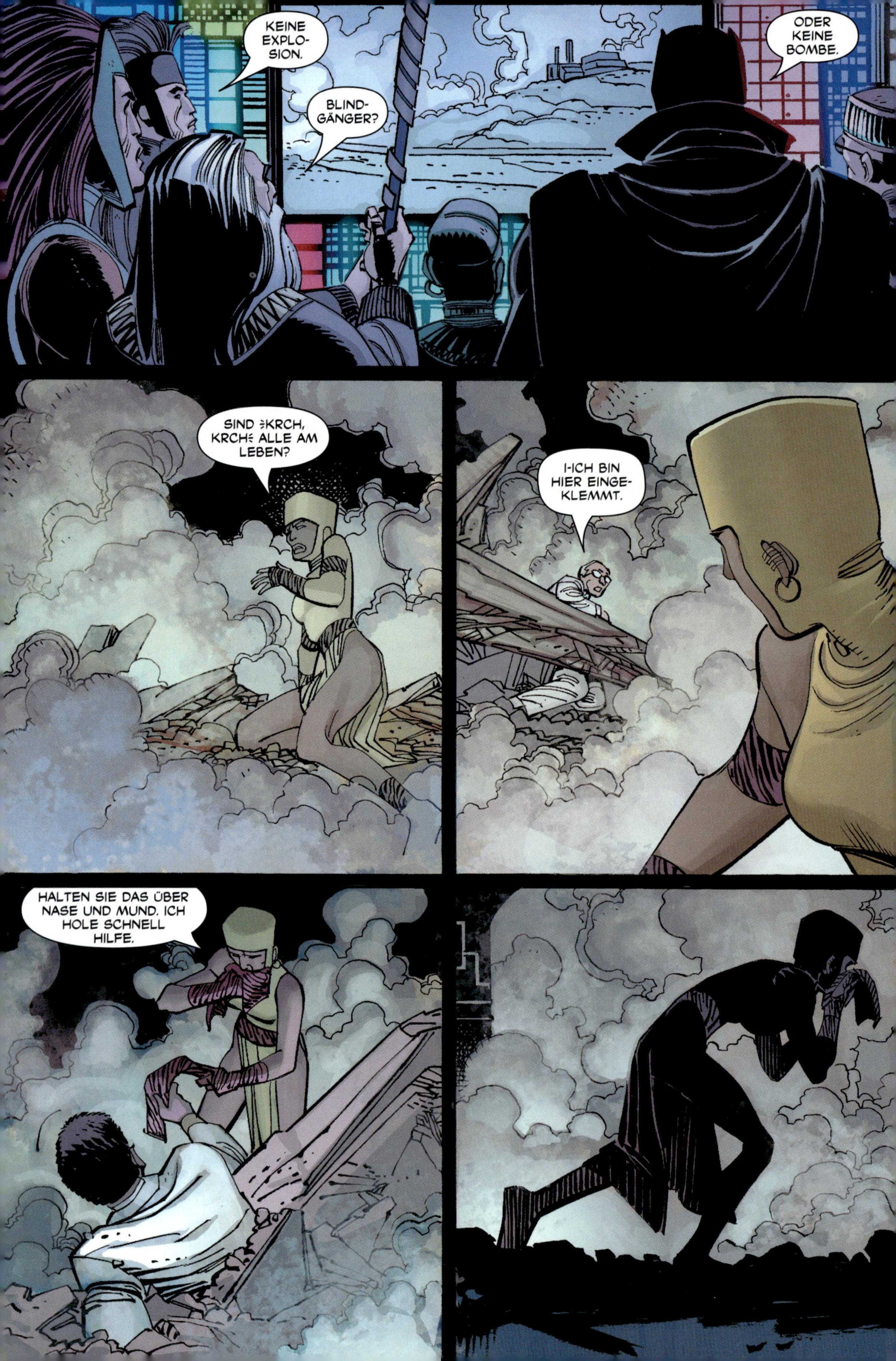
KEINE EXPLO-SION.
BLIND-GÄNGER?
ODER KEINE BOMBE.
SIND ≡KRCH, KRCH≡ ALLE AM LEBEN?
I-ICH BIN HIER EINGE-KLEMMT.
HALTEN SIE DAS ÜBER NASE UND MUND. ICH HOLE SCHNELL HILFE.

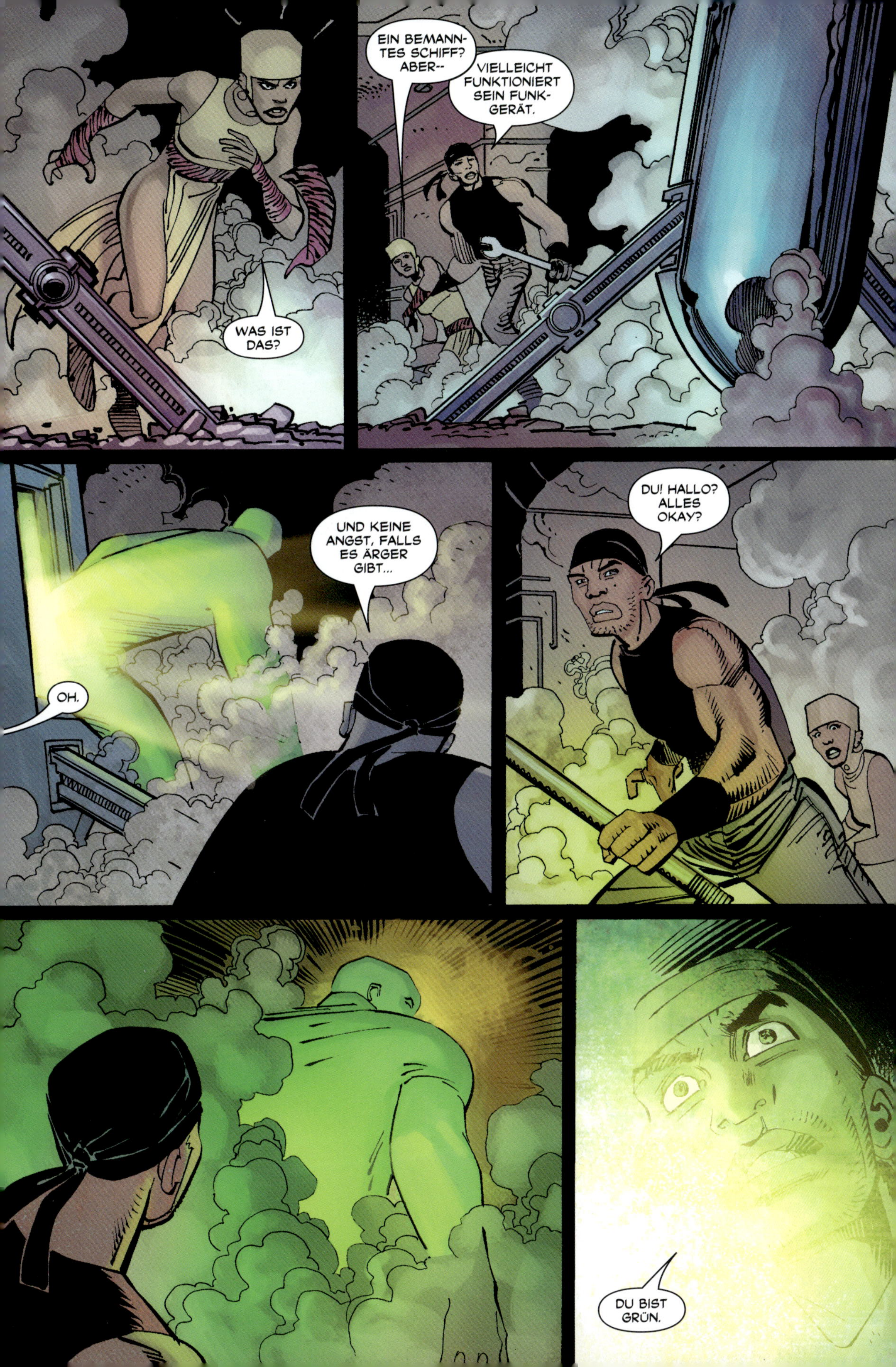
WAS IST DAS?
EIN BEMANN-TES SCHIFF? ABER--
VIELLEICHT FUNKTIONIERT SEIN FUNK-GERÄT.
UND KEINE ANGST, FALLS ES ÄRGER GIBT...
OH.
DU! HALLO? ALLES OKAY?
DU BIST GRÜN.

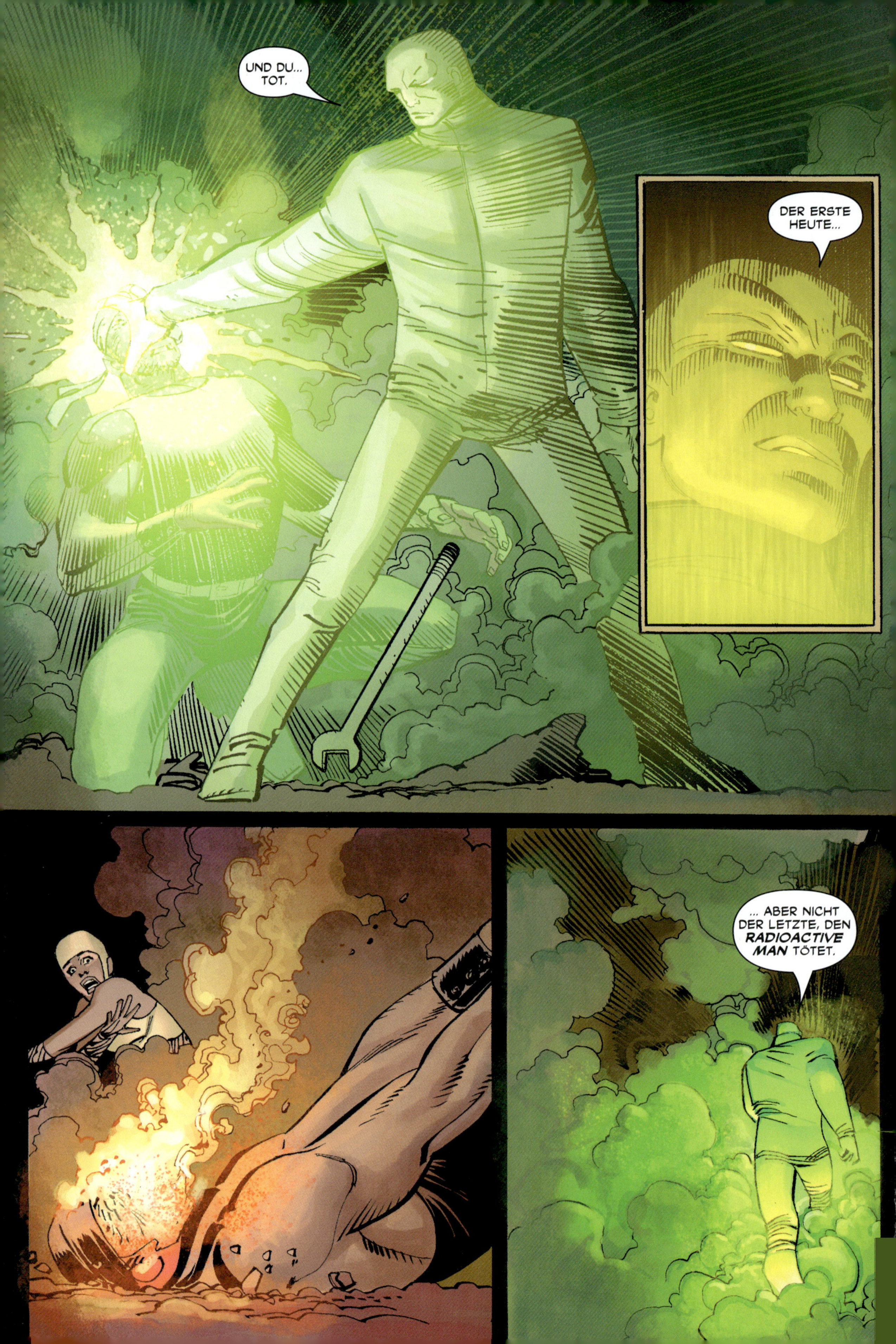

UND DU... TOT.

DER ERSTE HEUTE...

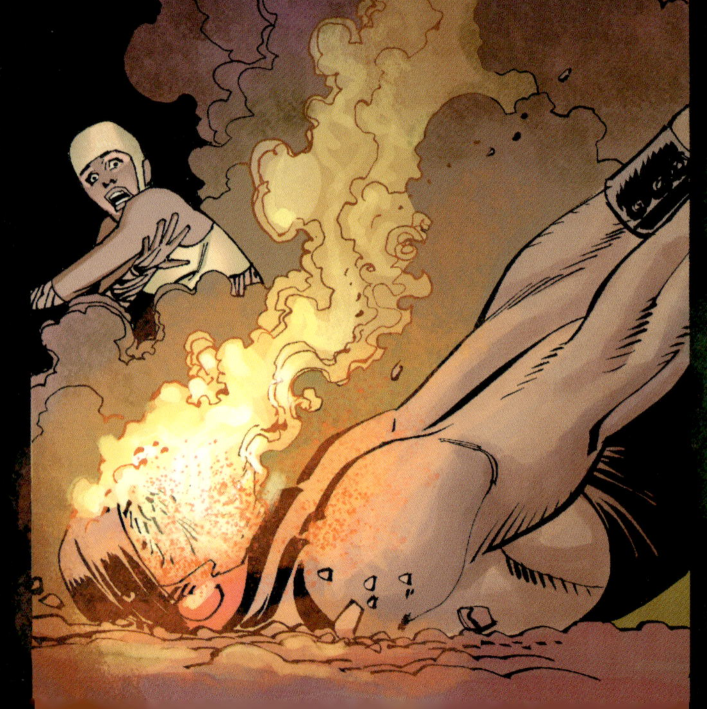

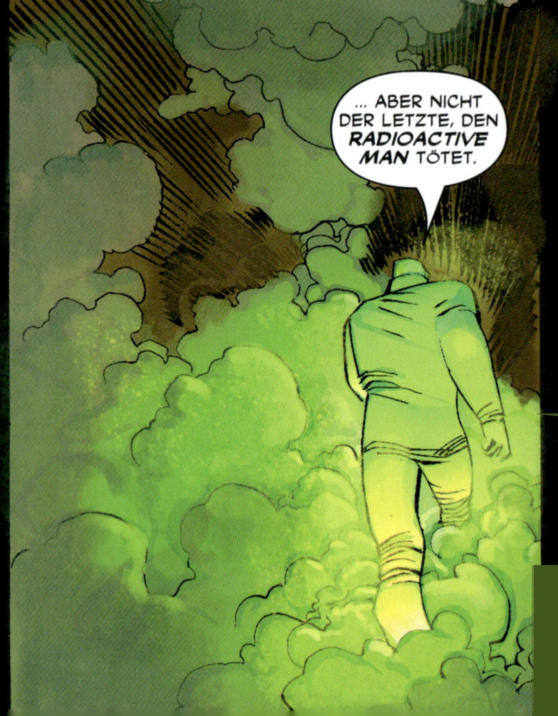

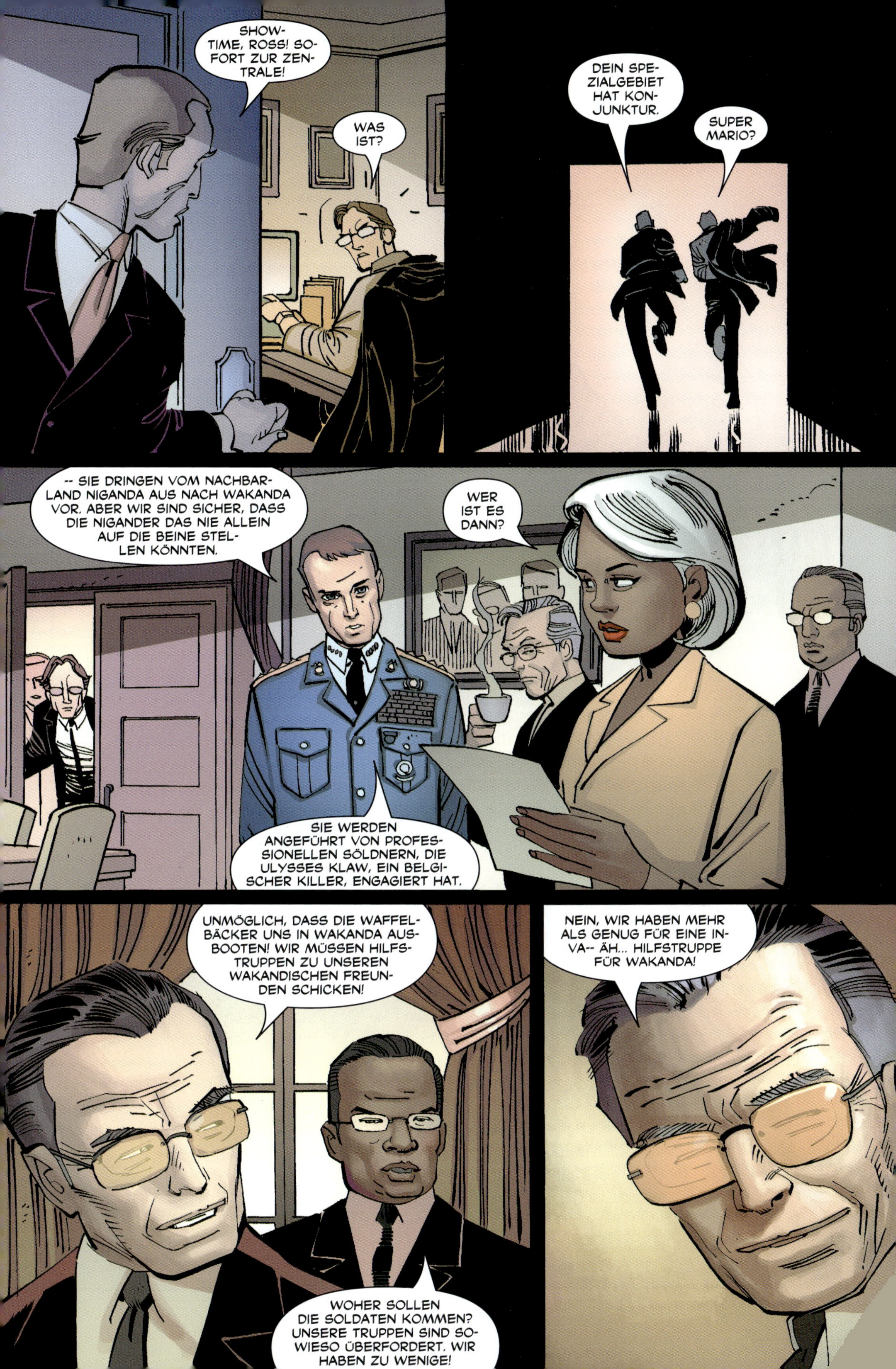
SHOW-TIME, ROSS! SOFORT ZUR ZENTRALE!
WAS IST?
DEIN SPEZIALGEBIET HAT KONJUNKTUR.
SUPER MARIO?
-- SIE DRINGEN VOM NACHBARLAND NIGANDA AUS NACH WAKANDA VOR. ABER WIR SIND SICHER, DASS DIE NIGANDER DAS NIE ALLEIN AUF DIE BEINE STELLEN KÖNNTEN.
WER IST ES DANN?
SIE WERDEN ANGEFÜHRT VON PROFESSIONELLEN SÖLDNERN, DIE ULYSSES KLAW, EIN BELGISCHER KILLER, ENGAGIERT HAT.
UNMÖGLICH, DASS DIE WAFFELBÄCKER UNS IN WAKANDA AUSBOOTEN! WIR MÜSSEN HILFSTRUPPEN ZU UNSEREN WAKANDISCHEN FREUNDEN SCHICKEN!
WOHER SOLLEN DIE SOLDATEN KOMMEN? UNSERE TRUPPEN SIND SOWIESO ÜBERFORDERT. WIR HABEN ZU WENIGE!
NEIN, WIR HABEN MEHR ALS GENUG FÜR EINE INVA-- ÄH... HILFSTRUPPE FÜR WAKANDA!

WER IST BLACK PANTHER?, TEIL 5

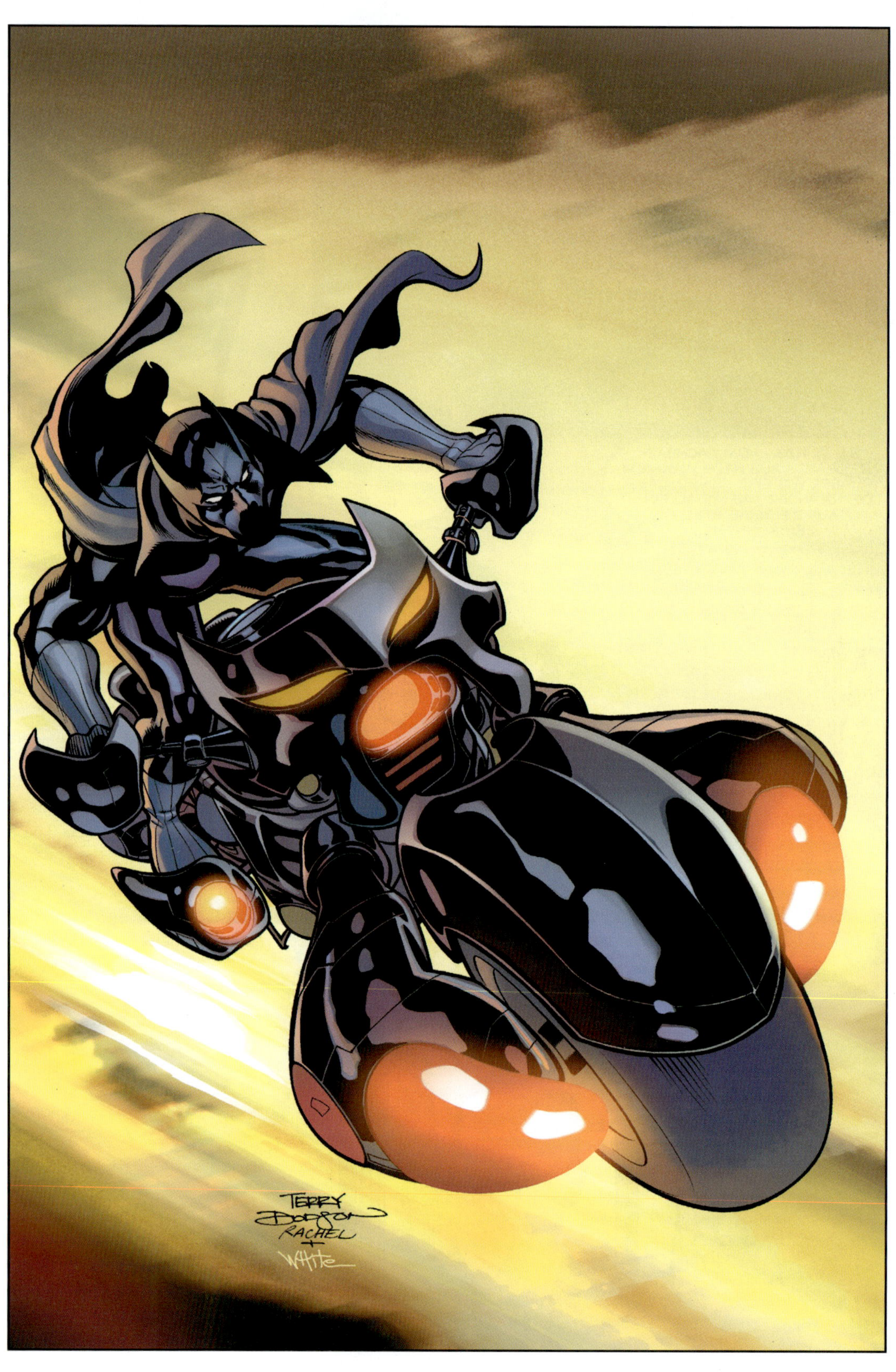

Black Panther (2005) 5
Cover von **TERRY DODSON**

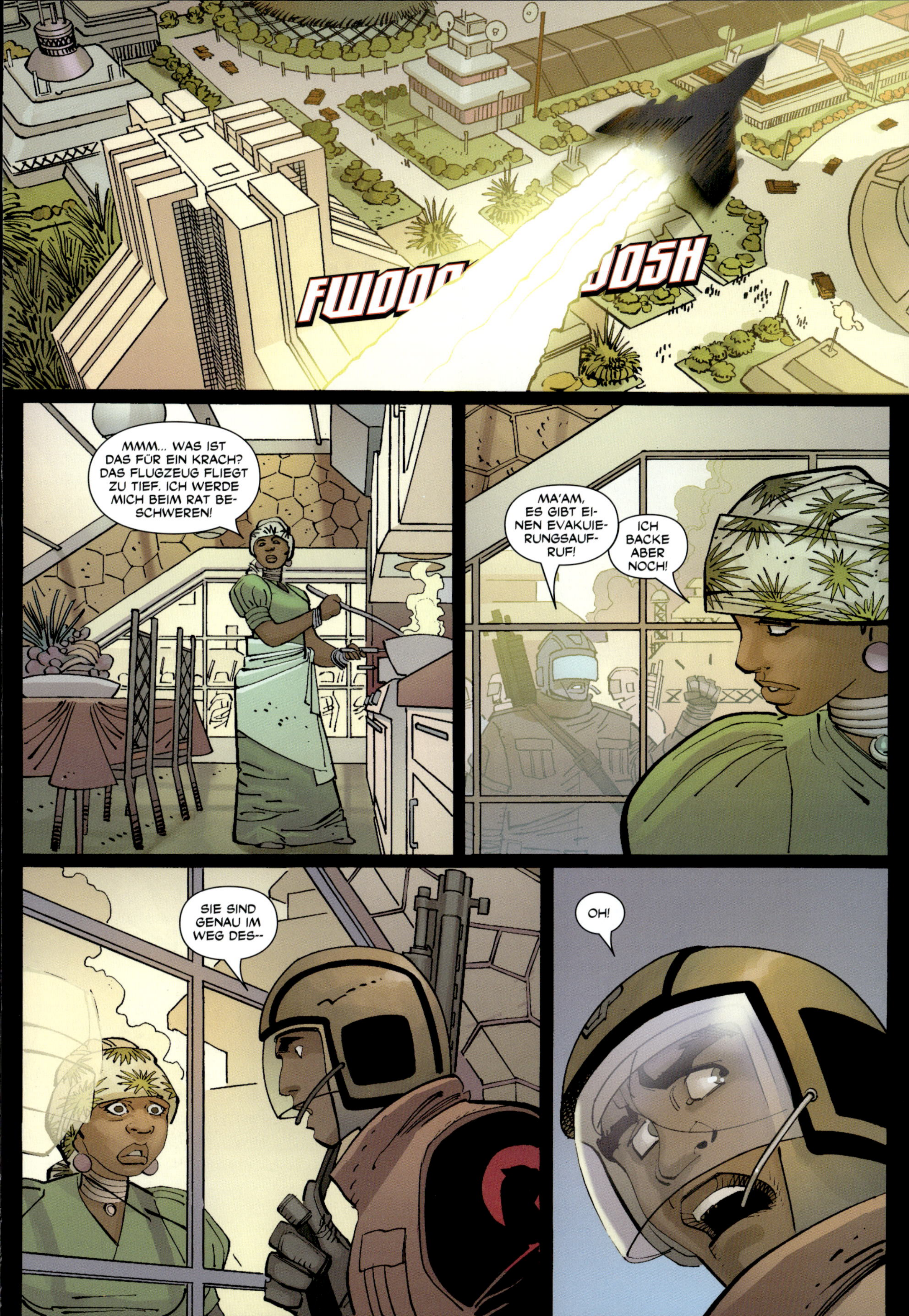
FWOO JOSH
MMM... WAS IST DAS FÜR EIN KRACH? DAS FLUGZEUG FLIEGT ZU TIEF. ICH WERDE MICH BEIM RAT BESCHWEREN!
MA'AM, ES GIBT EINEN EVAKUIERUNGSAUFRUF!
ICH BACKE ABER NOCH!
SIE SIND GENAU IM WEG DES--
OH!

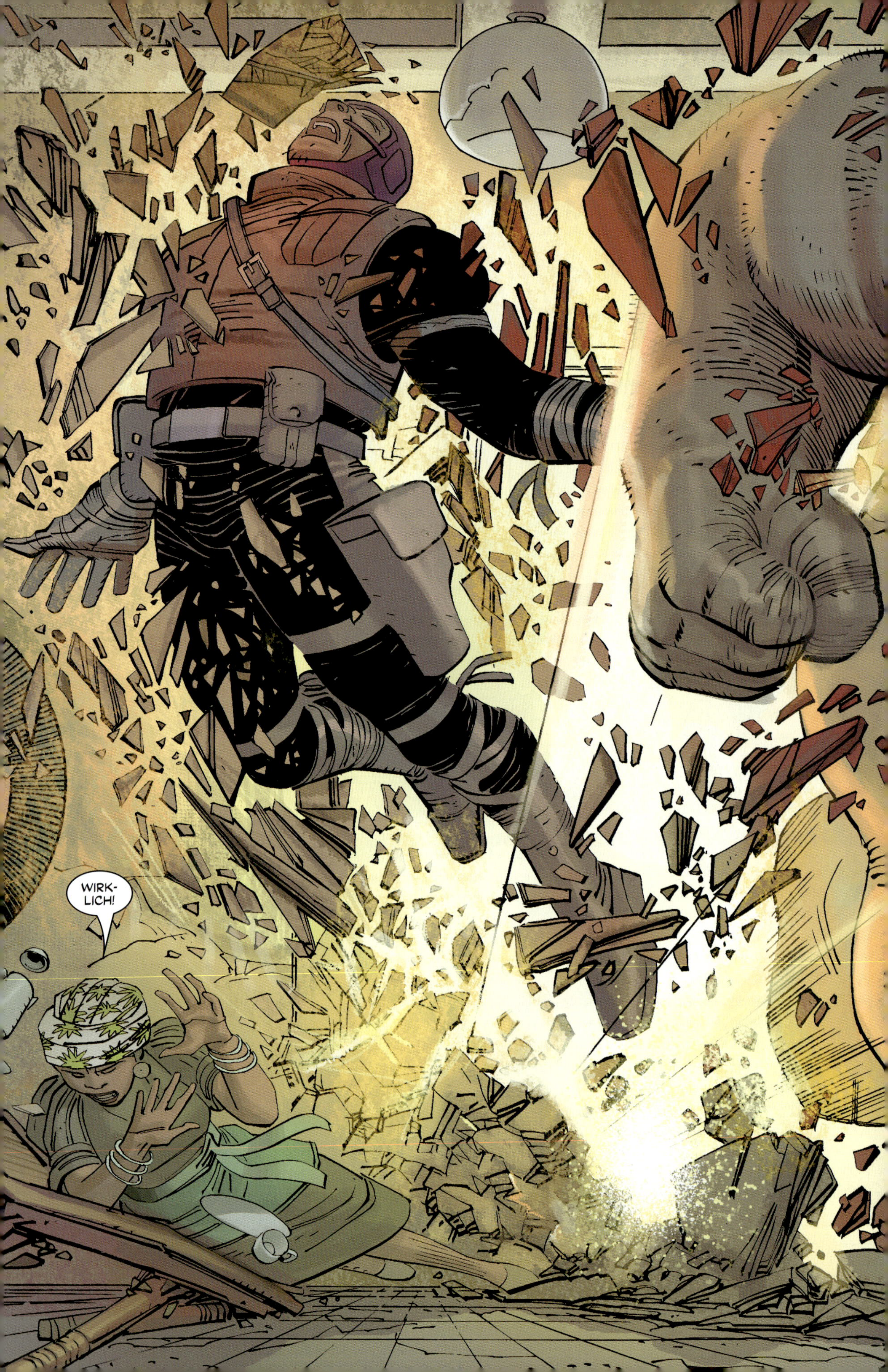
WIRK-
LICH!

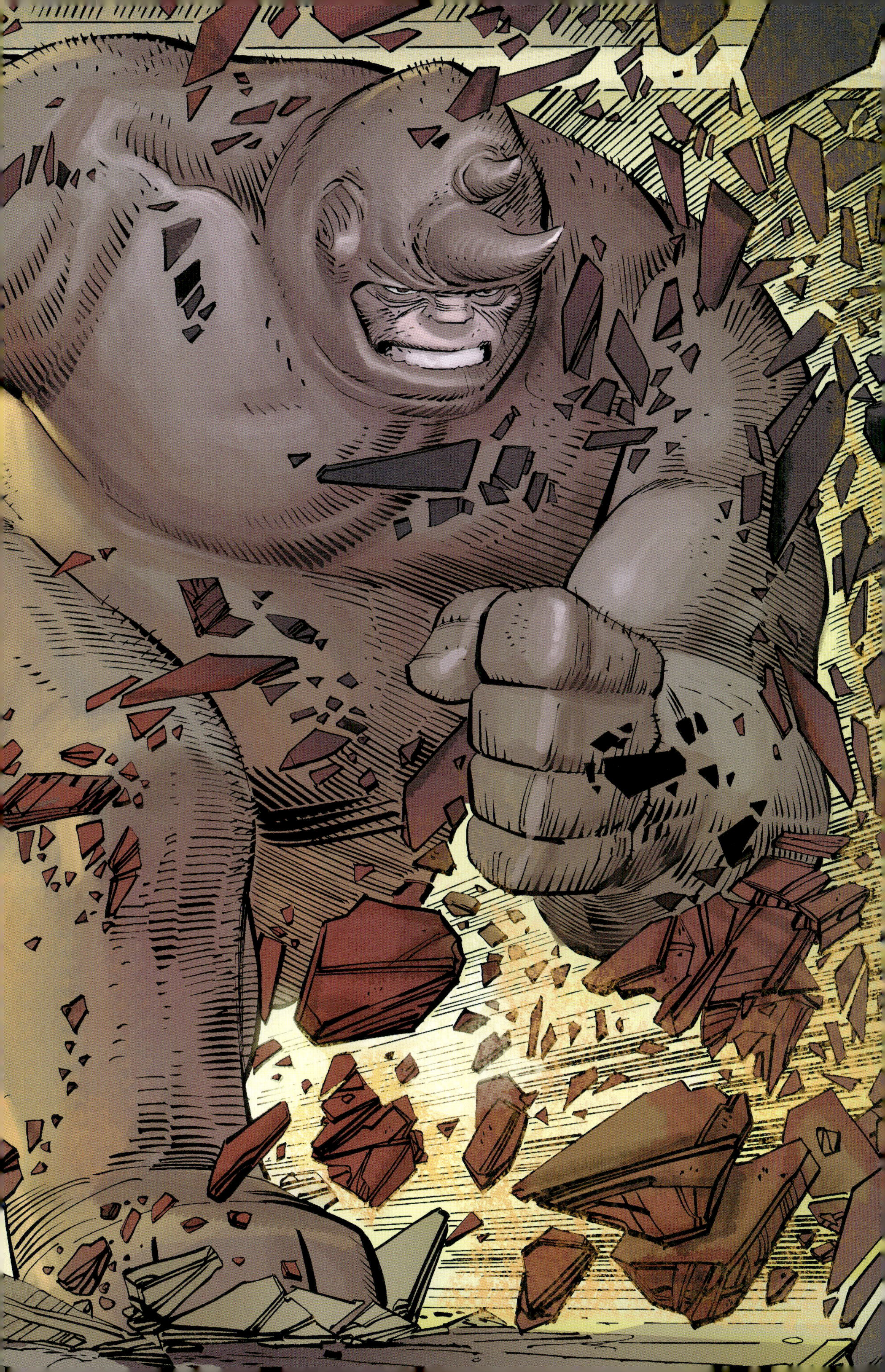

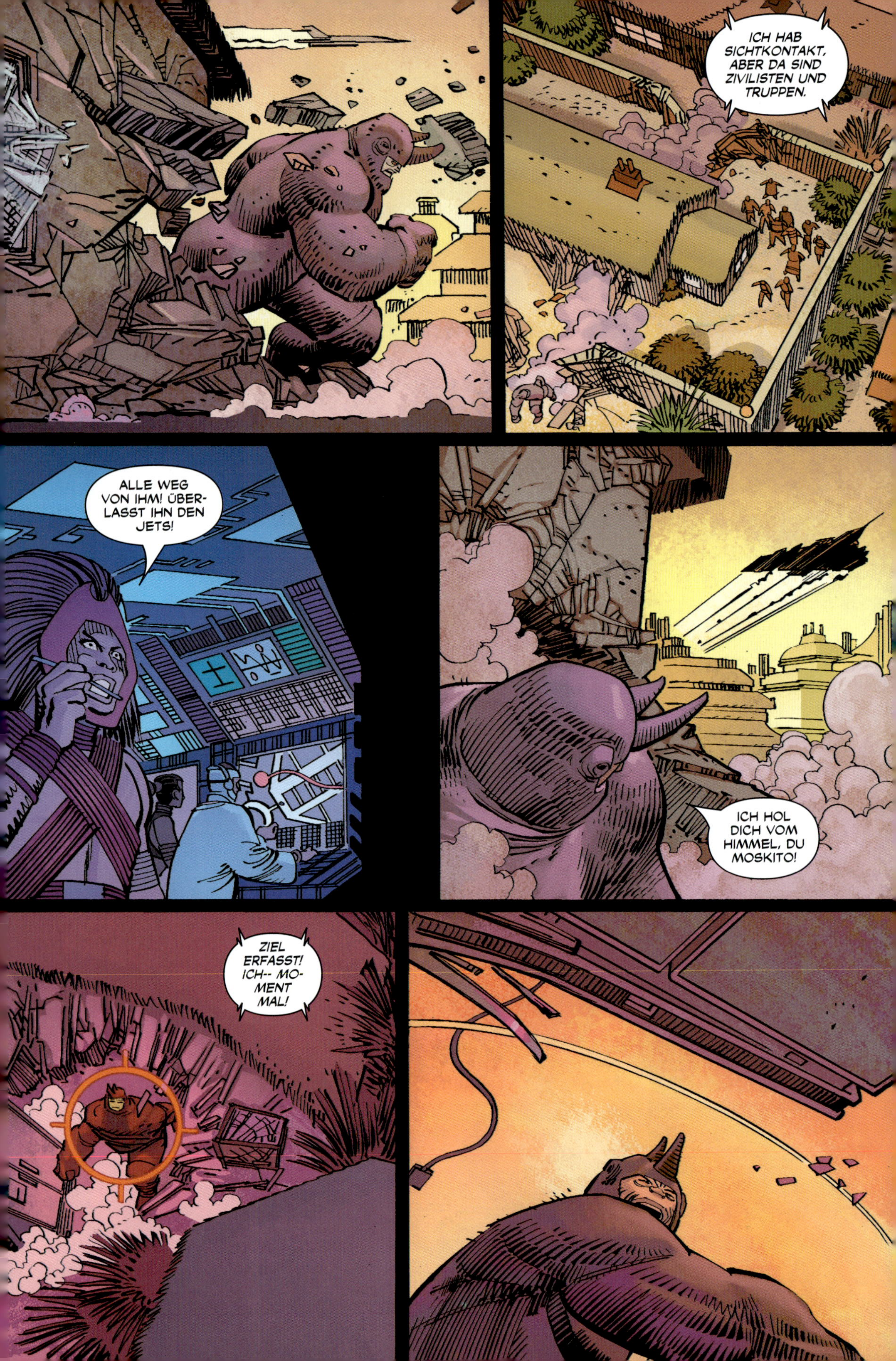
ICH HAB SICHTKONTAKT, ABER DA SIND ZIVILISTEN UND TRUPPEN.
ALLE WEG VON IHM! ÜBERLASST IHN DEN JETS!
ICH HOL DICH VOM HIMMEL, DU MOSKITO!
ZIEL ERFASST! ICH-- MOMENT MAL!

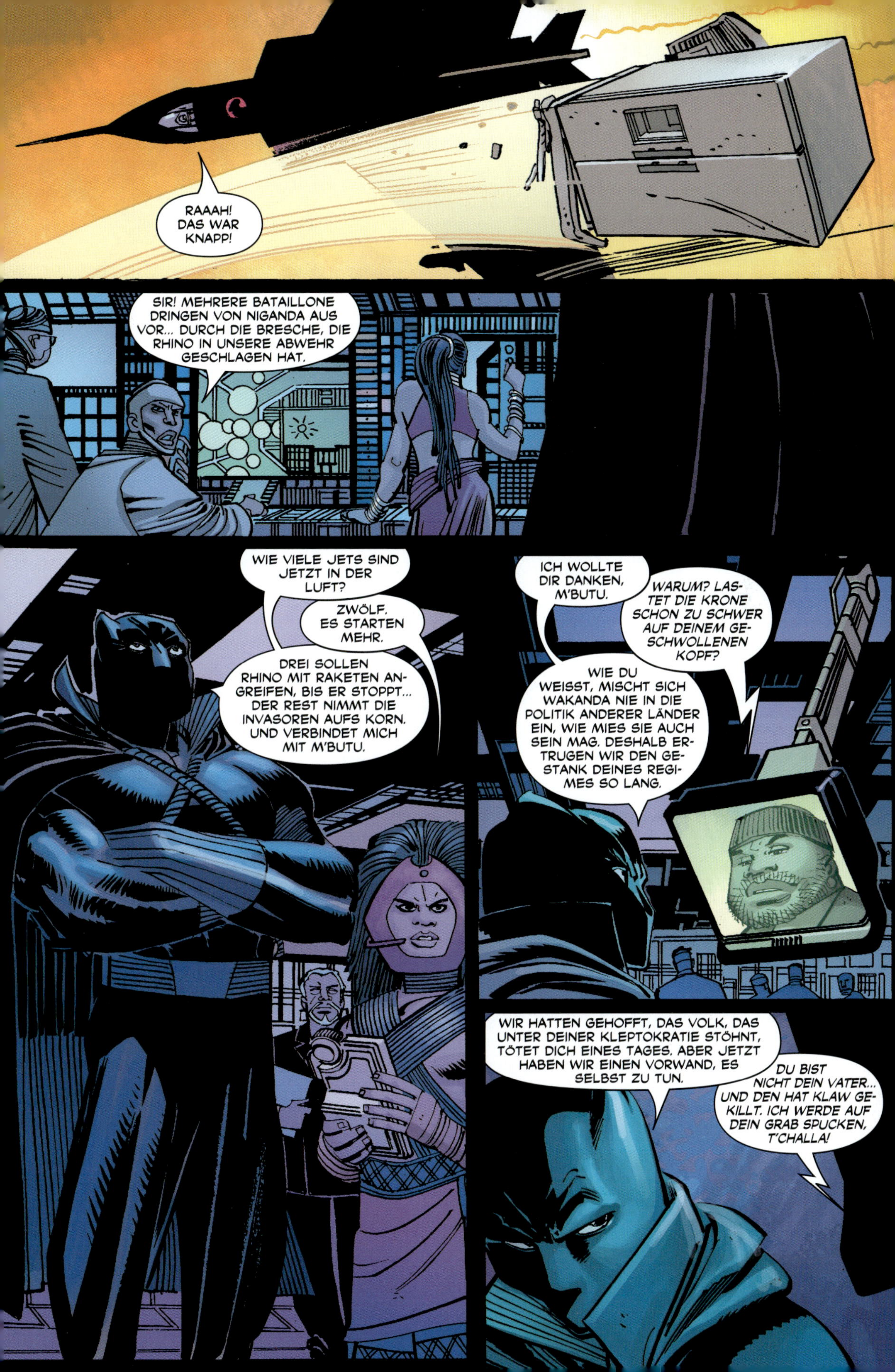
RAAAH! DAS WAR KNAPP!
SIR! MEHRERE BATAILLONE DRINGEN VON NIGANDA AUS VOR... DURCH DIE BRESCHE, DIE RHINO IN UNSERE ABWEHR GESCHLAGEN HAT.
WIE VIELE JETS SIND JETZT IN DER LUFT?
ZWÖLF. ES STARTEN MEHR.
DREI SOLLEN RHINO MIT RAKETEN ANGREIFEN, BIS ER STOPPT... DER REST NIMMT DIE INVASOREN AUFS KORN. UND VERBINDET MICH MIT M'BUTU.
ICH WOLLTE DIR DANKEN, M'BUTU.
WARUM? LASTET DIE KRONE SCHON ZU SCHWER AUF DEINEM GESCHWOLLENEN KOPF?
WIE DU WEISST, MISCHT SICH WAKANDA NIE IN DIE POLITIK ANDERER LÄNDER EIN, WIE MIES SIE AUCH SEIN MAG. DESHALB ERTRUGEN WIR DEN GESTANK DEINES REGIMES SO LANG.
WIR HATTEN GEHOFFT, DAS VOLK, DAS UNTER DEINER KLEPTOKRATIE STÖHNT, TÖTET DICH EINES TAGES. ABER JETZT HABEN WIR EINEN VORWAND, ES SELBST ZU TUN.
DU BIST NICHT DEIN VATER... UND DEN HAT KLAW GEKILLT. ICH WERDE AUF DEIN GRAB SPUCKEN, T'CHALLA!

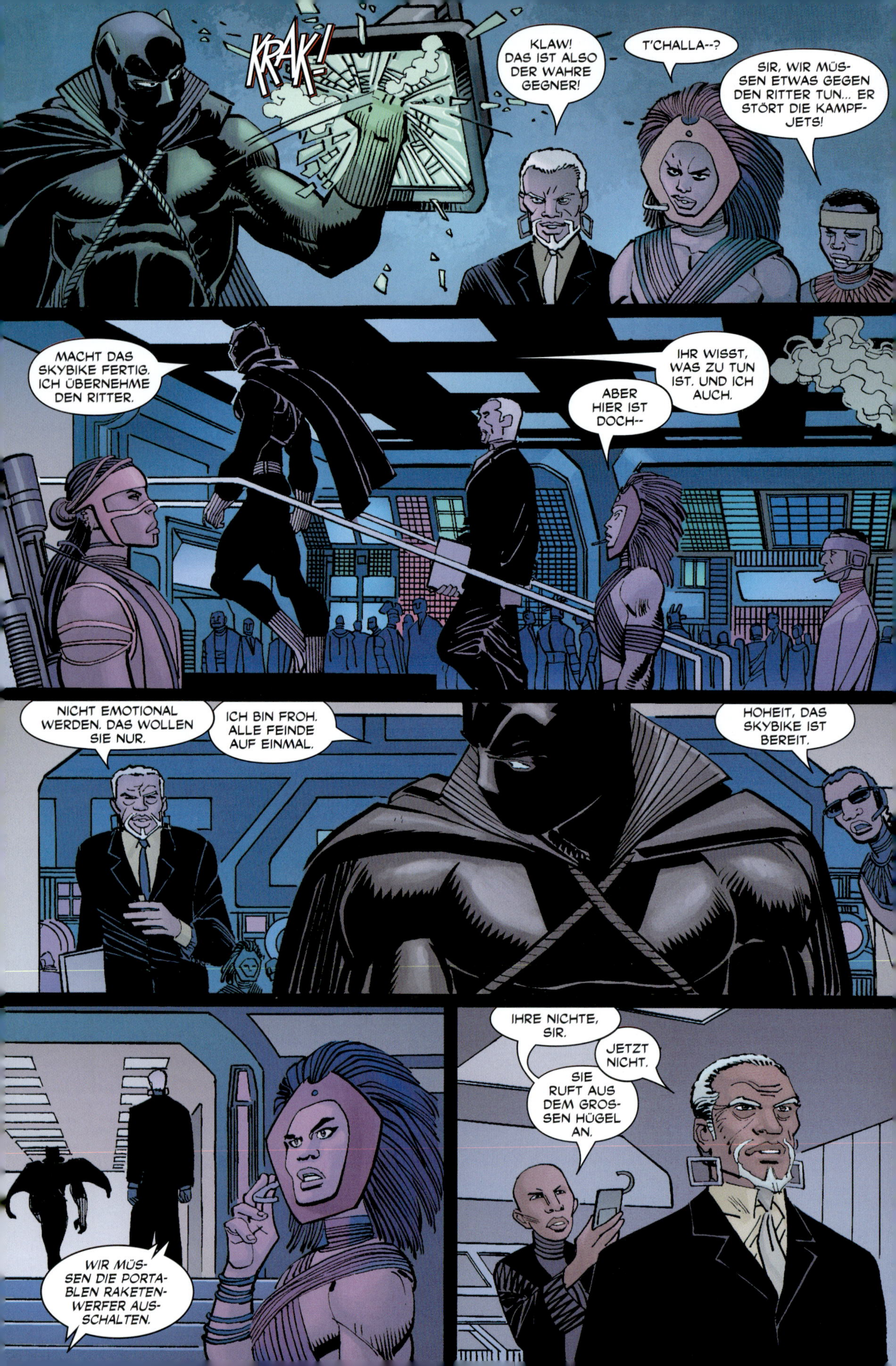
KRAK!
KLAW! DAS IST ALSO DER WAHRE GEGNER!
T'CHALLA--?
SIR, WIR MÜS-SEN ETWAS GEGEN DEN RITTER TUN... ER STÖRT DIE KAMPF-JETS!
MACHT DAS SKYBIKE FERTIG. ICH ÜBERNEHME DEN RITTER.
IHR WISST, WAS ZU TUN IST. UND ICH AUCH.
ABER HIER IST DOCH--
NICHT EMOTIONAL WERDEN. DAS WOLLEN SIE NUR.
ICH BIN FROH. ALLE FEINDE AUF EINMAL.
HOHEIT, DAS SKYBIKE IST BEREIT.
WIR MÜS-SEN DIE PORTA-BLEN RAKETEN-WERFER AUS-SCHALTEN.
IHRE NICHTE, SIR.
JETZT NICHT.
SIE RUFT AUS DEM GROS-SEN HÜGEL AN.

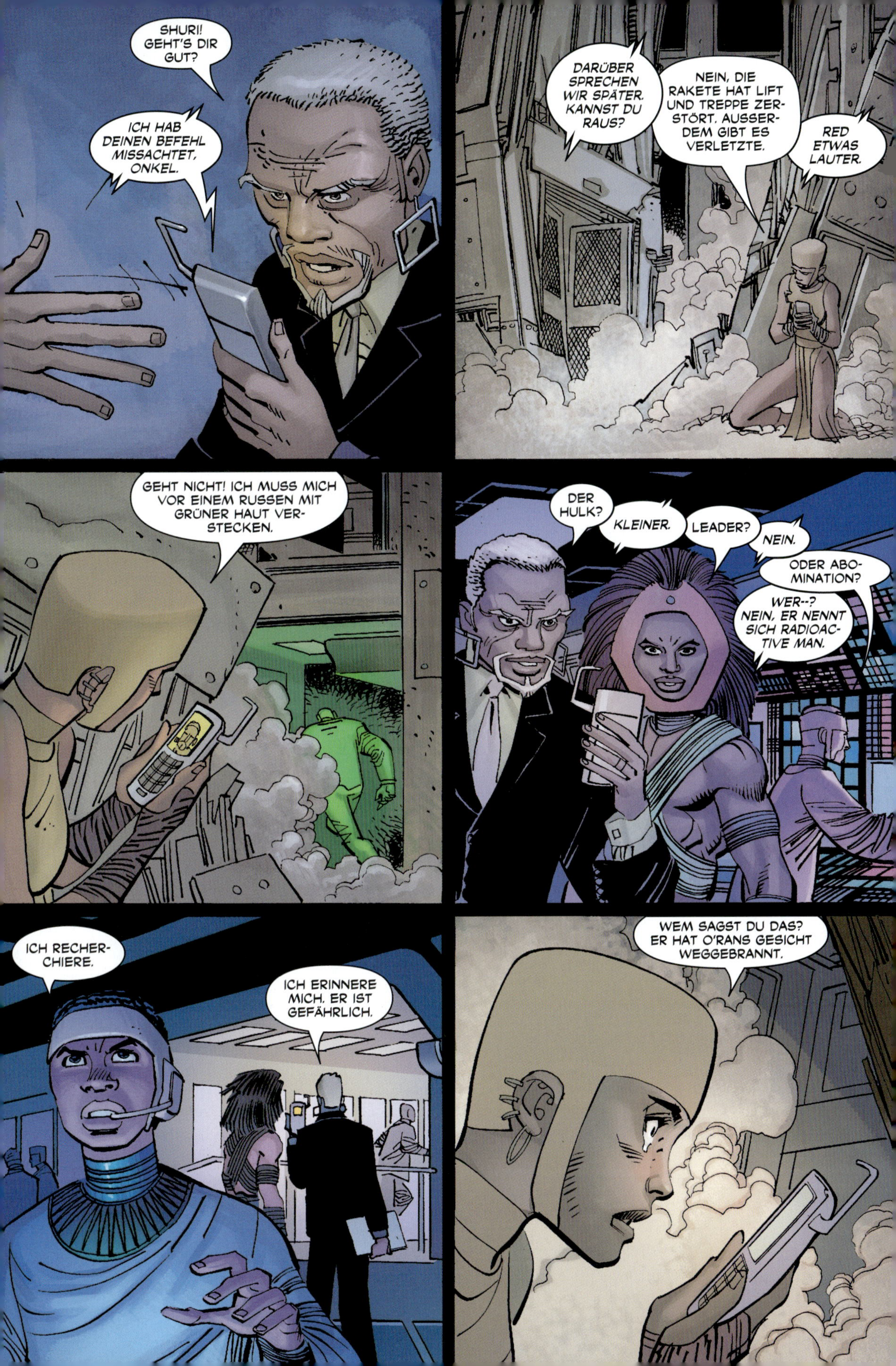
SHURI! GEHT'S DIR GUT?
ICH HAB DEINEN BEFEHL MISSACHTET, ONKEL.
DARÜBER SPRECHEN WIR SPÄTER. KANNST DU RAUS?
NEIN, DIE RAKETE HAT LIFT UND TREPPE ZERSTÖRT. AUSSERDEM GIBT ES VERLETZTE.
RED ETWAS LAUTER.
GEHT NICHT! ICH MUSS MICH VOR EINEM RUSSEN MIT GRÜNER HAUT VERSTECKEN.
DER HULK?
KLEINER.
LEADER?
NEIN.
ODER ABOMINATION?
WER--? NEIN, ER NENNT SICH RADIOACTIVE MAN.
ICH RECHERCHIERE.
ICH ERINNERE MICH. ER IST GEFÄHRLICH.
WEM SAGST DU DAS? ER HAT O'RANS GESICHT WEGGEBRANNT.

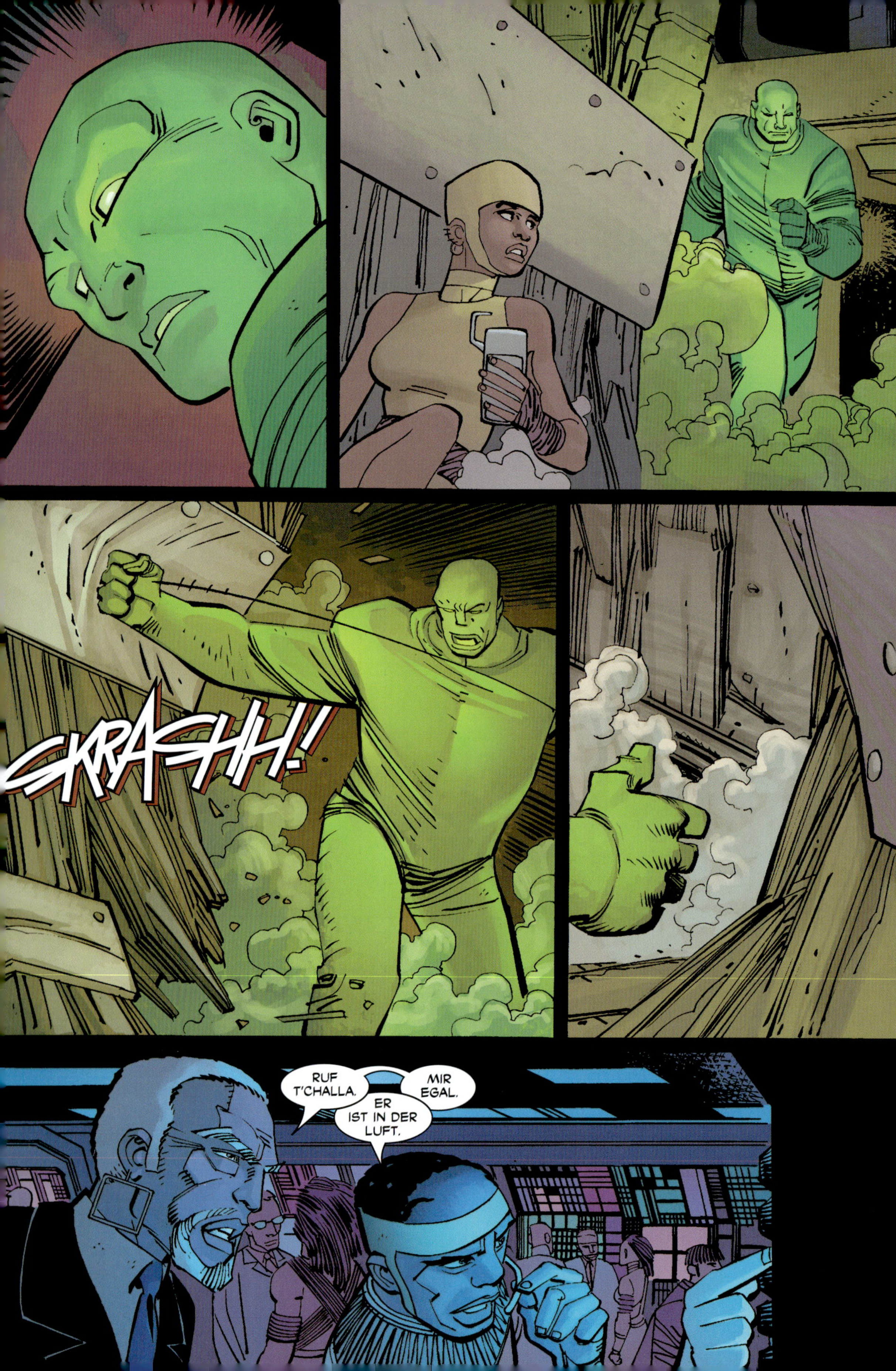
SKRASHH!
RUF T'CHALLA.
ER IST IN DER LUFT.
MIR EGAL.

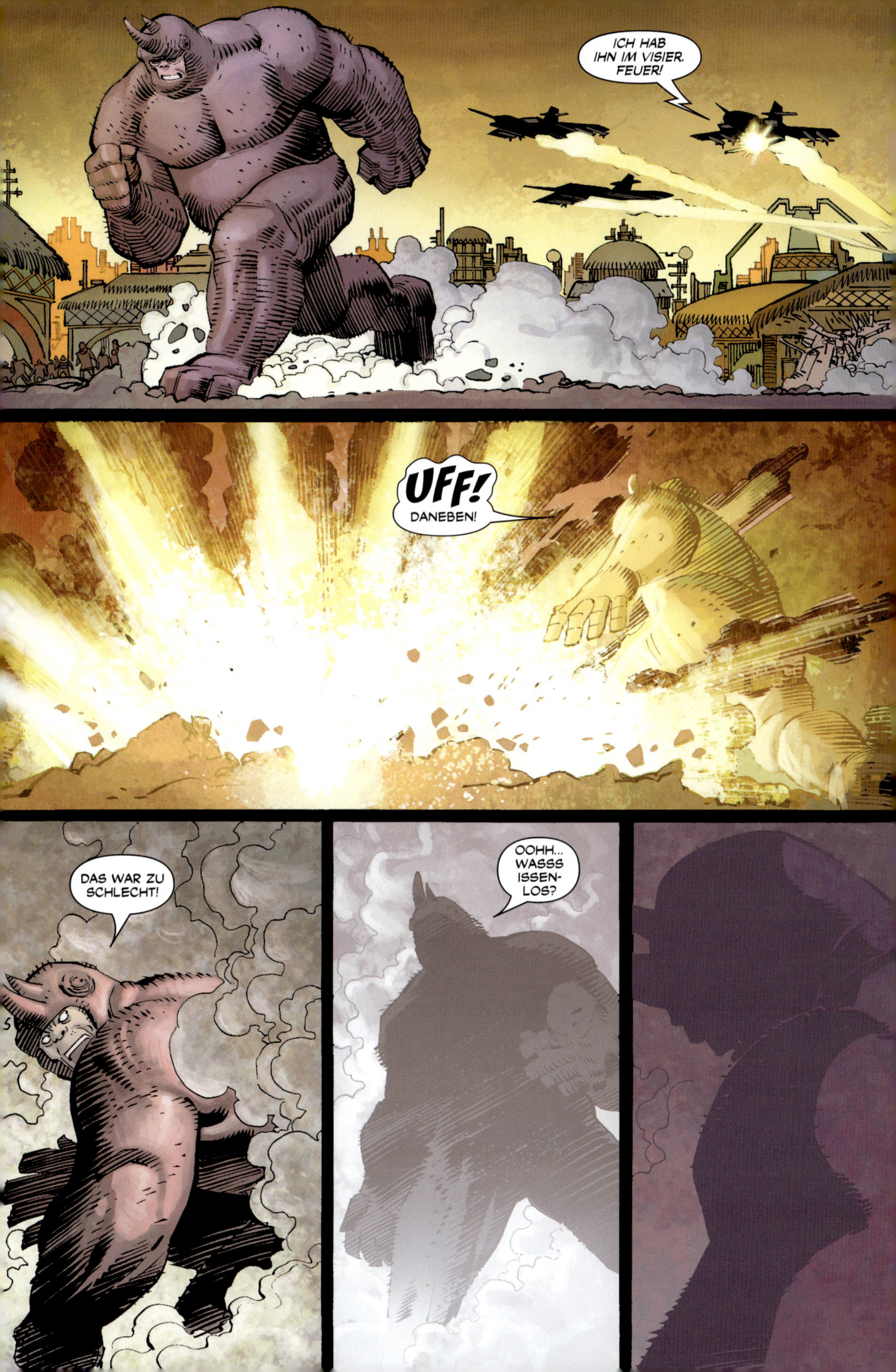
ICH HAB
IHN IM VISIER.
FEUER!
UFF!
DANEBEN!
DAS WAR ZU
SCHLECHT!
OOHH...
WASSS
ISSEN-
LOS?

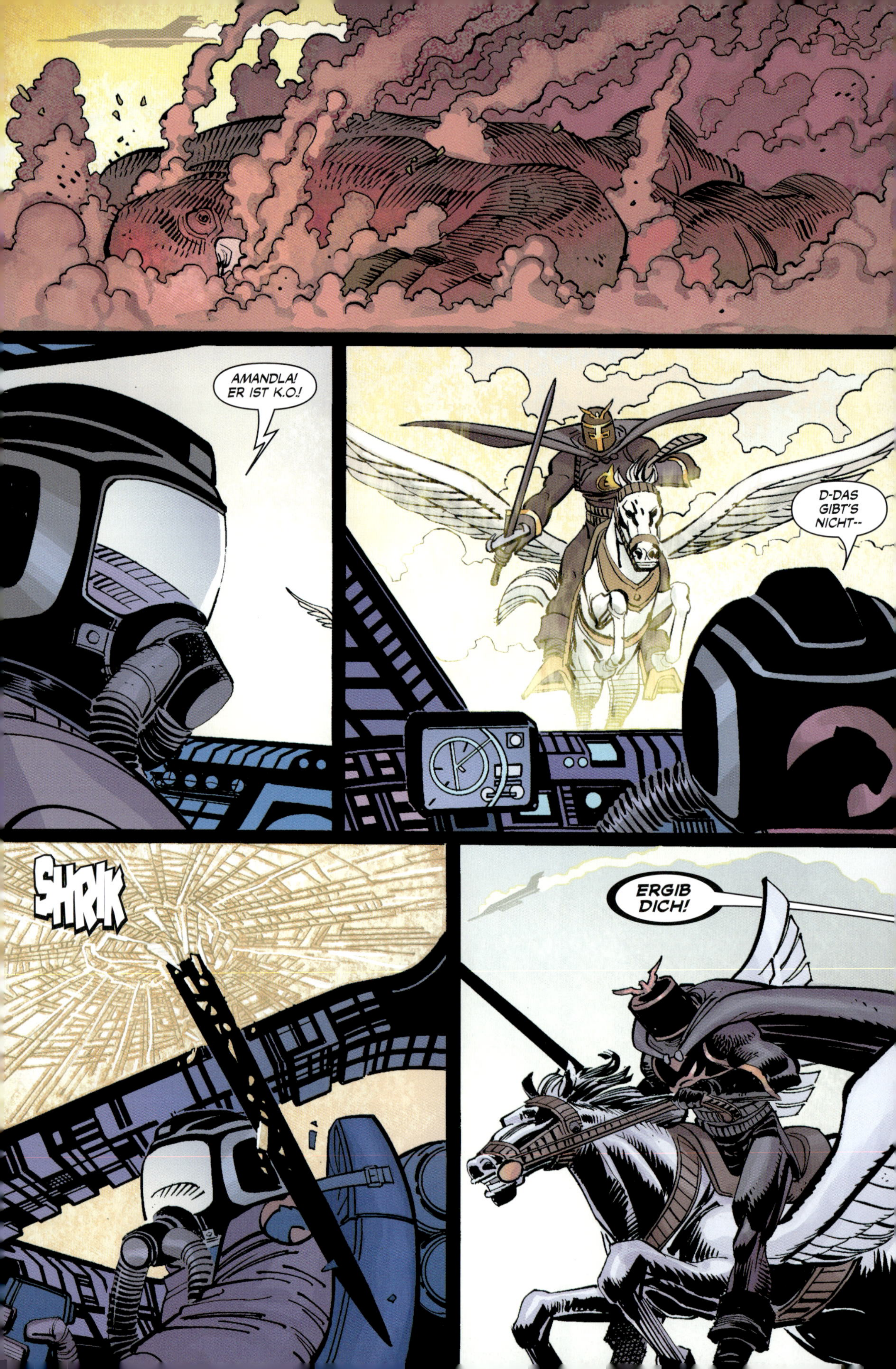
AMANDLA! ER IST K.O.!
D-DAS GIBT'S NICHT--
SHRIK
ERGIB DICH!

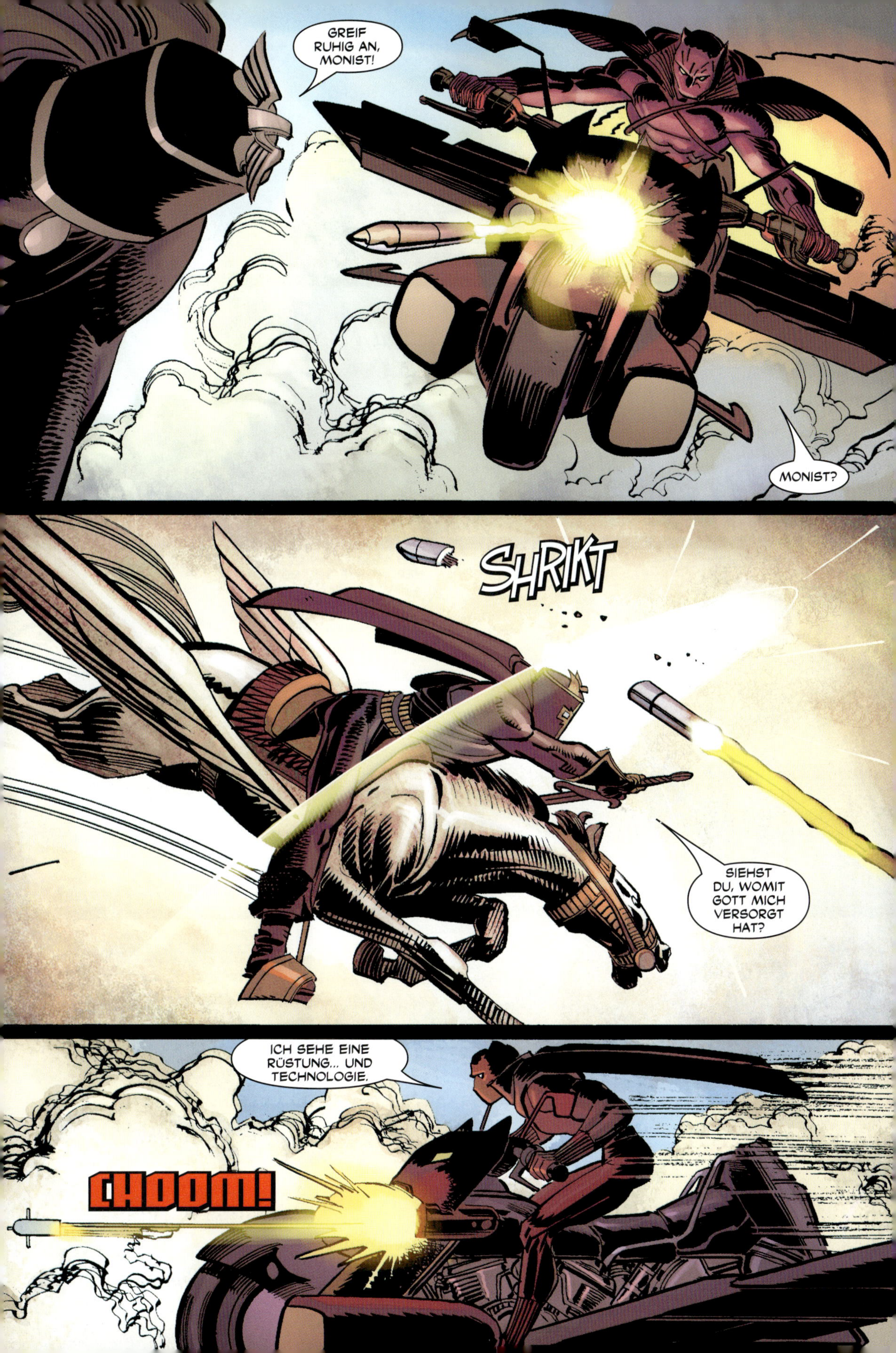
GREIF RUHIG AN, MONIST!
MONIST?
SHRIKT
SIEHST DU, WOMIT GOTT MICH VERSORGT HAT?
ICH SEHE EINE RÜSTUNG... UND TECHNOLOGIE.
CHOOM!

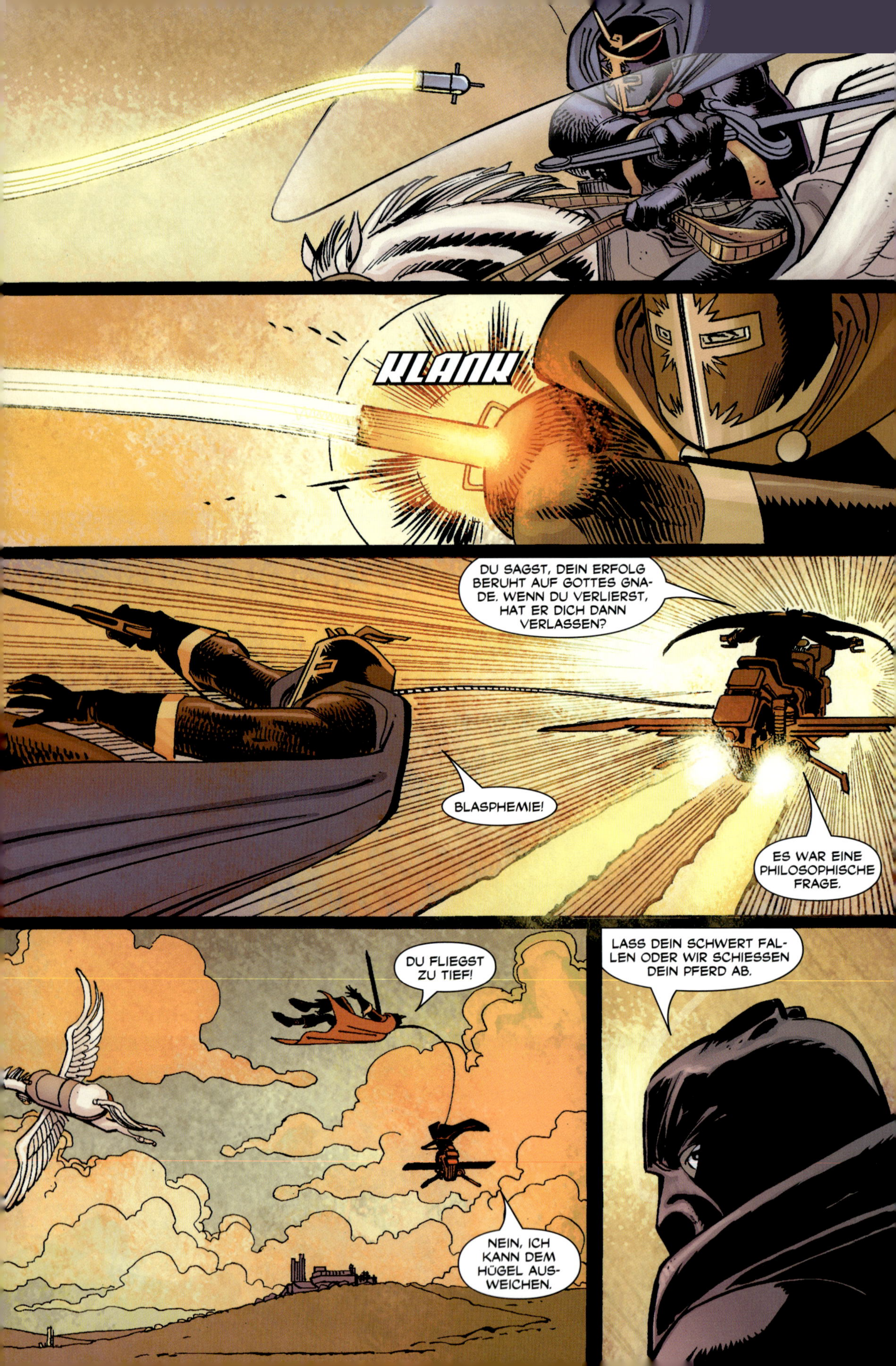
KLANK
DU SAGST, DEIN ERFOLG BERUHT AUF GOTTES GNA-DE. WENN DU VERLIERST, HAT ER DICH DANN VERLASSEN?
BLASPHEMIE!
ES WAR EINE PHILOSOPHISCHE FRAGE.
DU FLIEGST ZU TIEF!
NEIN, ICH KANN DEM HÜGEL AUS-WEICHEN.
LASS DEIN SCHWERT FAL-LEN ODER WIR SCHIESSEN DEIN PFERD AB.

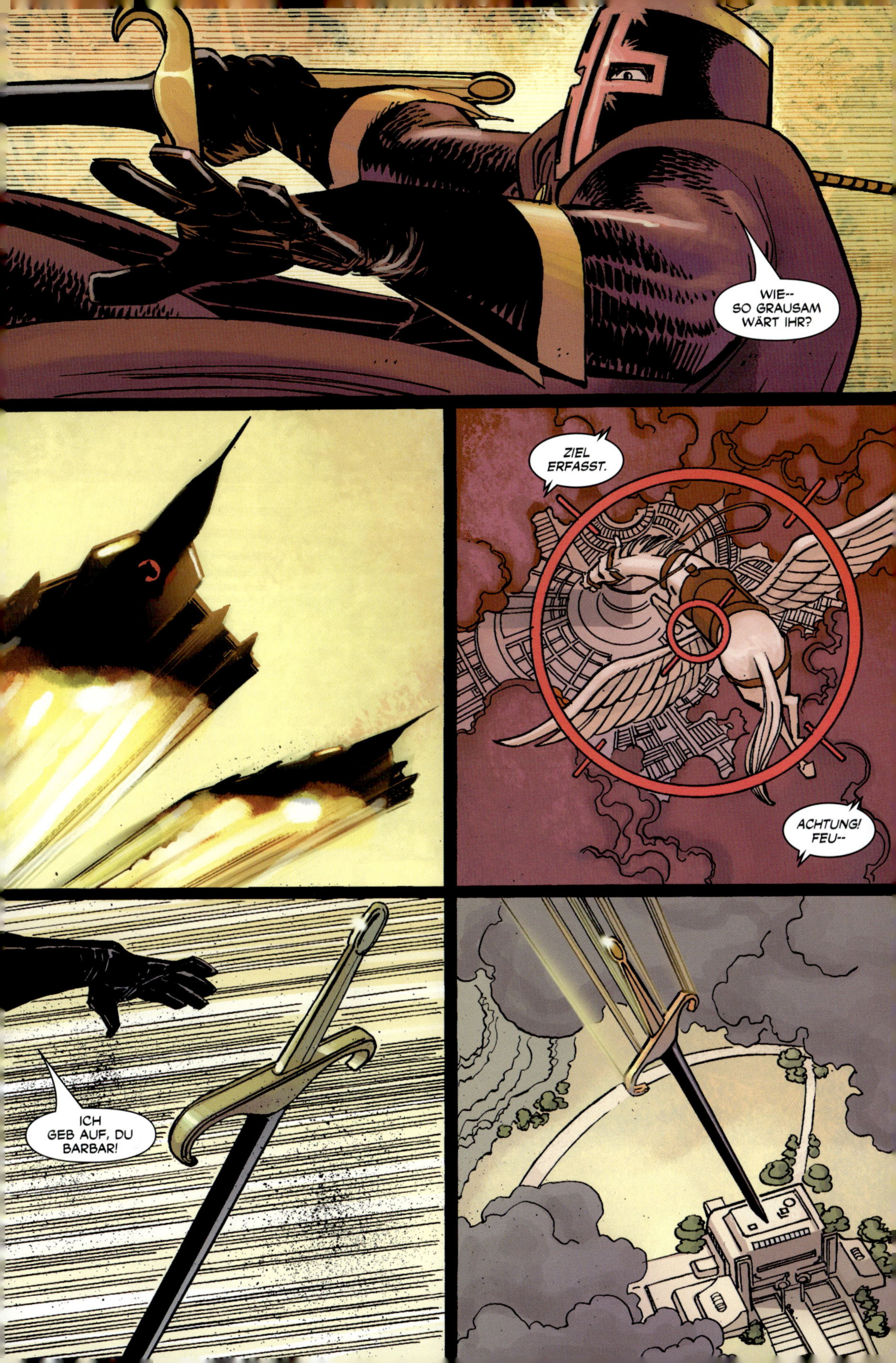
WIE--
SO GRAUSAM
WÄRT IHR?
ZIEL
ERFASST.
ACHTUNG!
FEU--
ICH
GEB AUF, DU
BARBAR!

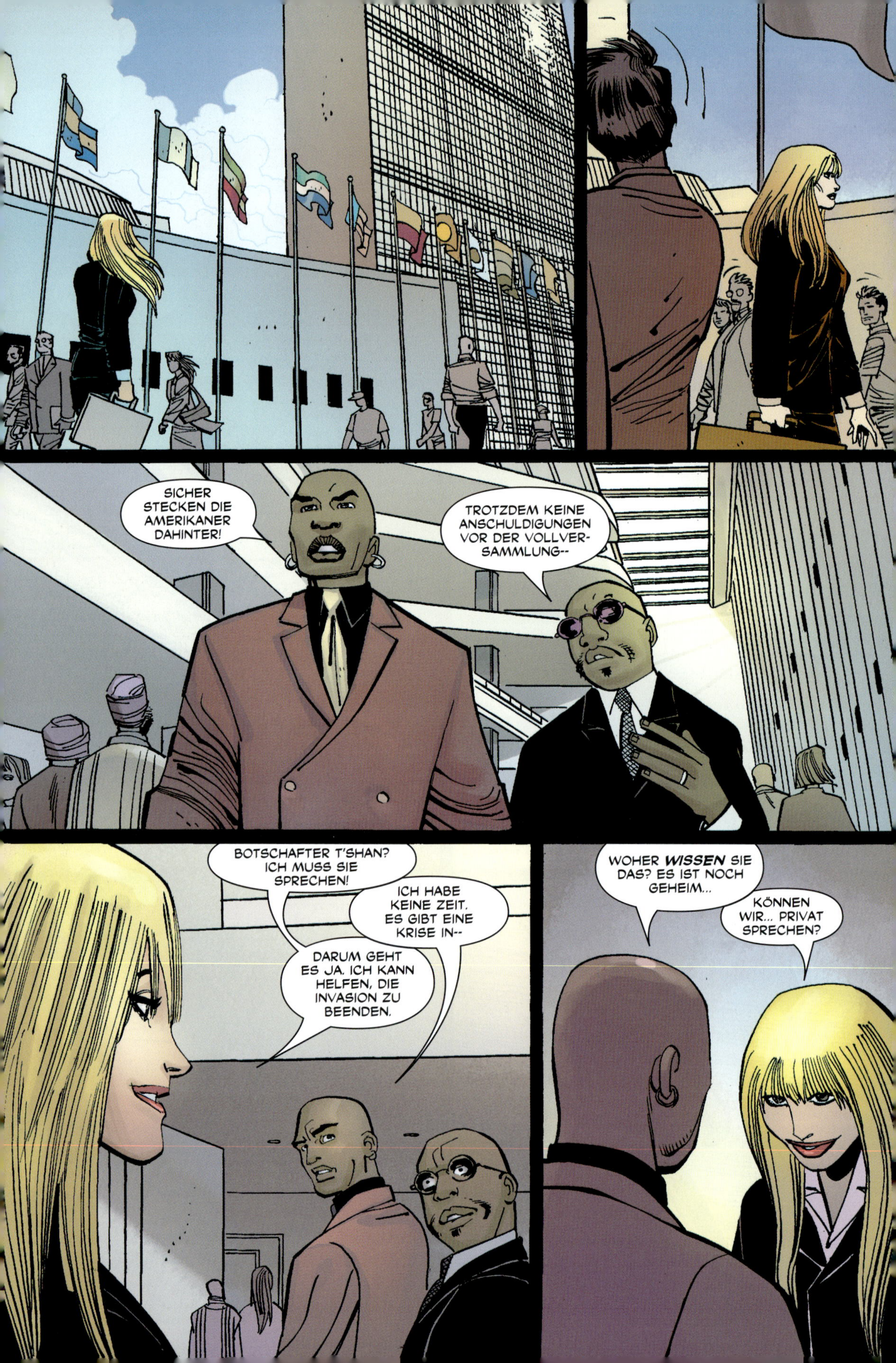
SICHER STECKEN DIE AMERIKANER DAHINTER!
TROTZDEM KEINE ANSCHULDIGUNGEN VOR DER VOLLVERSAMMLUNG--
BOTSCHAFTER T'SHAN? ICH MUSS SIE SPRECHEN!
ICH HABE KEINE ZEIT. ES GIBT EINE KRISE IN--
DARUM GEHT ES JA. ICH KANN HELFEN, DIE INVASION ZU BEENDEN.
WOHER WISSEN SIE DAS? ES IST NOCH GEHEIM...
KÖNNEN WIR... PRIVAT SPRECHEN?

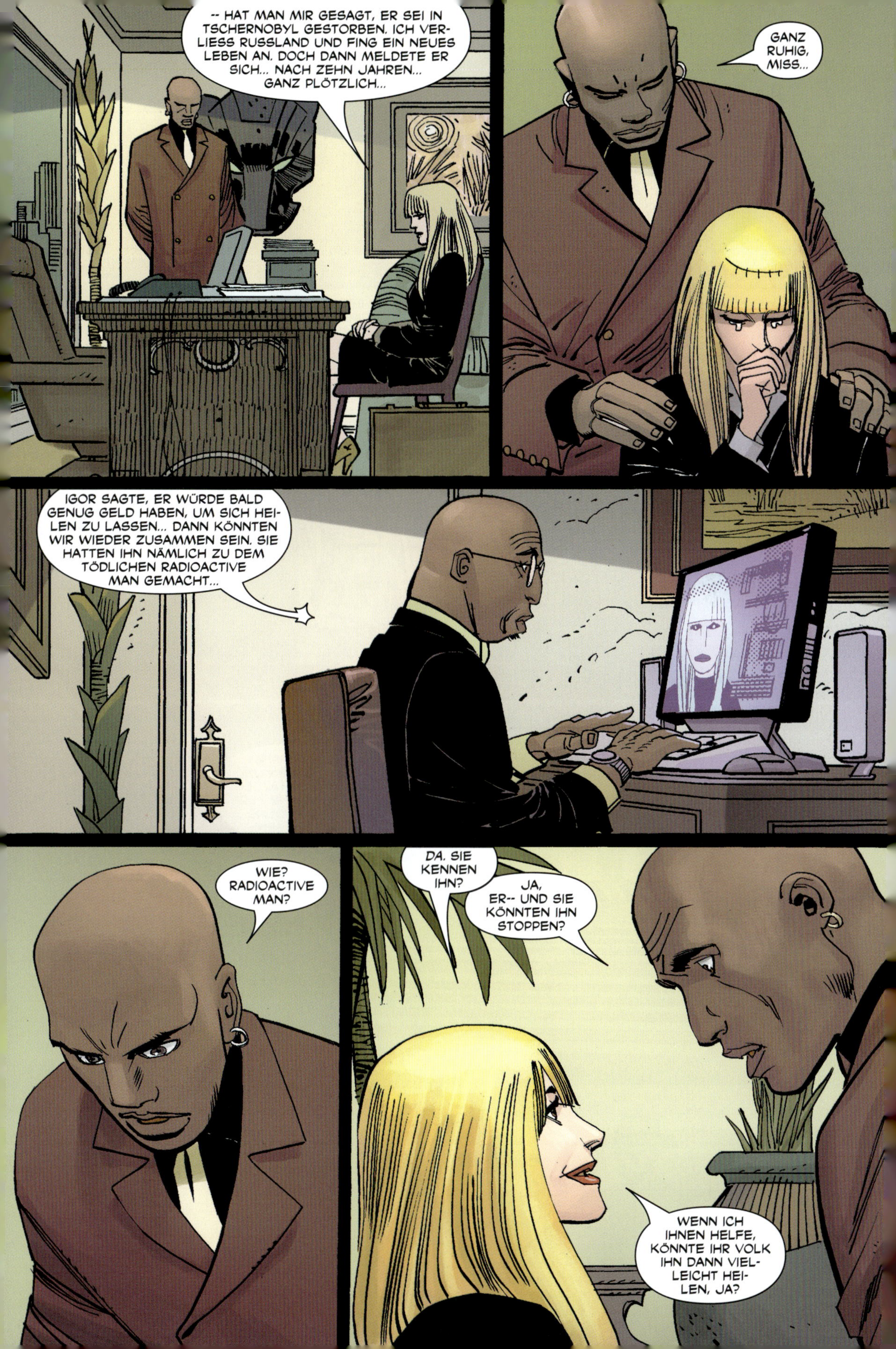
-- HAT MAN MIR GESAGT, ER SEI IN TSCHERNOBYL GESTORBEN. ICH VERLIESS RUSSLAND UND FING EIN NEUES LEBEN AN. DOCH DANN MELDETE ER SICH... NACH ZEHN JAHREN... GANZ PLÖTZLICH...
GANZ RUHIG, MISS...
IGOR SAGTE, ER WÜRDE BALD GENUG GELD HABEN, UM SICH HEILEN ZU LASSEN... DANN KÖNNTEN WIR WIEDER ZUSAMMEN SEIN. SIE HATTEN IHN NÄMLICH ZU DEM TÖDLICHEN RADIOACTIVE MAN GEMACHT...
WIE? RADIOACTIVE MAN?
DA. SIE KENNEN IHN?
JA, ER-- UND SIE KÖNNTEN IHN STOPPEN?
WENN ICH IHNEN HELFE, KÖNNTE IHR VOLK IHN DANN VIELLEICHT HEILEN, JA?

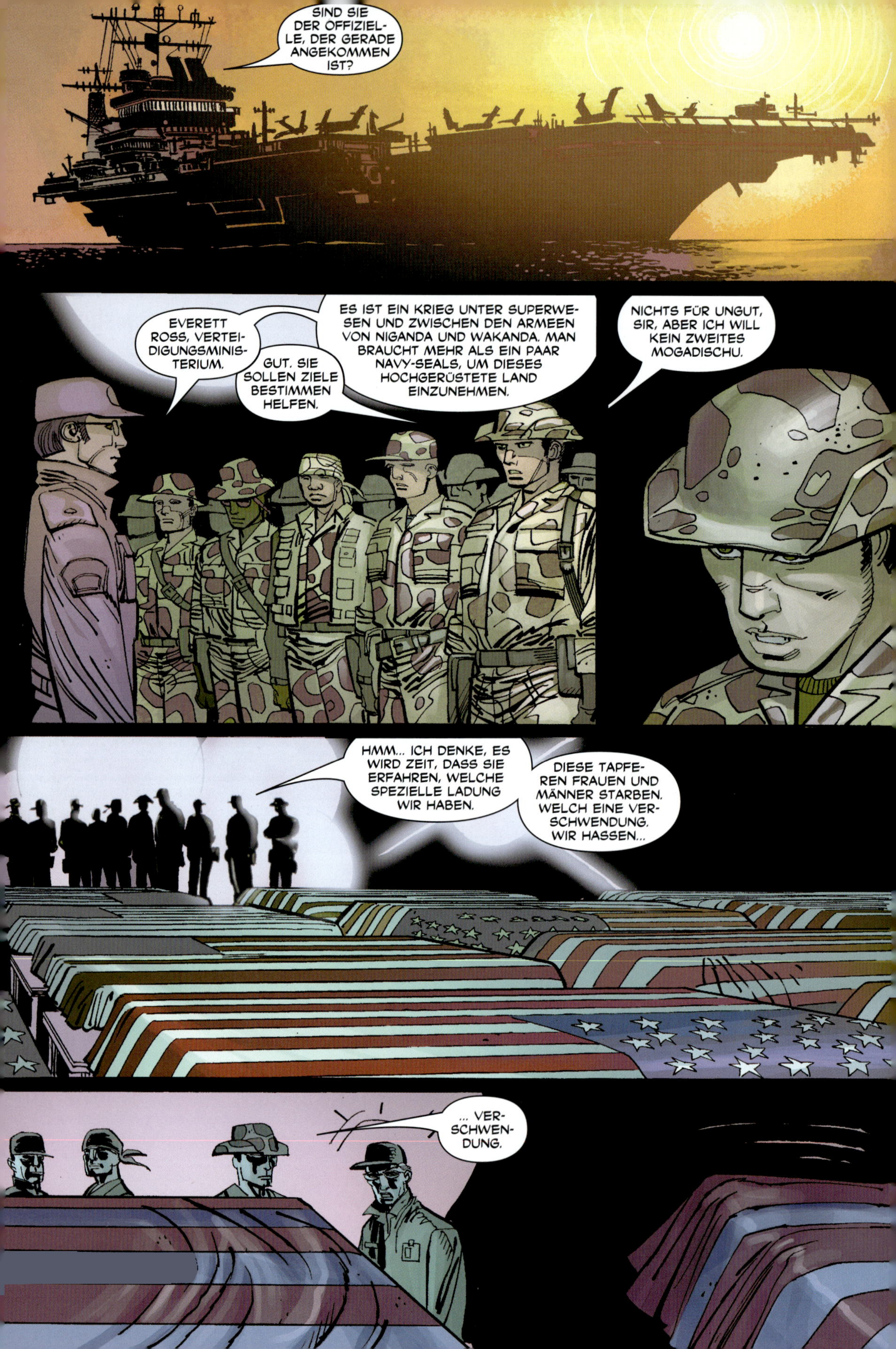
SIND SIE DER OFFIZIEL-LE, DER GERADE ANGEKOMMEN IST?
EVERETT ROSS, VERTEI-DIGUNGSMINIS-TERIUM.
GUT. SIE SOLLEN ZIELE BESTIMMEN HELFEN.
ES IST EIN KRIEG UNTER SUPERWE-SEN UND ZWISCHEN DEN ARMEEN VON NIGANDA UND WAKANDA. MAN BRAUCHT MEHR ALS EIN PAAR NAVY-SEALS, UM DIESES HOCHGERÜSTETE LAND EINZUNEHMEN.
NICHTS FÜR UNGUT, SIR, ABER ICH WILL KEIN ZWEITES MOGADISCHU.
HMM... ICH DENKE, ES WIRD ZEIT, DASS SIE ERFAHREN, WELCHE SPEZIELLE LADUNG WIR HABEN.
DIESE TAPFE-REN FRAUEN UND MÄNNER STARBEN. WELCH EINE VER-SCHWENDUNG. WIR HASSEN...
... VER-SCHWEN-DUNG.

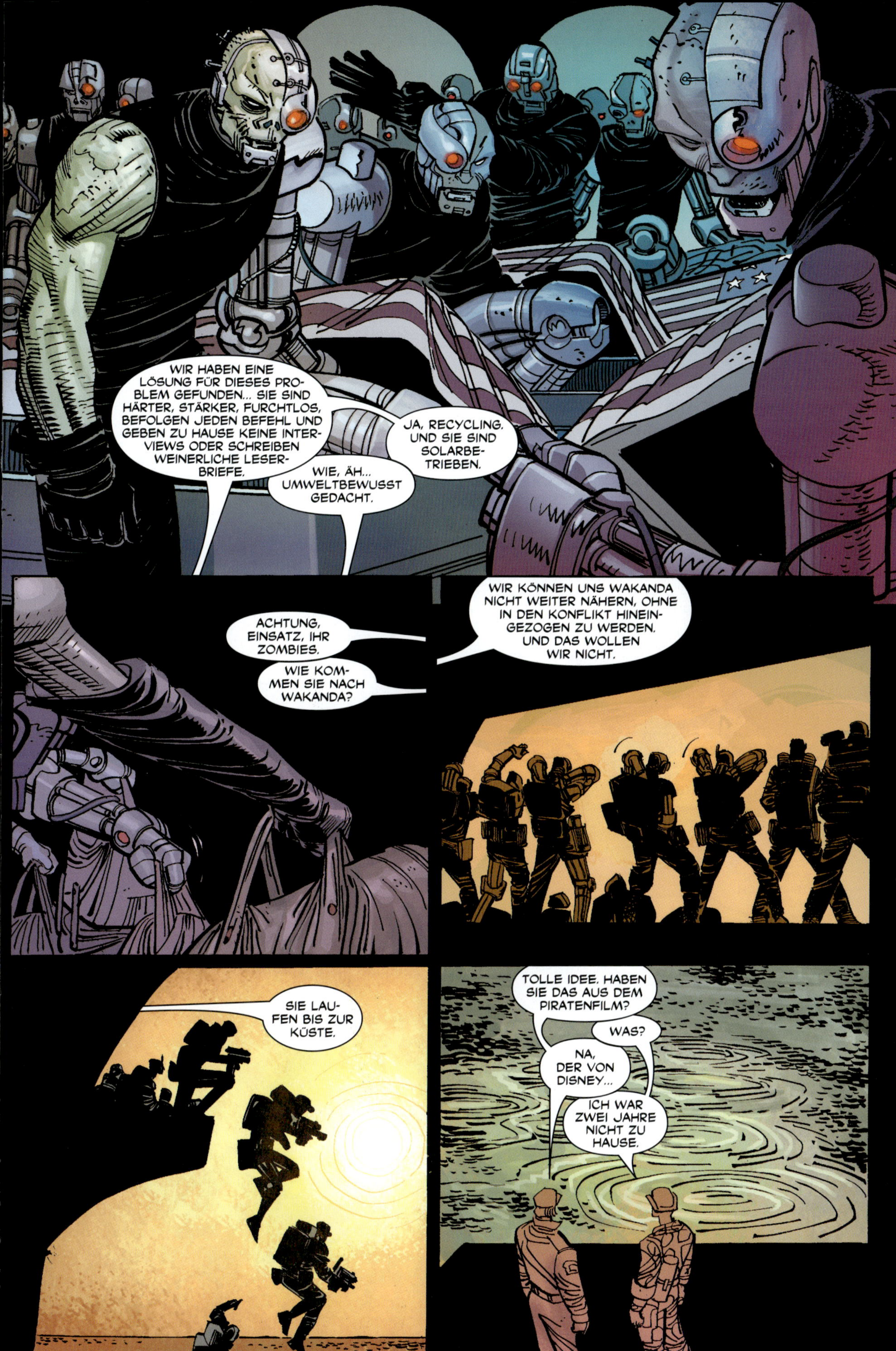
WIR HABEN EINE LÖSUNG FÜR DIESES PROBLEM GEFUNDEN... SIE SIND HÄRTER, STÄRKER, FURCHTLOS, BEFOLGEN JEDEN BEFEHL UND GEBEN ZU HAUSE KEINE INTERVIEWS ODER SCHREIBEN WEINERLICHE LESERBRIEFE.
JA, RECYCLING. UND SIE SIND SOLARBETRIEBEN.
WIE, ÄH... UMWELTBEWUSST GEDACHT.
ACHTUNG, EINSATZ, IHR ZOMBIES.
WIE KOMMEN SIE NACH WAKANDA?
WIR KÖNNEN UNS WAKANDA NICHT WEITER NÄHERN, OHNE IN DEN KONFLIKT HINEINGEZOGEN ZU WERDEN. UND DAS WOLLEN WIR NICHT.
SIE LAUFEN BIS ZUR KÜSTE.
TOLLE IDEE. HABEN SIE DAS AUS DEM PIRATENFILM?
WAS?
NA, DER VON DISNEY...
ICH WAR ZWEI JAHRE NICHT ZU HAUSE.

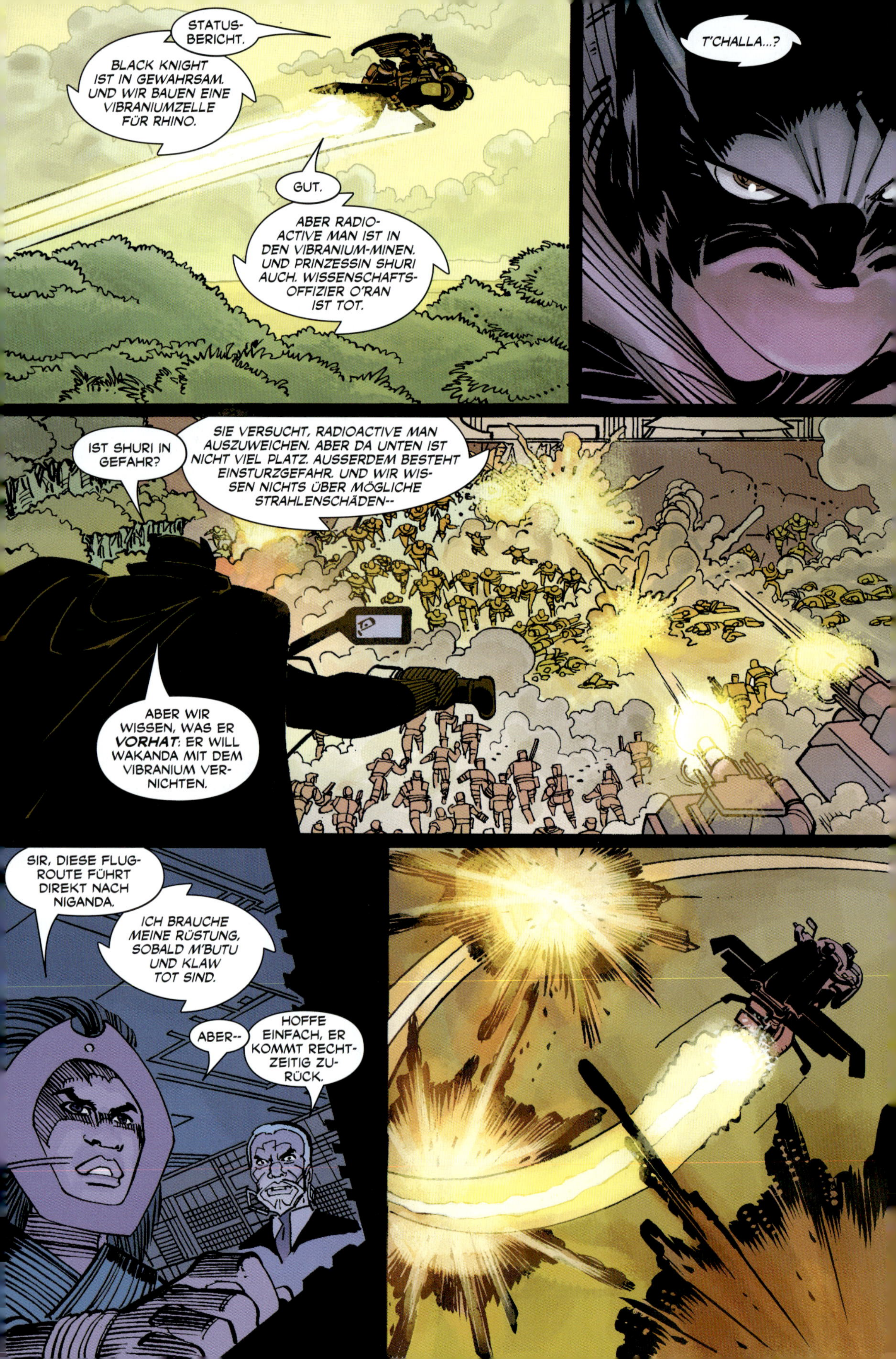
STATUS-BERICHT.
BLACK KNIGHT IST IN GEWAHRSAM. UND WIR BAUEN EINE VIBRANIUMZELLE FÜR RHINO.
GUT.
ABER RADIO-ACTIVE MAN IST IN DEN VIBRANIUM-MINEN. UND PRINZESSIN SHURI AUCH. WISSENSCHAFTS-OFFIZIER O'RAN IST TOT.
T'CHALLA...?
IST SHURI IN GEFAHR?
SIE VERSUCHT, RADIOACTIVE MAN AUSZUWEICHEN. ABER DA UNTEN IST NICHT VIEL PLATZ. AUSSERDEM BESTEHT EINSTURZGEFAHR. UND WIR WISSEN NICHTS ÜBER MÖGLICHE STRAHLENSCHÄDEN--
ABER WIR WISSEN, WAS ER VORHAT: ER WILL WAKANDA MIT DEM VIBRANIUM VERNICHTEN.
SIR, DIESE FLUG-ROUTE FÜHRT DIREKT NACH NIGANDA.
ICH BRAUCHE MEINE RÜSTUNG, SOBALD M'BUTU UND KLAW TOT SIND.
ABER--
HOFFE EINFACH, ER KOMMT RECHT-ZEITIG ZURÜCK.

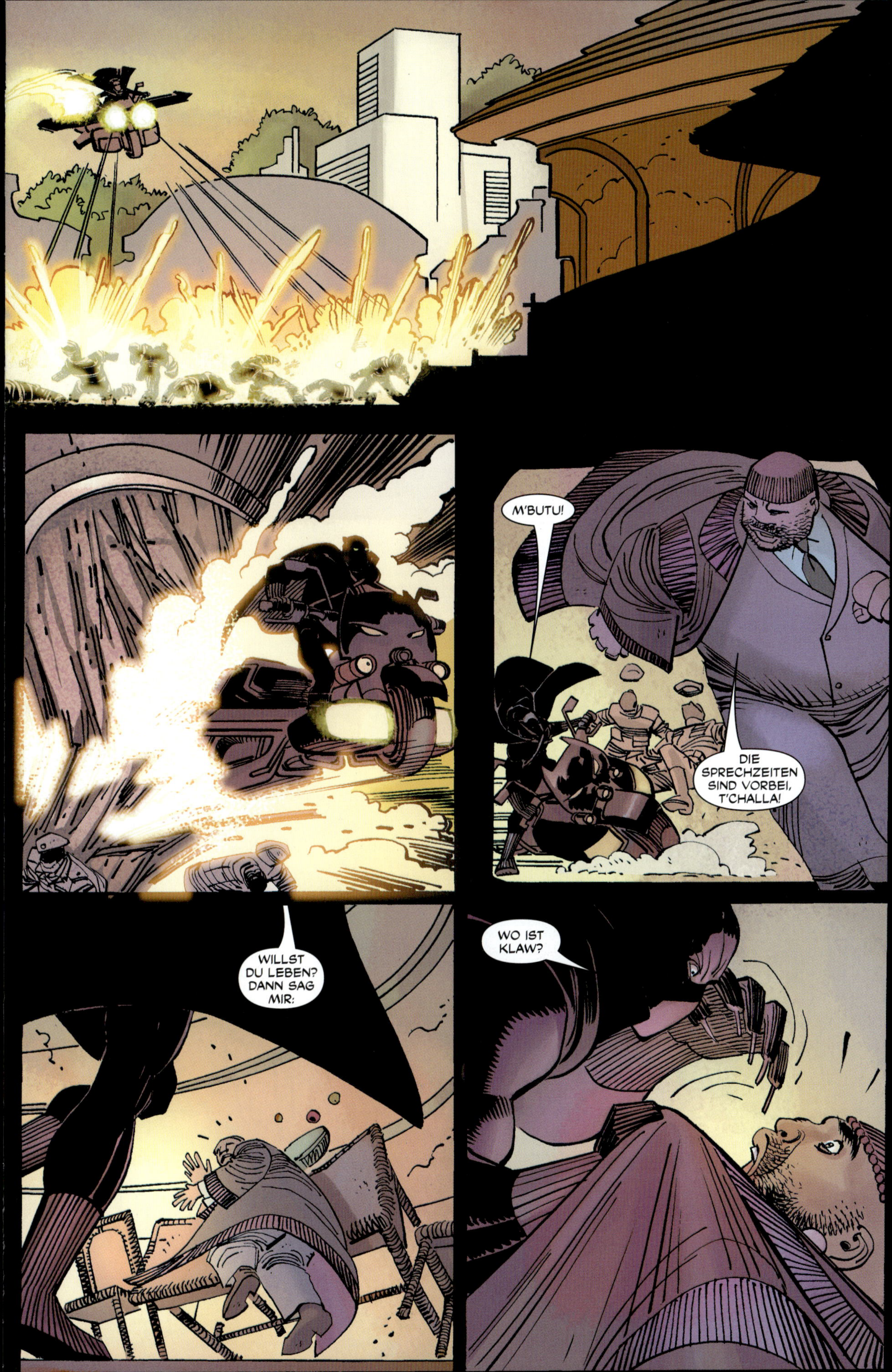
M'BUTU!
DIE SPRECHZEITEN SIND VORBEI, T'CHALLA!
WILLST DU LEBEN? DANN SAG MIR:
WO IST KLAW?

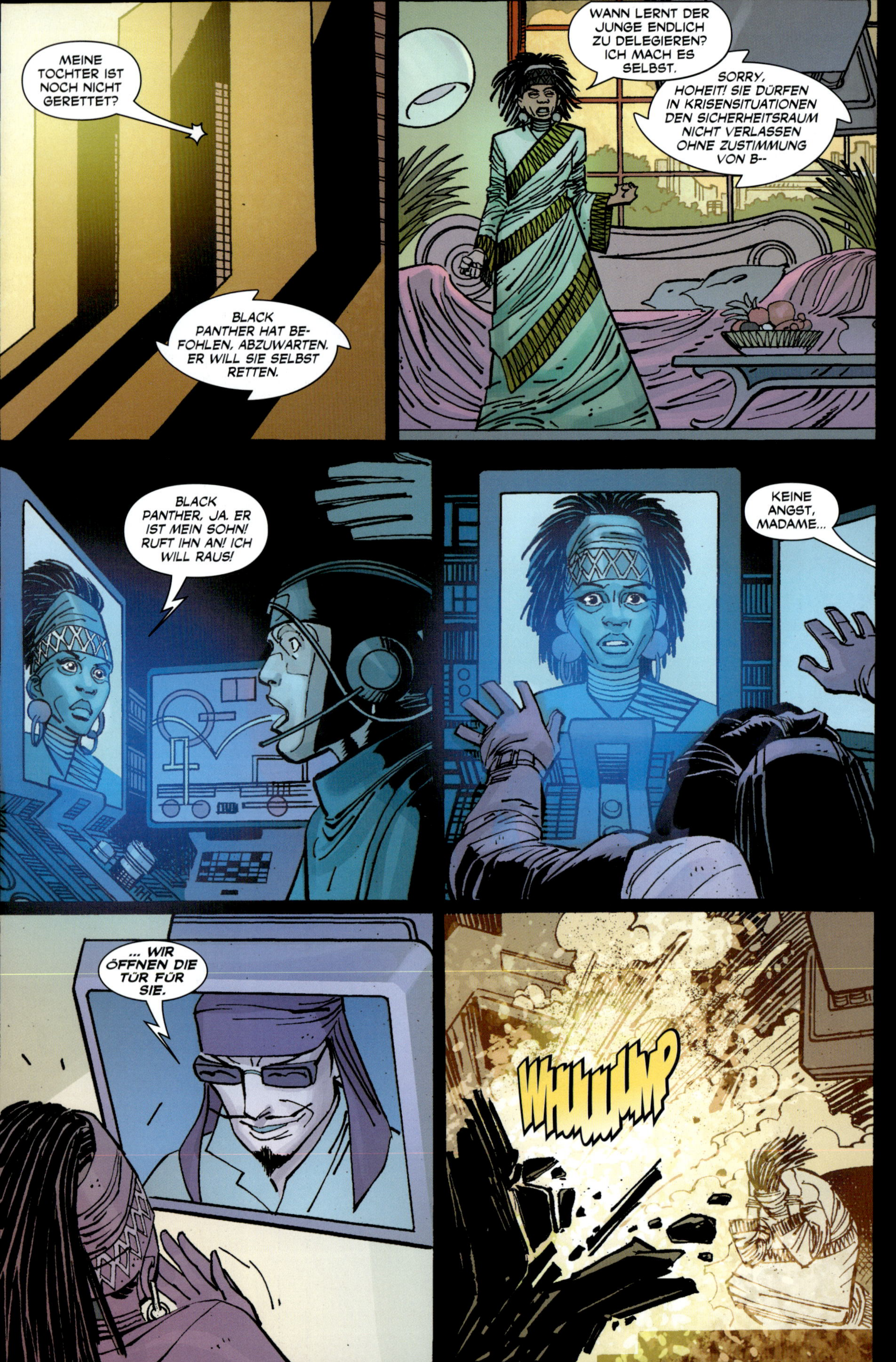
MEINE TOCHTER IST NOCH NICHT GERETTET?
BLACK PANTHER HAT BE-FOHLEN, ABZUWARTEN. ER WILL SIE SELBST RETTEN.
WANN LERNT DER JUNGE ENDLICH ZU DELEGIEREN? ICH MACH ES SELBST.
SORRY, HOHEIT! SIE DÜRFEN IN KRISENSITUATIONEN DEN SICHERHEITSRAUM NICHT VERLASSEN OHNE ZUSTIMMUNG VON B--
BLACK PANTHER, JA. ER IST MEIN SOHN! RUFT IHN AN! ICH WILL RAUS!
KEINE ANGST, MADAME...
... WIR ÖFFNEN DIE TÜR FÜR SIE.
WHUUUMP

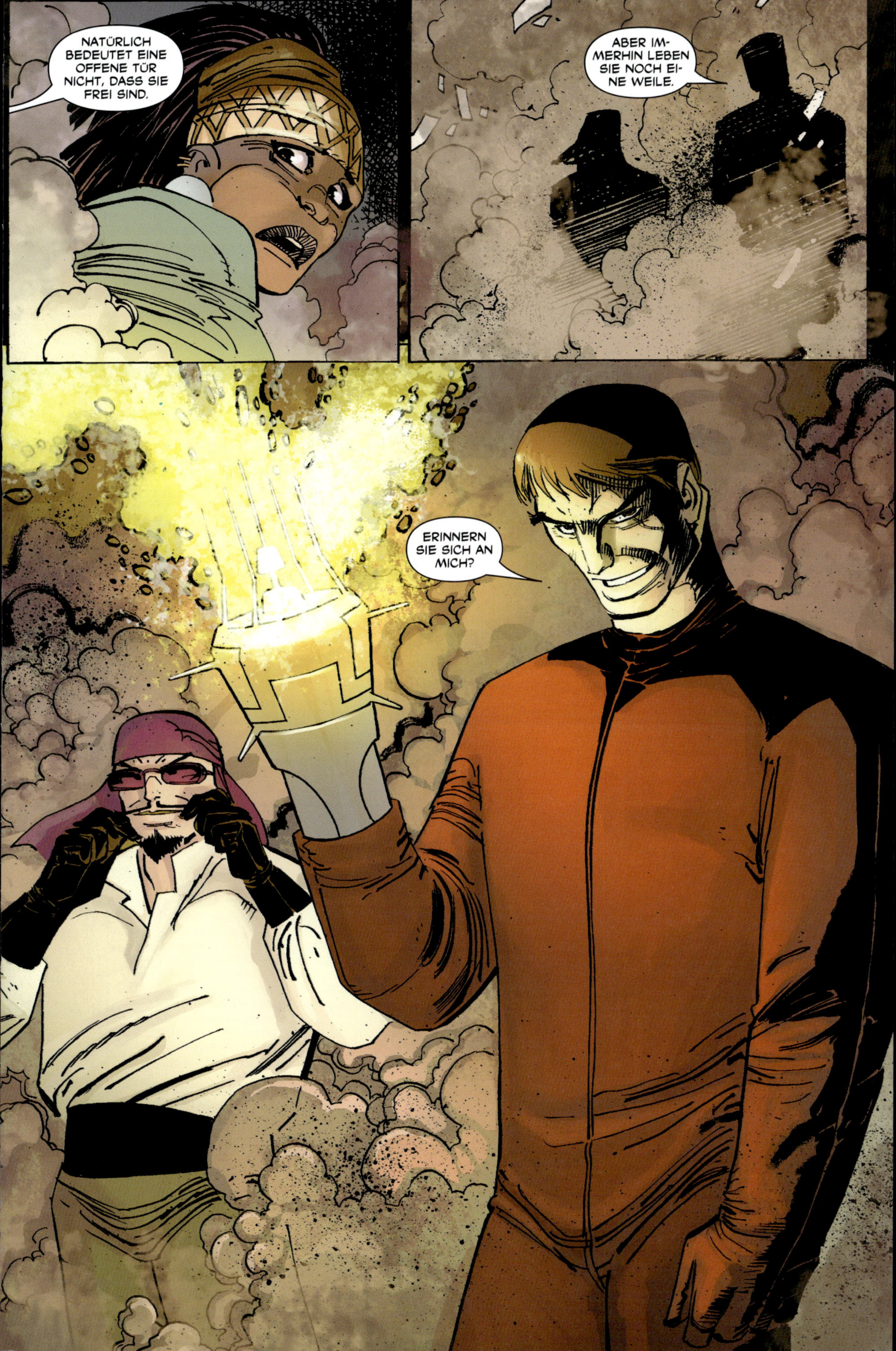
NATÜRLICH BEDEUTET EINE OFFENE TÜR NICHT, DASS SIE FREI SIND.
ABER IMMERHIN LEBEN SIE NOCH EINE WEILE.
ERINNERN SIE SICH AN MICH?

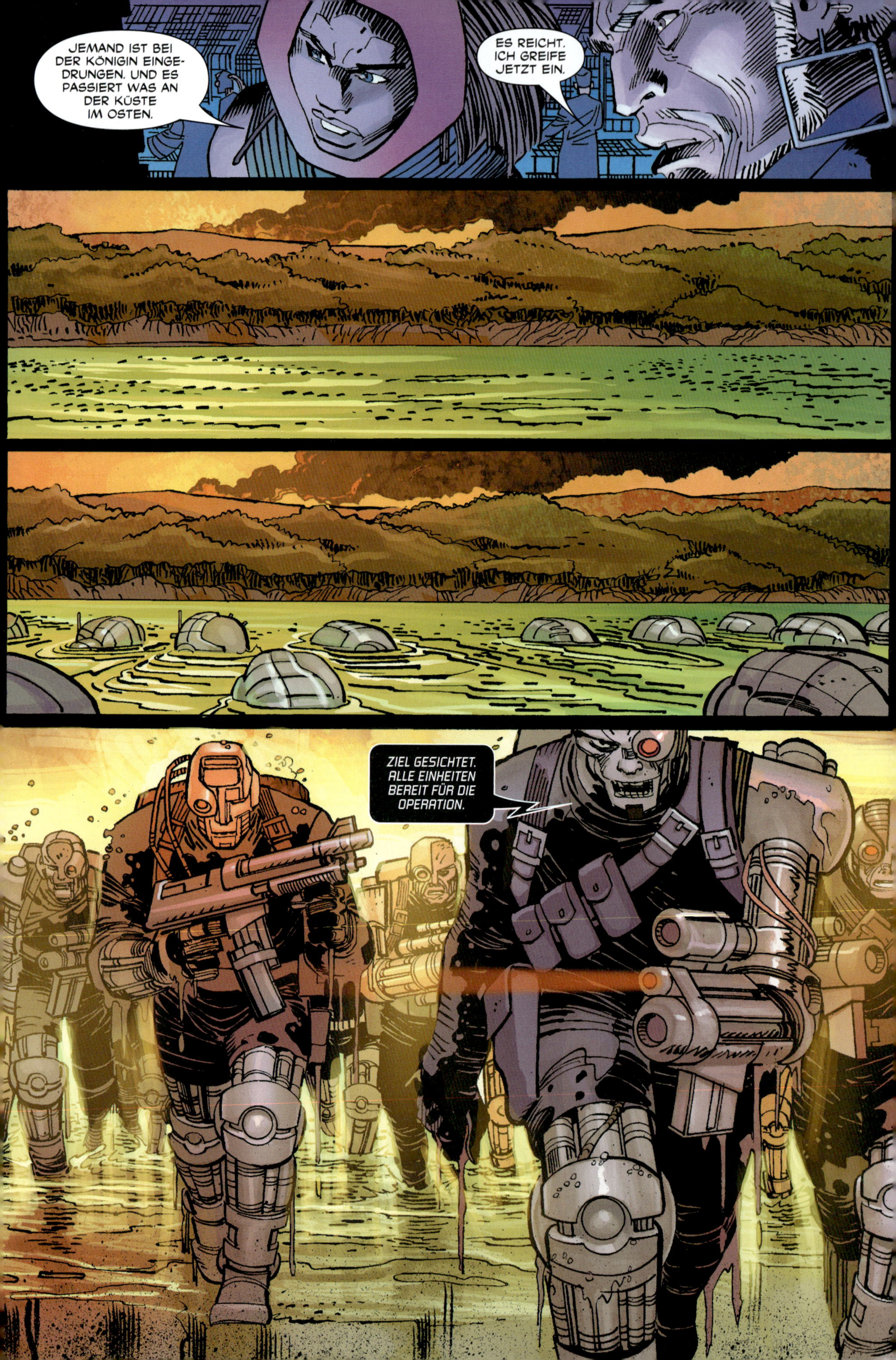
JEMAND IST BEI DER KÖNIGIN EINGE-DRUNGEN. UND ES PASSIERT WAS AN DER KÜSTE IM OSTEN.
ES REICHT. ICH GREIFE JETZT EIN.
ZIEL GESICHTET. ALLE EINHEITEN BEREIT FÜR DIE OPERATION.

WER IST BLACK PANTHER?, TEIL 6

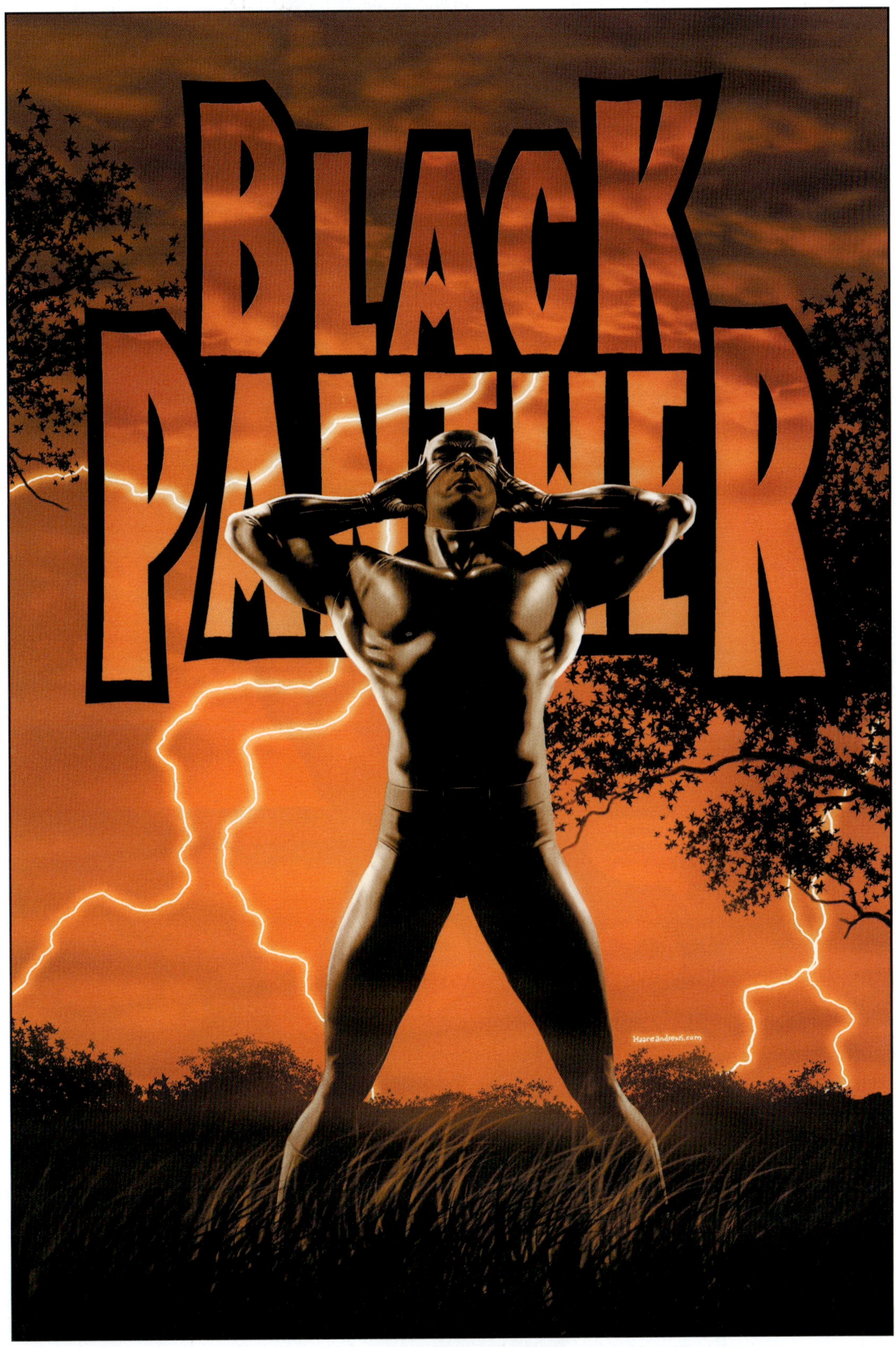

Black Panther (2005) 6
Cover von **KAARE ANDREWS**

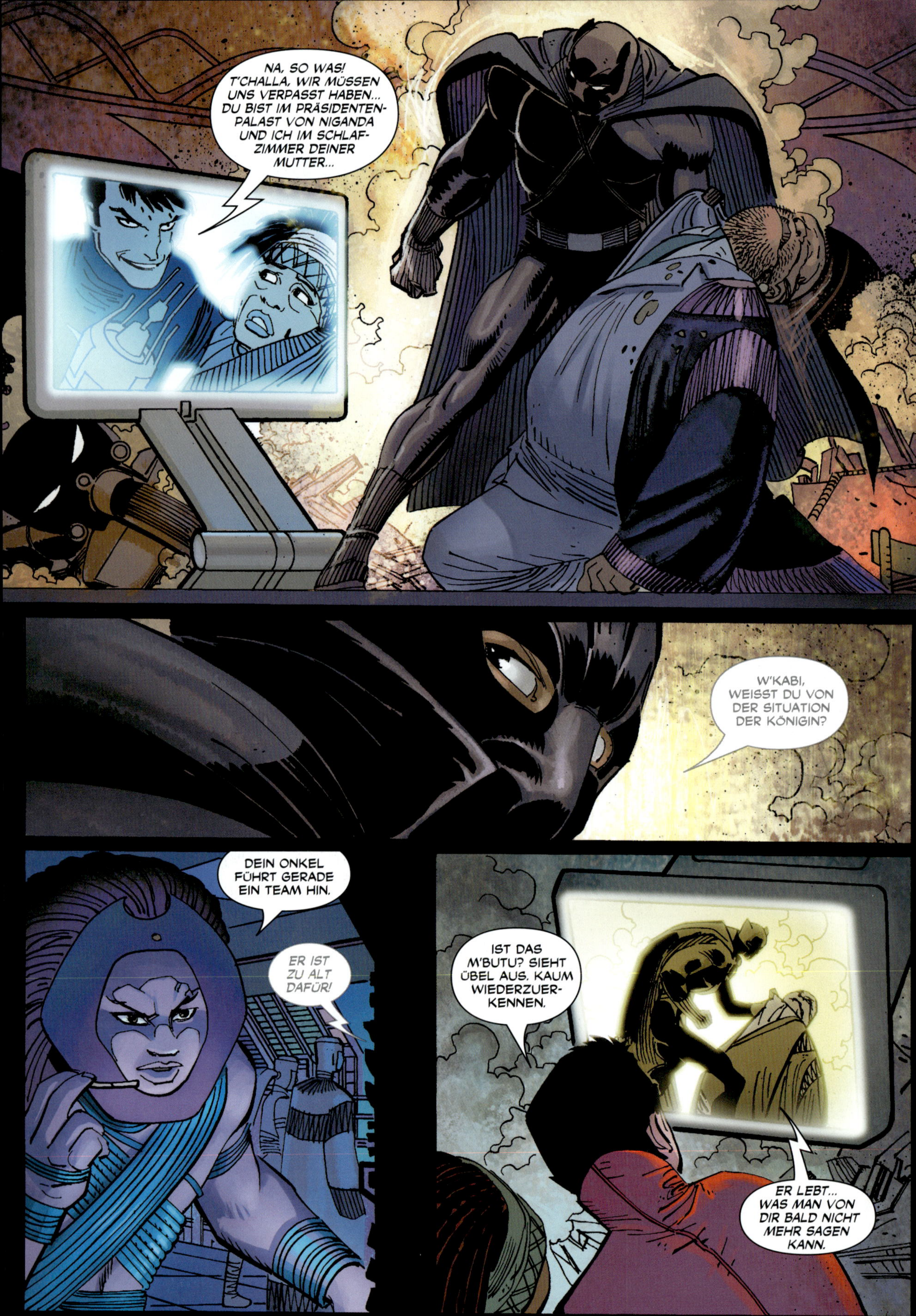

NA, SO WAS! T'CHALLA, WIR MÜSSEN UNS VERPASST HABEN... DU BIST IM PRÄSIDENTEN-PALAST VON NIGANDA UND ICH IM SCHLAF-ZIMMER DEINER MUTTER...
W'KABI, WEISST DU VON DER SITUATION DER KÖNIGIN?
DEIN ONKEL FÜHRT GERADE EIN TEAM HIN.
ER IST ZU ALT DAFÜR!
IST DAS M'BUTU? SIEHT ÜBEL AUS. KAUM WIEDERZUER-KENNEN.
ER LEBT... WAS MAN VON DIR BALD NICHT MEHR SAGEN KANN.

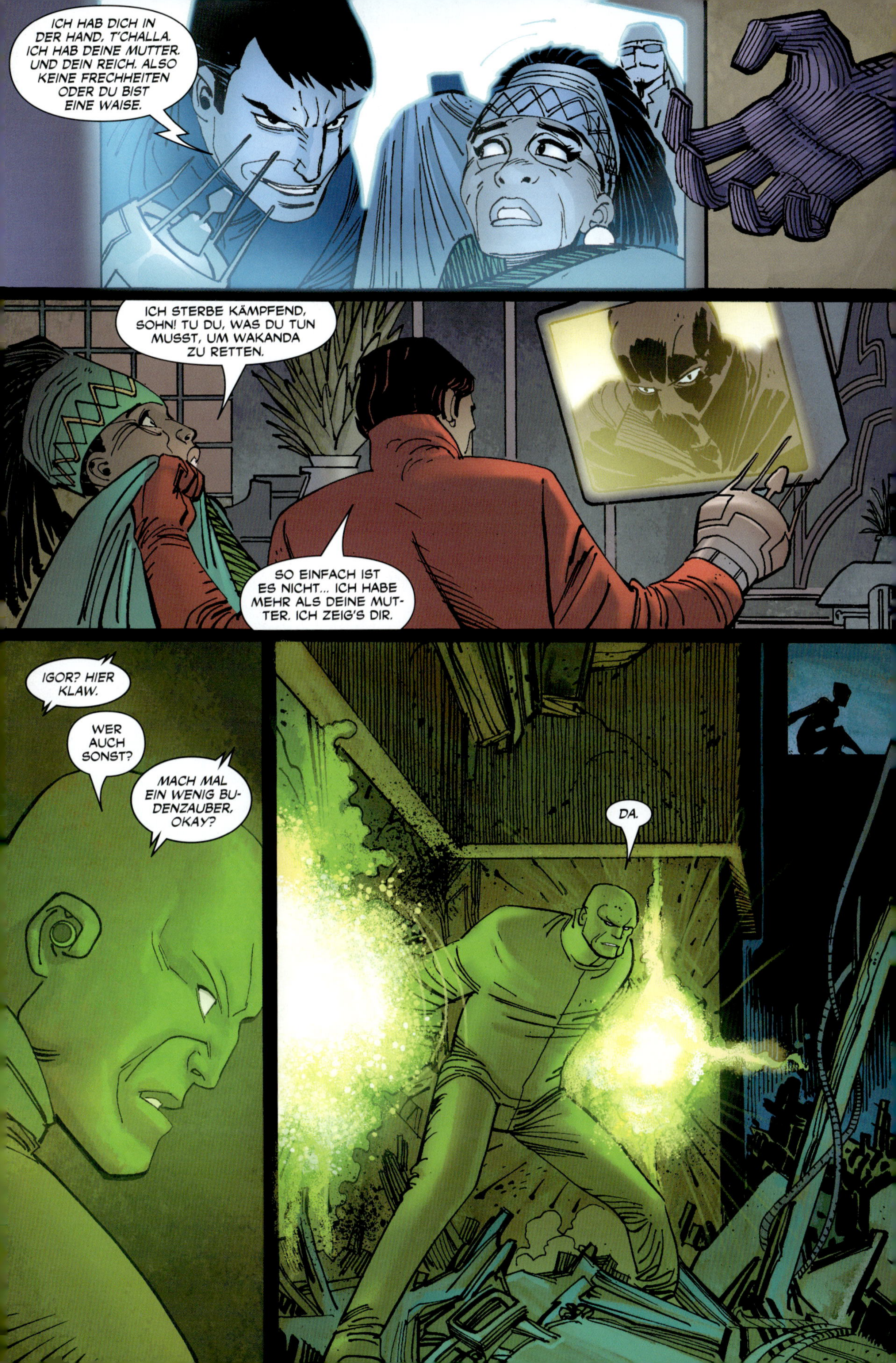
ICH HAB DICH IN DER HAND, T'CHALLA. ICH HAB DEINE MUTTER. UND DEIN REICH. ALSO KEINE FRECHHEITEN ODER DU BIST EINE WAISE.
ICH STERBE KÄMPFEND, SOHN! TU DU, WAS DU TUN MUSST, UM WAKANDA ZU RETTEN.
SO EINFACH IST ES NICHT... ICH HABE MEHR ALS DEINE MUTTER. ICH ZEIG'S DIR.
IGOR? HIER KLAW.
WER AUCH SONST?
MACH MAL EIN WENIG BUDENZAUBER, OKAY?
DA.

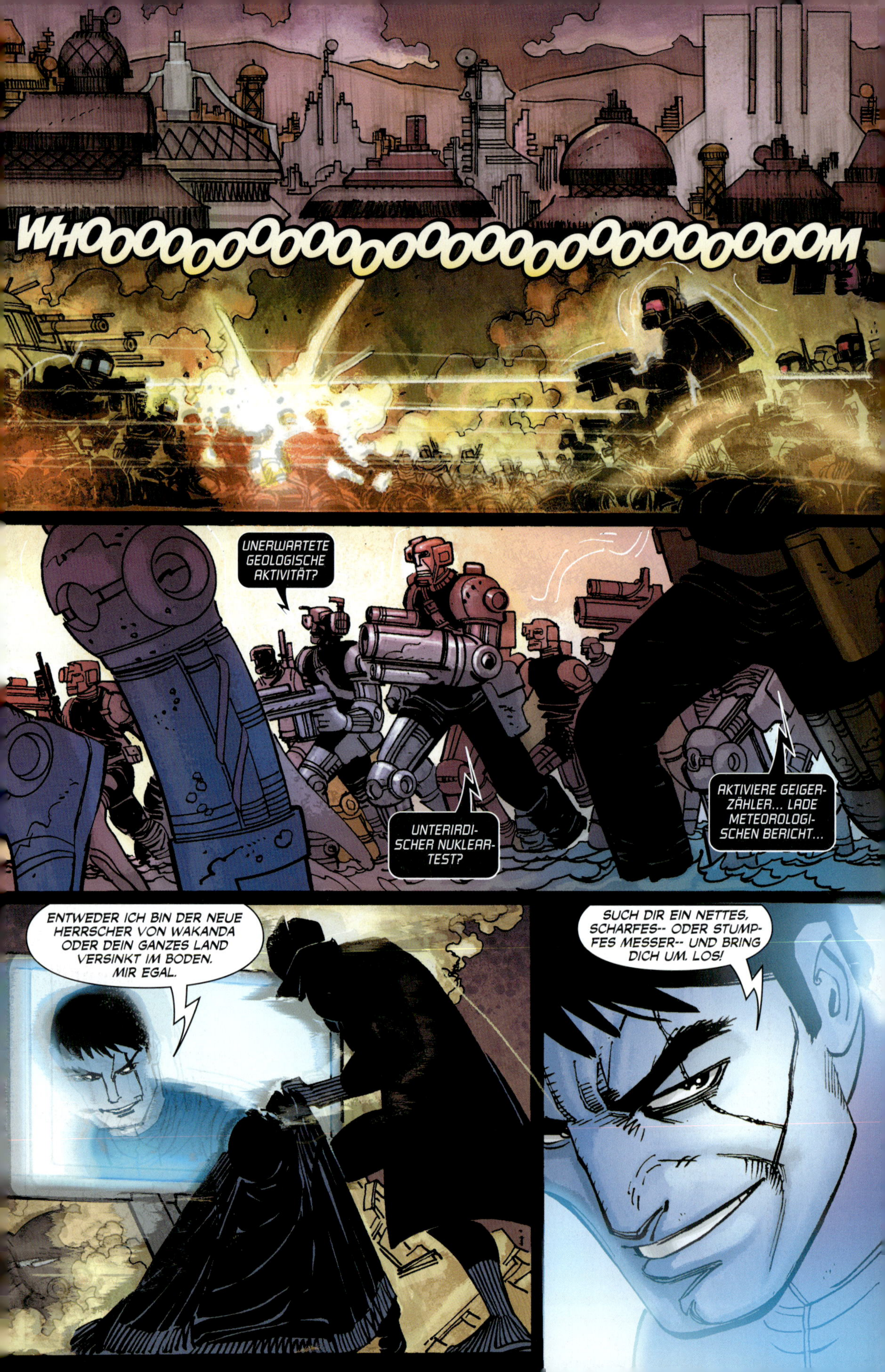
WHOOOOOOOOOOOOOOOOOOOOOOOOOOM
UNERWARTETE GEOLOGISCHE AKTIVITÄT?
UNTERIRDI-SCHER NUKLEAR-TEST?
AKTIVIERE GEIGER-ZÄHLER... LADE METEOROLOGI-SCHEN BERICHT...
ENTWEDER ICH BIN DER NEUE HERRSCHER VON WAKANDA ODER DEIN GANZES LAND VERSINKT IM BODEN. MIR EGAL.
SUCH DIR EIN NETTES, SCHARFES-- ODER STUMPFES MESSER-- UND BRING DICH UM. LOS!

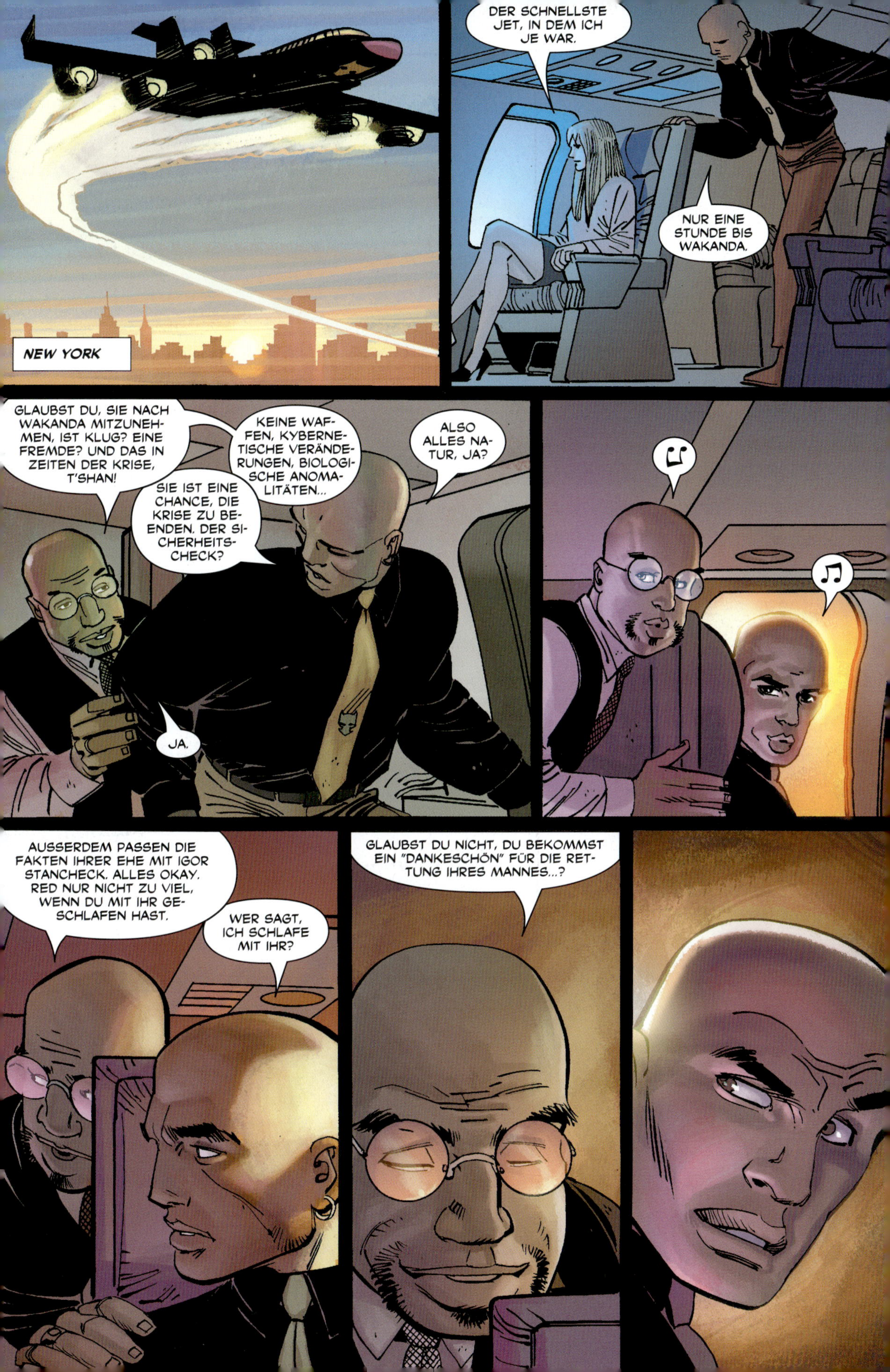
NEW YORK
DER SCHNELLSTE JET, IN DEM ICH JE WAR.
NUR EINE STUNDE BIS WAKANDA.
GLAUBST DU, SIE NACH WAKANDA MITZUNEHMEN, IST KLUG? EINE FREMDE? UND DAS IN ZEITEN DER KRISE, T'SHAN!
SIE IST EINE CHANCE, DIE KRISE ZU BEENDEN. DER SICHERHEITSCHECK?
KEINE WAFFEN, KYBERNETISCHE VERÄNDERUNGEN, BIOLOGISCHE ANOMALITÄTEN...
ALSO ALLES NATUR, JA?
JA.
AUSSERDEM PASSEN DIE FAKTEN IHRER EHE MIT IGOR STANCHECK. ALLES OKAY. RED NUR NICHT ZU VIEL, WENN DU MIT IHR GESCHLAFEN HAST.
WER SAGT, ICH SCHLAFE MIT IHR?
GLAUBST DU NICHT, DU BEKOMMST EIN "DANKESCHÖN" FÜR DIE RETTUNG IHRES MANNES...?

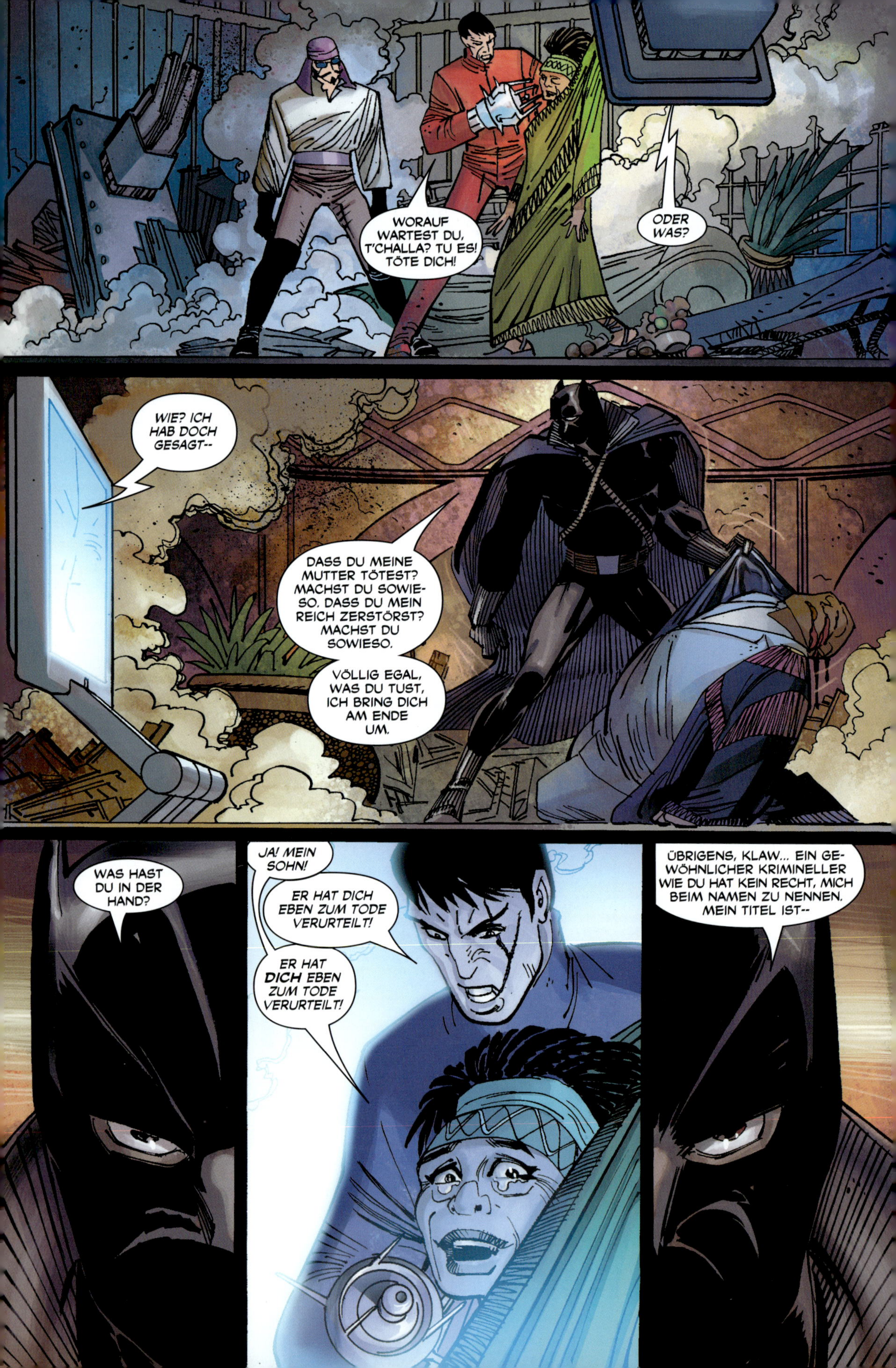
WORAUF WARTEST DU, T'CHALLA? TU ES! TÖTE DICH!
ODER WAS?
WIE? ICH HAB DOCH GESAGT--
DASS DU MEINE MUTTER TÖTEST? MACHST DU SOWIESO. DASS DU MEIN REICH ZERSTÖRST? MACHST DU SOWIESO.
VÖLLIG EGAL, WAS DU TUST, ICH BRING DICH AM ENDE UM.
WAS HAST DU IN DER HAND?
JA! MEIN SOHN!
ER HAT DICH EBEN ZUM TODE VERURTEILT!
ER HAT DICH EBEN ZUM TODE VERURTEILT!
ÜBRIGENS, KLAW... EIN GEWÖHNLICHER KRIMINELLER WIE DU HAT KEIN RECHT, MICH BEIM NAMEN ZU NENNEN. MEIN TITEL IST--

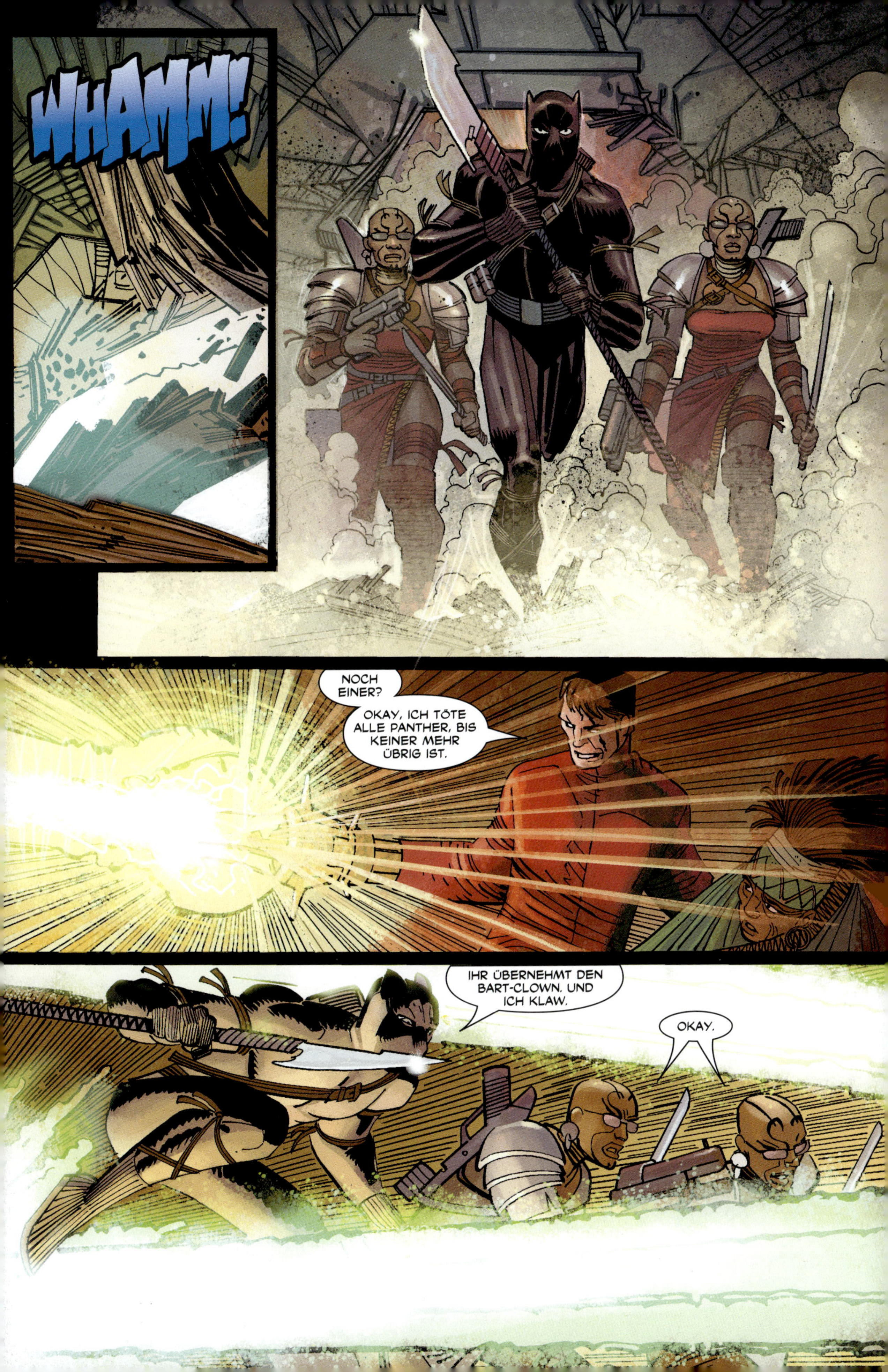
WHAMM!
NOCH EINER?
OKAY, ICH TÖTE ALLE PANTHER, BIS KEINER MEHR ÜBRIG IST.
IHR ÜBERNEHMT DEN BART-CLOWN, UND ICH KLAW.
OKAY.

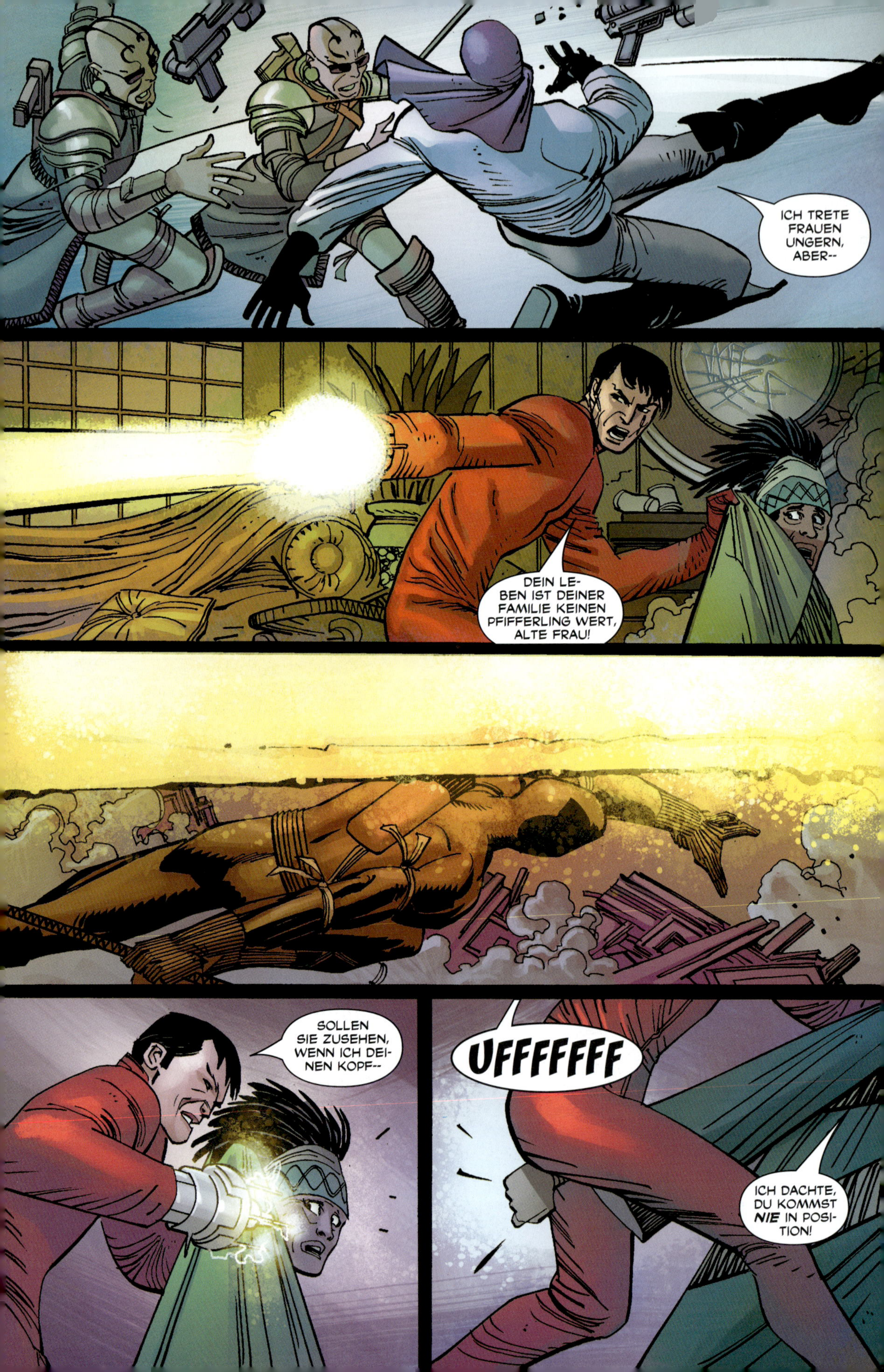
ICH TRETE FRAUEN UNGERN, ABER--
DEIN LEBEN IST DEINER FAMILIE KEINEN PFIFFERLING WERT, ALTE FRAU!
SOLLEN SIE ZUSEHEN, WENN ICH DEINEN KOPF--
UFFFFFFF
ICH DACHTE, DU KOMMST NIE IN POSITION!

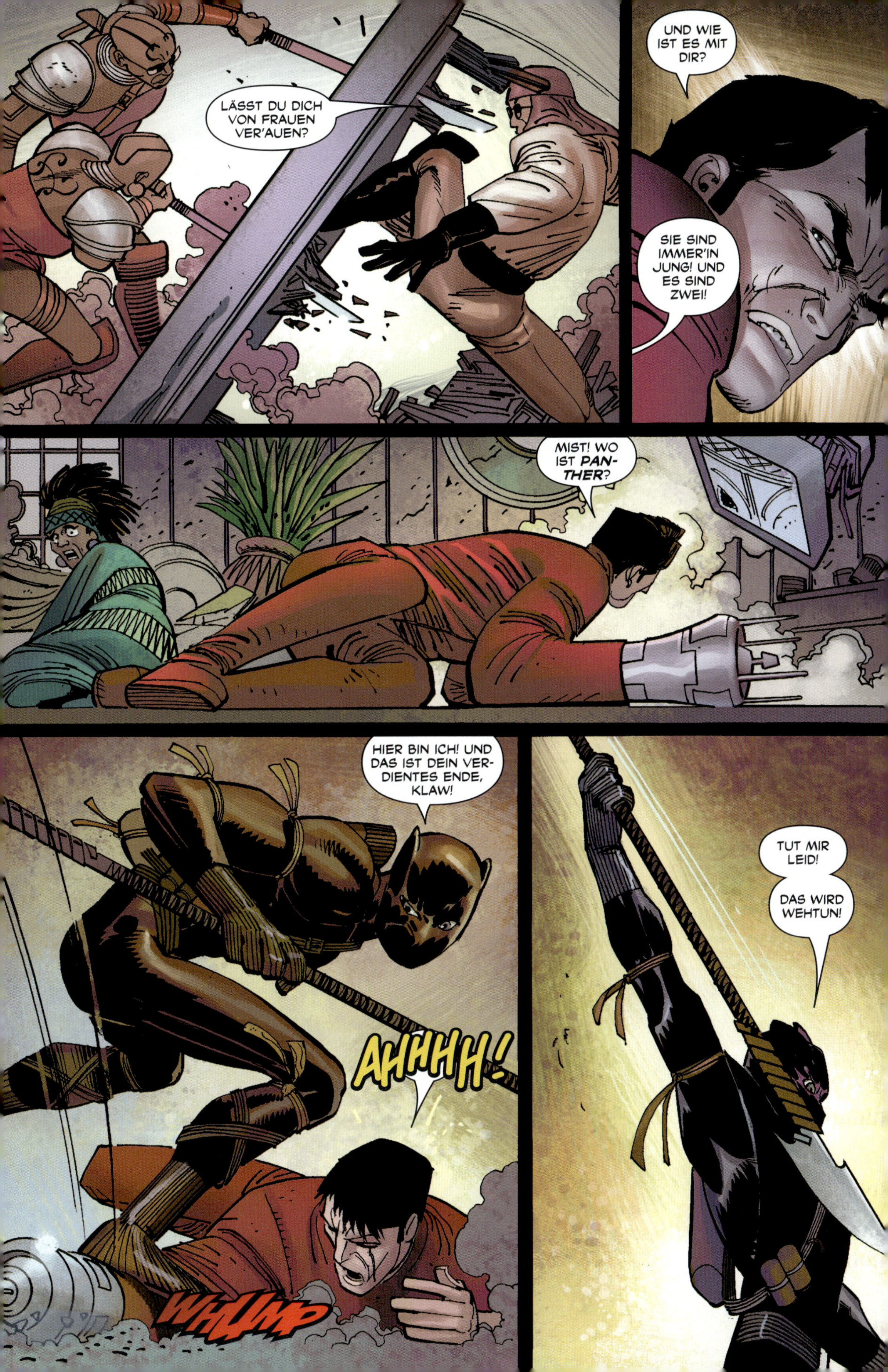

LÄSST DU DICH
VON FRAUEN
VER'AUEN?

UND WIE
IST ES MIT
DIR?

SIE SIND
IMMER'IN
JUNG! UND
ES SIND
ZWEI!

MIST! WO
IST ***PAN-
THER***?

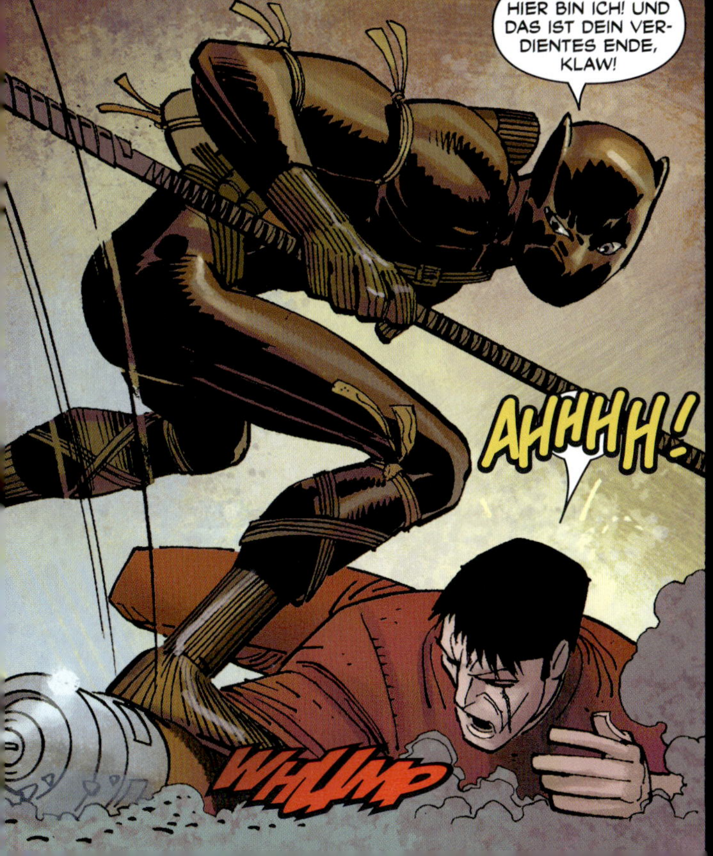

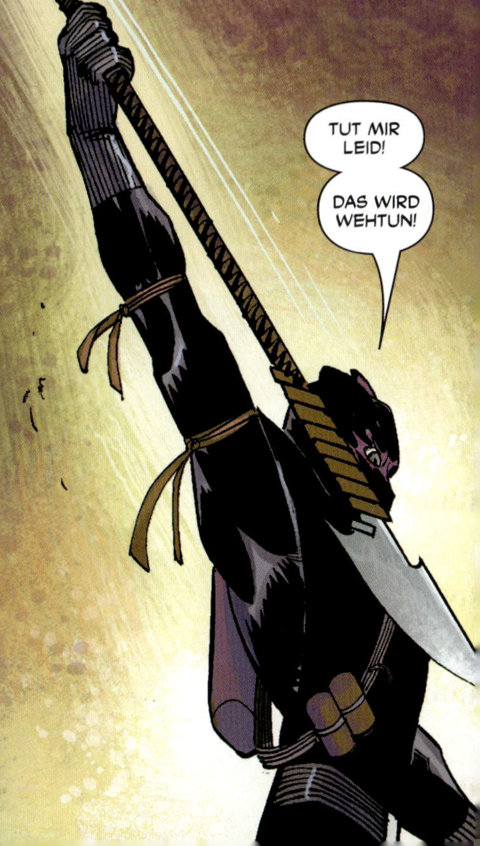

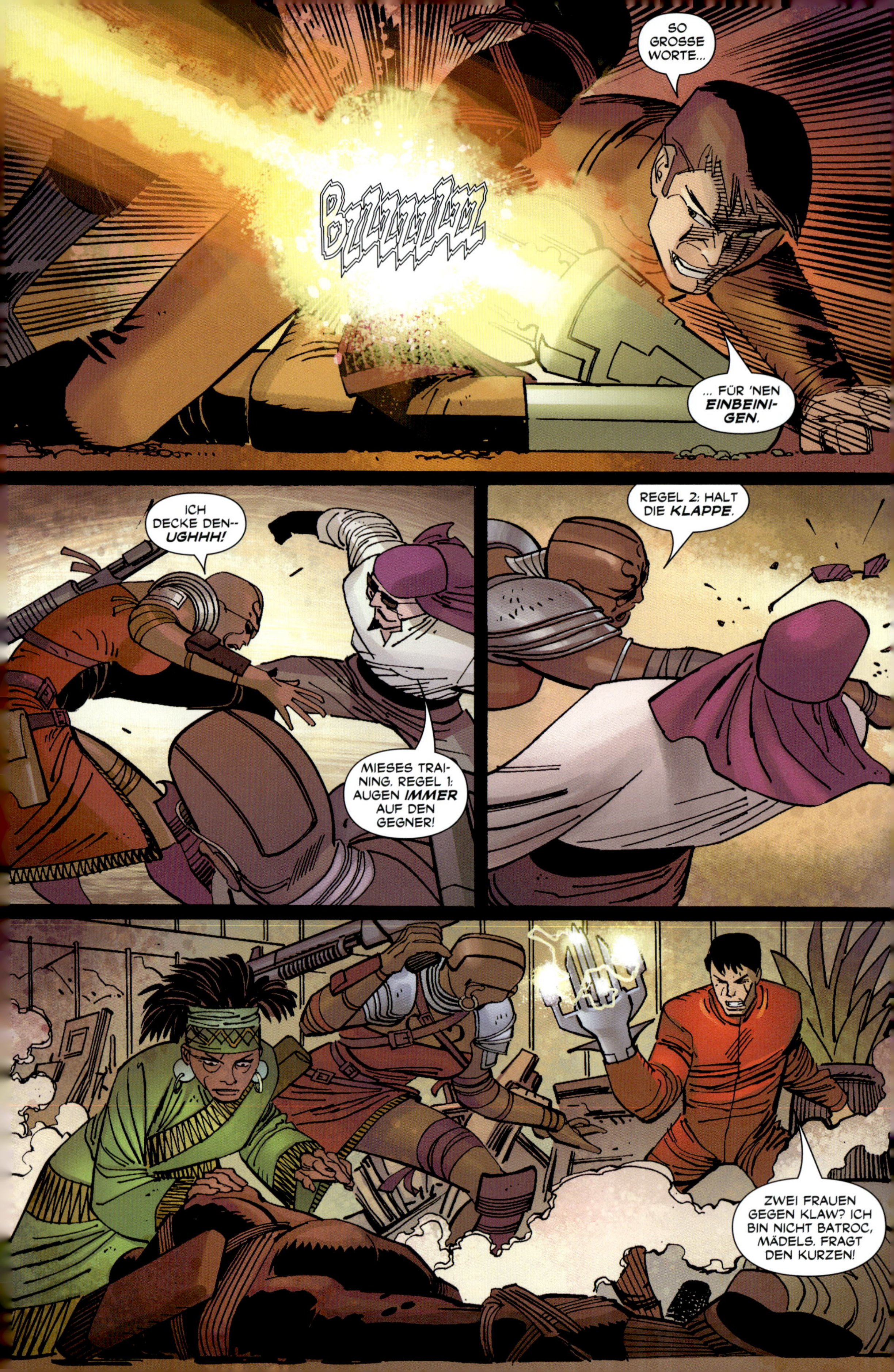
SO GROSSE WORTE...
BZZZZZZZZZ
... FÜR 'NEN EINBEINI-GEN.
ICH DECKE DEN-- UGHHH!
MIESES TRAI-NING. REGEL 1: AUGEN IMMER AUF DEN GEGNER!
REGEL 2: HALT DIE KLAPPE.
ZWEI FRAUEN GEGEN KLAW? ICH BIN NICHT BATROC, MÄDELS. FRAGT DEN KURZEN!

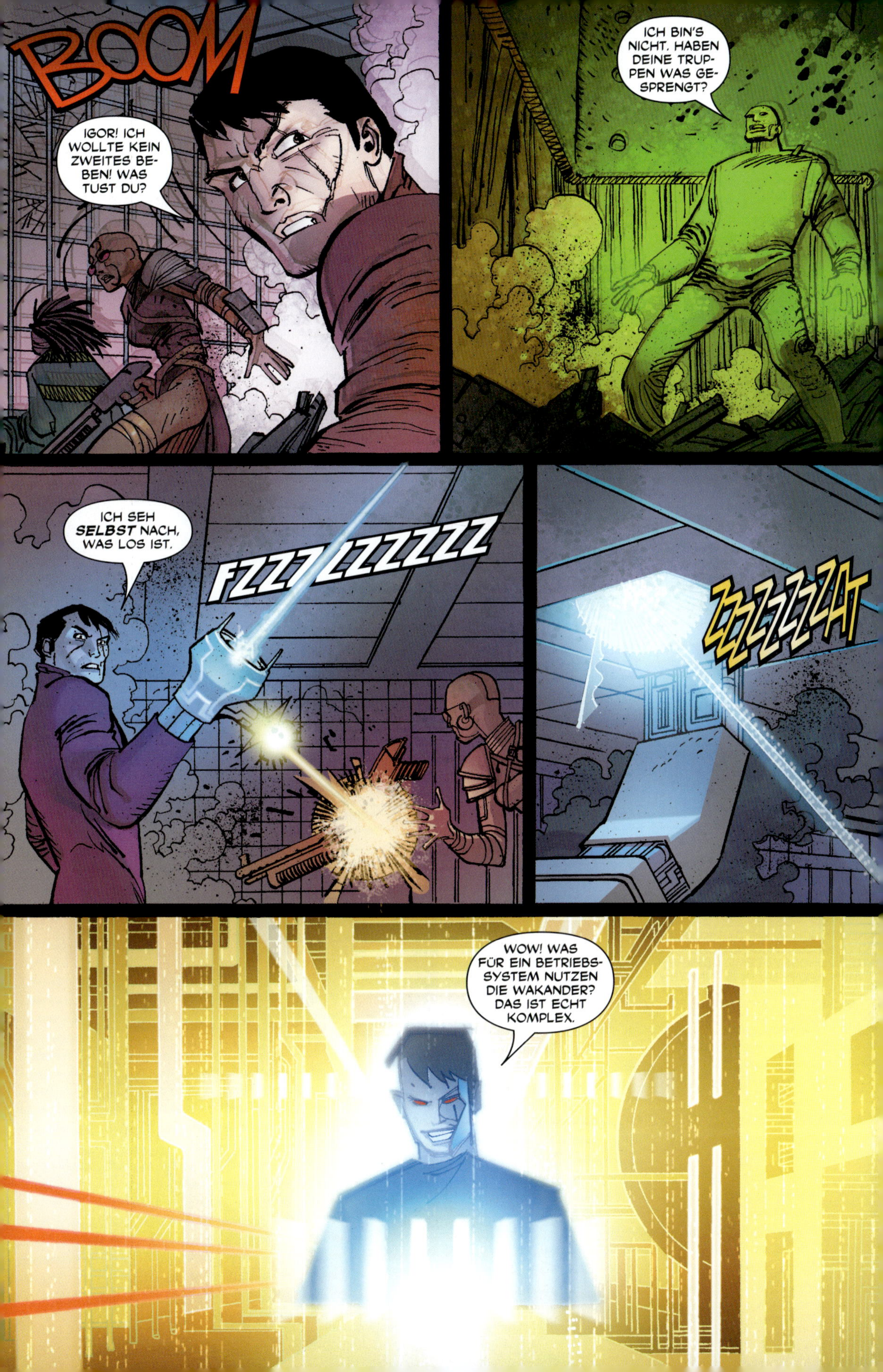
BOOM
IGOR! ICH WOLLTE KEIN ZWEITES BEBEN! WAS TUST DU?
ICH BIN'S NICHT. HABEN DEINE TRUPPEN WAS GESPRENGT?
ICH SEH *SELBST* NACH, WAS LOS IST.
FZZZZZZZZZ
ZZZZZZZAT
WOW! WAS FÜR EIN BETRIEBSSYSTEM NUTZEN DIE WAKANDER? DAS IST ECHT KOMPLEX.

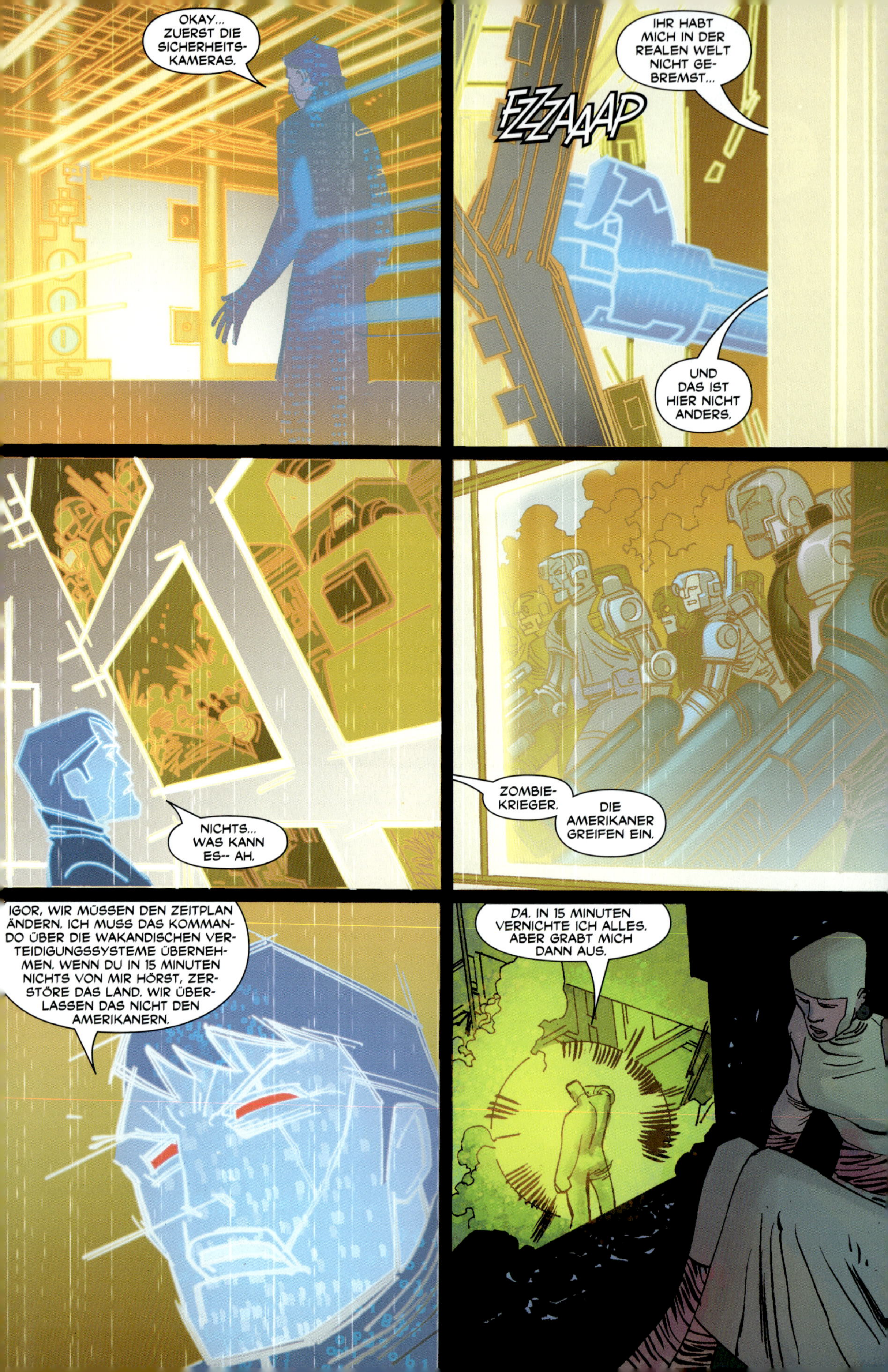
OKAY... ZUERST DIE SICHERHEITS-KAMERAS.
IHR HABT MICH IN DER REALEN WELT NICHT GEBREMST...
FZZZAAAP
UND DAS IST HIER NICHT ANDERS.
NICHTS... WAS KANN ES-- AH.
ZOMBIE-KRIEGER.
DIE AMERIKANER GREIFEN EIN.
IGOR, WIR MÜSSEN DEN ZEITPLAN ÄNDERN. ICH MUSS DAS KOMMANDO ÜBER DIE WAKANDISCHEN VERTEIDIGUNGSSYSTEME ÜBERNEHMEN. WENN DU IN 15 MINUTEN NICHTS VON MIR HÖRST, ZERSTÖRE DAS LAND. WIR ÜBERLASSEN DAS NICHT DEN AMERIKANERN.
DA. IN 15 MINUTEN VERNICHTE ICH ALLES. ABER GRABT MICH DANN AUS.

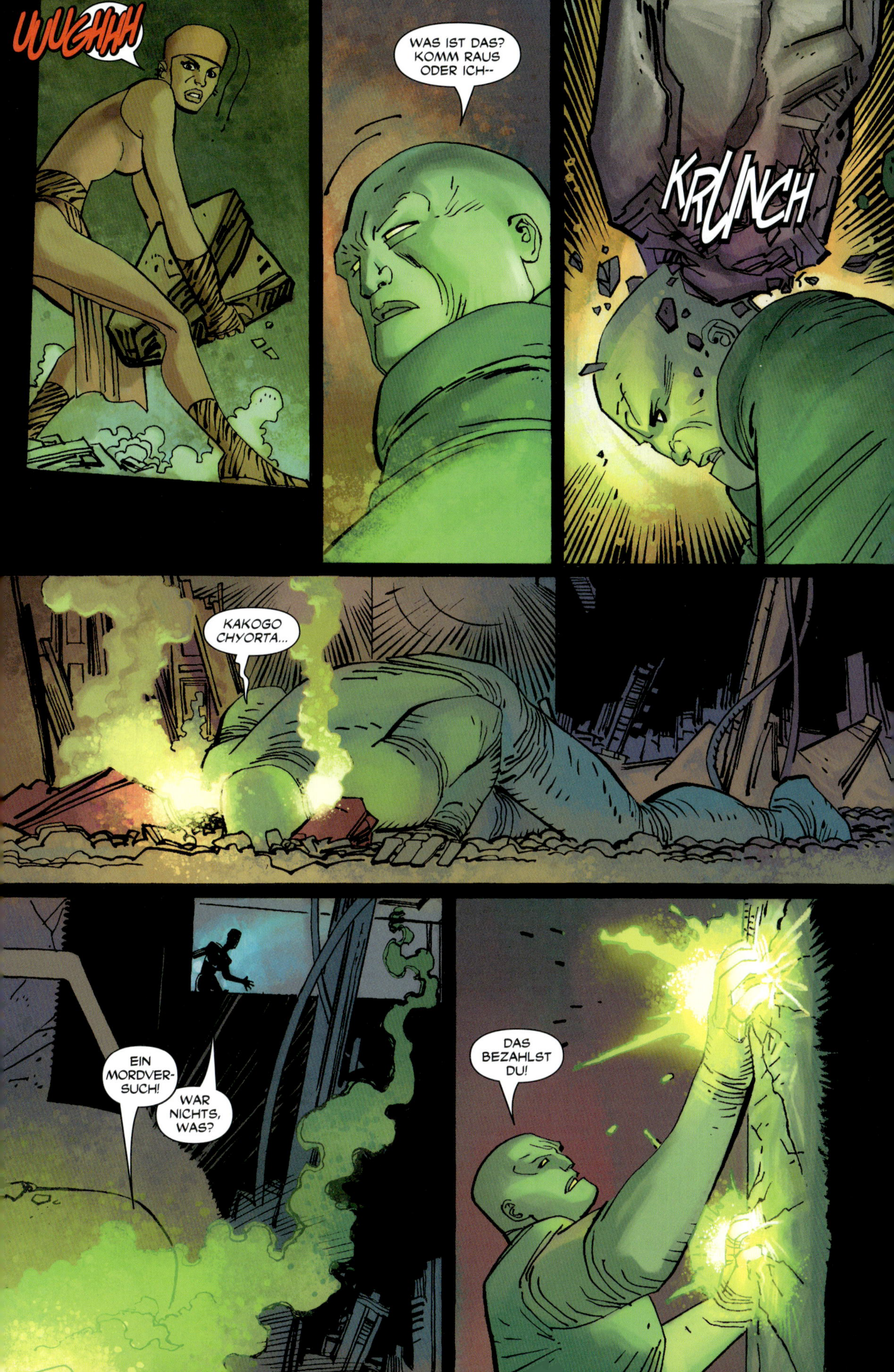
UUUGHHH
WAS IST DAS? KOMM RAUS ODER ICH--
KRUNCH
KAKOGO CHYORTA...
EIN MORDVER-SUCH!
WAR NICHTS, WAS?
DAS BEZAHLST DU!

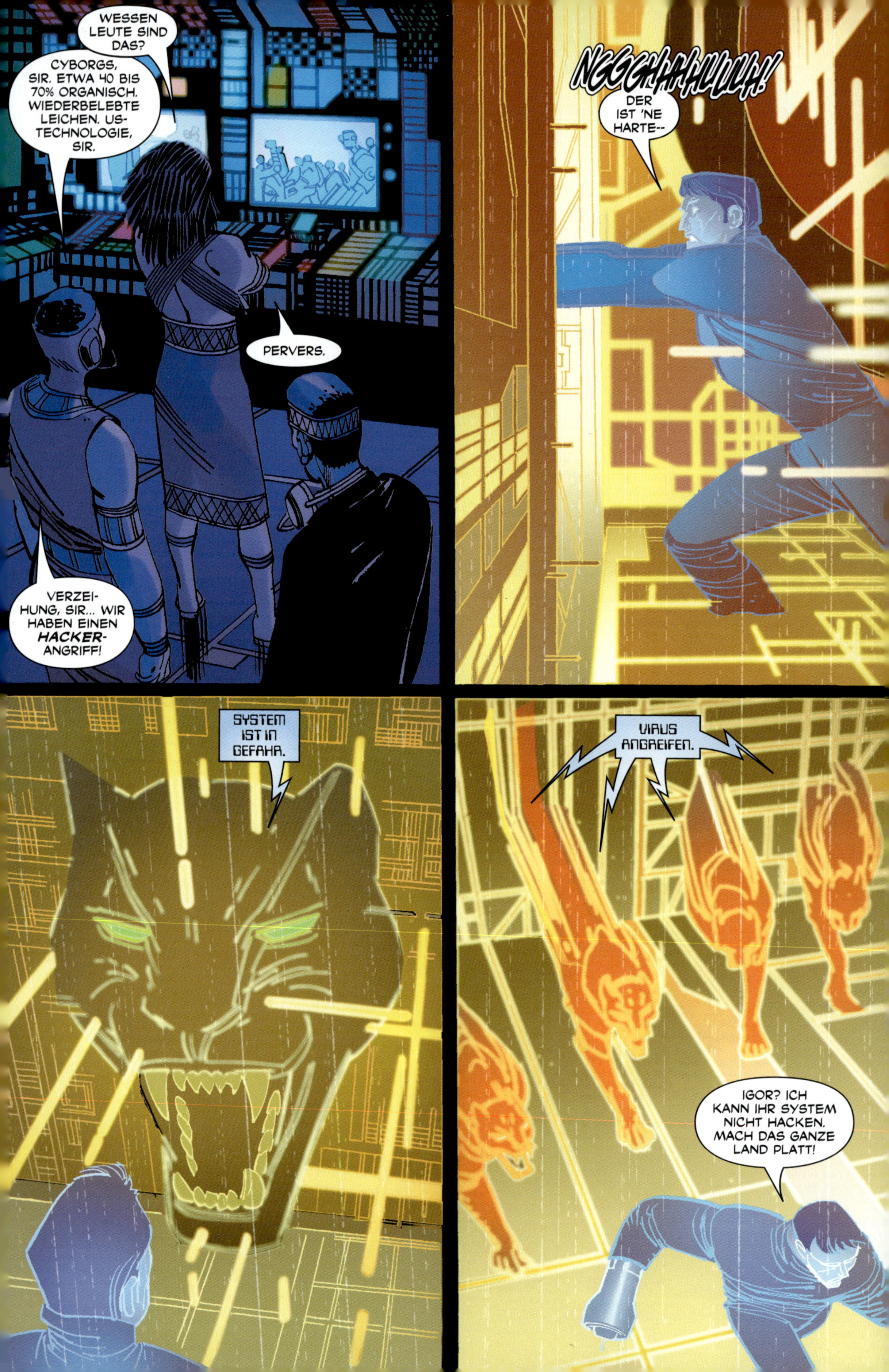

WESSEN LEUTE SIND DAS?
CYBORGS, SIR. ETWA 40 BIS 70% ORGANISCH. WIEDERBELEBTE LEICHEN. US-TECHNOLOGIE, SIR.
PERVERS.
VERZEIHUNG, SIR... WIR HABEN EINEN ***HACKER***-ANGRIFF!

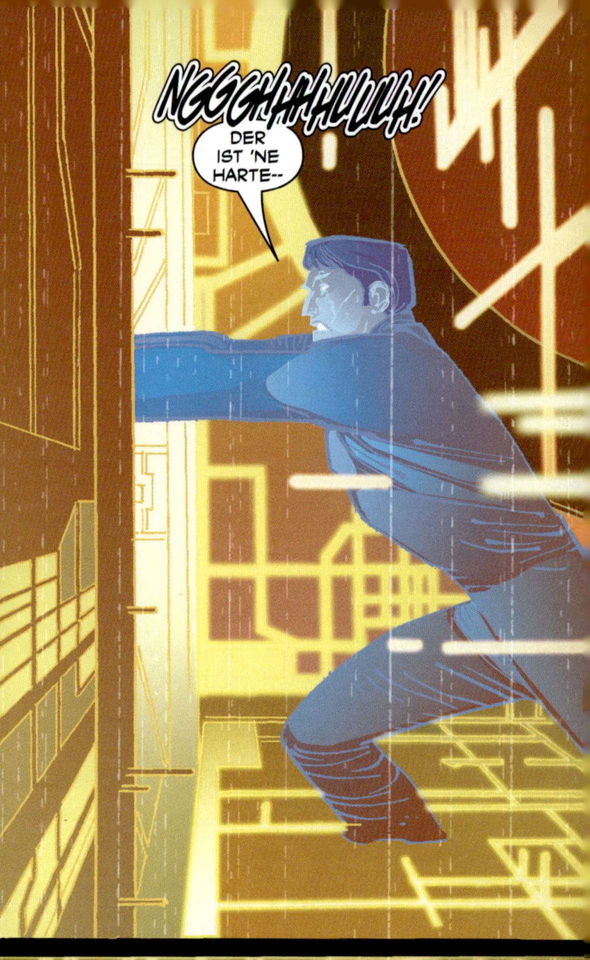
NGGGHAAHUUUH!
DER IST 'NE HARTE--

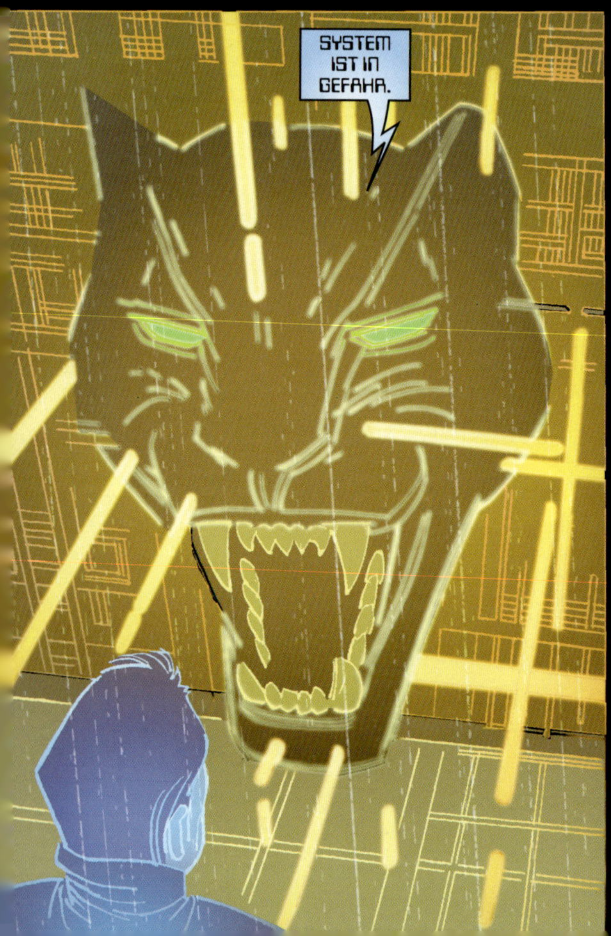
SYSTEM IST IN GEFAHR.

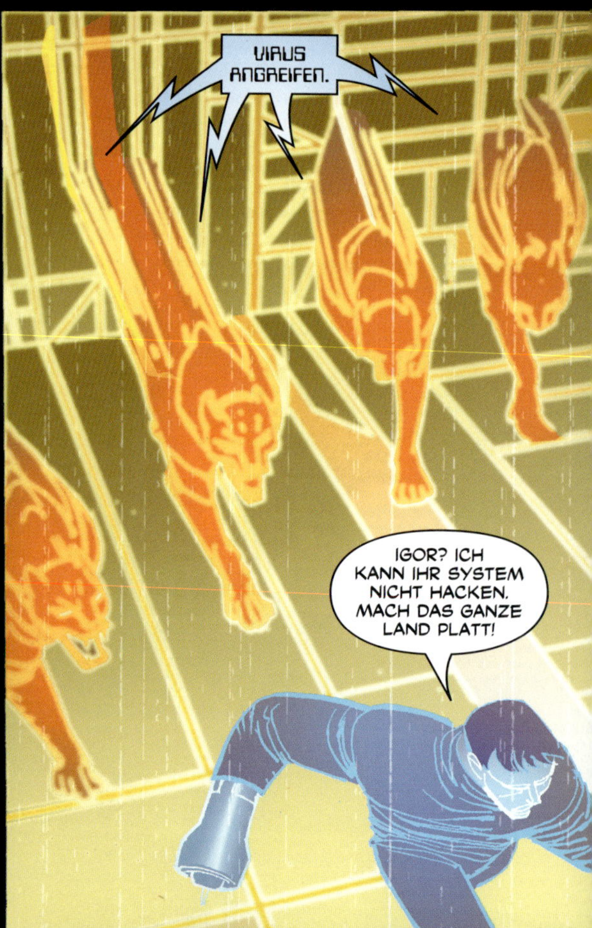
VIRUS ANGREIFEN.
IGOR? ICH KANN IHR SYSTEM NICHT HACKEN. MACH DAS GANZE LAND PLATT!

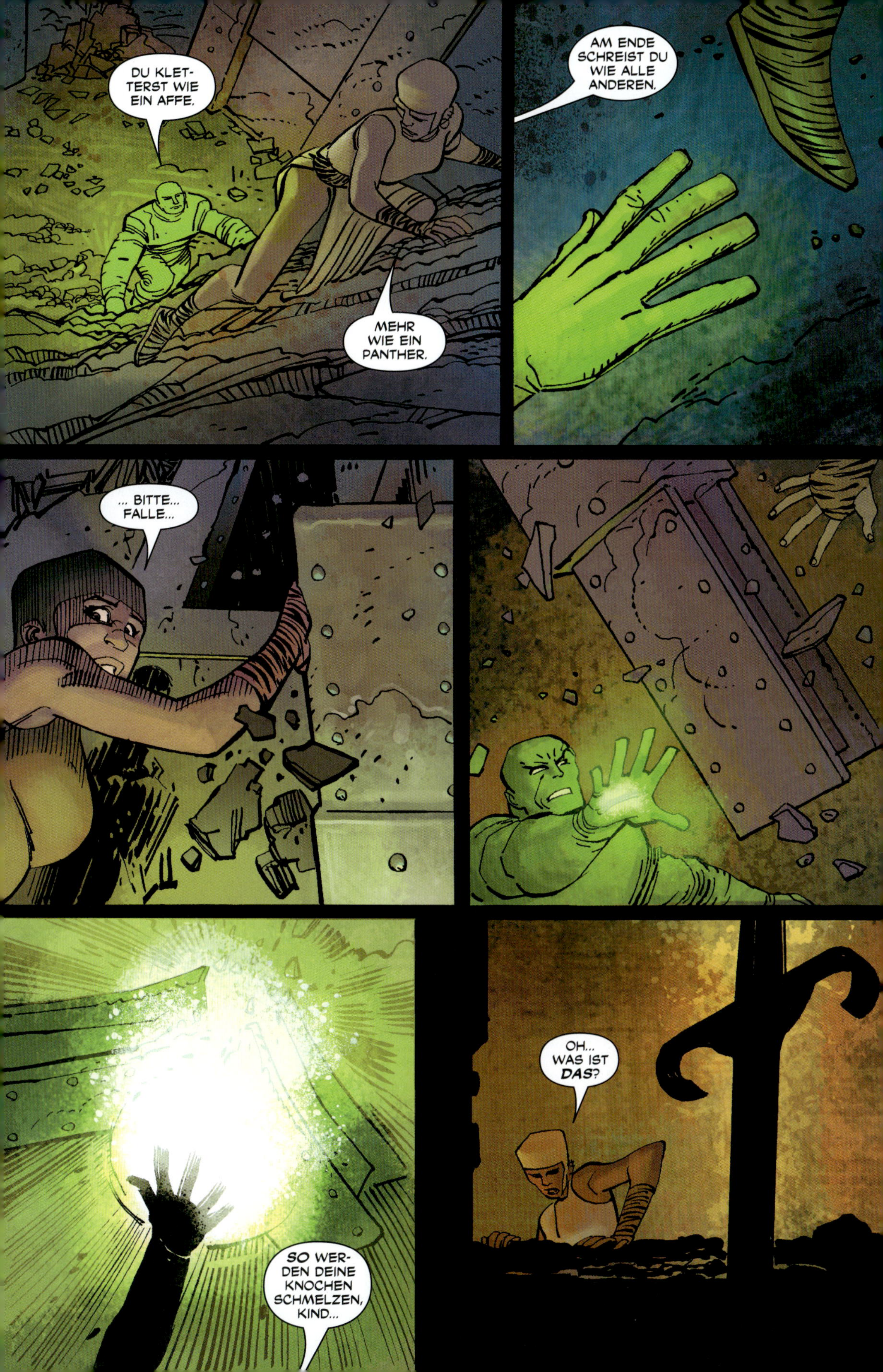
DU KLET-
TERST WIE
EIN AFFE.
MEHR
WIE EIN
PANTHER.
AM ENDE
SCHREIST DU
WIE ALLE
ANDEREN.
... BITTE...
FALLE...
SO WER-
DEN DEINE
KNOCHEN
SCHMELZEN,
KIND...
OH...
WAS IST
DAS?

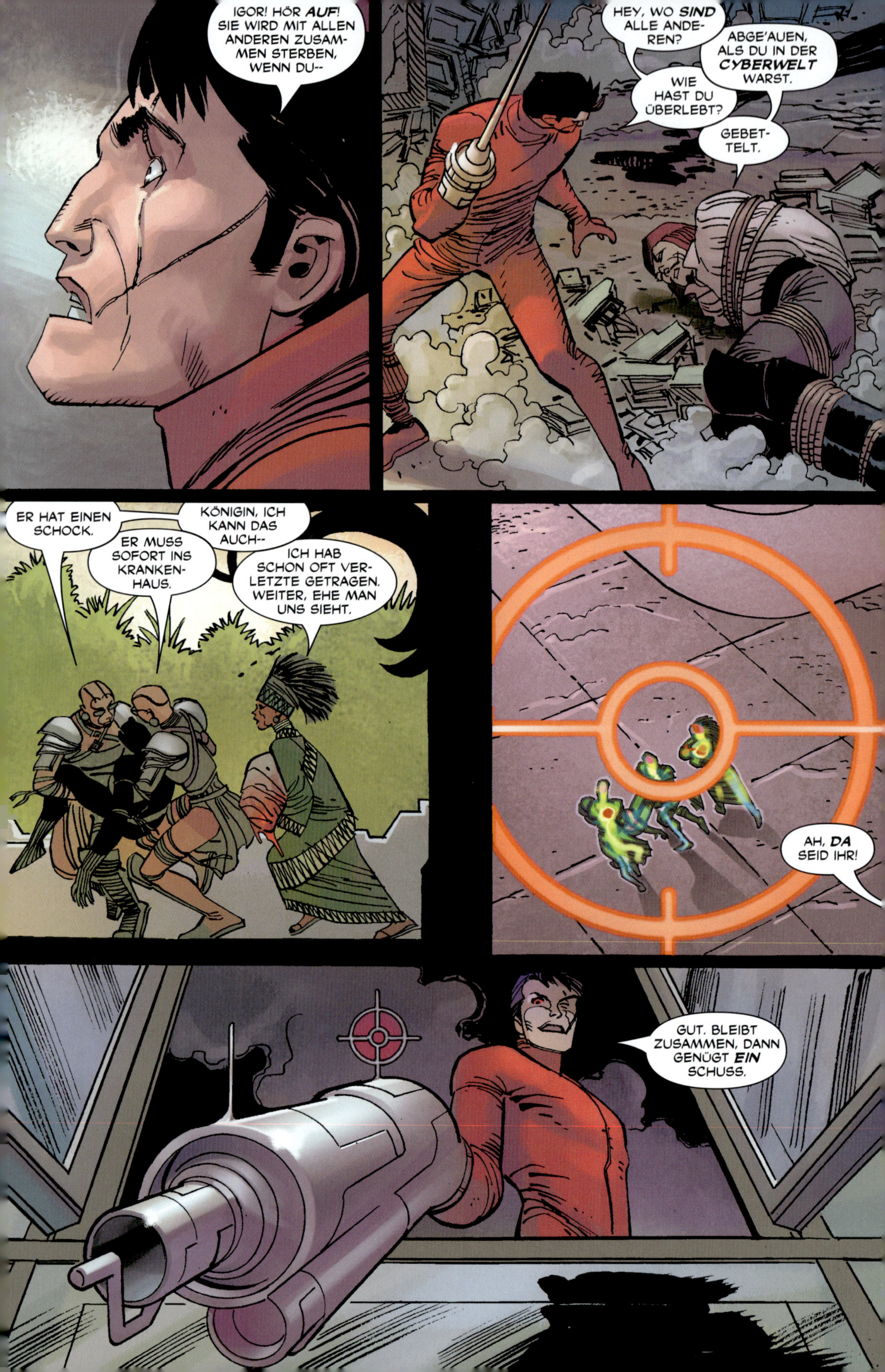
IGOR! HÖR AUF! SIE WIRD MIT ALLEN ANDEREN ZUSAMMEN STERBEN, WENN DU--
HEY, WO SIND ALLE ANDEREN?
WIE HAST DU ÜBERLEBT?
ABGE'AUEN, ALS DU IN DER CYBERWELT WARST.
GEBETTELT.
ER HAT EINEN SCHOCK.
KÖNIGIN, ICH KANN DAS AUCH--
ER MUSS SOFORT INS KRANKENHAUS.
ICH HAB SCHON OFT VERLETZTE GETRAGEN. WEITER, EHE MAN UNS SIEHT.
AH, DA SEID IHR!
GUT. BLEIBT ZUSAMMEN, DANN GENÜGT EIN SCHUSS.

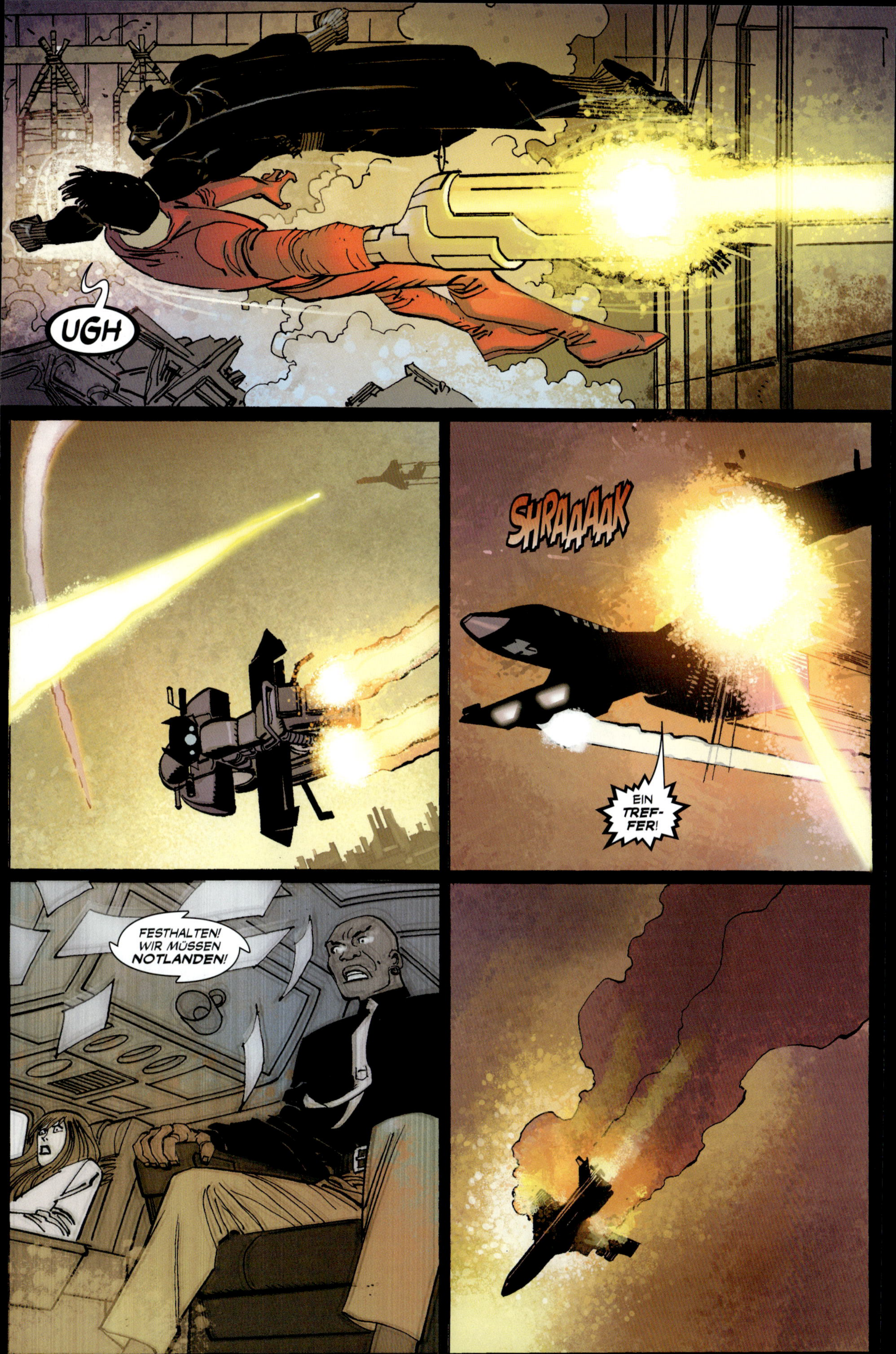

UGH

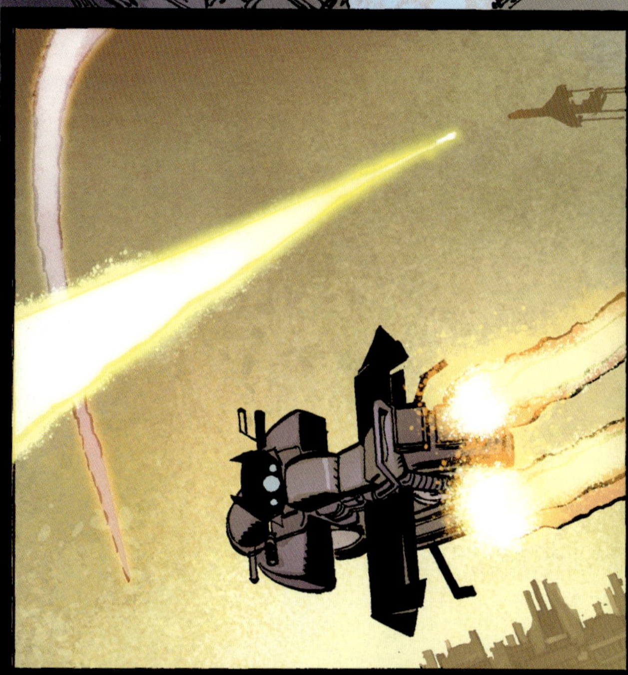

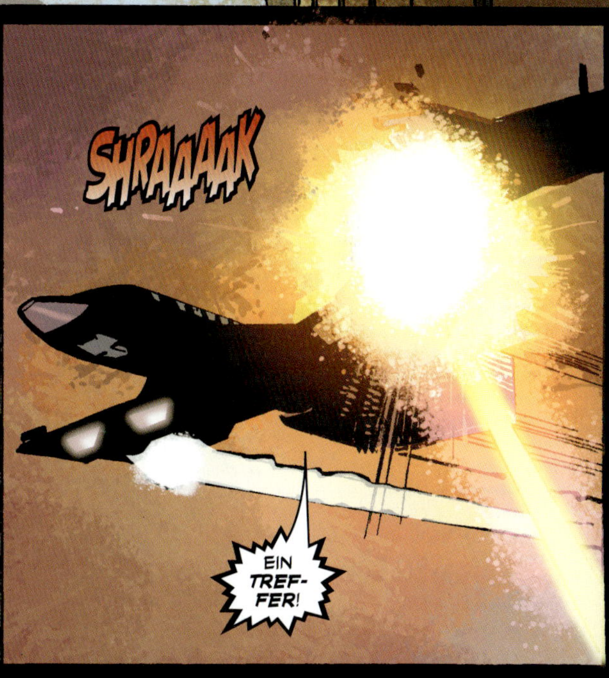

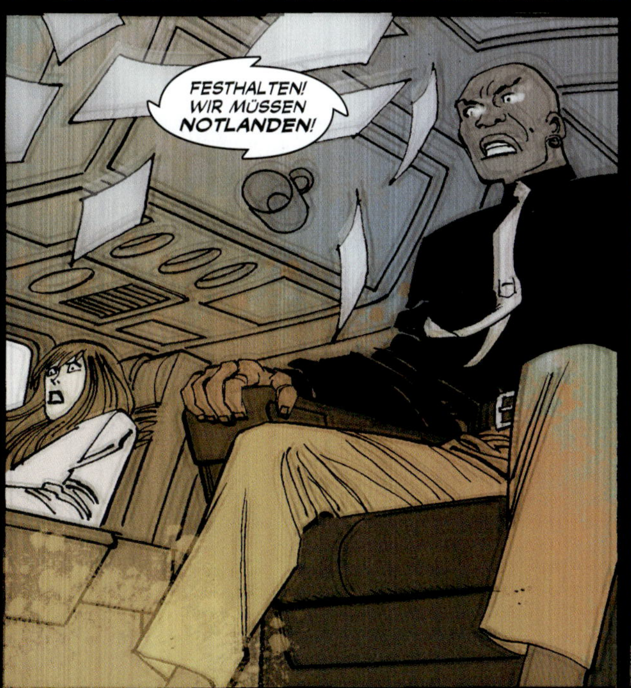

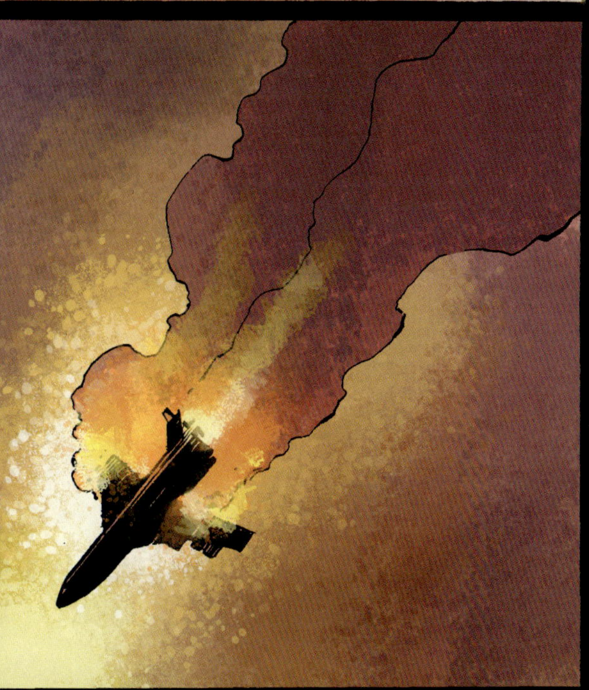

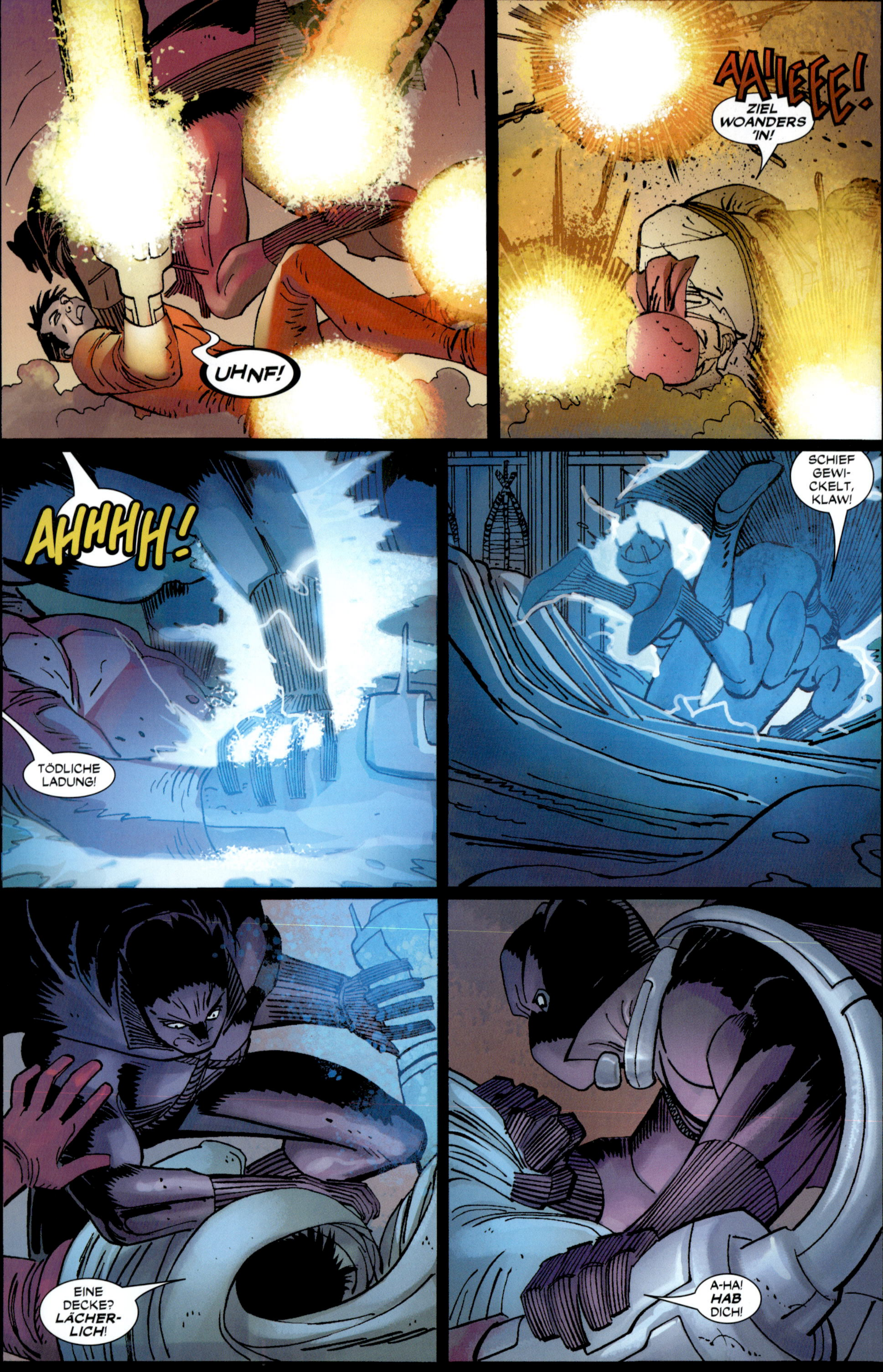
UHNF!
AAIIEEEE!
ZIEL WOANDERS 'IN!
AHHHHH!
TÖDLICHE LADUNG!
SCHIEF GEWICKELT, KLAW!
EINE DECKE? *LÄCHERLICH!*
A-HA! **HAB** DICH!

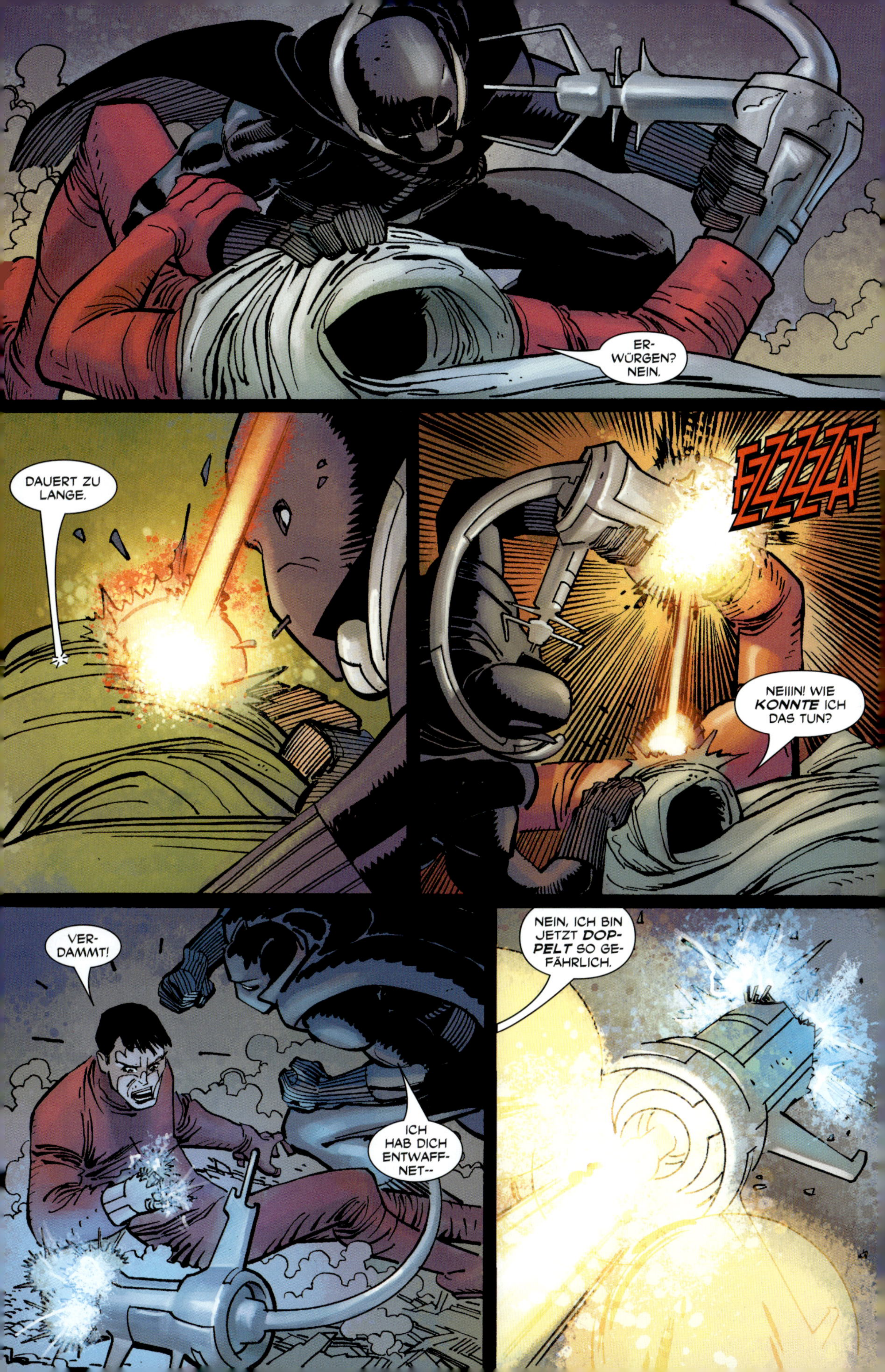

ER-
WÜRGEN?
NEIN.
DAUERT ZU
LANGE.
FZZZZZAT
NEIIIN! WIE
KONNTE ICH
DAS TUN?
VER-
DAMMT!
ICH
HAB DICH
ENTWAFF-
NET--
NEIN, ICH BIN
JETZT DOP-
PELT SO GE-
FÄHRLICH.

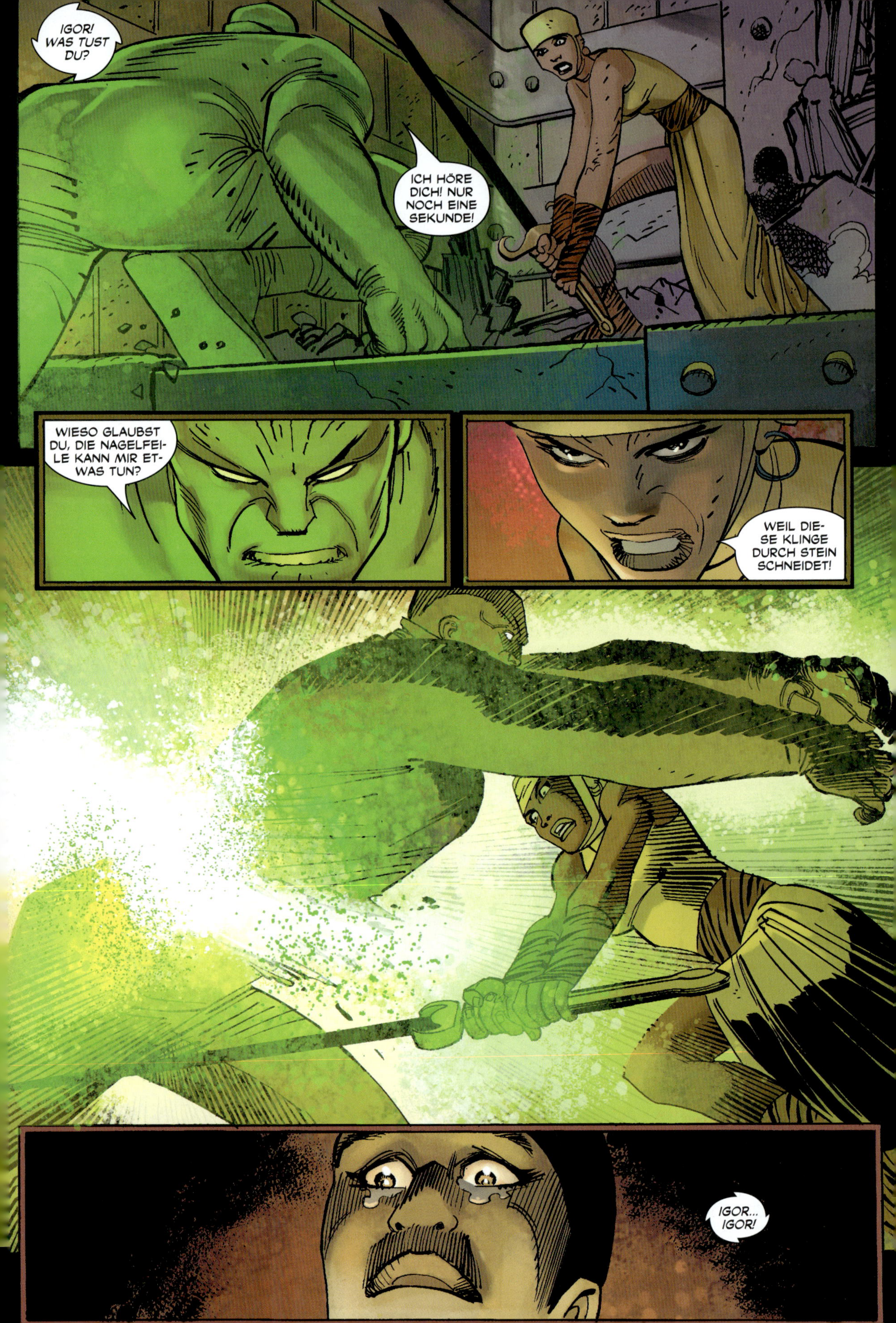
IGOR! WAS TUST DU?
ICH HÖRE DICH! NUR NOCH EINE SEKUNDE!
WIESO GLAUBST DU, DIE NAGELFEI-LE KANN MIR ET-WAS TUN?
WEIL DIE-SE KLINGE DURCH STEIN SCHNEIDET!
IGOR... IGOR!

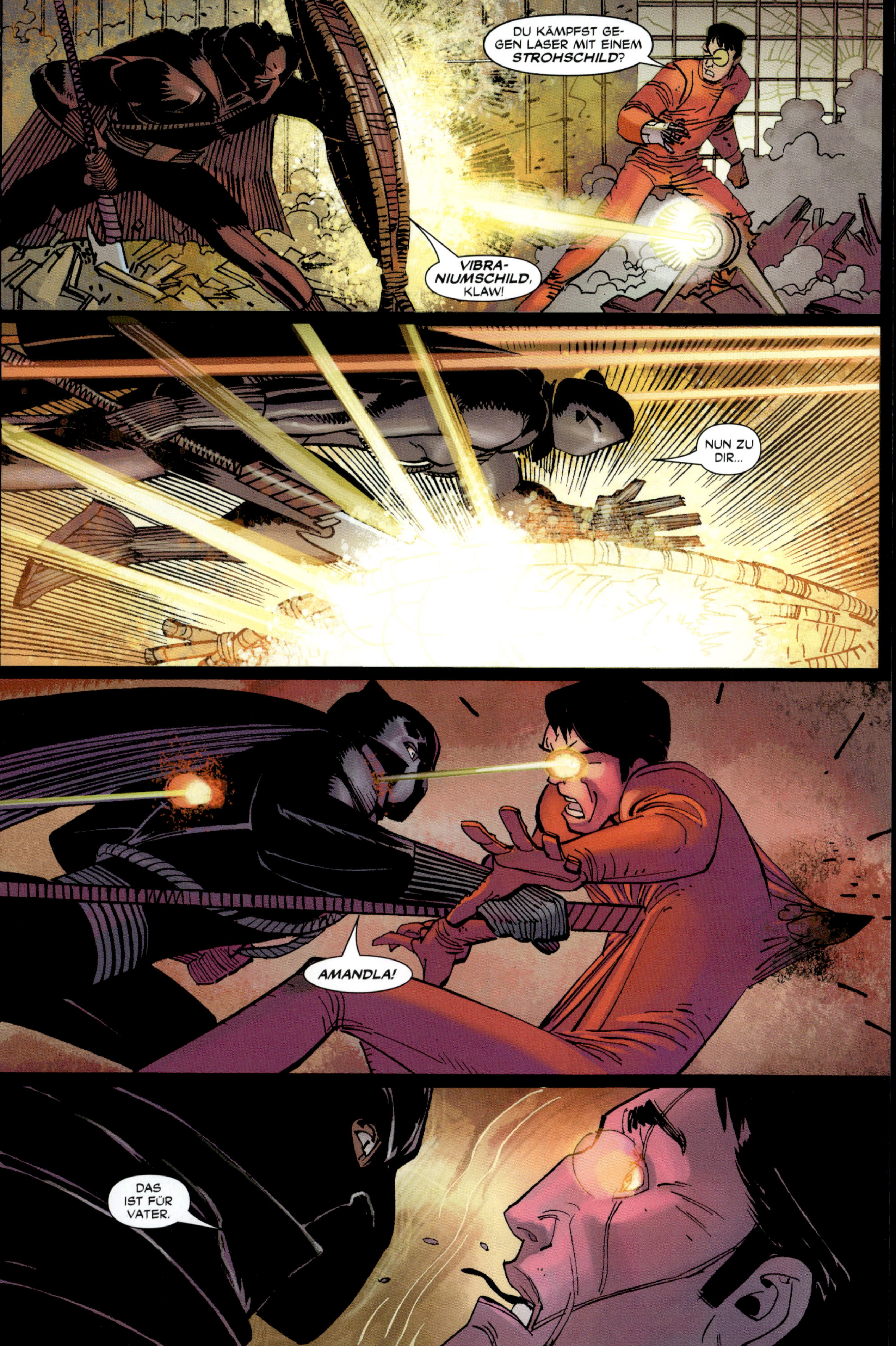
DU KÄMPFST GEGEN LASER MIT EINEM STROHSCHILD?
VIBRANIUMSCHILD, KLAW!
NUN ZU DIR...
AMANDLA!
DAS IST FÜR VATER.

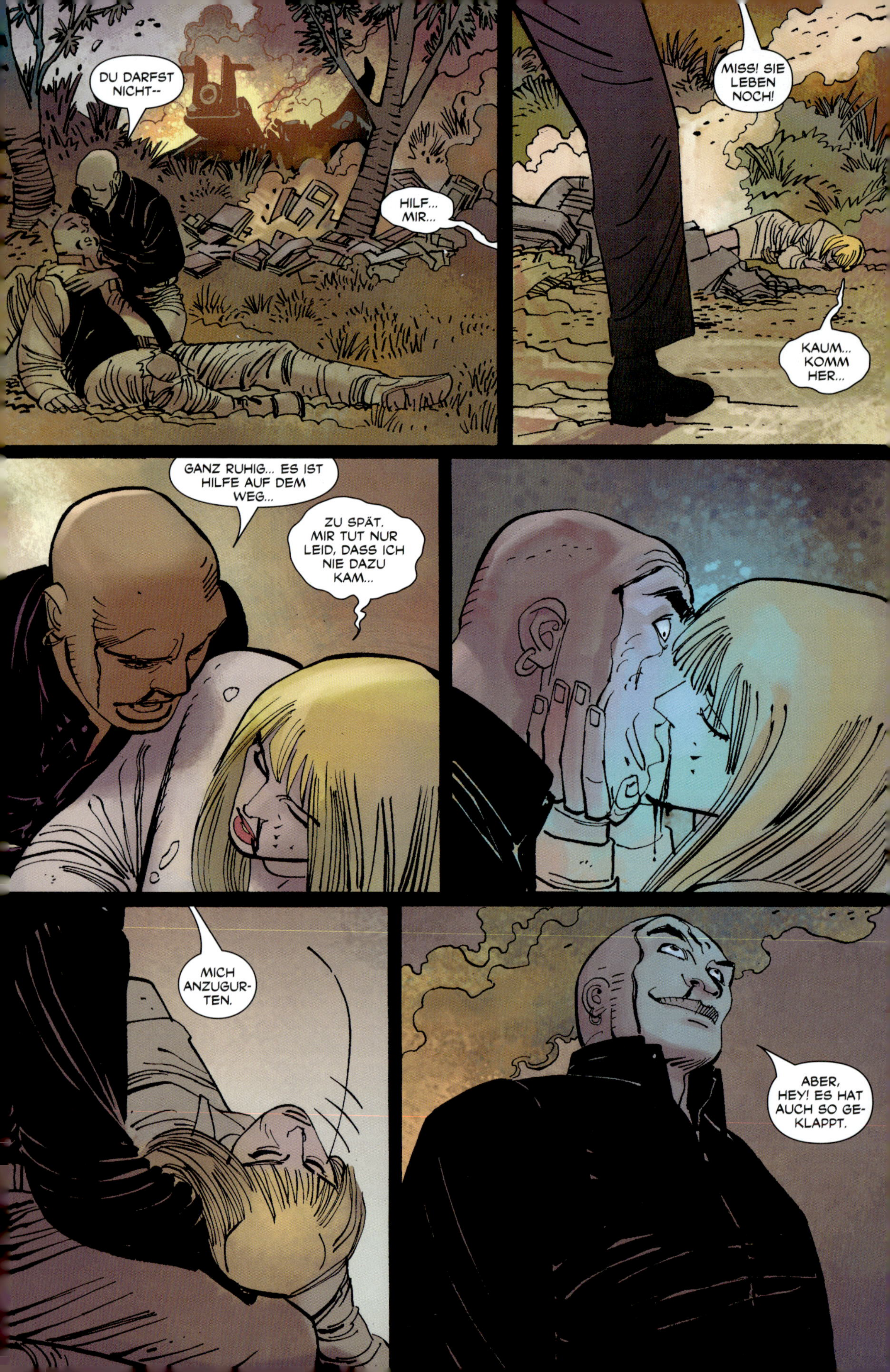
DU DARFST NICHT--
HILF... MIR...
MISS! SIE LEBEN NOCH!
KAUM... KOMM HER...
GANZ RUHIG... ES IST HILFE AUF DEM WEG...
ZU SPÄT. MIR TUT NUR LEID, DASS ICH NIE DAZU KAM...
MICH ANZUGURTEN.
ABER, HEY! ES HAT AUCH SO GEKLAPPT.

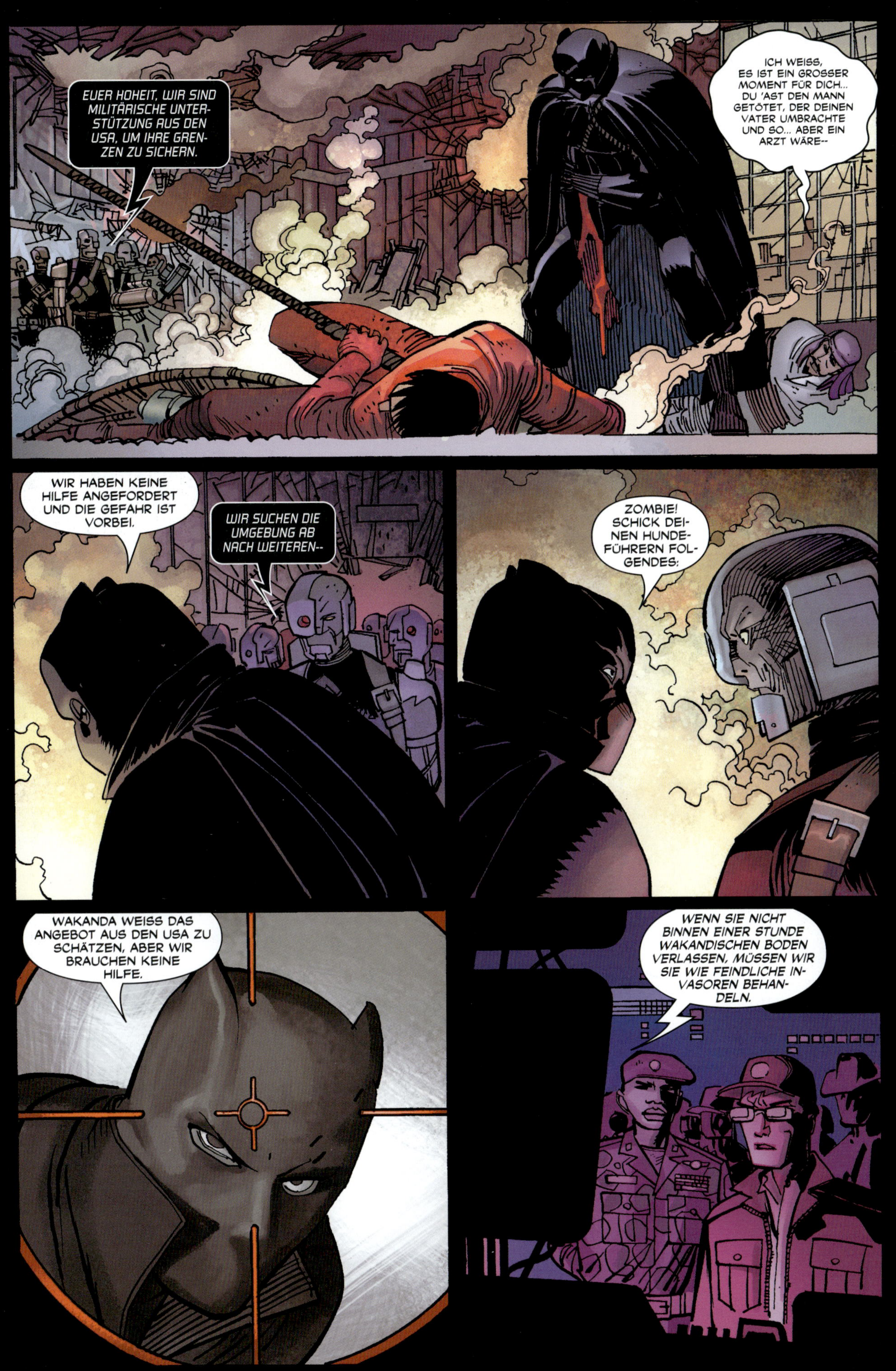
EUER HOHEIT, WIR SIND MILITÄRISCHE UNTER-STÜTZUNG AUS DEN USA, UM IHRE GREN-ZEN ZU SICHERN.
ICH WEISS, ES IST EIN GROSSER MOMENT FÜR DICH... DU 'AST DEN MANN GETÖTET, DER DEINEN VATER UMBRACHTE UND SO... ABER EIN ARZT WÄRE--
WIR HABEN KEINE HILFE ANGEFORDERT UND DIE GEFAHR IST VORBEI.
WIR SUCHEN DIE UMGEBUNG AB NACH WEITEREN--
ZOMBIE! SCHICK DEI-NEN HUNDE-FÜHRERN FOL-GENDES:
WAKANDA WEISS DAS ANGEBOT AUS DEN USA ZU SCHÄTZEN, ABER WIR BRAUCHEN KEINE HILFE.
WENN SIE NICHT BINNEN EINER STUNDE WAKANDISCHEN BODEN VERLASSEN, MÜSSEN WIR SIE WIE FEINDLICHE IN-VASOREN BEHAN-DELN.

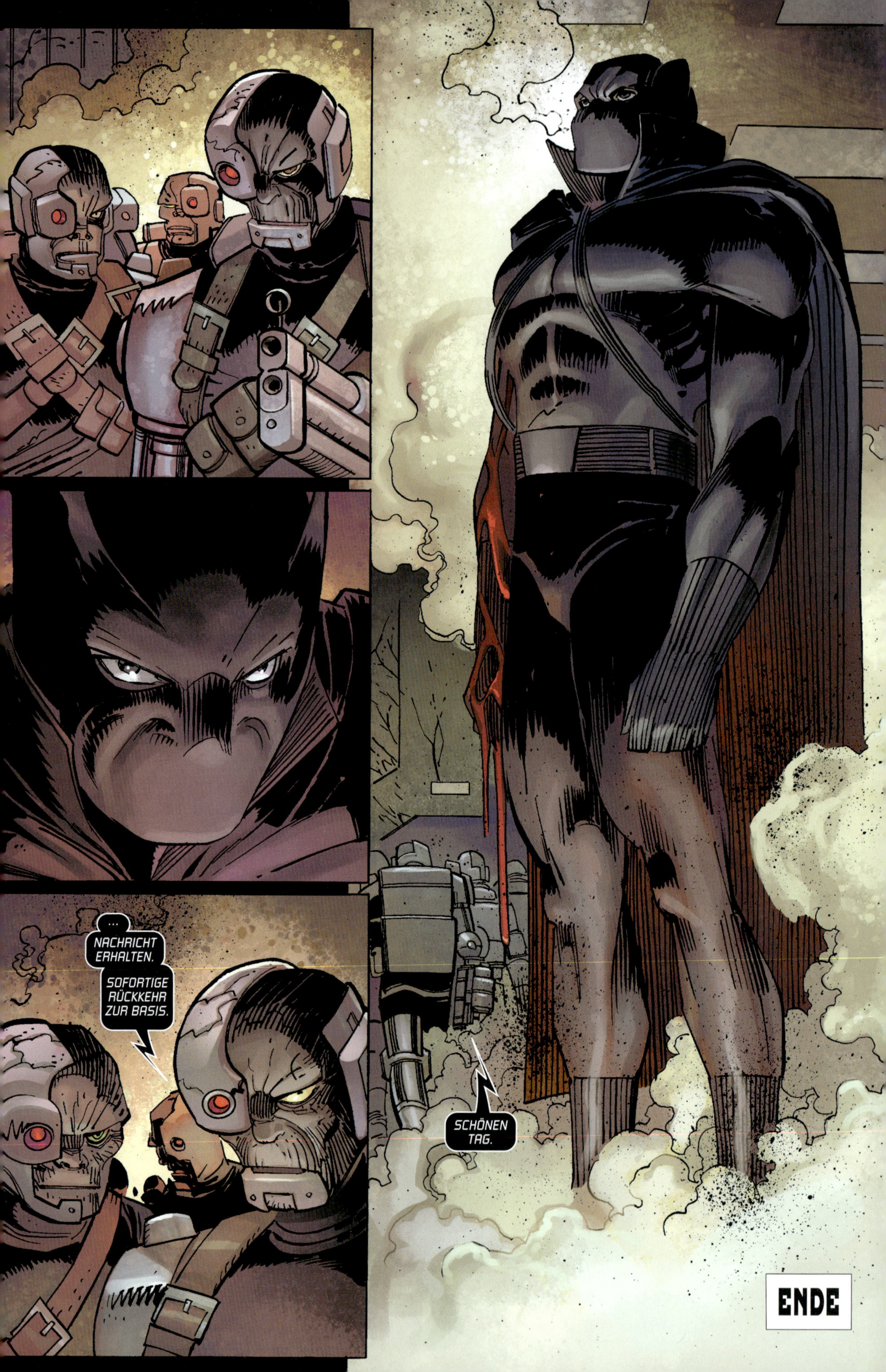
...
NACHRICHT ERHALTEN.
SOFORTIGE RÜCKKEHR ZUR BASIS.
SCHÖNEN TAG.
ENDE

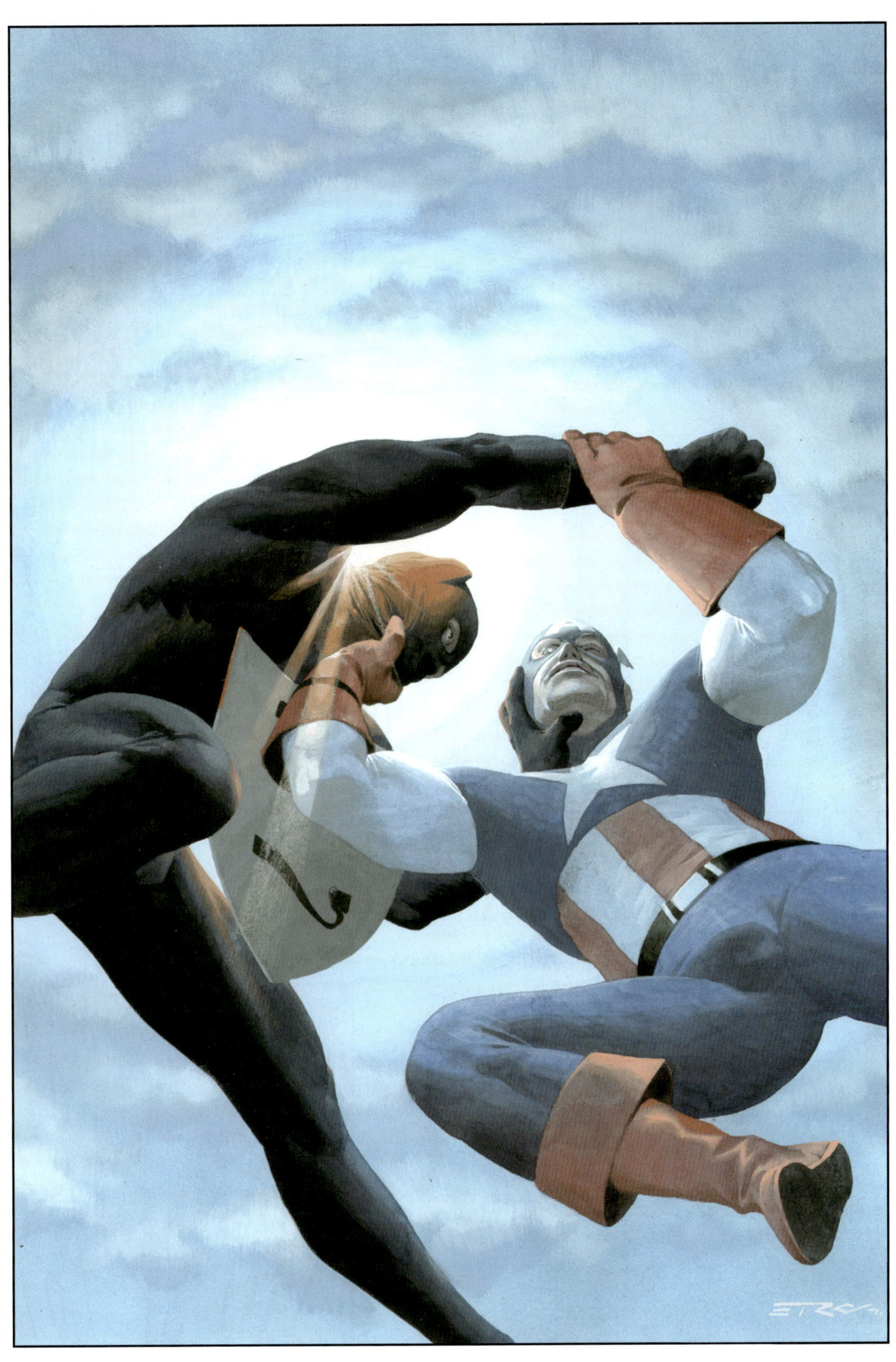

Black Panther (2005) 1
Variant-Cover von **ESAD RIBIĆ**

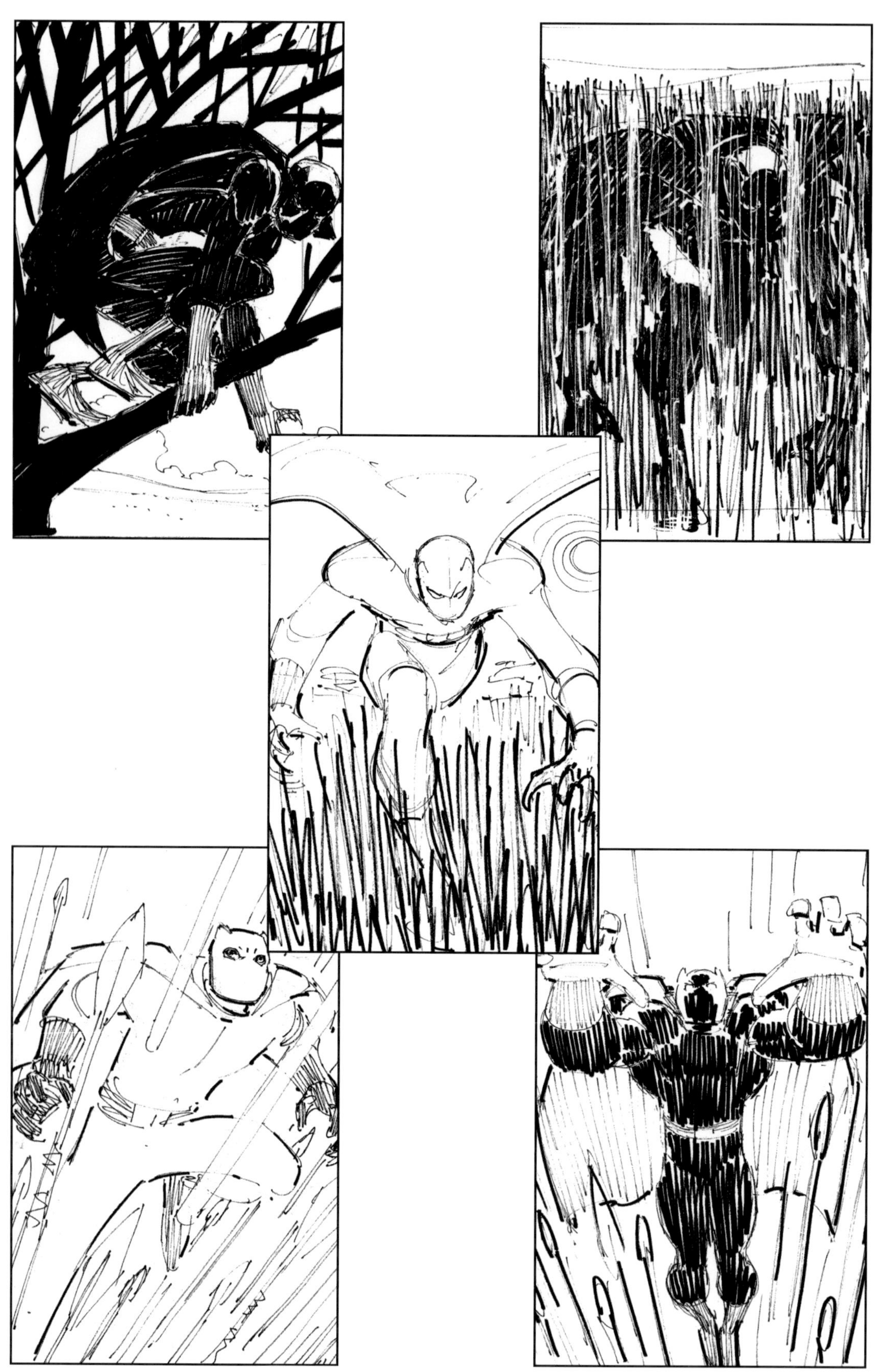

Black Panther (2005) 1
Cover-Skizzen von **JOHN ROMITA JR.**

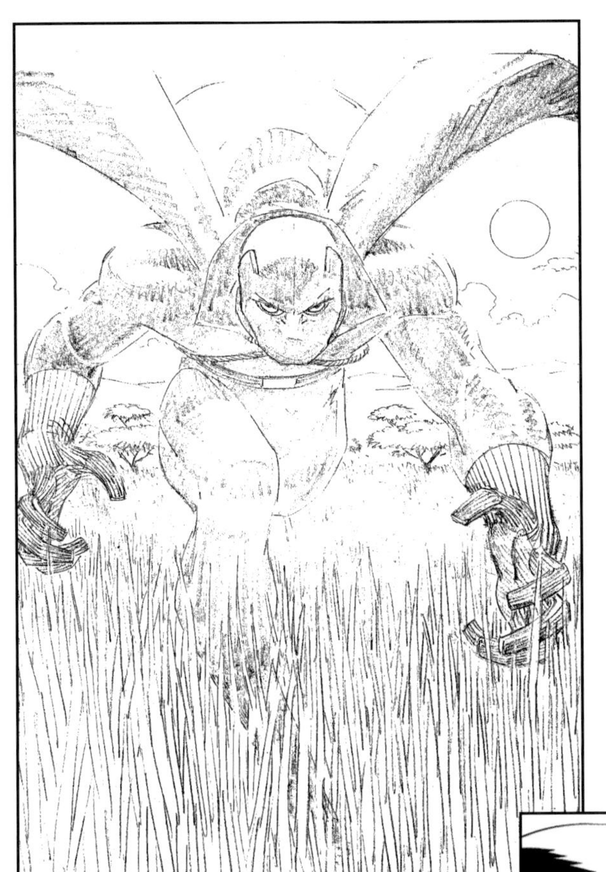

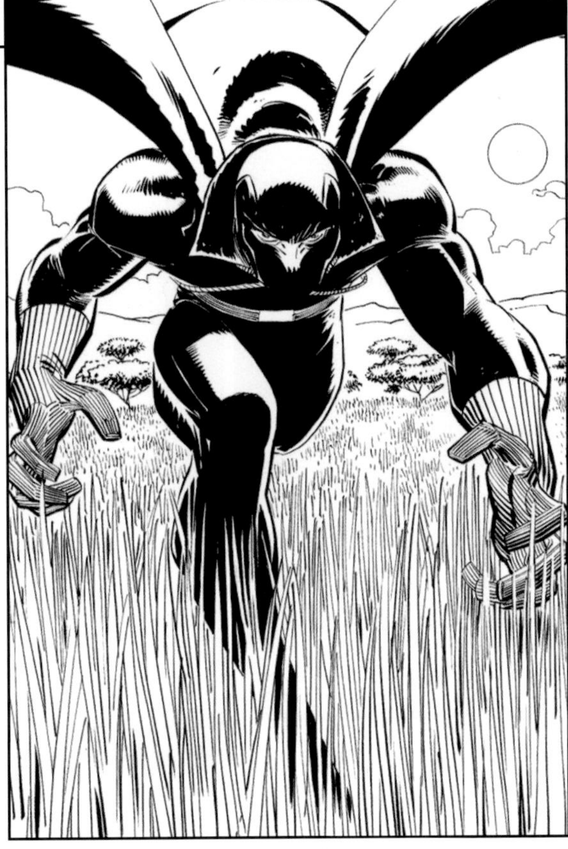

Black Panther (2005) 1
Cover-Zeichnung von **JOHN ROMITA JR.** und Tusche von **KLAUS JANSON**

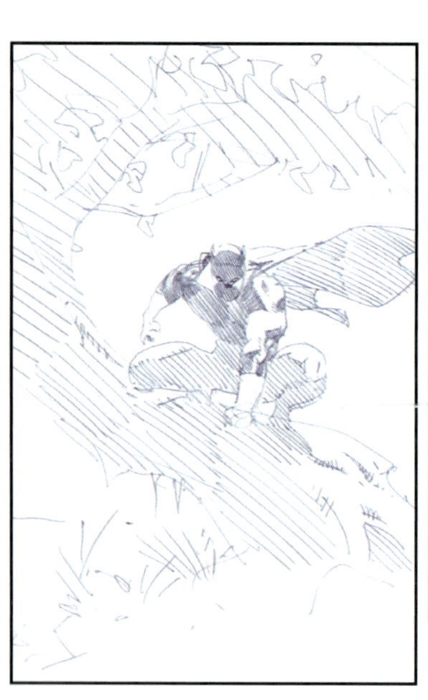
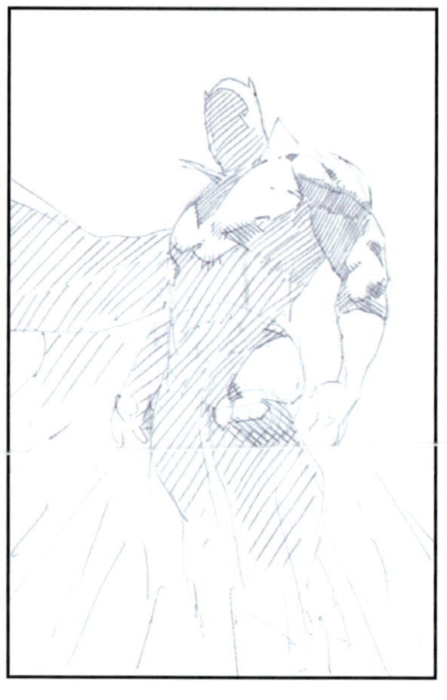
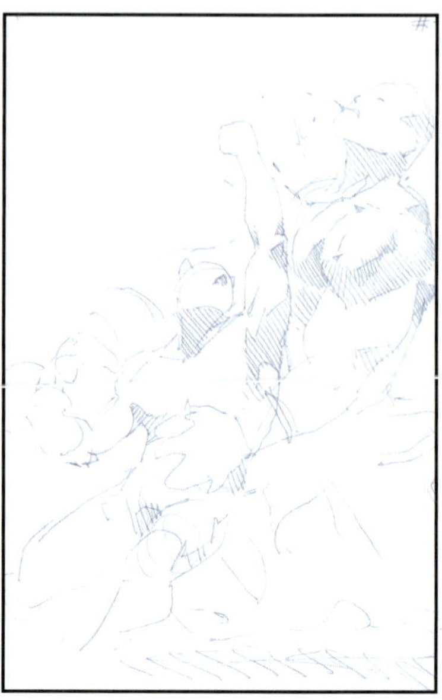

Black Panther (2005) 2
Cover-Skizzen von **ESAD RIBIĆ**

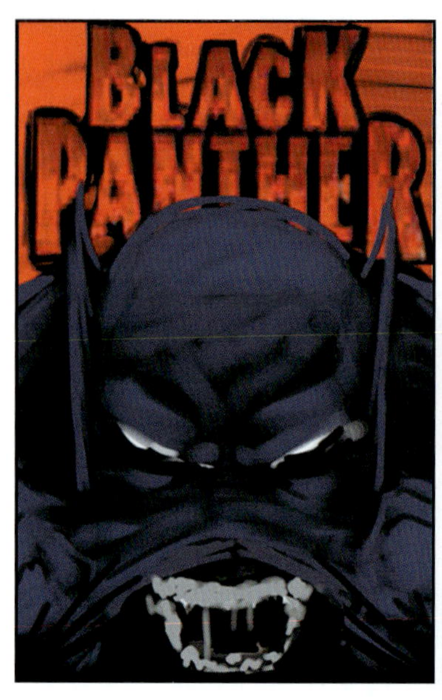

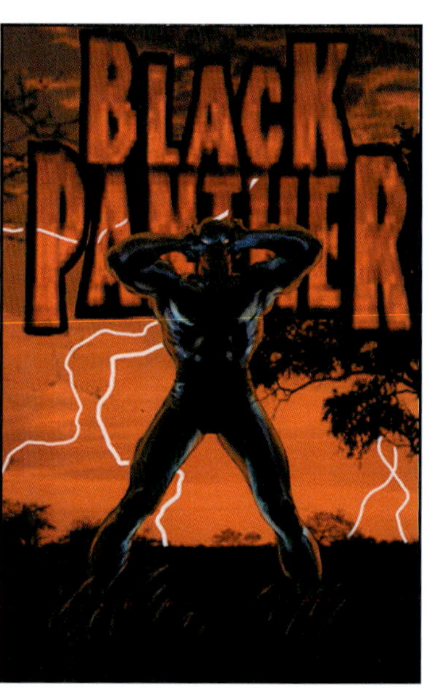

Black Panther (2005) 6
Cover-Entwürfe von **KAARE ANDREWS**

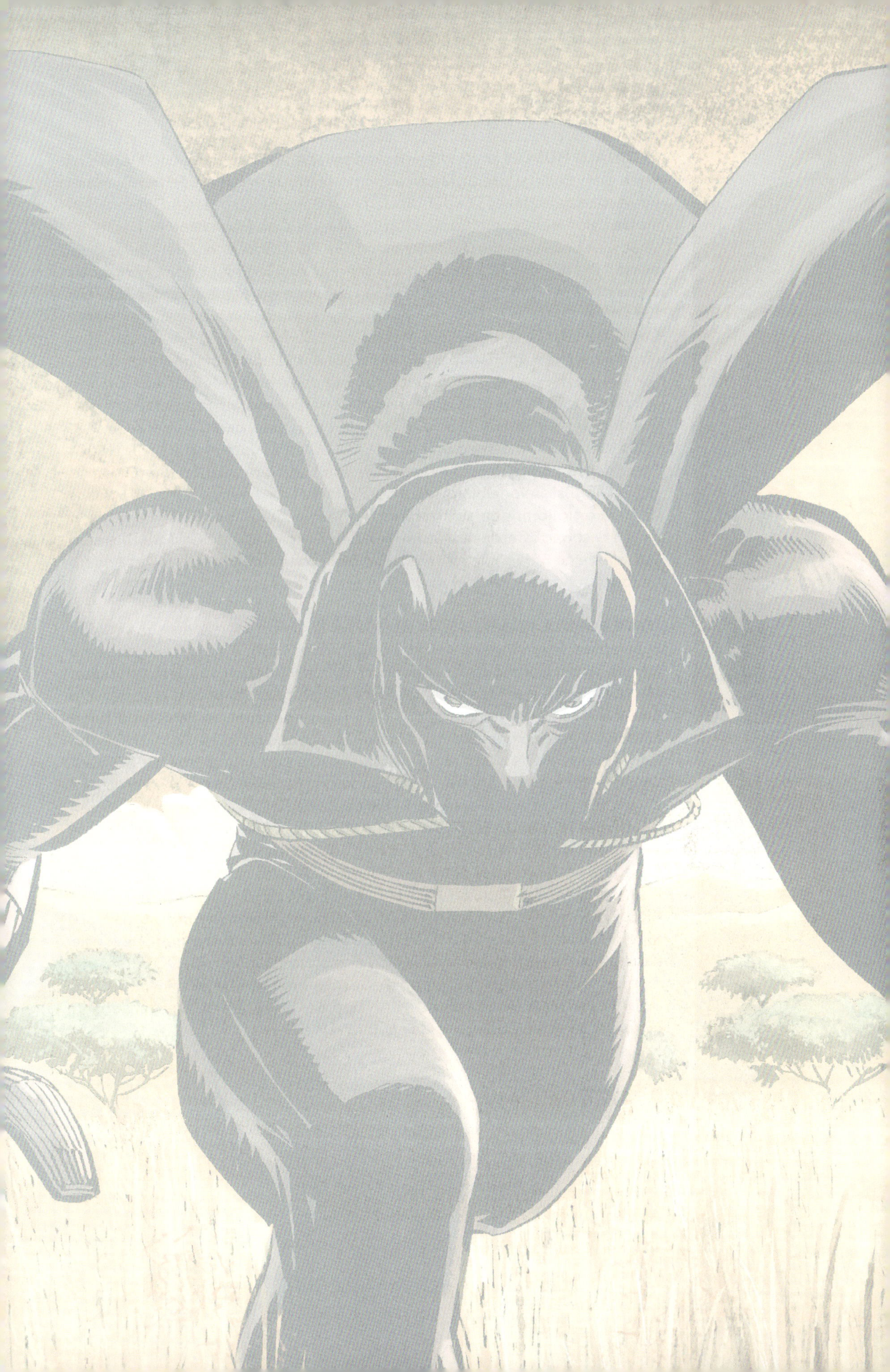

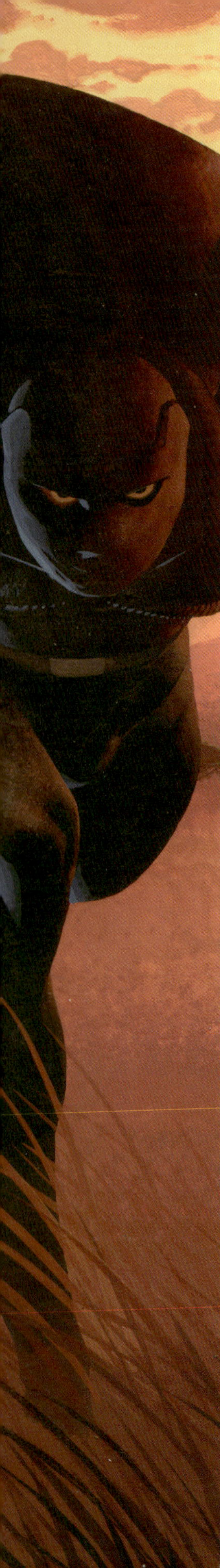

DIE MACHER

REGINALD HUDLIN ist ein US-amerikanischer Autor, Regisseur und Produzent. Nach dem College produzierten er und sein Bruder Warrington Musikvideos für Musiker wie Heavy D oder die Jamaica Boys. Sein späteres Filmschaffen umfasst *Boomerang* mit Eddie Murphy, *Marshall* mit *Black Panther*-Darsteller Chadwick Boseman, die Dokumentation *The Black Godfather* oder *House Party*, dessen Drehbuch Hudlin obendrein schrieb. Als Regisseur beim Fernsehen setzte der 1961 geborene Hudlin Folgen zu Serien wie *Modern Family, New Girl, The Office, Bones – Die Knochenjägerin, Psych, Murder in the First, Alle hassen Chris, The Last O. G.* und *Black Monday* um. Zudem produzierte er den Film *Abgefahren,* die Animationsserie *The Boondocks,* die Trickfilmadaption des vorliegenden Bandes und Quentin Tarantinos Western-Meisterwerk *Django Unchained*, wofür Hudlin eine Oscar-Nominierung als Produzent erhielt. Gemeinsam mit Tarantino schrieb er darüber hinaus den Director's Cut des Films, der als Comic inszeniert wurde. Zwischen 2005 und 2008 war Hudlin Präsident von Black Entertainment Television. 2016 produzierte er mit David Hill die 88. Oscar-Verleihung, 2020 die 72. Primetime Emmy Awards. In Hudlins Comic-Portfolio finden sich zahlreiche Geschichten über Black Panther, in denen er sogar T'Challa und Storm von den X-Men während *Civil War* heiraten ließ, allerhand Storys mit Spider-Man, die teilweise zum Crossover *Das Andere* gehörten, und der Comic-Roman *Birth of a Nation.*

JOHN ROMITA JR. trat als Sohn von Marvel-Legende John Romita Sr. in große Fußstapfen. Seine eigene Karriere begann der 1956 in New York geborene Romita Jr. mit Beiträgen für Marvels Veröffentlichungen auf dem britischen Markt. Seither hat er jede wichtige Marvel-Figur gezeichnet und brachte viele große Sagas über die Ikonen aus dem Haus der Ideen zu Papier, darunter SPIDER-MAN von Roger Stern, J. Michael Straczynski oder Dan Slott, THOR von Dan Jurgens, IRON MAN von David Michelinie und John Byrne, DAREDEVIL von Ann Nocenti, X-MEN von Chris Claremont, *Punisher: War Zone* von Chuck Dixon, SENTRY von Paul Jenkins, ETERNALS von Neil Gaiman, AVENGERS von Brian Michael Bendis und CAPTAIN AMERICA von Rick Remender. Zudem steuerte Romita Jr. Artwork zu Marvel-Crossovern wie *World War Hulk* und *Avengers vs. X-Men* bei. Mit Frank Miller realisierte Romita außerdem den Klassiker DAREDEVIL: DER MANN OHNE FURCHT, BATMAN: DER LETZTE KREUZZUG sowie SUPERMAN: DAS ERSTE JAHR. Romita und Autor Mark Millar arbeiteten indes an WOLVERINE: STAATSFEIND zusammen, bevor sie das multimedial erfolgreiche KICK-ASS-Franchise ersannen. Für DC bebilderte Romita in den letzten Jahren noch Geschichten in SUPERMAN, SUICIDE SQUAD, BATMAN, ALL-STAR BATMAN und BATMAN METAL. Der Fanliebling erhielt bereits den Eisner und den Inkpot Award.

BLACK PANTHER

WER IST BLACK PANTHER?

- **HINTER DEN KULISSEN**
- **TIMELINE**
- **WEITERE LEKTÜRE**
- **ANMERKUNGEN**
- **WEITERE MUST-HAVE-TITEL**

Als Hollywood-Regisseur und Drehbuchautor **Reginald Hudlin** sich 2005 mit **John Romita Jr.** zusammentat, um am Neustart von *Black Panther* zu arbeiten, hauchten sie der Figur nicht nur neues Leben ein, sie legten auch den Grundstein für alle zukünftigen Inkarnationen von **T'Challa**. Das Team verlieh dem Herrscher von Wakanda neue Glaubwürdigkeit, sie mischten Gesellschaftssatire, Hollywood-Action, Hightech-SF und Hip-Hop-Cool zu einem Cocktail reinster Comic-Perfektion.

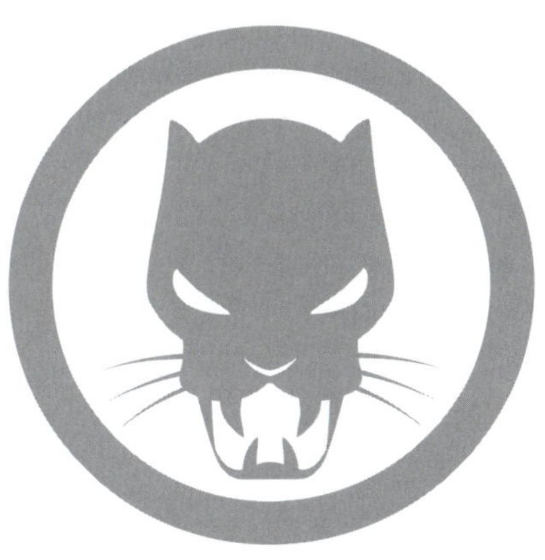

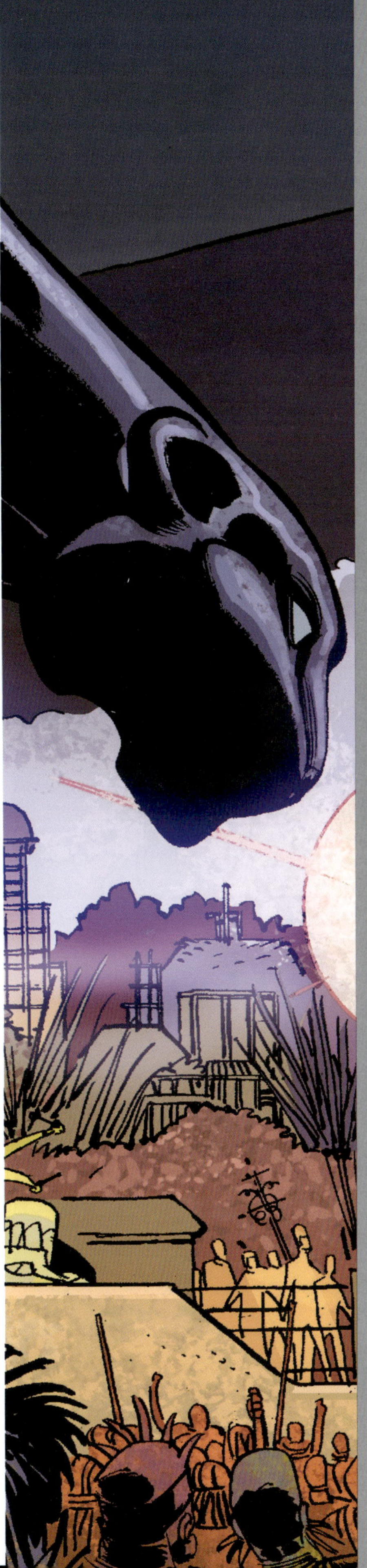

Eine Geschichte mit zwei Enden

Für viele Leser ist und bleibt der **T'Challa** in *Who Is the Black Panther?* die definitive Version dieser Figur. Der Klassiker von **Reggie Hudlin** und **John Romita Jr.** erschien beinahe 40 Jahre nach dem Debüt von Black Panther in *Fantastic Four* 52, doch es ging nicht nur um den Helden der Geschichte. Mehr denn je zuvor ging es auch um das Land Wakanda. Man erschuf eine Welt, eine Mythologie, einen historischen Hintergrund, ohne dabei Action und Drama zu vernachlässigen.

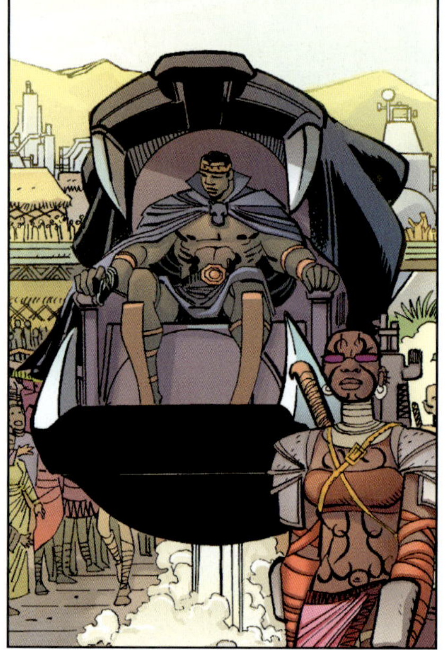

Black Panther ist die Verkörperung von Macht. Zeichnung von John Romita Jr.

Es ist kaum zu glauben, dass dies erst die zweite Comic-Arbeit von Hudlin war. „Ich wollte Comics schreiben, bevor ich Filme machen wollte", sagte Hudlin. „Allerdings brauchte es eine erfolgreiche Karriere in der Film- und TV-Branche, um die nötige Beachtung und Glaubwürdigkeit zu erhalten, damit ich von Marvel engagiert wurde … für einen Bruchteil meines üblichen Honorars!"

Hudlin war von Anfang an Feuer und Flamme für **Black Panther**: „Ich liebe die Figur, aber ich hatte immer das Gefühl, dass mehr in der Idee steckte, als man bisher ausprobiert hatte. Und ich dachte mir, da dies vielleicht meine erste und letzte Marvel-Serie sein würde, dass diese Figur am besten geeignet sei, um das zu sagen, was ich sagen wollte." Er entschloss sich, einen möglichst mutigen und riskanten Ansatz zu wählen. „Ich dachte, der erfolgversprechendste Weg sei ein ‚Hip-Hop-Ansatz'. Und wenn ich Hip-Hop sage, meine ich keine tiefsitzenden Hosen und Vinyl-Scratching. Ich meine eine kreative Haltung, die sich einen Dreck darum schert, ob man mainstreamtauglich ist. Ich wollte eine Serie über einen unglaublich reichen, extrem mächtigen, enorm erfolgreichen Mann schreiben. Im Grunde **P. Diddy** oder **Jay-Z** hoch zehn."

Hudlin war ebenfalls klar, dass die Serie sehr politisch sein würde: „Schließlich ist er der König eines afrikanischen Landes. Sein Job ist von Natur aus politisch, also war es unvermeidlich, dass er manchmal in Konflikt mit der US-Regierung kommen würde – genau wie China oder Israel." Beim Verfassen von *Black Panther* suchte

▶ John Romita Jr. griff für seine Vision von Wakanda direkt auf **Stan Lee** und **Jack Kirby** zurück: „Der Look, die Stadt Wakanda, der Stamm, alles an der Geschichte hat mit Stan und Jack Kirby zu tun. Als Reggie Hudlin und ich unsere Köpfe zusammensteckten, pflasterte ich meinen Bereich mit Zeichnungen von Jack Kirby zu. Denn ich dachte, dass diese Energie das Wichtigste an der Figur war."

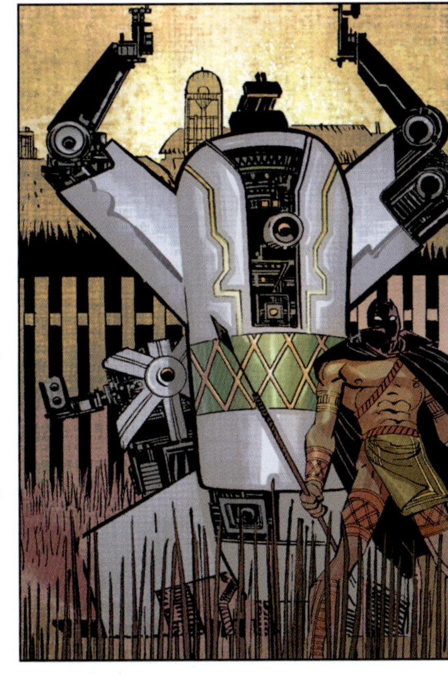

Leg dich nicht mit Wakanda an … das Land wurde noch nie erobert! Zeichnung von John Romita Jr.

Hudlin Inspiration in der Vergangenheit. „Als Black Panther von Stan und Jack eingeführt wurde, besiegte er die **Fantastic Four** mit Leichtigkeit. Und ich wollte, dass er so eindrucksvoll blieb." Er ließ sich auch von **Christopher Priests** Arbeit inspirieren, der von 1998 bis 2002 über die Figur geschrieben hatte. „Black Panther schließt sich den **Avengers** an, um sie auszuspionieren, weil sie eine Bedrohung für sein Land sein könnten. Ich wollte, dass T'Challa diese Weltsicht beibehält."

In seinem Entwurf schrieb Hudlin: „Black Panther ist Afrikas **Captain America**. Er ist die Verkörperung der Ideale seines Volkes. Als Person of Color sollte Black Panther die Erfüllung des Potenzials seines Heimatlandes repräsentieren." Und weiter: „Je härter Black Panther ist, desto ansprechender ist er für alle Lesergruppen. Wir müssen Panther einfach nur so lassen, wie er ist. Schließlich ist er ein Wakander. Und Wakander sind so krasse Typen, dass sie nie erobert wurden!" Dies sollte ein wichtiger Faktor in der Geschichte sein, und Hudlin erläuterte auch die Denkweise hinter der Geisteshaltung Wakandas: „Es gibt Länder, die wie Fußabtreter sind - sie alle bekamen früher oder später den Hintern versohlt. Aber es gibt auch andere Völker auf der Welt - Vietnam kommt einem in den Sinn -, die jeden vermöbeln, der sich mit ihnen anlegt, ob Superkräfte oder nicht. Die Wakander sind so ein Volk. Etwa alle 50 Jahre versucht jemand, sie in die Knie zu zwingen. Und dann müssen sie der nächsten Generation von Möchtegernerobererern zeigen, dass das keine gute Idee ist."

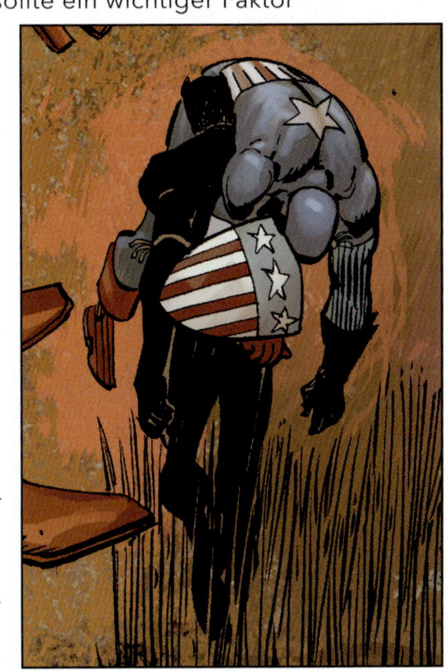

Black Panther ist Afrikas Captain America und viel, viel mehr. Zeichnung von John Romita Jr.

Trotz des radikalen Ansatzes, der Hudlin für Black Panther vorschwebte, ließen ihm die Marvel-Redakteure freie Hand. Hudlin erzählte, dass Marvel seine Vision der Figur begrüßte: „Als man verstand, welche Richtung ich einschlagen wollte, waren sie mit Herz und Seele dabei. Ich wollte alle Kerneigenschaften von Black Panther bewahren. Er ist moralisch, intelligent, wissenschaftlich versiert und ein echter Schachspieler im Spiel des Lebens." Um es einfach auszudrücken: „Black Panther ist der Beste!"

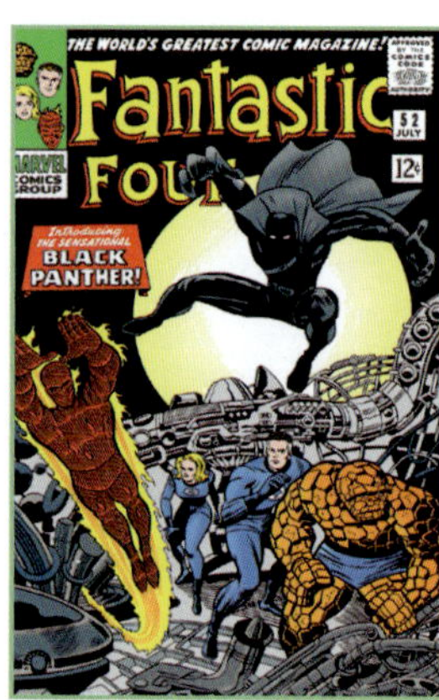

***Fantastic Four* 52 (1966)**
STAN LEE
JACK KIRBY
In diesem Thriller aus dem Silver Age feierte ***T'Challa*** *sein Debüt, besiegte Marvels „First Family" verhältnismäßig leicht und drückte dem Marvel-Universum sofort seinen Stempel auf.*

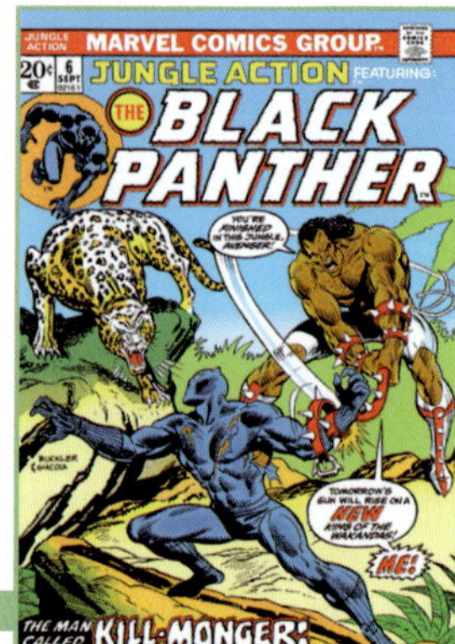

***Jungle Action* 6 (1973)**
DON McGREGOR
RICH BUCKLER
Black Panther *schrieb Geschichte, denn* Panther's Rage *war der Start einer 13-teiligen Geschichte, die viele als Marvels erste Graphic Novel bezeichnen.*

BLACK PANTHER
WER IST BLACK PANTHER?

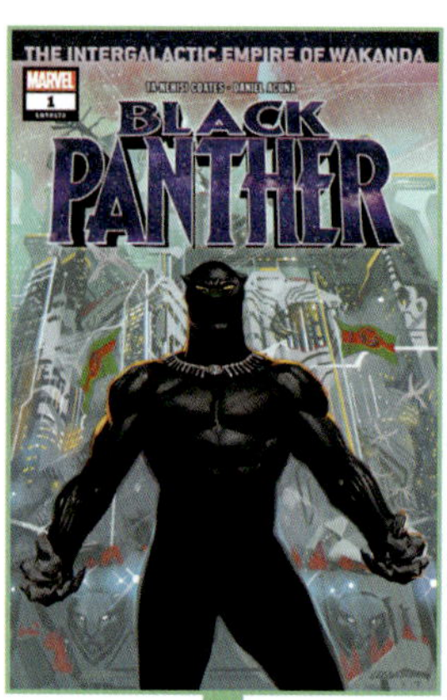

***Black Panther* 1 (2018)**
TA-NEHISI COATES
DANIEL ACUÑA
Das intergalaktische Imperium von Wakanda betritt Neuland, denn T'Challa entdeckt am fernen Rand des Multiverse ein Reich, das in seinem Namen gegründet wurde.

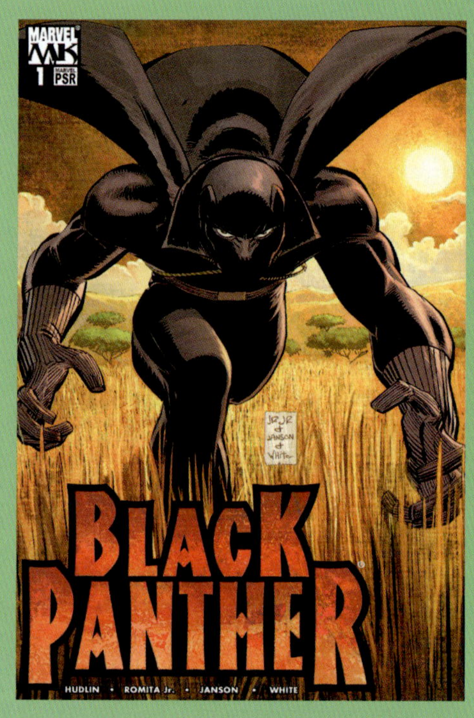

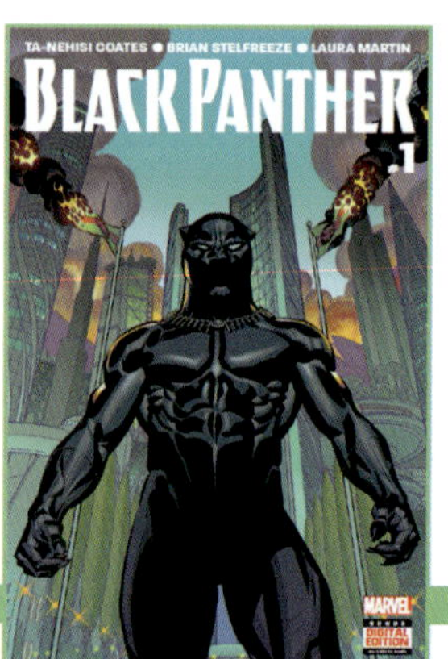

***Black Panther* 1 (2016)**
TA-NEHISI COATES
BRIAN STELFREEZE
A Nation Under Our Feet *war eine 12-teilige Story von* ***Ta-Nehisi Coates****, der als Autor und Journalist etliche Preise bekommen hat. Er tauchte tief ein in die Vergangenheit von Wakanda und machte einige Änderungen, die die Zukunft von Black Panther auf Jahre prägen sollten.*

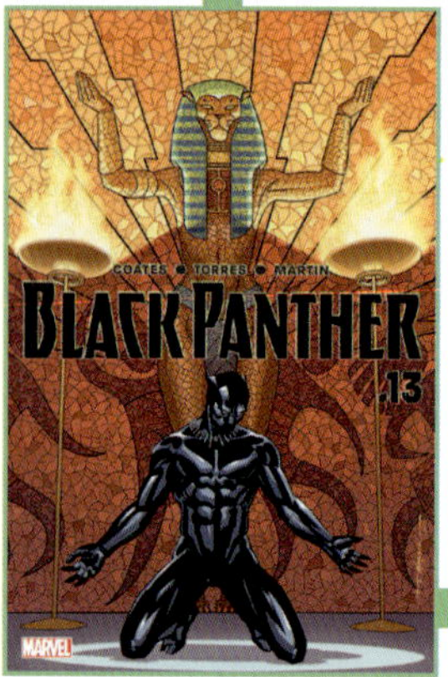

***Black Panther* 13 (2017)**
TA-NEHISI COATES
WILFREDO TORRES
Auf A Nation Under Our Feet *folgte* Avengers of the New World. *Diesmal stellt Coates das Wesen des Glaubens und die Götter von Wakanda in den Mittelpunkt.*

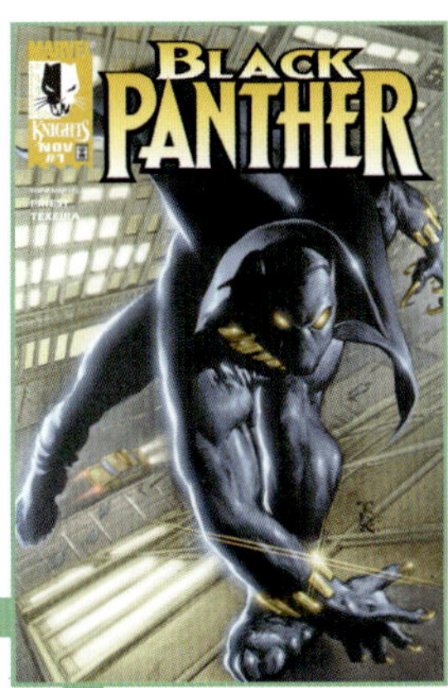

***Black Panther* 1 (1998)**
CHRISTOPHER PRIEST
MARK TEXEIRA
Viele betrachten ***Christopher Priest*** *als besten* Black Panther-*Autor aller Zeiten, und sein Epos mündete schließlich darin, dass T'Challa zu den* ***Avengers*** *stieß, um sie auszuspionieren.*

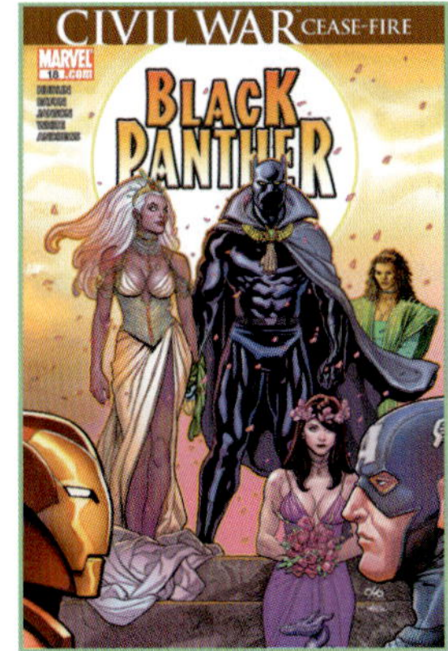

***Black Panther* 18 (2006)**
REGINALD HUDLIN
SCOT EATON
KAARE ANDREWS
Beide Seiten in Marvels Heldenkrieg vereinbarten einen zeitlich begrenzten Waffenstillstand, um gemeinsam die Hochzeit von T'Challa und ***Storm*** *zu feiern.*

Jeder Marvel-Fan hat eine eigene Lieblingsgeschichte, aber nur wenige erfassen das Wesen einer Figur so wie *Who Is the Black Panther?* von **Reggie Hudlin** und **John Romita Jr**. Sie mischten Schlüsselelemente der Vergangenheit mit ihren eigenen Ideen und boten neuen Lesern so einen perfekten Einstiegspunkt, während langjährige Fans etwas Neues bekamen, mit dem sie sich beschäftigen konnten. Dies war nur der Beginn einer langen Arbeit, die Hudlin mit der Figur verbrachte, und sein Einfluss ist bis heute so prägend wie der von **Jack Kirby**.

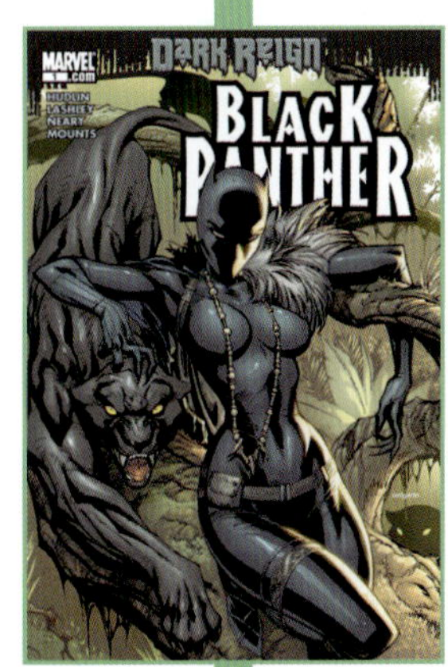

***Black Panther* 1 (2009)**
REGINALD HUDLIN
KEN LASHLEY
Die fünfte Black Panther-*Serie beginnt mit* The Deadliest of the Species. *In dieser Geschichte übernimmt T'Challas Schwester* ***Shuri*** *die Rolle von Black Panther.*

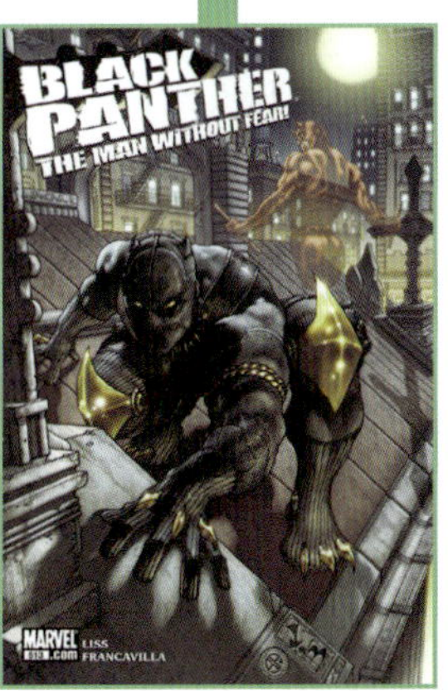

***Black Panther: The Man Without Fear* 513 (2010)**
DAVID LISS
FRANCESCO FRANCAVILLA
Nach den Ereignissen des Events Shadowland *übernimmt T'Challa die Rolle von* ***Daredevil*** *als Beschützer von Hell's Kitchen. In dieser Saga entdeckt der Monarch von Wakanda sein wahres Ich.*

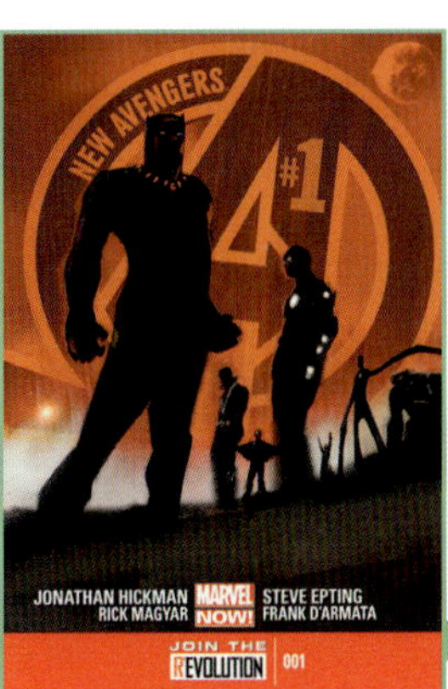

***New Avengers* 1 (2013)**
JONATHAN HICKMAN
STEVE EPTING
In Everything Dies *wird T'Challa Mitglied der* ***Illuminati***. *Er trägt schockierende Entscheidungen mit, um eine kosmische Gefahr abzuwenden.*

King of Cool

Reggie Hudlins Black Panther-Ära voraus ging eine der wichtigsten Perioden in der Geschichte der Figur. Denn 1998 startete **Christopher Priest** sein gigantisches Opus mit *The Client*, einer Geschichte, die in den Heften 1-5 der dritten *Black Panther*-Serie lief.

In *A Nation Under Our Feet* stellen Ta-Nehisi Coates und Brian Stelfreeze Wakanda in den Mittelpunkt. Zeichnung von Brian Stelfreeze.

The Client diente als Einführung für viele neue Charaktere, denn **T'Challa** und sein Gefolge kamen nach Amerika, um den Mord an einem Kind zu untersuchen, das mit einer seiner wohltätigen Firmen zu tun hatte. Die Story war regelrecht funky und passte perfekt in ihre Zeit. Sie fühlte sich an wie ein Film von **Quentin Tarantino**, da sie von einem nerdigen Agenten der US-Regierung erzählt wurde – **Everett K. Ross** –, der den Auftrag hatte, sich um die Bedürfnisse der Wakander zu kümmern. Und während Panther in den USA ist, versinkt Wakanda im Chaos. *The Client* ist teils Horrorstory, teils politische Satire, teils Actionfilm, und mit dabei sind Straßengangs, Rebellen, Verräter und **Mephisto**, der T'Challas Seele gern seiner Sammlung einverleiben würde.

Die Geschichte wurde mit *Enemy of the State* in den Heften 6-12 der Serie fortgesetzt, wo der Staatsstreich in Wakanda im Mittelpunkt stand. Außerdem wurde hier enthüllt, dass T'Challa sich vor allem deshalb den **Avengers** angeschlossen hatte, um das Heldenteam ausspionieren zu können. Denn er wollte sicherstellen, dass sie keine Bedrohung für sein Land sind. Die Zeichnungen dieser Story wurden angefertigt von **Mark Bright**, **Mike Manley**, **Joe Jusko** und **Amanda Connor**, die den Zeichnern, die vor ihnen Black Panther gestaltet hatten, in einigen Bildern Tribut zollten.

Das 2016 veröffentlichte *A Nation Under Our Feet* war ein 12-teiliger Thriller von **Ta-Nehisi Coates**. Coates revolutionierte Black Panther erneut, indem er das Land Wakanda zum eigentlichen Star der Serie machte. Es wird von verschiedenen Rebellionen erschüttert, und bald erfahren wir, dass die Rebellen keine Schurken sind, sondern aufrichtig unzufriedene Menschen, die unter der Korruption der Regierung leiden. **Brian Stelfreeze** kombinierte die technischen und stammesspezifischen Aspekte des Landes in seinen klaren, sauberen Zeichnungen perfekt.

▶ Kein Panther-Fan sollte den Klassiker *Panther's Rage* verpassen, der 1973 in *Jungle Action* 6 begann. Autor **Don McGregor** und die Zeichner **Rich Buckler**, **Gil Kane**, **Billy Graham**, **Gene Colan** sowie **Keith Pollard** führten hier **Killmonger** ein, T'Challas Nemesis. Die Geschichte beeinflusste spätere Black Panther-Geschichten enorm, auch jenseits der Comics.

Das Alte und das Neue

In *Who Is the Black Panther?* wurde eine Figur eingeführt, die wahrlich zu Großem bestimmt war: **Shuri**, **T'Challas** Schwester. **Reginald Hudlin** und **John Romita Jr.** lieferten eine so perfekte Grundlage, dass es heutzutage fast unvorstellbar ist, dass die wakandische Prinzessin nicht ebenso lange Teil des Marvel-Universums ist wie ihr Bruder.

Ursprünglich sollte Shuri nur eine Nebenfigur sein. Sie wurde als entschlossene Kämpferin eingeführt, die unbedingt **Black Panther** werden wollte. T'Challa bildete sie im Zweikampf aus, damit er ruhiger schlafen konnte, sollte sie eines Tages seinen Platz auf dem Thron von Wakanda einnehmen müssen. Das geschah auch, nachdem T'Challa nach einem Kampf mit **Dr. Doom** ins Koma fiel.

Später übernahm Shuri als Black Panther die Führung von Wakanda, rettete das Land vor **Morlun** und führte es in den Krieg gegen Atlantis. In *Time Runs Out* opferte sie sich, um T'Challa zu retten, doch es gelang ihm später, sie wieder zum Leben zu erwecken.

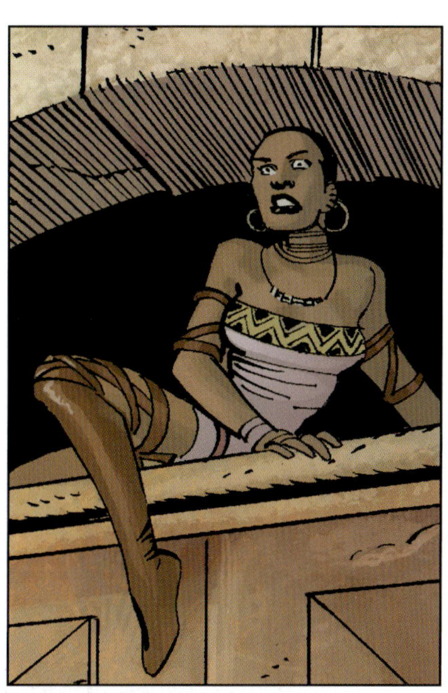

Shuri wurde eines Tages beides: Black Panther und Herrscherin von Wakanda. Zeichnung von John Romita Jr.

Das genaue Gegenteil von Shuri ist dagegen **Klaw**, ein Schurke, der sein Debüt 1966 in *Fantastic Four* 53 gab, nur ein Heft nach seinem Todfeind T'Challa. Hudlin änderte die Vorgeschichte von **Ulysses Klaue**, denn er erfand einen Vorfahren, der versucht hatte, Wakanda zu erobern. Das verschaffte dem jungen Killer einen Grund, um den Auftrag anzunehmen, den Herrscher von Wakanda zu töten – und brachte ihn damit in Konflikt mit Black Panther.

Ulysses Klaue ist jedoch weit mehr als ein Killer, der auf Rache sinnt. Er ist außerdem ein Physiker, der zu Klang in fester Form wurde. Der Schurke hat zudem Verbindungen zu mehreren Verbrecherorganisationen und war ein wichtiges Mitglied verschiedener Inkarnationen der **Masters of Evil**, von **AIM** und den **Frightful Four**.

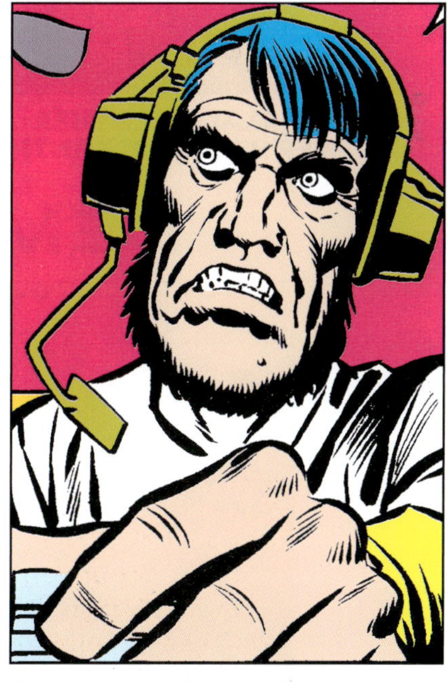

Klaw, Black Panthers Erzfeind, gab 1966 in *Fantastic Four* 53 sein Debüt. Zeichnung von **Jack Kirby.**

WEITERE MUST-HAVE-TITEL

BEREITS ERHÄLTLICH

CIVIL WAR

AVENGERS: HELDENFALL

SPIDER-MAN: SPIDER-VERSE

WOLVERINE: OLD MAN LOGAN

DEADPOOL KILLT DAS MARVEL-UNIVERSUM

THANOS: DIE GEBURT EINES MONSTERS

DAREDEVIL: DER MANN OHNE FURCHT

MILES MORALES: ULTIMATE SPIDER-MAN

MS. MARVEL: META-MORPHOSE

DER TOD VON WOLVERINE

INFINITY GAUNTLET: DIE EWIGE FEHDE

PLANET HULK

X-MEN: DIE DARK PHOENIX SAGA

VENOM: DARK ORIGIN

IRON MAN: EXTREMIS

FANTASTIC FOUR - 4

PUNISHER: FRANK IST ZURÜCK!

MARVEL KNIGHTS SPIDER-MAN

JETZT ERHÄLTLICH

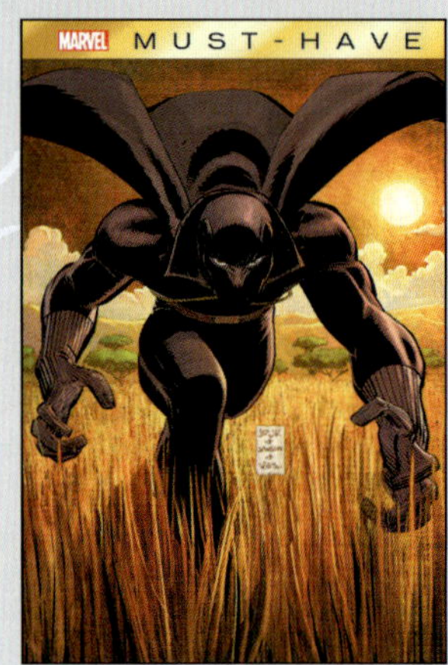

BLACK PANTHER: WER IST BLACK PANTHER?

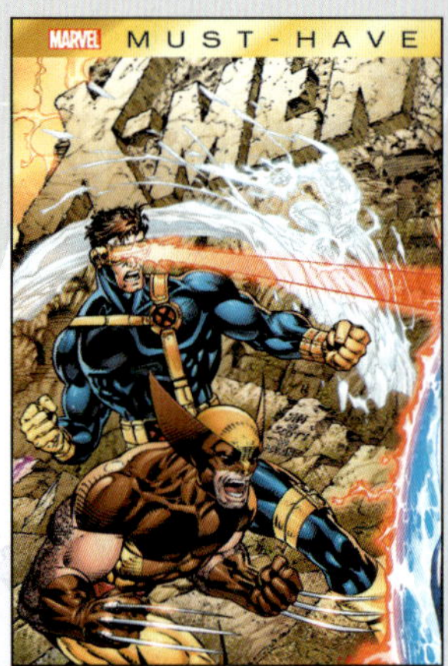

X-MEN: EIN NEUER ANFANG

DEMNÄCHST

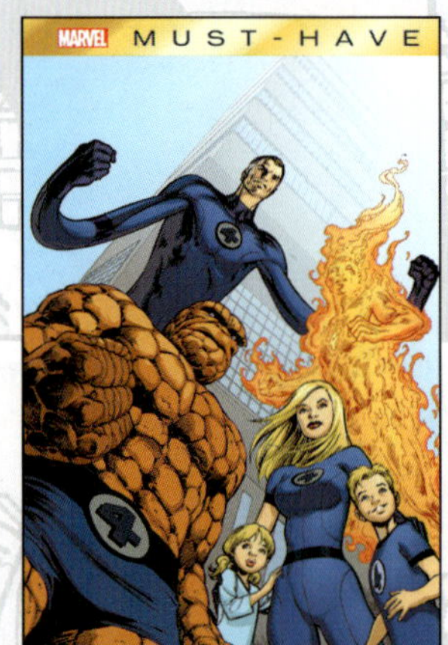

FANTASTIC FOUR: ALLES GELÖST?!

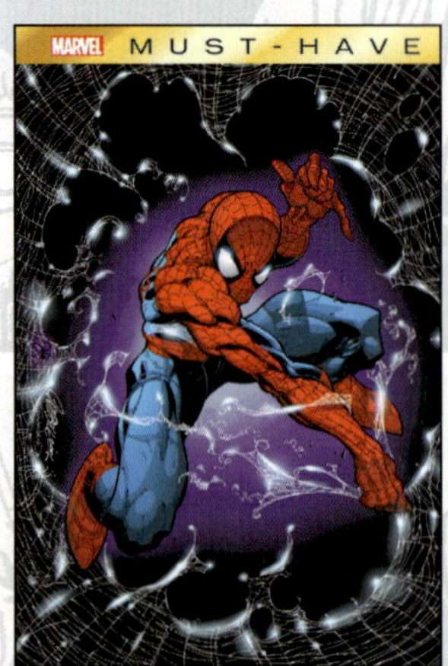

SPIDER-MAN: HEIMKEHR